80°
40°
20°
MAINE
VERMONT
NEW HAMPSHIRE
MASSACHUSETTS
RHODE ISLAND
CONNECTICUT
NEW YORK
NEW JERSEY
PENNSYLVANIA
DELAWARE
MARYLAND
WISCONSIN
MICHIGAN
Mississippi River
IOWA
OHIO
WEST VIRGINIA
ILLINOIS
INDIANA
VIRGINIA
Ohio River
KENTUCKY
MISSOURI
NORTH CAROLINA
TENNESSEE
ARKANSAS
SOUTH CAROLINA
Atlantischer Ozean
ALABAMA
GEORGIA
MISSIS-SIPPI
FLORIDA
LOUSIANA
Nördlicher Wendekreis
Golf von Mexiko
N
NW
NO
W
O
SW
SO
S
100 0 100 200 300 400 500 km

Sonja Endlweber & Günter Wamser

Im Wilden Westen

Die Abenteuerreiter unterwegs in den Rocky Mountains

www.abenteuerreiter.de

Verlag Abenteuerreiter, Rauenberg, Germany

2. Auflage Januar 2015

ISBN 978-3-00-027702-3
Fotos: Archiv Abenteuerreiter
Lektorat: Gabriele Stoßfellner
Text: Sonja Endlweber und Günter Wamser
Kartografie: Lilli Marina Stracke-Laßmann
Satz: Rudi Krammer
Grafik: Ingrid Hornig, Manfred Scheurich
Druck und Bindung: GGP Media GmbH, Pößneck
Printed in Germany

Teil Eins

Der Anfang

Wir verlassen das Gefängnis mit vier Pferden im Gepäck. Der alte Chevrolet zieht den Trailer an dem Kontrollposten vorbei. Der Wärter winkt uns durch, ohne einen weiteren Blick auf die Ladung zu werfen. Die Schranke fällt und schließt den Sicherheitstrakt. Wir sind wieder draußen. Die Mauern des Staatsgefängnisses von Canyon City hinter uns lassend, fällt auch die Anspannung ab.

Ein heftiges Sommergewitter entlädt sich über Colorado. Dicke Regentropfen prasseln gegen die Windschutzscheibe. Wie rote Augen funkeln die Rücklichter der Autos im dichten Nebelschleier. Durch die Heckscheibe kann ich den weißen Trailer sehen, dessen Konturen mit dem grauen Himmel verschwimmen. Leni schläft eingerollt auf meinem Schoß. Auf dem Beifahrersitz erzählt Günter eine Anekdote. Gabriele, unsere Gastgeberin und jetzt Fahrerin, kommentiert sie in ihrer typischen gut gelaunten Art mit schallendem Gelächter. Mir ist nicht zum Lachen, denn langsam wird mir klar: Jetzt wird es ernst! Der Lärm des Regens übertönt ohnedies jedes Wort von vorne. Vor vier Monaten noch hatte ich einen gut bezahlten, interessanten und sicheren Job. Ich wohnte in Wien, in einer gemütlichen Altbauwohnung im Stadtzentrum. Abends ging ich mit Freunden ins Kino oder gut essen. Mein Leben verlief in mehr oder weniger geregelten Bahnen. Meine Mutter hatte die Hoffnung noch nicht aufgegeben, dass ich eines Tages sesshaft werden und endlich eine Familie gründen würde. Doch einer spontanen Eingebung folgend tauschte ich Sicherheit, Bequemlichkeit und Geborgenheit gegen ... gegen was nun eigentlich genau? Gegen zwei Pferde und den Traum von Freiheit und Abenteuer! Seit 18 Jahren bin ich nicht mehr im Sattel gesessen. Wenn man's genau nimmt, habe ich von Pferden eigentlich keine Ahnung. Ich mag sie, ich finde sie schön. Aber ob das reicht, um zu einem Ritt quer durch Nordamerika aufzubrechen?

Alles begann an einem nebeligen Novembertag des Vorjahres. Ich war gerade aus Kambodscha zurückgekehrt, wo ich ein Jahr lang gelebt und gearbeitet hatte, und befand mich in einer jener Sinnkrisen, die ich schon so gut von der Rückkehr anderer Reisen kannte. Ein fruchtbarer Boden für verrückte Ideen. Ich fühlte mich in den vier Wänden des Büros gefangen, ruhig dazusitzen fiel mir unendlich schwer. Durch Zufall hatte ich einige Wochen davor einen Artikel über den Abenteuerreiter gelesen. „In 11 Jahren mit Hund und Pferd von Feuerland nach Mexiko. Im kommenden Jahr will der Abenteuerreiter Günter Wamser seine Reise nach Alaska durch Nordamerika fortsetzen.“ Das wäre doch ein Leben! Günter Wamser gab im November einen Vortrag in Wien. Ich ging nicht hin. Ich wollte nicht seinen Vortrag sehen, ich wollte mit! Nun war er da. Der Gedanke. Einmal in meinem Kopf, ließ er mich nicht mehr los. Da half alle Vernunft nicht. Ich schrieb eine E-Mail an Günter: „Ich komme mit“, stand im Betreff. Die Antwort war kühl: „Du bist zu spät dran. In zwei Wochen fliege ich in die USA, um Pferde zu adoptieren. Wenn du wirklich mit möchtest, müsste das bis dahin feststehen, denn dann bräuchten wir vier Pferde. So schnell kannst du dich aber nicht entscheiden.“ Da hatte er meine Spontaneität aber kräftig unterschätzt. So leicht wurde er mich nicht los. Eine Woche später stand ich an einer Straßenkreuzung in München und wartete im schwarzen Anzug und mit Laptoptasche und laut klopfendem Herzen auf einen grünen VW-Bus.

Es gibt im Leben Momente, die Wendepunkte zu sein scheinen. Augenblicke, in denen ich einer Intuition folge, die ich rational nicht begreifen kann, wo ich aber trotzdem das Gefühl habe, es richtig gemacht zu haben. Die Faszination der Idee ergreift mich mit magnetischer Anziehungskraft. Kein Abwägen des Für und Wider, kein Besprechen mit Freunden und Familie war notwendig, um meine Entscheidung zu treffen. Ich wusste, ich will da mit.

Wenn ich jetzt an die vier Pferde im Trailer denke, bekomme ich allerdings langsam eine erste Vorahnung davon, worauf ich mich eingelassen habe. Es ist eine Mischung aus Vorfreude, Spannung und Angst. Als kleines Mädchen habe ich davon geträumt, ein eigenes Pferd zu besitzen. Es war niemals eine realistische Option. Ich presse meine heiße Stirn gegen das Seitenfenster, das sich sofort mit meinem Atem beschlägt. Mit dem Zeigefinger male ich zwei Tupfen, darunter einen Halbkreis. Das weckt plötzlich kindliche Freude und löst für einen Moment die Anspannung: Ich habe zwei Pferde! Der uralte Traum des zehnjährigen Mädchens in mir ist in Erfüllung gegangen. Es kommt mir sehr verrückt vor.

Im nächsten Dorf bleiben wir vor einem kleinen Café stehen. Wir nehmen an einem schäbigen, alten Holztisch Platz. Eine rundliche Kellnerin serviert Kaffee und empfiehlt uns selbstgebackenen Kirschkuchen. Günter und Gabriele unterhalten sich angeregt, er erzählt von seiner Reise, sie von ihrem Alltag als Flugkapitän. Obwohl die Themen interessant sind, kann ich ihnen keine Aufmerksamkeit schenken. Meine Gedanken wandern zurück ins Gefängnis.

Das Gefängnis liegt außerhalb der Stadt Canyon City. Mitten im trostlosen Ödland fallen die hohen Stacheldrähte, die die große Anlage in langen, geraden Linien einfassen, sofort ins Auge. Das Gelände ist riesig. Zwischen den verstreut liegenden Gebäuden befinden sich die Koppeln, in denen rund fünfhundert Pferde nach Größe und Alter sortiert gehalten werden. Es sind Mustangs, die legendären Wildpferde Amerikas, die Pferde der Cowboys und Indianer. Sie haben die ersten Pioniere und Goldsucher in den Westen getragen und Planwagen über die Pässe der Rocky Mountains gezogen. Vor allem aber lebten sie in großen Herden ungebändigt und wild auf den Prärien des Westens. Sie waren das Sinnbild für Freiheit schlechthin. Doch in der modernen Welt gibt es keinen Platz mehr für sie. Sie wurden gefangen und fristen hier ihr Dasein, bis sie eine Chance bekommen, adoptiert zu werden. Das Funkeln ist aus ihren Augen verschwunden, von der einstigen

Wildheit ist nichts mehr zu spüren. Die Weiden sind karg, die Pferde fressen Heu. Sie werden von Gefangenen trainiert und zur Adoption freigegeben. Fran, ein großer, schlanker Cowboy, der selbst an seinem Schreibtisch niemals den Hut abnimmt, begrüßt uns und führt uns zur Reitarena. Im Schatten des einzigen Baumes suchen vier Reiter auf ihren Pferden Schutz vor der Mittagshitze. Auf Frans Kommando reitet der erste los, ein hagerer, älterer Mann. Er hat das Gesicht eines Indianers. Sein langes, graues Haar ist zu einem Schweif gebunden. Er trägt alte, abgewetzte Jeans und ein hellbraunes Hemd statt der von mir erwarteten schwarz-weiß gestreiften Sträflingskleidung. Auf Frans Zeichen pariert der Mann sein Pferd, richtet es einige Schritte rückwärts und galoppiert es aus dem Stand an. Ich bin beeindruckt und versuche mich fieberhaft an die Hilfestellungen zu erinnern, die für solche Manöver notwendig sind. Der Wallach ist dunkelbraun, seine schwarze Mähne glänzt in der Sonne. Ein schönes, kräftiges Tier, mit perfekt geformtem Kopf und schönen dunklen Augen. „Den will ich haben!", rufe ich begeistert. Doch Günter reagiert nur mit Achselzucken: „Mal sehen, wie du mit ihm zurechtkommst." Kurzfristig ärgere ich mich darüber, dass er immer alles so ernst nimmt. Das ist das typische Kommunikationsproblem zwischen einer Österreicherin und einem Deutschen. Sie nehmen immer alles ernst und wir meinen es oft nicht so.

Ich bin begeistert über die gute Ausbildung, die die Pferde im Gefängnis erhalten haben. Immerhin waren diese Pferde einmal wild gewesen. In meiner Fantasie war das Bild eines Mustangs entstanden, der sich – seiner Freiheit beraubt – nicht bändigen lässt. Dass ich auch mit diesen gut trainierten Pferden noch genug Herausforderungen erleben werde, ist mir in dem Moment nicht bewusst. Der alte Indianer galoppiert das Pferd am falschen Fuß an.

„Wrong Hand", schreit Fran. Hoffentlich verstehen unsere Pferde auch Deutsch!

„Alles unwichtig", meint Günter, „Hauptsache, du kannst

dein Pferd geradeaus reiten und hast keine Angst." Der hat gut reden, seit dreizehn Jahren im Sattel hat er mir einiges an Erfahrung voraus.

„Viele Insassen haben keinerlei Erfahrung mit Pferden, wenn sie zu uns kommen. Sie können sich trotzdem für das Programm bewerben und den Umgang mit den Tieren lernen", erklärt Fran. Elf Häftlinge trainieren die Pferde, etwa zwanzig weitere arbeiten in den Stallungen und auf den Koppeln.

„Wenn ein Häftling besonders stur und großmäulig ist, lasse ich ihn zunächst alleine mit einem wilden Pferd. Die Pferde sind die besten Lehrer. Nach einer halben Stunde kommt er ganz von selbst, kleinlaut und eingeschüchtert und bittet mich um Unterstützung."

Fran stellt uns Rick vor, einen der Insassen, die mit unseren Pferden gearbeitet haben. Sein Gesicht zeigt nichts als fassungsloses Staunen, als ich ihm von unserem Vorhaben erzähle. Was soll ein Strafgefangener, der noch mindestens fünf Jahre hinter Gittern absitzen muss, auch sonst mit der Idee eines Ritts quer durch das Land anfangen? Ist es nicht der Inbegriff von Freiheit schlechthin, auf dem Rücken wilder Mustangs Amerika zu durchqueren? Das Leben erscheint mir ungerecht. Es ist zu gut zu mir. „Magst du die Arbeit mit Pferden?", frage ich ihn, um von unserer Reise abzulenken.

„Sie ist fantastisch", antwortet er, „du nimmst ein wildes Tier und verwandelst es in ein Kuscheltier." Rick sitzt entspannt im Sattel. Die Sporen an seinen spitzen Lederstiefeln glänzen. Seine Füße stehen fest in den Steigbügeln. In den Händen, die auf dem Sattelhorn ruhen, hält er die Zügel. Mit seinen dunklen Augen und seiner ruhigen Art wirkt Rick sympathisch. Obwohl es heiß ist, trägt Rick eine schwarze Wollmütze, die er sich tief ins Gesicht gezogen hat, wie eine Tarnkappe. Rick ist seit vier Jahren hinter Gittern. Er macht keinen Hehl aus seiner Vergangenheit.

„Sie verurteilten mich zu zwanzig Jahren, aber bei guter Führung bin ich in fünf Jahren draußen. Ich bin in einer Kleinstadt aufgewachsen, jeder kannte dort jeden. Okay, ich war nicht grad ein Musterschüler, hatte einigen Dreck am Stecken, doch eines Tages, ich war noch im College, betrat so ein Verrückter unser Klassenzimmer und schoss wild um sich. Er tötete meinen besten Freund. Ich erkannte ihn, der Typ wohnte in unserer Nachbarschaft. Ich war schockiert, wütend, traurig, ließ mich voll laufen und stürmte das Haus dieses Verrückten, brüllte wilde Drohungen und schlug einige Möbel klein. Doch, verdammt, ich hatte mich in der Adresse geirrt. Diese Menschen hatten nichts damit zu tun."

Rick erzählt die Geschichte emotionslos. In den vergangenen vier Jahren hatte er diesen Tag wahrscheinlich immer wieder und wieder erlebt. Rick und sein Mustang haben eines gemeinsam: Beide sind in Gefangenschaft mit der Intention, „gezähmt" zu werden. Rick zaubert eine Karotte aus seiner Hosentasche und murmelt leise Worte in Richtung der Pferdeohren. Der Wallach wendet ihm den Kopf zu, tastet mit den Lippen nach der Belohnung. Auf mich wirken sie beide bereits sehr zahm.

Die Kellnerin reißt mich aus meinen Gedanken. Sie stellt ein großes Stück Kirschenkuchen vor mich auf den Tisch. Nach einer kurzen Pause setzen wir die Fahrt fort. Unser Ziel ist Red Feather Lakes, ein kleiner Ort nördlich von Denver. Bei Einbruch der Dunkelheit erreichen wir die Weide und lassen die Pferde frei. Wir nehmen allen, mit Ausnahme eines Roten, der sich bereits im Trailer von seinem Führstrick losgerissen hat und den ich deshalb sofort als den Rabauken der Gruppe identifiziere, die Halfter ab und lassen sie laufen. Die Tiere beschnuppern den unbekannten Boden, rupfen einige Grashalme, schlagen übermütig aus und springen davon. Leni läuft hinter ihnen her und bellt sie wütend an. Sie muss sich wohl auch erst an den Anblick ausschlagender Pferde gewöhnen. Wir wissen nicht, ob wir die Pferde am nächsten Tag wieder einfangen können, doch die Freude, ihnen ein Stückchen Freiheit zu schenken, entschädigt uns in diesem Augenblick bereits für alle kommenden Mühen.

Vor drei Tagen kamen wir an einem glühend heißen Juninachmittag am Flughafen Denver an. Am Himmel hingen dunkle Gewitterwolken, die Abkühlung versprachen, deren Regentropfen jedoch nie den Boden erreichten, sondern bereits im Fallen wieder verdunsteten. Die Hitze und Trockenheit der Sommermonate hatten die Landschaft bereits in eine gelb-braune Steppe verwandelt. Nach Monaten der Vorbereitung und Planung standen wir mit achtzig Kilogramm Gepäck und unserer aufgeregten kleinen Hündin Leni vor dem Flughafen Denver. Mein Kopf fühlte sich völlig leer an. Wie schon bei anderen Reisen hatte sich das Reisefieber in dem Moment gelegt, als ich das Flugzeug betrat, und war einer angenehmen Vorfreude gewichen. Eine große, schlanke Frau Ende vierzig stand auf der anderen Straßenseite und winkte. „Du musst Gabriele sein!", rief ich ihr zu. Neben ihr saß ein zottiger, grau-weißer Hund und blickte treuherzig. Leni bellte aufgeregt und zog an der Leine. „Willkommen in Colorado!", Gabriele umarmte uns zur Begrüßung. Vor vielen Jahren war die ursprünglich aus Deutschland stammende Gabriele Moritz in die USA ausgewandert. „Ich wollte fliegen. Und ich liebe dieses Land, seine Weite, die dünne Besiedelung, die Möglichkeiten, die es bietet", hatte sie mir am Telefon erzählt. Die deutsche Lufthansa akzeptierte zu dieser Zeit noch keine Frauen als Piloten. United Airlines war fortschrittlicher. Heute arbeitet sie als Flugkapitän. Aus Liebe zu den Mustangs lud sie uns in ihr Haus ein und bot uns einen Trainingsplatz für die ersten Wochen.

Wir verstauten unser Gepäck auf der Ladefläche ihres Chevrolets. „Stellt euch auf eine weitere Stunde Fahrt ein." Ich versank in den kühlen Ledersitzen und gab mich einer angenehmen Müdigkeit hin, die mich von all den Gedanken, die durch meinen Kopf wirbelten, erlöste. Die kleine Siedlung Red Feather Lakes liegt im Norden Colorados, nahe der Grenze zu Wyoming. Holzhäuser stehen weit verstreut in der hügeligen Landschaft. Keiner will seinem Nachbarn zu nahe sein. Hierher haben sich Menschen zurückgezogen, die

die Einsamkeit und die Natur lieben, aber doch die Nähe zur Großstadt schätzen - sofern man bei fünfzig Kilometern bis zum nächsten Supermarkt in Fort Collins noch von Nähe sprechen kann. Das Haus steht an einem Hang, oberhalb einer großen, gelben Wiese.

Im Haus war es angenehm kühl und es duftete nach Natur, Holz und Pferden. Der grobe Steinboden verwirrte unseren Hund, der die Gastfreundschaft aufs Spiel setzte und in die erstbeste Ecke pinkelte. Gabriele sah das entspannt. Sie hat ein Herz für Tiere. Das Haus ist aus Stroh gebaut. An einer Stelle ist eine Art Fenster im Verputz frei gelassen, durch das man Strohhalme sehen kann, die durch ein Drahtnetz zusammengehalten werden. „Stroh isoliert gut, hält das Haus im Winter warm und im Sommer angenehm kühl", erklärte Gabriele nicht ohne Stolz. Das Haus ist groß und offen. Die einzige Tür führt ins geräumige Badezimmer. Die Badewanne steht mitten im Raum. Die großen Fenster an zwei Seiten des Zimmers haben keine Vorhänge. Es gibt keine Nachbarn, vor denen man sich verstecken müsste. Aus der Badewanne hat man freie Sicht auf die dunklen Nadelbuschen der Föhren, die auf der Weide vor dem Haus stehen. Von den Barhockern am hohen Küchentisch blickt man durch die gläsernen Terrassentüren auf eine weite, hügelige Landschaft: ockergelbe Wiesen, dunkelgrüne Nadelwälder. Unmittelbar unterhalb des Strohhauses beginnt der National Forest, ein für jedermann zugänglicher öffentlicher Wald, unser Trainingsgebiet.

Wir feierten unsere Ankunft mit guter Jause und kühlem Bier. Gabriele war sehr gastfreundlich. Trotzdem fühlte ich mich sofort fehl am Platz. Im Strohhaus wimmelte es von Pferden. Pferdebilder an den Wänden, gemalte Pferdeköpfe auf den Porzellantellern, kleine Spielzeugpferdchen mit Reitern in selbst genähten Indianerkostümen thronen auf dem Küchenregal, ja sogar auf dem Etikett meiner Bierflasche war ein Pferd abgebildet. Bei so viel Pferdefetisch wurde mir wieder bewusst, wie wenig Erfahrung ich für diese Reise mitbringe. Dass es so viele Jahre her ist, dass ich das letzte Mal auf einem

Pferd saß, wusste außer mir niemand im Raum. Zwar habe ich nie behauptet, eine routinierte Reiterin zu sein, aber dass ich in Wahrheit keinen blassen Schimmer mehr habe, habe ich nicht zugegeben. Ich tröstete mich mit dem Gedanken, dass es mit dem Reiten wohl so ist wie mit dem Radfahren: Wenn man es einmal kann, verlernt man es nicht mehr.

Am nächsten Morgen sitze ich auf einem kantigen Stein, der die Terrasse des Strohhauses begrenzt, und trinke Kaffee. Im Osten zeichnet sich die aufgehende Sonne als roter Ball über der zackigen Silhouette der Berge ab. Neugierde und Unruhe haben mich schon früh geweckt, trotzdem war Günter schon vor mir unterwegs. Ich finde ihn und Leni später auf der Weide. Im morgendlichen Gegenlicht geben er und die vier Pferde ein harmonisches, friedliches Bild. Günter füttert sie mit Hafer aus der Hand. Nur der Rote verweigert. Im Gefängnis haben die Pferde bereits Namen bekommen. Doch wir wollen sie erst kennen lernen und ihnen dann eigene Namen geben. Vorläufig nennen wir sie nach ihrem Aussehen: den Dicken, den Braunen, den Schwarzen und den Roten. Unsere Pferde. Noch immer finde ich den Gedanken sehr aufregend. Günter hat den Pferden Halfter angelegt und drückt mir die Führstricke vom Braunen und Roten in die Hand.

„Führ die Pferde hoch zum Haus“, fordert er mich auf.

Noch nie habe ich zwei Pferde gleichzeitig geführt. Unsicher gehe ich zwischen ihnen. Immer wieder bleibt eines stehen und rupft ein paar Grashalme.

„Nicht fressen lassen!“, schimpft Günter. Als wir am Haus ankommen, reißt mir der Rote den Strick aus der Hand und beginnt zu grasen.

„Lass ihn nur, der läuft schon nicht weg. Du kannst ihn später holen“, ruft Günter mir zu. Zehn Minuten später ist das Pferd jedoch bereits die Wiese Richtung Wald hinunter spaziert. Ich laufe ihm nach. Als es mich laufend auf sich zukommen sieht, beginnt es zu traben. Gehe ich langsam, fällt auch das Pferd wieder in gemächlichen Schritt. Das kann ja lustig werden! Der erste Tag und schon laufe ich meinem Pferd hinterher! Ich bin fest davon überzeugt, dass Günter jeden Moment herangaloppieren und mir zu Hilfe kommen wird. Ich blicke zum Haus zurück, doch von meinem Helden keine Spur. So marschieren der Rote und ich weiterhin im Gleichklang am Waldrand entlang. Endlich gelingt es mir, das Pferd in einem großen Bogen zu umrunden und mich ihm von vorne zu nähern. Da bleibt er einfach stehen, ich kann den Führstrick wieder aufnehmen und ihn zurückführen. Wir striegeln die Pferde, kämmen ihre Mähnen, kratzen die Hufe aus. Die Tätigkeiten rund um die Pferde sind mir schnell wieder vertraut. Ich will sofort zum ersten Ausritt aufbrechen. Gabriele will mitkommen: „Vielleicht seid ihr froh, ein ruhiges, erfahrenes Pferd dabei zu haben." Wie meint sie das? Unsere Pferde sind doch auch ruhig, oder?

Beim ersten Ritt fühle ich mich großartig. Ich reite den Roten und komme gut mit ihm zurecht. Der Großteil meiner Zweifel ist zerstreut und neue müssen sich erst wieder bilden.

Nun beginnt die Arbeit mit den Pferden. In den nächsten Wochen wollen wir sie für ihren Einsatz im Gelände vorbereiten. Jedes Pferd soll als Reit- und als Packpferd eingesetzt werden können. Sie müssen an die Berührung durch Seile gewöhnt werden. Das Reitpferd darf nicht in Panik geraten, wenn der Führstrick des Packpferdes unter den Schweif gerät und das Packpferd muss an die lose herunterhängenden Seile beim Bepacken gewöhnt werden. Auch das Tragen von Gepäck müssen sie erst noch lernen. Unsere Pferde sind jung und noch sehr schreckhaft. Pferde sind Fluchttiere. Bei Gefahr folgen sie ihrem Instinkt, und der sagt ihnen: „Lauf so schnell du kannst!" Für ein Pferd ist alles, was es nicht kennt, zunächst einmal Gefahr und löst genau dieses Fluchtverhalten aus. Man muss sie an alles Mögliche langsam heranführen und gewöhnen und ihr Vertrauen gewinnen. Von nun an wollen wir bei unseren Pferden auf der Koppel schlafen. Auf einer flachen Lichtung stelle ich das Zelt auf. Günter hat mich gewarnt, dass die Pferde sich vor dem Zelt schrecken würden. Ich sollte sie zunächst langsam an die rote Zeltplane heranführen.

„Wie nah bist du denn mit den Pferden ans Zelt gekommen?“, fragt er mich später. „Na, ich habe sie halt daran schnuppern lassen“, antworte ich beiläufig. Es war keine besonders schwierige Aufgabe.

„Was hast du getan?“, Günter kann es kaum glauben. Selbst nach elf Jahren auf Reisen machten seine argentinischen Pferde noch einen großen Bogen ums Zelt. Jedes Pferd ist eben anders.

Beim Arbeiten mit den Pferden setzen wir Futter als Belohnung ein. Doch der Rote weigert sich immer noch, Hafer, Leckerli oder Karotten zu fressen. Ich mache mir Sorgen, doch Günter in seiner Hellsicht der Dinge beruhigt mich: „Du wirst sehen, der wird mal der Erste und Gierigste beim Futter sein.“

Am Abend setze ich mich zu den Pferden auf die Koppel und beobachte sie. Es ist herrlich ruhig, die Hitze des Tages ist vorüber, der Abend angenehm mild. Die Pferde grasen friedlich. Der Dicke ist der Schönste der Gruppe: klein, kräftig und muskulös, mit kurzem Rücken und einem sehr ausgeprägten Charakter. Er hat einen hübschen Kopf und einen knackigen Hintern. Sein Verhalten den anderen Pferden gegenüber deutet darauf hin, dass er der Boss zu werden scheint. Im Gefängnis nannten sie ihn „Dino“. Der Braune ist das größte der vier Pferde und erinnert am wenigsten an einen Mustang. In seinen Stammbaum haben sich sicher entlaufene Hauspferde gemischt. Immer wieder steht er abseits der Gruppe. Ziehen die anderen weiter, lässt er sich davon nicht beirren und grast friedlich weiter. Der Schwarze ist mit fünf Jahren der Jüngste. Er ist lebhaft und schreckhaft, aber anmutig und schön. In meiner Tasche habe ich eine Handvoll Hafer. Ich strecke sie dem Roten entgegen. Zögernd macht er einige Schritte auf mich zu, bleibt stehen, schnaubt, kommt noch einen Schritt näher und streckt seinen Hals lange nach vorne. Ich bleibe ruhig, um ihn nicht zu erschrecken. Zart fühle ich, wie seine weichen Lippen auf meiner Handfläche nach dem Hafer tasten. In diesem Moment schließe ich den Rabauken in mein Herz. Wegen seiner rostroten Farbe gebe ich ihm den Namen Rusty.

Unser erster Ausritt war eine Ausnahme, denn wir waren nur mit zwei Pferden unterwegs. In meiner Euphorie danach hatte ich die Packpferde vergessen. Ich muss ja nicht nur mit meinem Reitpferd zurechtkommen, ich soll auch ein Packpferd führen. An einem unserer ersten Trainingstage reitet Günter den Braunen und führt den Dicken als Handpferd, das heißt, er hält den Führstrick des zweiten Pferdes in der rechten Hand und lässt es seitlich versetzt neben seinem Reitpferd gehen. Ich reite Rusty, der Schwarze läuft frei mit. Noch fühle ich mich überfordert, ihn zu führen. Der Dicke bleibt immer wieder stehen und Günter muss mit aller Kraft am Führstrick ziehen. „Reit hinter ihm und treib ihn mit deinem Zügel an“, fordert er mich auf. Leichter gesagt als getan. Als ich endlich direkt hinter dem Dicken reite und mit dem Zügel aushole, erschreckt Rusty vor dem Lederriemen und springt auf die Seite. Ich versuche es noch einige Male, doch ohne Erfolg. Ich fühle mich nutzlos und unbeholfen. Günter versucht, mich seinen Ärger nicht spüren zu lassen. Er wickelt den Führstrick des Dicken um sein Sattelhorn und überträgt so die Zuglast auf sein Reitpferd. Wenige Minuten später jedoch erschreckt der Dicke vor einer Klapperschlange und springt in schnellen Bocksprüngen an Günters linker Seite vorbei. Der Führstrick wickelt sich um Günters Hüfte und reißt ihn aus dem Sattel. Unsanft landet er auf dem Boden. Ich fange die Pferde ein, die zum Glück nach wenigen Bocksprüngen stehen bleiben, und will mich dann um ihn kümmern. Mir zittern die Knie.

„Du kaufst dir besser einen Helm“, ruft er mir zu, als er sich aufrappelt.

„Ja, gut, und du?“

„Ich bin ein Cowboy, ich brauch das nicht.“

Am nächsten Tag versuchen wir die Pferde an den Straßenverkehr zu gewöhnen. Günter reitet den Dicken, den wir immer öfter bei seinem Gefängnisnamen „Dino“ rufen, und führt den Braunen. Rusty und der Schwarze laufen frei mit. In Gabrieles Auto fahre ich auf einem Feldweg hinter ihnen her. Auf Günters Kommando steige ich nach einer Kurve abrupt auf die Bremse. Vor mir preschen die Pferde auf und davon, begleitet von lauten „Ho, ho“-Rufen Günters, und verschwinden in einer Staubwolke. Nur Günters Cowboyhut bleibt auf der Straße liegen. Ähnlich erschrocken reagieren sie, als sie mich zum ersten Mal mit einem Trekkingrucksack sehen. Um es besonders dramatisch zu machen, habe ich mir auch noch meinen blauen Regenponcho angezogen. Die Pferde bekommen eine regelrechte Schocktherapie. Jeden Tag haben wir Neues für sie parat. Wir gewöhnen sie an Fahrräder und Lamas - die in den Bergen gerne als Packtiere eingesetzt werden -, an LKWs und flatternde Planen, an Plastiktüten und Packtaschen. Und jeden Tag gehen die Pferde mindestens einmal durch, obwohl wir sie so sanft wie möglich an diese neuen Dinge heranführen wollen. Ihr unberechenbares Verhalten verunsichert mich zunehmend. Wir haben vor, in Gegenden zu reiten, wo weit und breit keine Hilfe zu erwarten ist. Was machen wir, wenn sich einer von uns oder eines der Tiere verletzt? Was, wenn die Pferde in der Wildnis abhauen und wir sie nicht wieder finden? Vor der Abreise besuchte ich in Österreich einen Erste-Hilfe-Kurs des Alpenvereins. Trotz der vielen guten Tipps des Vortragenden – er hatte mir zum Beispiel erklärt, wie man aus Baumrinde einen provisorischen Gipsverband herstellen kann – wurde mir schnell bewusst, dass wir bei ernsthaften Verletzungen in der Wildnis ziemlich hilflos sind. Unsere Pferdefreunde in Red Feather Lakes reagieren mit viel Verständnis auf meine Sorgen. Fast jeder hat eine Geschichte über irgendeinen arglosen Bekannten für mich parat, der mit seinem bis dahin braven und treuen Pferd einen schrecklichen Unfall hatte, bei dem entweder Reiter oder Pferd schwer verletzt wurden und erschossen werden mussten. Erschossen wurden natürlich nur die Pferde, die Menschen überlebten mit verstümmelten Händen, einem verkürzten Bein oder ähnlichen Verletzungen. „Es trifft immer die Frauen“, warnt man mich, „die halten einfach nicht so viel aus wie die Cowboys.“

Niemand will mir davon abraten, auf die Reise zu gehen, aber ermutigen wollen sie mich definitiv auch nicht. „Ich würde mich das nicht trauen“, sagen mir Frauen, die quasi auf dem Rücken eines Pferdes aufgewachsen sind. Oder sie sagen: „Du bist schon sehr mutig“ und meinen eigentlich „Du bist ganz schön leichtsinnig“. Buzz hingegen, ein Freund Gabrieles, sieht das entspannter: „Das wird schon werden“, meint er immer wieder. Ich weiß nicht recht, was ich von seinem Optimismus halten soll. In den fünf Wochen, die ich ihn kenne, habe ich ihn noch nie nüchtern erlebt. An seinem Sattelhorn ist ein Bierdosenhalter angebracht, in seinen Satteltaschen stapeln sich die Dosen. Dennoch ist er ein guter Reiter.

„Das einzige Mal, dass Buzz vom Pferd fiel, war, als er versuchte, eine Bierdose zwischen den Ohren seines Reitpferdes abzustellen!“, erzählte Gabriele einmal über ihren alten Freund.

Am besten aber gefiel mir die Geschichte eines Universitätsprofessors und Pferdefachmannes. Er erklärte uns, wie man mehrere Pferde zu einem Packstring zusammenbindet. „Du bindest einfach den Führstrick des einen Pferdes am Schweif des anderen Pferdes an“, meinte er. Günter war skeptisch: „Kann sich das Pferd dabei nicht verletzen? Kann die Schweifwurzel nicht ausreißen?“

Der Professor lachte: „Aber nein! Ich hatte einmal einen Packstring, da stürzte das letzte Pferd in eine Schlucht und hing nur noch am Führstrick an dem Schweif des vorletzten Pferdes. Dieses stemmte sich mit aller Kraft gegen den Zug des frei hängenden Packtieres. Ich musste den Führstrick durchtrennen, um wenigstens das eine Pferd zu retten“, berichtete er großspurig.

„So ein Halfter brauche ich, wo kann ich das kaufen?“, rief Günter begeistert. Er hatte recht. Wir hatten die Erfahrung gemacht, dass die Halfter bereits durch einen abrupten Zug eines aufmüpfigen Pferdes rissen. Ein Halfter, das dem Gewicht eines frei hängenden Pferdes standhält, erschien uns wirklich außergewöhnlich. Der Professor sah ihn irritiert an. Offensichtlich hatte er eine andere Reaktion erwartet.

Günter hat jahrelange Erfahrung im Umgang mit Pferden, trotzdem ist es auch für ihn eine Herausforderung, mit Pferden zu arbeiten, die er nicht kennt, denn es ist nicht ungefährlich. Als er einmal die Pferde neu beschlagen wollte, bekam er einige Tritte ab und flog meterweit durch die Luft. Für mich stellen diese ersten Wochen nicht nur eine Herausforderung dar, sondern sehr oft auch eine Überforderung. Meine Erfahrung mit Pferden beschränkt sich auf Dressurreiten in der Halle und im Viereck. Hier im gebirgigen Gelände sind die Anforderungen ganz andere. Reiten wir beispielsweise steil bergab durch den Wald, muss ich mich nicht nur unter quer über den Pfad hängenden Ästen ducken, ich muss auch jederzeit bereit sein abzuspringen, falls das Pferd abrutschen sollte. Vor einigen Tagen sprang Buzz voller Übermut ohne Sattel auf eines der Pferde. Dieses erschrak und galoppierte davon und unter einem tief hängenden Ast hindurch. Buzz konnte sich nicht genug ducken und umarmte daher den Ast.

Optimistisch war ich davon ausgegangen, dass man Reiten nicht verlernt und auch Günter hatte mir versichert, ich bräuchte nichts Besonderes zu können: „Du darfst nur keine Angst haben, alles andere lernst du unterwegs.“ Das hatte ich damals in Deutschland mit einem Lachen leichtfertig abgetan. Aber das ist leichter gesagt als getan. Man kann sich nicht dafür entscheiden, „keine Angst zu haben“. Entweder man hat Angst oder man hat keine, aber man hat keinen Einfluss darauf. Ich habe Angst, fühle mich überfordert und habe das Gefühl, alles, was nur möglich ist, falsch zu machen. Als beispielsweise mal wieder eines der Pferde davonläuft und ich ihm nachgehe, ruft Günter mir ungeduldig zu: „Du musst dich dem Pferd von der Seite nähern, doch nicht von hinten!“ Wie soll das denn gehen, wenn das Pferd schnurstracks vor dir davonläuft und dir immer sein Hinterteil entgegenstreckt?

Unser erster großer Ausritt dauert neun Stunden, von denen ich acht Stunden lang hoffe, dass wir bald ankommen, denn bereits nach einer Stunde schmerzen mein Hintern und meine Knie. Ich möchte die Beine durchstrecken, doch noch wage ich es nicht, ohne Steigbügel zu reiten. Gerade erst war Günters Pferd durchgegangen, weil der Wind seinen Hut davongeweht hat, und auch mein Pferd machte aus Sympathie einige Bocksprünge. Hin und wieder steige ich ab und gehe einige Schritte, das entspannt die Knie, doch sobald ich wieder aufsteigen will, muss Günter absteigen und mein Pferd halten, damit es ruhig stehen bleibt. Als emanzipierte Frau geht mir das ziemlich gegen den Strich. Gegen Ende des Ritts verirren wir uns. Wir finden die Passage über einen Bergrücken nicht und müssen einen Umweg von etwa zwei Stunden in Kauf nehmen. Es ist bereits dunkel, als wir endlich unser Ziel, das Haus von Pat, eine Freundin Gabrieles, erreichen. Wir verladen die Pferde in einen Trailer, um sie wieder zurückzubringen. Rusty steigt problemlos ein, doch der Braune will unter keinen Umständen in den Trailer. Erst mit viel gutem Zureden und einigen Hieben auf die Hinterbacke steigt er schließlich ein. Günter belohnt ihn im Trailer mit Futter und reicht mir den Führstrick seitlich durch ein Fenster nach draußen. Der Braune macht noch ein paar Schritte nach vorne. Ich will die Gelegenheit nutzen, den Führstrick durch ein Fenster weiter vorne zu fädeln. Mit der linken Hand ziehe ich an der Schlinge, die der Strick durch das Fenster macht. In diesem Moment jedoch entscheidet sich der Braune, wieder auszusteigen. Er springt zurück und quetscht meine Finger zwischen Schlinge und den Metallstäben des Trailers ein. Ich schreie laut auf vor Schreck, doch im ersten Moment verspüre ich keinen Schmerz, nur ein banges Gefühl, weil ich nicht weiß, was mit meiner Hand passiert ist. In meiner Jackentasche fingere ich mit der unverletzten Hand nach der Taschenlampe. In ihrem schwachen Licht stelle ich fest, dass noch alle fünf Finger vollständig vorhanden sind, sie sind nur ein wenig zerschunden.

Ich stecke die Hand in das kalte Wasser einer Regentonne und bemitleide mich selbst, da sonst niemand Zeit hat, Mitleid mit mir zu haben. Warum will ich diese Reise nur machen? Es ist ungewöhnlich und beängstigend, dass ich mir diese Frage am Anfang der Reise selbst stelle. Wie oft wurde ich in den vergangenen Monaten danach gefragt. Schon da hatte ich keine Antwort, aber mir genügte es zu wissen, dass ich auf diese Reise will. Das „Warum" spielte keine Rolle. Daher hatte ich mir hilflose Standard-Antworten zurechtgelegt: Um meine Grenzen kennen zu lernen. Um Selbsterfahrung zu sammeln. Aber dazu könnte man auch die Wiener Ringstraße auf einem Bein entlanghüpfen oder an einem Gummiseil vom Donauturm springen. Bei einer Reise jedoch geht es um das Erleben, um das Reicherwerden, das Sammeln von Eindrücken, das Überraschenlassen, das Wiederfinden alter Wahrheiten. Es geht um das erlebte Fortbewegen, das erstaunlicherweise umso intensiver ist, je langsamer man sich bewegt. Fliegt man nach Australien, ist man zwanzig Stunden später bereits da. Es ist, als wäre man durch eine Tür von einem Zimmer ins andere getreten, dabei ist man einmal um den halben Globus gereist. Fährt man mit dem Auto oder der Bahn, ist es, als würde man die Landschaft in einem Film betrachten. Die Welt wandernd zu erleben, war für mich hingegen immer eine intensive Erfahrung. Ich freute mich darauf, auf dieser Reise nun die Welt vom Pferderücken aus zu erkunden. Es sollte für mich ein neues, spannendes Medium sein. Die Frage „Was mache ich hier?" kommt im Laufe einer Reise unweigerlich. Zum Beispiel dann, wenn man tagelang im strömenden Regen unterwegs ist und abends in das feuchte Zelt kriecht, wenn die Pferde durchgehen, davonlaufen und man mutterseelenallein und ohne Gepäck in der Wildnis steht, wenn es hagelt und der Wind wie verrückt bläst, oder aber der einzige Wassertank mitten in der Wüste nach Petroleum stinkt. Doch am Anfang, da stellt man sich diese Frage normalerweise nicht, da ist man voller Abenteuerlust und Aufbruchsstimmung – normalerweise.

Was ist nur mit mir los? Ich versuche mich an meine Gefühle, meine Intuition zu erinnern, die mich von meinem vertrauten Schreibtisch in Wien hierher, mitten nach Colorado, geführt haben. Ich wollte ein naturnahes Leben führen, weit weg von der Hektik und dem Fortschritt der Zivilisation, ein einfaches Leben, in dem der Augenblick zählt, in dem es nicht notwendig ist, einen Terminkalender zu führen, 24 Stunden des Tages telefonisch erreichbar zu sein und dreimal täglich seine E-Mails abzurufen, für den Fall, dass irgendjemand in dieser globalisierten Welt mit mir kommunizieren will. Ich wollte keine zehn Stunden täglich eingesperrt sein in einem Büro, an einen Computer gefesselt – ein Sklave der Modernisierung. Vielmehr sehnte ich mich danach, im Wald und in den Bergen unterwegs zu sein, unter freiem Himmel zu schlafen, mich im Fluss zu waschen, am Lagerfeuer zu kochen, bei Sonnenaufgang aufzustehen und bei Sonnenuntergang schlafen zu gehen, nass zu werden, wenn es regnet, Kälte zu spüren und die wärmende Sonne zu genießen, nachts Mond und Sterne zu sehen, eins zu sein mit den Elementen, mich selbst zu spüren. Ich sehnte mich nach einem Leben, in dem Uhrzeit und Kalenderdatum unwichtig sind, der Vollmond hingegen wichtig ist. Ich möchte meine Abenteuer nicht nur im Kopf erleben. Mein Leben soll nicht stabil und in gewohnten Routinen verlaufen. Auch wenn ich zugeben muss, dass Veränderung Angst macht. Doch gerade in der Veränderung lernt man, nicht zuletzt sich selbst kennen. Und nun stehe ich hier mit meiner Hand in der Regentonne und könnte mich nicht miserabler fühlen.

Pat und ihr Mann Dick laden uns zum Abendessen in ihr gemütliches Blockhaus ein. Dick hat es selbst entworfen und gebaut. „Und für mich hat er extra große Fenster eingebaut“, lacht Pat. Die beiden sind ein sehr herzliches Paar. Für beide ist es die zweite Liebe ihres Lebens. Dick hat seine erste Frau vor einigen Jahren verloren. Nach ihrem Tod zog er sich aus der Gesellschaft zurück und verbrachte zwei Jahre alleine mit seinem Kanu auf den Seen und Flüssen Kanadas.

Dick ist ein „Mountain Man", wie er im Buche steht: groß gewachsen und trotz seines Alters von stolzen siebzig Jahren topfit. Er behauptet, er wäre bergauf noch immer schneller als ein Pferd. Sein wallendes weißes Haar geht fließend über in einen wallenden weißen Bart und umrahmt die grünen, lebhaft funkelnden Augen. Er serviert uns selbst gebackenes Brot aus Sauerteig. Ein größeres Geschenk kann man einer Österreicherin in Amerika kaum machen. Wir essen Salat, Kartoffeln und Gemüse aus dem Garten. Wer so abgeschieden lebt wie die beiden, baut seine Lebensmittel selbst an. Nach dem Essen setzt sich Pat ans Piano. In ihrem Leben gibt es zwei Leidenschaften: Pferde und Musik. Sie wurde vor 65 Jahren in Alaska geboren und wuchs sehr naturnah auf. Immer wieder brachten Vater und Bruder verwundete Tiere nach Hause, um die sich Pat kümmerte. „Ich bin unendlich dankbar für diese Kindheit", erinnert sie sich. Dick lernte Pat in den Bergen kennen. Er war wie so oft mit seinem Rucksack alleine in der Wildnis unterwegs, Pat kam ihm auf ihrem majestätischen weißen Fellpony entgegen wie eine Traumprinzessin. Im Wohnzimmer hängt ein Foto, auf dem Pat im weißen Kleid mit wehendem, langem Haar dieses Pony reitet, dem ein Einhorn auf die Stirn gebunden wurde. Dick muss einen ähnlich märchenhaften Eindruck von ihr gehabt haben. Wenn die beiden von dieser Begegnung erzählen, spürt man ihre Verbundenheit. Ihre Flitterwochen verbrachten sie in den Bergen. Vier Monate lebten sie wie Nomaden in der Wildnis, zogen von einer grünen Weide zur nächsten, denn Pats neun Pferde waren alle dabei. Dick, der bis zu diesem Zeitpunkt keine Erfahrung mit Pferden hatte, holte dies schnell nach, schließlich musste er die Liebe seiner neuen Gefährtin mit diesen Geschöpfen teilen.

Günter und Pat gehen hinaus, um nach den Pferden zu sehen. Dick und ich bleiben zurück.

„Bist du gerne mit Pferden unterwegs?", frage ich Dick.

„Oh, na ja, lieber gehe ich zu Fuß. Diese Pferde sind mir nach wie vor nicht geheuer." Dick spricht mir aus dem Herzen.

„Wirklich? Ehrlich gesagt, mir geht's genauso!"

„Wenn ich schon ein Tier mitnehmen sollte, ich würde eine Ziege nehmen", führt Dick weiter aus, „Die können auch einige Kilogramm tragen und außerdem geben sie frische Milch."

Endlich mal jemand, der mich versteht! Die Idee mit der Ziege finde ich sympathisch. Ziegen sind viel kleiner und handlicher als Pferde. Warum nehmen wir nicht einfach eine Herde Ziegen mit! Oder einen kleinen Esel? Vielleicht auch ein Lama? Jedes andere Tier erscheint mir in diesem Moment pflegeleichter als Pferde.

Es stellt sich immer deutlicher heraus, dass ich mein Packpferd nicht selbst führen kann. In schwierigem Gelände habe ich sprichwörtlich alle Hände voll damit zu tun, mein Reitpferd zu kontrollieren und keine Hand frei, um den Führstrick eines zweiten Pferdes zu halten. Außerdem muss nicht nur der Reiter sondern auch das Reitpferd sich an das Packpferd gewöhnen. Derzeit reagiert Rusty noch mit erschrockenen Bocksprüngen, sollte der Führstrick unter seinen Schweif geraten. Wir wollen auch kein Pferd zurück lassen. Günter testet daher verschiedene Alternativen, Pferde aneinanderzubinden. Einmal bindet er den Führstrick des zweiten Pferdes um den Hals des ersten, den des dritten Pferdes um den Hals des zweiten und den des vierten um den Hals des dritten. So aneinander gebunden marschiert er mit ihnen über die Wiese. Kurzfristig sieht das sehr harmonisch aus, bis eines der Pferde stehen bleibt und die Quadrille sich in einen Knäuel verwandelt und Leni wild um die Pferde springt und sie wütend anbellt.

In der Zwischenzeit haben wir allen Pferden Namen gegeben. Der Schwarze heißt nun „Azabache", in Erinnerung an eines der ersten Pferde, das Günter vor vielen Jahren in Guatemala hatte. Sein Name ist Spanisch und bedeutet „nicht schwarz, nicht braun". Der Braune bekam bereits im Gefängnis den Namen „Lightfoot". Nun ist der Braune alles andere als leichtfüßig. Ständig stolpert er über Stock und Stein.

Schließlich entschieden wir uns, den Namen aus genau diesem Grund beizubehalten. Azabache, Lightfoot, Dino und Rusty – in unserem Team hat nun endlich jeder einen Namen.

Günter vertraut den Pferden blind. Das ist einer seiner größten Fehler, der uns immer wieder Ärger und unnötige Arbeit einbringt. Doch in dieser Beziehung ist er unbelehrbar. Die Pferde können ihn immer wieder enttäuschen, er verzeiht es ihnen sofort wieder. Nach nur einer Woche beschließt er, sie über Nacht im National Forest frei laufen zu lassen. Er ist überzeugt, sie am nächsten Tag wieder am selben Ort vorzufinden. Womit er auch beinahe Recht behält. Beinahe – denn mein Instinkt hatte mich nicht getäuscht. Am nächsten Morgen finden wir nur drei Pferde, Rusty ist verschwunden. Mir war schon in den letzten Tagen aufgefallen, dass mein Lieblingspferd dazu neigt, bei jeder Gelegenheit auszureißen. Ob er das wohl im Gefängnis gelernt hat? Günter, der sich für den Verlust verantwortlich fühlt, reitet alleine los, ihn zu suchen. Stunden später kehrt er betrübt zurück. „Keine Spur, nirgends. Ich war bei einer verlassenen Schaffarm, bin an allen Wasserstellen vorbeigeritten, war bei den Pferdekoppeln auf der anderen Seite des Tals, aber erfolglos." Als Günter die Schaffarm erwähnt, habe ich das unbestimmte Gefühl, dass wir dort nochmals nachsehen sollten.

„Dort ist ganz sicher kein Pferd versteckt. Da war niemand, außer ein paar Schafen", beharrt Günter. Ob sich ein Schaf wohl auch als Packtier eignet? Ich sattle Lightfoot und reite los. Es ist das erste Mal, dass ich alleine unterwegs bin. Lightfoot ist das einzige Pferd, das ich alleine reiten kann. Bei ihm ist der Herdentrieb nicht so stark ausgeprägt. Als ich einmal versuchte, Rusty von den anderen Pferden weg zu reiten, ging das ziemlich schief. Nach einigen hundert Metern durch den Wald, drehte er plötzlich unmotiviert um und galoppierte auf direktem Weg durch die Bäume zurück zu den anderen. Ich konnte nur noch versuchen, mich vor den herunterhängenden Ästen zu schützen, bremsen konnte ich ihn nicht.

Es dämmert bereits, als ich die einsame Schaffarm erreiche.

Das kleine, verfallene Haus sieht von Weitem verlassen aus. Doch als ich näher komme, begrüßen mich zwei kläffende Schäferhunde. Hinter einem Stacheldrahtzaun steht eine Herde Schafe und starrt mich irritiert an. Zwischen dem Blöken der Schafe höre ich plötzlich leises Wiehern. Aufgeregt will ich sofort vom Pferd springen, dieses jedoch erschreckt sich vor den Hunden und Schafen, springt ebenfalls und ich fliege in weitem Bogen zu Boden. Seit diesem Sturz ist der Mittelfinger meiner linken Hand verbogen. Rusty freut sich mich zu sehen und kommt auf mich zu. Er legt seinen Kopf auf meine Schulter, ich kraule seine weichen Lippen. Zunächst wendet er sich ab, kommt aber gleich wieder und will schmusen und stupst mich so fest mit seinem großen Kopf, dass ich umfalle. Ich bin überglücklich, ihn zu sehen und falle ihm um den Hals, presse meine Wange an sein Fell, streiche durch seine Mähne und flüstere ihm liebevolle Worte ins Ohr. Ich sattle um und reite Rusty zurück zum Haus, voller Stolz und Freude. Von meinem Sturz erwähne ich natürlich kein Wort.

Am nächsten Tag wollen wir Leni beibringen, auf dem Packpferd zu reiten. In Mittelamerika hatte Günter die Erfahrung gemacht, dass Hunde unter der Hitze stärker leiden als Pferde. Damals musste er seinen Hund, einen vierzig Kilogramm schweren Rottweiler-Mischling, immer wieder aufs Packpferd heben. Dazu hatte er eigens eine Sänfte für die Hündin gebaut. Leni mit ihren sechs Kilo aufs Pferd zu hieven ist nun kein Problem. Doch sie will vom Reiten nichts wissen. Sie bleibt keine fünf Sekunden sitzen, dann springt sie wieder hinunter. Leni war von Anfang an nicht begeistert davon, unsere Aufmerksamkeit mit den Pferden zu teilen. Immer wieder kam sie mit einem Tennisball oder einem Stofftier im Maul auf die Koppel, wo wir gerade mit den Pferden arbeiteten, und forderte uns zum Spielen auf. Vor den Pferden hatte sie keinen Respekt. Standen diese still, lief sie einfach unter ihrem Bauch und zwischen den Beinen hindurch, liefen sie zu schnell, bellte Leni die Pferde aufgebracht an. Dabei ist unsere junge Jack-Russel-Hündin kleiner als ein Pferdekopf. Sie ist sogar verschwindend klein im Vergleich zu der Größe eines Pferdes. Nach einigen erfolglosen Versuchen geben wir auf. Wozu auch reiten lernen, Leni ist der energievollste Hund, den man sich vorstellen kann. Außerdem ist in den Bergen der Rocky Mountains ohnehin nicht mit tropischen Temperaturen zu rechnen.

Einige Tage später liegen wir entspannt in der Wiese und lassen uns sonnen. Die Pferde grasen ein Stückchen oberhalb. Um die Pferde an Fußfesseln und Seile zu gewöhnen, tragen sie alle eine Fußfessel an einem Vorderbein, an der ein zehn Meter langer Strick angebunden ist. Das andere Ende des Stricks ist lose. Die Fußfessel soll später einmal um beide Vorderbeine gelegt werden. Dadurch kann ein Pferd nur kleine Schritte machen und über Nacht keine großen Strecken zurücklegen. Leni befindet sich auf Streifzug durch Wald und Wiese. Plötzlich sieht sie ein Erdhörnchen und jagt hinter ihm her. Das erschreckt die Pferde, die in schnellem Galopp davonlaufen. Dino, Lightfoot und Azabache beruhigen sich schnell wieder, drehen um und kommen auf uns zu. Nicht so Rusty, er läuft einfach weiter und weiter, den Hang hinauf und verschwindet immer noch im schnellen Galopp im Wald. Fassungslos starren wir ihm nach, dann sattelt Günter Dino und jagt Rusty hinterher. Ich bringe die beiden anderen zurück zum Haus. Tief in Gedanken versunken steige ich durch das hohe Gras, als ich plötzlich ein zischendes Geräusch direkt vor mir höre. Noch nie zuvor hatte ich das Geräusch einer Klapperschlange gehört, trotzdem erkenne ich es sofort. Die Schlange liegt eingerollt und angriffsbereit vor mir auf dem Weg. Ich schreie auf, das erschreckt wiederum Lightfoot, der einige Meter zurückspringt. In dem Tumult verschwindet auch die Schlange. Günter kommt erst nach Sonnenuntergang zurück, doch ohne Rusty. Unsere größte Sorge ist die Fußfessel und der Strick an Rustys linkem Vorderbein. Wenn er mit dem Strick hängen bleibt, könnte er sich schwer verletzen. Gabriele mobilisiert ihre Freunde und am nächsten Tag starten wir eine Suchaktion. Wir durchstreifen die Wälder, reiten zu den Wasserstellen, doch das Pferd ist spurlos verschwunden. Ein weiterer Tag vergeht erfolglos. Gegen Abend begegnet uns ein Reiter. Er bleibt stehen, grüßt aber nicht.

„Haben Sie vielleicht ein Pferd gesehen?“, frage ich ihn, ebenfalls ohne Gruß.

„Ein rotes, mit Fußfessel und Halfter?“, entgegnet er. „Nein, aber ich weiß, wo es ist.“

Ich hätte ihm um den Hals fallen können, wäre er nicht so arrogant und abweisend gewesen. Er genießt sichtlich die Situation und lässt sich die Informationen mühsam aus der Nase ziehen. Schließlich berichtet er, dass unser Pferd am anderen Ende des Tals etwa zwanzig Kilometer entfernt auf einer Ranch Zuflucht gefunden hat. Wir reiten zurück zum Haus, um Rusty mit dem Trailer abzuholen. Er trägt nach wie vor die Fußfessel, doch der Strick ist nur noch zehn Zentimeter lang. Außer ein paar Abschürfungen ist er zum Glück unverletzt. Bei der Rückfahrt meint Gabriele: „Sonja, dein Pferd will nicht auf diese Reise, darum läuft es immer weg. Das sollte dir zu denken geben.“

Wir laden unsere Helfer zum Abendessen ein. Wieder werden viele Pferdegeschichten erzählt, diesmal stehen Geschichten im Vordergrund, bei denen Pferde verloren gingen und erst, wenn überhaupt, Jahre später wieder gefunden wurden. Ich will keine Geschichten mehr hören, die mir Angst machen, und gehe nach draußen. Es ist angenehm kühl. Tausende Sterne leuchten am Himmel, in ihrem Licht erkenne ich die Silhouetten unserer Pferde auf der Weide. Ich zähle nach. Vier Stück, alles in Ordnung. Unter unseren Helfern bei der Pferdesuche war auch Pat. Sie ist mir auf die Terrasse gefolgt.

„Vor einigen Jahren musste ich mir ein neues Hüftgelenk machen lassen“, erzählt sie, „Mein Arzt meinte damals, ich müsste nach der Operation einige Wochen im Rollstuhl sitzen. Ich war verzweifelt. Im Rollstuhl wäre ich an das Haus gefesselt gewesen.“

Das Haus steht auf einem Hügel, zu dem ein schmaler, steiniger Pfad führt. Es ist umgeben von Wiesen und Wäldern. Auf den Waldwegen hätte sie tatsächlich mit dem Rollstuhl keine Chance sich fortzubewegen. Pats Blick ist auf die Weide gerichtet, doch sie scheint in die Vergangenheit zurückzublicken.

„Ich hatte Angst vor der Operation und der Zeit danach. Doch dann kam mir eine Idee. Ich kaufte das kleine Pony, das du bei uns im Stall gesehen hast."

Es war eines der kleinsten Pferde, das ich jemals gesehen hatte. Ein Kinderpony, nicht größer als vielleicht ein Meter.

„Dieses Pony war mein Rollstuhl! Von der obersten Stufe am Treppenaufgang zum Haus konnte ich mich auf den Pferderücken ziehen und so war ich mobil. Als ich das zweite Hüftgelenk bekam, machte ich es genauso. Ich habe den Pferden so viel zu verdanken."

Und ich bin Pat dankbar, dass sie diese Pferdegeschichte mit mir teilt. Nach all den Tragödien, die ich mir in den letzten Tagen anhören musste, endlich einmal eine schöne Geschichte, in der von der Harmonie zwischen Mensch und Tier gesprochen wird, in der niemand verunglückt, sondern im Gegenteil, das Pferd eine Rolle als Helfer in der Not hat.

Der Sommer vergeht viel zu schnell. Wir haben bereits Ende Juli. Fünf Wochen Arbeit mit den Pferden sind vergangen, doch ich fühle mich noch immer unsicher. Es wird nicht mehr lange dauern, bis der Herbst in den Bergen Einzug hält. Wenn wir nicht bald aufbrechen, brauchen wir in diesem Jahr überhaupt nicht mehr zu reiten. Ich muss eine Entscheidung treffen, auch wenn Günter mir immer wieder beteuert, wir hätten alle Zeit der Welt. Ich will ihn nicht davon abhalten, seine Reise fortzusetzen. Ich will ihm auch unterwegs nicht zur Last fallen. Nach langem Hin und Her treffe ich endlich eine Entscheidung: Ich komme nicht mit. Es tut mir unendlich leid, schließlich haben wir monatelang geplant und geträumt. Doch mir fehlt der Mut aufzubrechen.

Andererseits fällt mit dieser Entscheidung eine große Last von mir ab. Ich habe das Gefühl, die richtige Entscheidung getroffen zu haben. Ich rufe eine Freundin an, um ihr meinen Entschluss mitzuteilen.

„Sonja, das ist nicht dein Ernst. Das willst du nicht wirklich. Du willst auf diese Reise, ich kenne dich doch", widerspricht sie mir.

„Nein, nein. Ich habe mich entschieden, ich reite nicht mit. Das ist wirklich das Beste!" Tränen laufen mir über die Wangen, meine Stimme kippt. Dabei war ich gerade noch sicher gewesen...

Als ich diesen Entschluss Gabriele und ihren Freunden mitteile, habe ich den Eindruck, sie haben schon seit Wochen damit gerechnet, dass ich einen Rückzieher machen werde, und nur darauf gewartet. Voller Eifer wird nun Günters Aufbruch vorbereitet. Günter selbst ist enttäuscht. Noch einmal versichert er mir, dass er auch noch ein weiteres Jahr auf mich warten würde. Doch ich will ihn nicht länger hinhalten. Wie soll ich auch wissen, ob sich in einem Jahr etwas ändern würde? Im Grunde meines Herzens weiß ich jedoch, dass meine Ängste keine rationale Grundlage haben. Günter ist sehr vorsichtig, mich nicht zu etwas zu überreden, von dem ich nicht völlig überzeugt bin. Er fühlt sich für mich verantwortlich. Da er nun nicht mehr auf mich warten muss, legt Günter den Termin für den Aufbruch auf den kommenden Montag. Er will mit drei Pferden starten. Rusty wird nicht mitkommen, deshalb wird er auch von den drei anderen getrennt und wie ein Aussätziger auf eine separate Weide gestellt. Zum Glück ist er dort nicht alleine, Rui, ein alter Isländer, leistet ihm Gesellschaft. Weil er mir leid tut, verbringe ich in den nächsten Tagen viel Zeit mit Rusty und langsam wächst er mir ans Herz.

Die erste Etappe wird Günter durch den Rocky Mountain Nationalpark führen. Hunde sind im Park nicht erlaubt. Daher vereinbaren wir, dass ich Günter fünf Tage nach Aufbruch in Grand Lake, am südlichen Ende des Parks, treffen und ihm

Leni übergeben werde. Buzz wird ihn bis dorthin begleiten.

Am Montag, dem 6. August, versammeln sich zehn Reiter und Pferde vor dem Strohballenhaus. Eine dunkle Wolkenschicht verdeckt die sonst gnadenlose Sommersonne Colorados und verspricht einen angenehmen Reittag. Günter und ich haben schlecht geschlafen, zu viele Gedanken gingen uns durch den Kopf. Ich will Günter an diesem ersten Tag wie die anderen begleiten, ein letztes Mal, und dann die Reise beenden.

Die erste Stunde führt durch einen engen, dicht bewachsenen Canyon. Immer wieder müssen wir den kleinen Bach durchqueren, uns unter herabhängenden Ästen ducken und über Baumstämme, die quer über dem Weg liegen, springen. Auf einem dicken Baumstamm liegt eingerollt und friedlich schlummernd eine Klapperschlange. Rusty und ich reiten mit Respektabstand vorbei. Pat jedoch, energievoll und übermütig, springt auf ihrem kleinen, grauen Mustang über den Baumstamm. Durch den hohen Sprung verliert sie das Gleichgewicht und stürzt. Ich halte den Atem an. Pat ist so zart gebaut, dass man Angst hat, ihre Rippen zu brechen, wenn man sie zu stürmisch umarmt. Doch bevor einer der Reiter ihr zur Hilfe kommen kann, steht sie bereits wieder, lacht, klopft sich den Staub aus den Kleidern und schwingt sich wieder in den Sattel. Ein Gedanke geht mir durch den Kopf, als ich Pat beobachte: „Vielleicht mache ich mir einfach zu viele Sorgen?"

Dem Canyon folgt ein steiler, steiniger Anstieg hinauf auf eine Hochebene. Kleine, vom Wind gekrümmte Steinkiefern klammern sich an den felsigen Untergrund. Zwischen Gambeleichen und Wüstenbeifuß wächst feuerroter Indian Paintbrush wie bunte Farbtupfer auf dem kargen Boden. Ein Schwarm blauer Vögel fliegt laut zwitschernd auf.

„Das sind Nacktschnabelhäher", erklärt Buzz, „Sie sind in diesen Wäldern weit verbreitet. Die Vögel ernähren sich von den Samen der Kiefern. Als Vorrat für den Winter vergraben sie diese und tragen dadurch zur Verbreitung der Bäume bei."

Wir befinden uns in weglosem Gelände und sind dankbar, dass Buzz die Führung übernimmt. Er verbringt viele Stunden auf seinem Pferd in diesen Bergen und kennt die Gegend wie seine Westentasche. Auf einer großen Lichtung machen wir Pause, strecken uns in der Wiese aus und lassen uns von den Sonnenstrahlen, die durch die Wolkendecke hindurch kommen, kitzeln. Ich lasse Rustys Führstrick keine Sekunde los. Wie würde ich denn dastehen, wenn er wieder Reißaus nähme? Er reibt sein weiches Maul an meiner Hüfte. In Wahrheit ist das keine Geste der Zuneigung, er ist nur auf der Suche nach den Leckerli, die ich in den Hosentaschen habe. Ich will ihm auch ein Stück meines Jausenapfels geben, doch Rusty isst keine Äpfel. Er schnuppert daran, dann dreht er verächtlich den Kopf auf die Seite. Es ist schon ein großer Fortschritt, dass er die Leckerli frisst. Immerhin schmecken diese auch nach Apfel. Anfangs lehnte er diese Leckerbissen, die aussehen wie runde Bauklötze, ebenfalls ab. Mischte ich sie ihm unter den Hafer, ließ er sie übrig. Keine Ahnung, wie er das schaffte, er fraß jedes Haferkorn, doch die Apfelleckerli rührte er nicht an. Erst als ich sie mit einem Hammer zerkleinerte, fraß er sie und gewöhnte sich an den Geschmack. Und nun liebt er sie und gibt keine Ruhe, bis ich ihm sämtliche Apfelstangen in meiner Tasche gefüttert habe. Unterwegs fällt mir auf, dass die anderen Reiter immer wieder Schwierigkeiten mit ihren Pferden haben. Genau genommen haben sie viel mehr Probleme als ich mit Rusty. Immer wieder höre ich einen Reiter laut mit seinem Pferd schimpfen, weil es nicht macht was er von ihm will. Beim steilen Aufstieg ging sogar eines der Pferde durch und brachte seine Reiterin in schnellen Bocksprüngen auf das Hochplateau. Am späten Abend erreichen wir unseren Lagerplatz, an dem bereits weitere Freunde warten, um mit Günter seinen Aufbruch zu feiern. Am offenen Feuer werden Steaks gegrillt, ihr würziger Duft zieht durch die Luft. Einige der Gäste stoßen mit Günter auf seinen großen Ritt an und wünschen ihm eine gute Reise. Ich bin traurig und fühle mich ausgeschlossen.

Plötzlich steht Pat vor mir und nimmt meine Hände in ihre. „Wenn ich du wäre, würde ich mitreiten! Ich habe dich und Rusty heute beobachtet, ihr seid ein sehr harmonisches Team, viel harmonischer als die meisten der anderen“, meint sie. Das waren die Worte, auf die ich gewartet habe.

„Meinst du wirklich?“

„Ja, absolut! Und wenn es dir nicht gefällt, rufst du mich an und ich hole dich und Rusty, egal wo ihr seid.“

Mit diesen Worten zerstreut sie in nur einem Augenblick all die Ängste und Zweifel, die ich in den letzten Wochen aufgebaut hatte. Ich falle Pat um den Hals, dann laufe ich zu Günter, der gerade in ein Gespräch mit Buzz vertieft ist.

„Ich komme mit!“

Günter sieht mich ungläubig an, dann lächelt er. Das erste Lächeln seit Wochen. Es ist bereits das zweite Mal, dass ich diese Worte zu ihm sage und er kennt mich nun schon gut genug, um zu wissen, dass ich es ernst meine.

WYOMING
CHEYENNE
UTAH
Mt. Zirkel Wilderness
Red Feather Lakes
Rocky Mountain NP
Indian Peaks Wilderness
Green River
Vasquez Peak Wilderness
Arapaho NF
DENVER
Dillon
Holy Cross Wilderness
Hunter-Fryingpan Wilderness
Canon City
Buena Vista
Colorado River
San Isabel NF
La Garita Wilderness
Rio Grande NF
COLORADO
San Juan NF
Weminuche Wilderness
Creede
South San Juan Wilderness
ARIZONA
Rio Grande
NEW MEXICO
0
100
200
300 km
Route
Gewässer
Bundesstaatsgrenze
Nationalpark-Gebiet
Wilderness-Gebiet
NP Nationalpark
NF Nationalforst

Teil Zwei

Unterwegs in Colorado

Grand Lake liegt am südlichen Zipfel des Rocky Mountain Nationalparks. Im Sommer wird das idyllische Dörfchen am Ufer des gleichnamigen Sees von tausenden Erholungssuchenden aus der Großstadt Denver überschwemmt. Ein Hotel reiht sich an das andere, dazwischen liegen die üblichen Steak- und Burgerrestaurants. Familien mit ihren Eis schleckenden Kindern flanieren die Main Street auf und ab. Ich warte auf Günter, Buzz und die Pferde. Um uns die Zeit zu vertreiben, gehen Leni und ich in dem größten See des Bundesstaates schwimmen. Es ist eine Art Beschäftigungstherapie, denn ich bin bis in die letzte Faser meines Körpers angespannt. Wenn ich jetzt nicht etwas tue, werde ich verrückt. In meiner Unterwäsche – denn Badesachen habe ich keine dabei und nackt baden wäre in dem prüden Urlaubsdörfchen undenkbar – schwimme ich weit hinaus. Leni steht am Ufer und spielt die Wasserscheue. Erst als ich eine unsichtbare Schwelle überschwimme, springt sie tapfer ins Wasser und schwimmt hinaus, um mich zu retten. Vom Ufer aus beobachtet uns ein junges Pärchen. Später füttern sie Leni mit Stücken der Hühnerkeule, die sie zum Picknick mitgebracht haben. Ich bekomme nichts. Wer mit Tieren unterwegs ist, hat immer das Nachsehen.

Günter und Buzz kommen erst bei Einbruch der Dunkelheit an. Wir verbringen die erste Nacht im Zelt am Monarch Lake, im Arapaho National Forest. Vor Aufregung mache ich kein Auge zu. Dies ist der Beginn einer langen Reise, eines großen Abenteuers. Zwei oder drei Jahre wollen wir unterwegs sein. Die Reise soll uns über 5.000 Kilometer von der mexikanischen bis zur kanadischen Grenze führen. Bis dorthin haben Günter und ich vereinbart gemeinsam zu reiten. Aber schon jetzt plane ich insgeheim, ihn auch durch Kanada zu begleiten. Was für ein Optimismus, wo wir noch nicht einmal gestartet sind!

Quer durch die Rocky Mountains von Süd nach Nord verläuft ein Weitwanderweg. Da er der kontinentalen Wasserscheide folgt, wird er CDT – Continental Divide Trail genannt. Das ist unser Weg, mitten über die höchsten Berge. Es gäbe zwei Alternativen. Zum einen den Appalachian Trail, der von Georgia nach Maine führt, doch dieser ist zu weit im Osten des Landes und außerdem sind Pferde nicht erlaubt, und andererseits den Pacific Crest Trail. Er führt an der Westküste von Kalifornien nach Washington und würde eine durchaus reizvolle Möglichkeit darstellen. Doch als Günter vor zwei Jahren die mexikanische Grenze erreichte, war das in der Nähe von El Paso. Am nördlichen Horizont konnte er die Berge der Rocky Mountains erahnen. Pascal, ein Franzose, hatte ihm schon vor vielen Jahren von einem Weg durch diese Berge erzählt. Das war in Argentinien, zu Beginn seiner Reise. Der Gedanke hatte sich festgesetzt. Als mir Günter vor Monaten den Continental Divide Trail vorschlug, war ich begeistert. Was die Berge betrifft, bin ich wie Heidi. Dort oben fühle ich mich zu Hause. Kurz vor der Abreise studierte ich erstmals die Karten und war verunsichert, nein, mehr als das, ich war erschüttert. Der Weg führt auf über 4.000 Meter Meereshöhe und nicht selten steht in klein gedruckter Schrift neben der roten Linie, die den Weg kennzeichnet, „Trail in Planung“ oder „ungefähre Lage des Trails“. Kann man in dieser Höhe überhaupt mit Pferden unterwegs sein?

„Mach dir keine Gedanken, wir werden es herausfinden“, versuchte Günter mich mit seinem grenzenlosen Optimismus zu beruhigen.

Nun sind wir tatsächlich unterwegs. Nach Monaten und Wochen der Planung und des Trainings hat die Reise begonnen. Ich fühle mich wie vor einer großen Prüfung. Bewegungslos liege ich im Zelt, trotzdem geht mein Puls schnell, mein Magen krampft sich zusammen, meine Hände sind eiskalt. Doch ähnlich wie bei einer Prüfung, für die man wochenlang gelernt hat und bei der man jetzt endlich sein Wissen loswerden will, ist es eine positive Anspannung, eine mit Vorfreude gemischte Nervosität. Eine Spannung, bei der man irgendwo im Unterbewusstsein weiß, es geht gut aus. Viele Fragen gehen mir durch den Kopf. Was erwartet uns in den kommenden Wochen und Monaten? Was werden wir erleben, wem begegnen? Werden wir die Gefahren richtig einschätzen? Die Gewitter in Colorado, die Klapperschlangen in New Mexico, die Grizzlybären in Wyoming und Montana. Jeder der Bundesstaaten scheint seine eigene Würze zu haben. Werde ich lernen, mit den Pferden auch in schwierigen Situationen umzugehen? Wird uns die Reise Spaß machen? Werden Günter und ich miteinander auskommen, wenn wir Tag für Tag 24 Stunden zusammen sind? Wenigstens frage ich mich nicht mehr länger, warum ich die Reise eigentlich mache. Günter schläft neben mir wie ein Baby. Immerhin ist er auch schon 20.000 Kilometer quer durch den südamerikanischen Kontinent geritten, da können ihn 5.000 Kilometer mehr oder weniger nicht aus der Ruhe bringen. Ich versuche mich auf meine eigenen Erfahrungen im Reisen zu besinnen und mich zu beruhigen. Ich habe mehrere Monate in Asien gelebt, bin durch Neuseeland und Schottland geradelt und habe schon viele Wochen in der Wildnis Norwegens und Grönlands verbracht. Schließlich war es die Liebe zur Natur, die Günter und mich zusammengeführt hat. Doch noch nie war ich mit Pferden unterwegs. Sie sind die große Unbekannte für mich auf dieser Reise. Nicht nur einmal habe ich mir in den letzten Wochen gewünscht, wir könnten auch diesmal ohne Pferde auf Reisen gehen. Endlich übermannt mich der Schlaf und erlöst mich von meiner Nervosität.

Am nächsten Morgen sind wir früh auf den Beinen. Das Gras ist feucht vom Tau, Nebelschwaden hängen in der Luft, lösen sich langsam auf. Günter entfacht das Lagerfeuer und kocht Kaffee. Das wird auch in Zukunft sein größter Beitrag zu unserer Verpflegung werden und ich bin ihm täglich aufs Neue dafür dankbar. Wenn er mich auch noch so verärgert, spätestens mit den Worten „Sonja, der Kaffee ist fertig“ kann er alles wieder gut machen. Leni hat sich in Günters Schlafsack verkrochen und denkt gar nicht daran aufzustehen. Das hat sie schon gut raus. Verschlafen blinzelt sie mich an, ihre Stirn runzelt sich in dicke Falten. Die Pferde grasen auf der Wiese rund um unser Zelt. Ein wunderschöner Anblick, vor allem wenn man bedenkt, dass keines der Pferde über Nacht festgebunden war. Wir freuen uns darüber, dass sie sich bereits so an uns gewöhnt haben, dass sie freiwillig da bleiben. Wir sind ungeduldig, wollen endlich aufbrechen. Die Anspannung in meiner Brust scheint jeden Moment zu explodieren. Trotzdem vergehen zwei Stunden, bis das Lager abgebaut und die Pferde gesattelt sind. Gemeinsam laden wir das Gepäck auf die Packpferde. Die Packtaschen sind so schwer, dass ich sie kaum heben kann. Wir haben Proviant für uns und die Tiere für zwei Wochen dabei. So lange soll laut unserer Planung die erste Etappe bis ins nächste Dorf dauern.

Dann sind wir bereit aufzubrechen, uns hineinzustürzen in das unbekannte Abenteuer. Auch Leni kann die Aufregung spüren, sie springt begeistert an mir hoch, beißt in den Zipfel meiner Jacke, tobt und rast wie verrückt herum. Wir verabschieden uns von Buzz. Für ihn endet die Reise hier. Er muss zurück zu seinen Pferden. Ich aber schwinge mich in den Sattel, tätschle den Hals meines Pferdes und atme tief die kalte Luft ein. In diesem Atemzug ist ganz Amerika enthalten. Das Salz des Pazifischen Ozeans, das Gold der Espen Colorados, das Büffelgras der unermesslich weiten Prärie. Eine schwere Last fällt von meiner Seele. Ich fühle mich leicht und unbeschwert, hüpfe innerlich auf und ab vor kindlicher Freude. Es ist herrlich. Sonne, Berge, Wiese, Wald, Luft, Freiheit. Ja, Freiheit! Frei wie ein Adler, der sich durch die Lüfte schwingt, frei wie ein Fisch im Wasser. Mein Selbstvertrauen macht einen Quantensprung. Diese Energie muss irgendwo hin und so singe ich aus voller Brust: „Oh happy day...“. Günter lächelt mir zu.

Wir reiten nach Süden. Trotzdem ist das Ziel unsere Reise

Alaska, auch wenn das ein Widerspruch zu sein scheint. Vor vielen Monaten hatte ich Günter gefragt: „Wir adoptieren unsere Pferde in Colorado. Wir wollen daher auch in Colorado starten. Reiten wir dann nach Norden oder Süden?"

Günter sah mich damals fassungslos an: „Sonja, du musst endlich die Unternehmensberaterin in dir ablegen. Man kann nicht alles so detailliert planen." Resigniert gab ich die Diskussion auf. Und jetzt reiten wir nach Süden. Ob wir so jemals nach Alaska kommen werden? Doch es spielt keine Rolle, wichtig ist nur, dass ich hier bin und dass wir unterwegs sind. Und ich bin glücklich, einfach rundum glücklich! Verflogen ist die Angst und Unsicherheit. Schon jetzt verstehe ich nicht mehr, warum ich jemals gezweifelt habe. Ich reite Rusty, wir sind unterwegs im dichten Nadelwald und die Welt ist wieder gut zu mir. Die Sonne scheint, Vögel zwitschern im dunkelgrünen Dickicht des Waldes, die Luft ist kühl und so frisch. Es ist ruhig, aber nicht still. Wir sind allein, aber ich fühle mich nicht einsam. Auch Rusty mag den Wald, vor allem die Heidelbeersträucher, die neben dem Weg wachsen. Eine Holzbrücke führt über einen kleinen Bach. Rusty geht ohne Zögern als erster darüber. Klack – klack machen die Hufe auf dem Holz. Ich bin stolz auf mein Pferd. Einmal liegt ein Baum quer über den Weg, zu hoch, um darüber hinwegzuspringen, zu niedrig, um unten durch zu gehen. Die Säge ist in Günters Jacke eingerollt und hinten auf seinen Sattel gebunden. Innerhalb weniger Minuten ist der Baum durchsägt und über die Böschung hinuntergerollt. Günters Reitpferd und die beiden Packpferde warten geduldig, bis der Weg freigeräumt ist. Ich steige ab, hole meine Trinkflasche aus der Satteltasche und ziehe meine Jacke aus. All diese Dinge kann ich noch nicht durchführen, während ich im Sattel sitze. Doch bevor ich die Flasche wieder verstauen kann, ist der Weg frei und die Karawane setzt sich in Bewegung. Ich hatte Rustys Zügel nicht festgehalten und so läuft er nun vor mir her.

„Rusty, ho, bitte bleib doch stehen."

Doch der tut so, als ob er mich nicht hörte. Ich komme mir

ziemlich dumm vor, wie ich meinem Pferd hinterherlaufe und schließlich Günter bitten muss, anzuhalten, damit ich wieder aufsteigen kann.

Am späten Nachmittag erreichen wir eine große Wiese. Ein sumpfiger Bach fließt quer hindurch. Wegen des erdigen Wiesenbodens erscheint das Wasser braun. Ich reite voran auf den Bach zu. Mit einem Satz springt Rusty über den Graben. Vor Schreck verliere ich fast das Gleichgewicht. Am Waldrand schlagen wir unser Lager auf. Die Pferde freuen sich über das saftige Gras und die frischen Kräuter. Wie in einem Schlaraffenland stehen sie mitten im Futter. Wir machen es uns auf einem Felsen gemütlich und genießen die letzten Sonnenstrahlen. Als ich Rusty rufe, kommt er freudig auf mich zugelaufen. Schön sieht er aus, mit seiner roten Mähne und dem weißen Stern auf der Stirn. Als Belohnung bekommt er ein Leckerli. Nur seine Stirn darf ich immer noch nicht kraulen. Seit er sich bei einem seiner Single-Ausflüge eine Verletzung auf der Nase zugezogen hatte, die wir täglich mit Jod behandelten, reagiert er auf Berührungen von vorne misstrauisch.

Später bringen wir die Pferde nochmals an den Bach, um sie zu tränken. Sie zögern, denn sie wollen nicht in das braune Wasser steigen, dessen Tiefe sie nicht einschätzen können. Doch die Uferböschung ist zu hoch, als dass sie das Wasser erreichen könnten. Lightfoot löst das Problem als Erster, er geht mit den Vorderbeinen in die Knie wie ein Kamel.

Nachts wache ich auf. Ich krabble aus dem Zelt, um den Sternenhimmel zu sehen, die Kälte der Nacht zu spüren, und um mir zu beweisen, dass alles nicht nur ein Traum ist. Lightfoot und Azabache sind angebunden, sie haben geschlafen. Das Rascheln des Zeltes hat sie geweckt. Lightfoot wiehert mir leise zu. Im Mondschein sehe ich die Silhouetten zweier Pferde, die auf der Wiese grasen. Ein Gefühl tiefer Zufriedenheit ist in mir. Hier bin ich richtig, hier möchte ich sein. Es ist das erste Mal seit langer Zeit, dass ich so denke.

Am nächsten Tag kommen wir an einem Holzschild vorbei.

„Indian Peak Wildnis“ steht in gelber Schrift darauf. Die Indian Peak Wildnis ist eine von 702 Wildnisgebieten in den Vereinigten Staaten. Diese oft riesigen Gebiete sind grundsätzlich von menschlichen Eingriffen verschont geblieben und sollen dauerhaft vor ihnen geschützt werden. Ein Gesetz aus dem Jahr 1964 beschreibt Wildnisgebiete als „ein Gebiet, in dem die Natur und alle Lebewesen vom Menschen unbeeinträchtigt sind, wo der Mensch selbst nur ein Besucher ist, der nicht bleibt“. Hier gibt es keine Straßen, Bauten, Campingplätze oder sonstige Einrichtungen. Nur eine naturgemäße Nutzung ohne Fahrzeuge ist möglich. Fahrräder, auch Mountainbikes, sind verboten. Trekking, Reiten und Kanuwandern sind die einzigen erlaubten Fortbewegungsarten. Auch der Einsatz einer Motorsäge ist untersagt. Wildnisgebiete sind für uns wie Juwelen auf dem Weg, so kostbar und einzigartig. Rund fünfzig Kilometer lang ist unser Weg durch die Indian Peak Wildnis und an ihrem südlichen Ende wartet bereits die James Peak Wildnis.

Dunkle Regenwolken hängen bedrohlich am Himmel. Im Hochsommer kann man in Colorado seine Uhr nach dem Gewitter stellen, das sich täglich pünktlich um 13 Uhr einstellt. Es ist kalt und ich trage nur ein T-Shirt. Günter sieht mich an und schüttelt den Kopf: „Und wenn du das T-Shirt auch noch ausziehst, ich ziehe jetzt meine Jacke an.“ Er denkt, ich will zeigen, wie hart ich bin. Dabei friere ich lieber, als jetzt abzusteigen, um den Pulli anzuziehen und dann nicht mehr aufsteigen zu können, weil mein Pferd wieder davonläuft. Doch das sage ich ihm nicht. Er soll ruhig denken, dass ich abgehärtet bin. Ein langer, schmaler Steg bestehend aus zwei nebeneinander liegenden Holzlatten führt durch eine sumpfige Wiese. Die Pferde gehen ohne Zögern trittsicher darüber. Selbst Azabache, der als Packpferd frei mitläuft, vertraut dem Steg mehr als dem Sumpf. Vor uns liegt ein Anstieg von 700 Höhenmetern, den wir auf den nächsten Tag verschieben. Wir haben Glück, die ersten Regentropfen fallen erst, als das Zelt bereits steht. In einer Regenpause will Günter die Pferde zum Bach bringen. Ich beobachte ihn aus dem Zelteingang. Er führt Dino und Lightfoot am Lasso, die beiden anderen laufen frei. Es ist eine enorme Unruhe in der Gruppe. Irgendetwas stimmt nicht. Entweder wittern sie ein Raubtier in der Nähe oder es ist das Gewitter, das ihnen Angst macht. Das Gras auf der Wiese steht fast einen Meter hoch. Am Waldrand wachsen riesige Farne, sie reichen den Pferden bis zu den Bäuchen. Der Boden federt. Wasser quillt hervor, wie aus einem übergroßen Schwamm. Dino dreht sich nervös um sich selbst und bekommt dabei das Lasso an die Hinterhand. Voll Panik tritt er aus und macht einen Bocksprung. Aufgeschreckt heben die anderen Pferde ihre Köpfe und wie auf Kommando rennen alle vier Pferde los und reißen Günter die Lassos aus der Hand. Er schimpft und flucht, dann dreht er sich um und kommt auf das Zelt zu.

„Die laufen jetzt erst mal drei Stunden“, meint er resigniert und macht sich auf, den Pferden hinterherzulaufen. Dabei führt ihn der Weg zurück in die Richtung, aus der wir kamen. Im Vorzelt sitzt Leni und zittert vor Kälte und Nässe. Auf Reisen lege ich viel Wert auf Sauberkeit im Zelt. Wenn man viele Tage in der Wildnis unterwegs ist, sich nur in Flüssen und Seen wäscht und die Kleidung nicht täglich wechselt, verwahrlost man ohnehin ziemlich. Umso wichtiger ist es mir, ein Minimum an Sauberkeit zu erhalten, wenigstens in den ersten Tagen. Trotzdem kann ich das kleine, nach nassem Hund stinkende Tierchen nicht draußen lassen. Eines der quadratischen, roten Küchentücher wird in ein Leni-Handtuch umfunktioniert. Dann darf sie in meinen Schlafsack. Mit viel Mühe gelingt es mir, das Lagerfeuer im Regen zu entfachen. Nachdem ich ein schnelles Essen aus Nudeln und Gemüse gekocht habe, gibt es nichts mehr zu tun. Leni und ich liegen im Zelt, warten und hören den Regentropfen und dem Rollen des Donners zu. Erst sechs Stunden später, als der Tag sich bereits verabschiedet, doch die Nacht noch nicht richtig begonnen hat, kommt Günter in der Dämmerung zurück. Die Pferde waren fast bis zu unserem letzten Lagerplatz gelaufen, nur über den Holzsteg durch den Sumpf wollten sie nicht alleine gehen.

Am nächsten Morgen folgen wir dem Lonesome High Trail, der steil empor bis auf 3.500 Meter führt. Die Pferde schnaufen, auch sie müssen sich erst an die dünne Luft gewöhnen. Wir sind noch böse mit ihnen, weil sie am Vortrag davon gelaufen sind, und lassen uns tragen. Immer weiter steigen wir hinauf in die wilde Bergwelt. Dichter Hochnebel nimmt uns die Sicht und verschluckt alle Geräusche. „Navigation can be challenging“ steht in unserem Bergführer. Unter diesen Witterungsbedingungen wird die Orientierung auf jeden Fall eine Herausforderung. Wir halten uns immer Richtung Süden. Hin und wieder reißt der Nebel stellenweise auf und wie durch ein Milchglas-Fenster in einer grauen Wand erahnen wir die Bergwelt rundherum. Im Osten ragt Devil's Thumb wie ein riesiger Troll aus Stein empor. Er wacht über die sanften Almwiesen mit ihren farbenfrohen Bergblumen. Gelb, weiß, violett leuchten sie, die Sonnenblumen, Gänseblümchen und Glockenblumen, die ich neben den vielen weiteren Blümchen benennen kann. Stolz wie ein König liegt der King Lake eingebettet zwischen rauen Berggipfeln. Wir machen Pause, strecken die Füße ins kalte Wasser. Wir haben die Pferde abgesattelt. Eines nach dem anderen rollt sich im Gras. Lightfoot bleibt nach dem Rollen liegen und frisst einfach im Liegen weiter.

„Ich habe solchen Hunger. Wenn ich ein Feuer anzünde, kochst du etwas?“, klagt Günter. Missmutig gebe ich nach. Viel lieber würde ich einfach nur faul in der Sonne liegen.

„Wenn wir in jeder Pause die Pferde abpacken und absatteln, kochen und dann wieder satteln und packen müssen, verzichte ich lieber gleich auf die Pause“, maule ich zurück.

„Gut, dann machen wir ab jetzt keine Pausen mehr“, kommt prompt die Antwort.

Auf dem Rolling Pass begegnet uns Geschichte. Bereits um 1850 nutzten Indianer den Weg über den Pass, um vom Flachland in die Berge zu gelangen. Auch die Mormonen sollen auf ihrem Weg nach Salt Lake City hier vorbei gezogen sein. Anfang des 20. Jahrhunderts ließ David H. Moffat eine Eisenbahnlinie über den Pass errichten. Sie hielt jedoch dem Kampf gegen die Schneemassen nicht stand. Moffat überredete die Regierung dazu, einen Tunnel durch die Bergkette zu bauen. 1927 wurde der Moffat Tunnel eröffnet. Noch heute führt eine Bahnlinie durch den Tunnel und bringt Schifahrer aus Denver in das Schigebiet Winter Park.

Der Nebel hat sich gelichtet und gibt den Blick frei auf die Schipisten. Ein Berg mit Wunden und Narben, als hätte ein Riese mit seiner Rasierklinge Streifen in den Wald geschoren. Schigebiete im Sommer machen mich traurig. Wie Stiefkinder liegen sie da, lieblos und verwaist. Sinnlose Schilder markieren blaue, rote oder schwarze Pisten. Sessellifte stehen wie Skelette im Wald. Nicht, dass ich Schigebiete im Winter lieber hätte. Was der Mensch am alpinen Schisport liebt, wird mir immer ein Rätsel bleiben.

Der Anstieg zum James Peak ist steil, steinig und schmal. Günter geht voraus, um den Weg zu erkunden. Während ich mit den Pferden warte, legt sich Azabache dreimal nieder und versucht, sich mit Packsattel und Packtaschen zu rollen. Als Günter zurückkommt, müssen wir Azabache neu bepacken. Der Weg ist auch für die Pferde machbar, nur an einer Stelle müssen sie über einen glatten Felsen hinaufklettern. Günter führt Dino problemlos über die heikle Passage. Ich klettere ihm nach, über die Steinplatte empor, dann ziehe ich an Lightfoots Führstrick und versuche, ihn über die richtigen Tritte hinaufzuführen, ständig bereit wegzuspringen, falls das Pferd einen Satz nach vorne macht. Azabache und Rusty, die den anderen Pferden bis zum Felsen gefolgt sind, ist die Stelle nicht geheuer. Sie drehen um und gehen wieder in die Richtung zurück, aus der wir kamen. Ich laufe ihnen nach. Einer der vielen guten Ratschläge, die ich in den letzten Wochen gehört habe, dröhnt in meinen Ohren: „Wenn du ein Pferd einfangen willst, darfst du ihm nicht nachlaufen, du musst dich von der Seite nähern." Auf meiner rechten Seite ragt die

Felswand steil empor, links geht es genauso steil hinab. Der Weg ist etwa einen Meter breit. „Ho, ho, Azabache, Rusty! Steh! Ho!“, doch mein Rufen zeigt keine Wirkung. Ruhig und friedlich, aber kontinuierlich marschieren die Pferde vor mir in die falsche Richtung weiter, bis ich mich an den Müsliriegel in meiner Tasche erinnere. Ich raschle mit dem Papier. Azabaches Ohren drehen sich in meine Richtung, dann bleibt er sogar stehen. Mühsam dränge ich mich zwischen ihm und der Felswand hindurch. Dann erreiche ich seinen Führstrick. Ich bin so dankbar, dass ich ihm zur Belohnung den halben Riegel verfüttere. Dann drehen wir auf dem schmalen Felsenband um und gehen wieder in die richtige Richtung. Rusty mag auch nicht alleine weiter und folgt uns. Oben angekommen, ist mir von der Anstrengung in der dünnen Luft schlecht. Günter wartet mit der Kamera und möchte, dass ich lächle. Ich ziehe die Mundwinkel zu einer Grimasse. Vor uns ragt James Peak wie ein felsiger Zacken empor. Wir beschließen, ihn zu umrunden. Der Ute Trail – benannt nach den Ute-Indianern, deren rund 10.000 Stammesmitglieder heute in Reservaten in Colorado und Utah leben – führt über einen Geröllhang empor. Die erste Hälfte können wir reiten, doch dann müssen wir absteigen und gehen. Auf über 3.000 Metern kämpfe ich mich atemlos hinauf und bleibe mit Rusty am Zügel weit zurück. Von weit oben ruft Günter herab: „Lass ihn laufen und halte dich am Schweif fest.“ Ich denke nicht lange darüber nach, dass das Pferd ausschlagen und mich treffen könnte, sondern packe den Schweif mit beiden Händen. Wie an einem Schlepplift zieht Rusty mich nach oben. Ich muss an die Schifahrer denken und kann sie verstehen.

Abends erreichen wir einen kleinen See namens Loch Lomond. An seinem Ufer wollen wir übernachten. Wenn man mit einem Menschen 24 Stunden Tag für Tag zusammen ist, hat man viel Zeit, einander kennen zu lernen. Man erfährt etwas über die Stärken und Schwächen des anderen, zeigt sich selbst stark, aber auch, viel zu oft und ungewollt, schwach. Man lernt die Launen seines Partners kennen, kann oft schon an einer Geste, der Mimik den Gefühlszustand des anderen deuten, man erhält Einblicke in die Vergangenheit, aber auch in die Sehnsüchte und Träume des anderen und man gibt viel von sich selbst preis. Doch man erfährt auch viel über sich selbst, denn der Partner ist nicht zuletzt ein Spiegel der eigenen Handlungen. Manchmal führt die Nähe auch dazu, dass man sich ordentlich in die Haare kriegt.

„Lass uns das Zelt hier zwischen die Bäume stellen", schlage ich vor.

Günter reitet ohne Kommentar weiter. Nach fünf Minuten kommt er zurück.

„Wir schlagen unser Lager dort hinten auf der Wiese auf."

„Warum nicht hier? Hier ist es doch auch gut?"

„Auf der Wiese ist es besser."

„Aber hier sind wir windgeschützter. Außerdem ist doch hier schon ein alter Steinkreis für das Lagerfeuer."

„Trotzdem, wir schlagen unser Lager dort auf der Wiese auf. Ich mag da jetzt nicht darüber diskutieren müssen. Und Punkt."

Das war zu viel. Ein Punkt zu viel.

„Immer muss alles nach deinem Kopf gehen. Immer musst du recht behalten, du bist egoistisch", maule ich.

„Wenn ich sage, wir stellen das Zelt dort drüben auf, dann hast du mir nicht zu widersprechen. Ich habe viel mehr Erfahrung als du", antwortet Günter patzig.

„Was glaubst du eigentlich, wer du bist?", schreie ich nun wütend. Das lässt Günter natürlich nicht auf sich sitzen: „Und du? Ich brauch dich nicht. Ich kann diese Reise auch ohne dich machen."

Das sitzt. Damit hat er genau in den wunden Punkt getroffen. Denn natürlich kann Günter die Reise ohne mich machen, ich jedoch nicht ohne ihn. Eine Abhängigkeit, die mich schon seit Beginn der Reise stört. Eine Wut unbekannter Dimension steigt in mir auf. Ich ergreife den Futtersack, der neben mir auf dem Boden liegt, und schleudere ihn in Günters Richtung. Während ich mich bei dieser Aktion wie ein Zuschauer beobachte, kann ich kaum fassen, was ich sehe. Ich schreie, bin wütend und sogar handgreiflich? Das bin doch nicht ich! Was sind denn das für Seiten an mir! Danach herrscht Schweigen. Wir vermeiden es, einander in die Augen zu blicken. Das Lager wird zwischen den Bäumen aufgeschlagen. Immer noch wortlos gehen wir schlafen, liegen wach im Zelt. Tränen fließen. Ich sehe meinen Traum zerbrechen. Todunglücklich weine ich mich in den Schlaf.

Als ich am nächsten Morgen erwache, fühle ich mich unbeschwert. Plötzlich ist mir klar, dass wir nichts falsch gemacht haben, dass es gar keinen Grund zum Streit gab. Die ständige Nähe hat uns aneinanderprallen lassen. Wir sind wie zwei Kreise, die meist im Einklang nebeneinander ruhen, manchmal einander nahe kommen, einander überlappen, eine Schnittmenge bilden, manchmal sogar einen Moment zu einem großen Kreis verschmelzen. Hin und wieder jedoch gelingt das nicht, die Intimität ist gestört, und die Kreise prallen voneinander ab, wie zwei Gummibälle, die zusammen stoßen.

Günter ist bereits wach und sitzt am Lagerfeuer. Mit finsterem Blick starrt er in die Flammen. Als ich auf ihn zugehe, blickt er auf und will etwas sagen. Ich will die Worte nicht hören, und um sie zu ersticken, nehme ich sein Gesicht in beide Hände, und küsse ihn auf den Mund. Kämpfe und Streit in Beziehungen sind wohl nur dazu gemacht, leidenschaftliche Versöhnungen zu feiern.

Die Welt vom Rücken des Pferdes aus zu betrachten, hat Vorteile. Während man beim Wandern den Blick meist starr auf den Weg vor sich gerichtet hat, kann man die Aufgabe der Trittwahl beruhigt dem Pferd überlassen und den Blick in die Landschaft schweifen lassen. Außerdem kommt man bergauf nicht außer Atem, ist immer in Gesellschaft, ohne sich unterhalten zu müssen, und hat trotzdem einen dankbaren Zuhörer, will man Geschichten erzählen. Ich singe. Es muss an der frischen Luft und den Bergen liegen, die mich zum Singen inspirieren. Rusty mag es, wenn ich ihm etwas vorsinge. Zumindest bilde ich mir das ein.

Durch das Fall River Tal ziehen wir nach Westen Richtung Bill Moore Lake. Immer wieder verlieren wir den Weg und kämpfen uns auf engsten Pfaden durch Fichten- und Tannenwald bergauf. Farne und Schachtelhalm bedecken den Waldboden. In den steilen Serpentinen rammen die Packpferde die eng stehenden Bäume und verlieren fast das Gleichgewicht. Günter sägt etliche kleinere Bäume um, trotzdem ist der Aufstieg ein Abenteuer. Ich führe Azabache, der die Packtaschen trägt. Der Weg ist zu schmal, als dass er mit den Taschen alleine hindurch finden würde. Wie auf einem Hindernisparcours führe ich ihn zwischen den Bäumen hindurch. Das Pferd geht auf dem steilen Anstieg viel schneller als ich, um nicht auch noch im Weg zu sein, muss ich immer wieder einige Schritte bergauf laufen. Ich komme dabei völlig außer Atem. Oben angekommen werden wir mit grünen Almwiesen belohnt. Eine sommerliche Blumenwiese breitet sich zu unseren Füßen aus, feuerroter Indian Paintbrush und weiße Rocky-Mountains-Akelei, die mich an eine Orchidee erinnert. Als wir einen Fluss durchqueren, beginnt Azabache das Wasser mit einem Vorderbein aufzuwühlen. Mit einem kräftigen Klaps auf die Hinterbacke treibe ich ihn aus dem Wasser, damit er nicht auf die Idee kommt, sich mit dem Gepäck hineinzulegen. In seinen Packtaschen trägt er die Schlafsäcke, das Zelt und unsere Kleidung. Azabache ist ein Clown. Immer wieder bringt er uns zum Lachen. Abends, am Lager, trinkt er das Seifenwasser aus der Faltschüssel, das zum Händewaschen gedacht war. Nun warten wir darauf, dass er Seifenblasen macht.

Der Bill Moore Lake ist ein Paradies, umgeben von saftigen Wiesen, kleinen Bächen und schroffen Bergen. Wir bleiben zwei Tage. In den Wäldern um den See wachsen Heidelbeeren. Obwohl es schon Mitte August ist, sind sie noch rot, schmecken aber bereits süß. Ich sitze am Ufer des Sees und strecke die Füße ins Wasser. Die Sonne scheint sanft, die Luft fühlt sich an wie Seide. Ich lasse die Seele wandern und beobachte das Ufer vor mir. Ich bin erstaunt, wie wenig doch in viel Zeit passieren kann und vor allem wie lange ich dem zusehen kann, ohne vor Langeweile zu vergehen. Dino schlendert durchs Lager und schnuppert neugierig an unseren Taschen. Dann steht er vor der kalten Asche des Lagerfeuers, bläst hinein und schreckt sich vor der davonfliegenden Asche.

Am Nachmittag herrscht Weltuntergangsstimmung. Es ist stockdunkel, es blitzt und donnert, dass die Erde bebt, und es hagelt sogar. Leni kriecht verängstigt bis in den Fußbereich meines Schlafsacks. Als ich zu Beginn Günter fragte, warum wir einen Hund dabei haben, meinte er: „Auch ein kleiner Hund ist ein Wachhund." Na, ich weiß nicht! Der Regen hört stundenlang nicht mehr auf – ein gleichmäßiges, monotones Trommeln auf dem Zeltdach. Im Zelt ist es kuschelig, wie in einer gut geheizten, eingeschneiten Berghütte.

Am nächsten Morgen steigen wir auf den Großglockner. Na ja, zumindest steigen wir auf 3.800 Meter Seehöhe und befinden uns damit sozusagen auf selber Höhe wie der höchste Gipfel Österreichs. Nur dass der Glockner hier Mt. Flora heißt und wir statt durch Schnee und Eis nur über ein Geröllfeld zum Gipfel hinaufsteigen müssen. Um Rusty zu entlasten gehe ich zu Fuß. Er marschiert gut gelaunt hinter mir her und stupst mich immer wieder an, wenn ich seiner Meinung nach zu langsam gehe. Ihm scheint das ganze Unternehmen Spaß zu machen. Ich glaube, er wollte schon immer auf Reisen gehen. Es ist ein gutes Gefühl, dass wir unseren Pferden so viel Freiheit zurückgeben können. Für ein paar Stunden Arbeit am Tag dürfen sie den Rest des Tages und die ganze Nacht herumstreunen, fressen und schlafen. Auf dem Gipfel begegnen uns zwei ältere Damen. Seit Tagen haben wir keinen Menschen mehr getroffen. Wanderer und Pferde begegnen einander mit großem Staunen, wie Erscheinungen aus einer anderen Welt. Der Ausblick vom Gipfel ist perfekt. In welche Himmelsrichtung man auch schaut, keine Zeichen von Zivilisation stören das Auge, keine Hochspannungsleitung, keine

Straßen, keine Sendemasten. Ich liebe die Einsamkeit der Bergwelt, die klare Luft und die Ruhe.

Leni beginnt nun endlich, sich wie ein Hund zu verhalten und unsere Karawane anzuführen und nicht wie ein fünftes Pferd hinterher zu laufen. Ich frage mich, ob sie wohl weiß, dass Pferde keine Hunde sind? Manchmal frisst sie sogar Gras, nur weil das die Pferde auch tun. Sämtliche Privilegien der Pferde fordert sie auch für sich ein. Sie frisst Hafer aus den Futtersäcken der Pferde und kaut mit gespieltem Eifer an den Leckerli herum. Seit sie uns dabei beobachtet hat, wie wir mit den Pferden schimpfen, wenn diese versuchen, sich mit Gepäck zu rollen, bellt sie jedes Pferd sofort wutentbrannt an, das sich auch nur hinlegt. Zu dumm, dass sie nicht unterscheiden kann, ob das Pferd nun Gepäck trägt oder nicht. Wir müssen sie in ihrem Eifer immer wieder davor bewahren, unter die Pferdehufe zu kommen. Abends nehme ich ein Bad im Fluss. Splitternackt stehe ich im eiskalten Wasser und fühle mich herrlich.

Günter füttert in der Zwischenzeit die Pferde. Rusty und Azabache sind seinem Lockruf als Erste gefolgt und bekommen die Futtersäcke umgehängt. Aus diesen zu fressen ist ihnen mittlerweile sehr vertraut. Eines haben sie allerdings noch nicht durchschaut, nämlich dass wir ihnen die Futtersäcke wieder abnehmen müssen, wenn sie fertig sind. Solange sie fressen, stehen sie still, kaum ist der Hafer aber aufgefressen, schon laufen sie davon. Diesmal ist es Rusty, der mit leerem Futtersack ums Maul durch die Gegend läuft.

Günter schimpft: „Soll er doch gehen, wohin der Pfeffer wächst. Ich renn ihm nicht nach!"

Rusty hat eine sumpfige Wiese durchquert und versucht nun, trotz Futtersack zu grasen. Dabei reibt er den Sack auf dem Boden und scharrt mit seinem Vorderhuf. Doch es ist sinnlos. Der Futtersack fungiert jetzt als Beißkorb, so kann kein Pferd grasen. Ich habe Mitleid und gehe auf ihn zu. Er aber denkt, ich will ihm das Futter wegnehmen, und läuft davon.

„Da siehst du, wie dumm dein Pferd ist!", ruft Günter.

Nachdem wir einige Minuten Nachlaufen gespielt haben, bleibt er schließlich stehen und ich kann ihn befreien. Gelernt hat er aus dieser Lektion rein gar nichts, das Schauspiel wird sich noch oft und an anderen Orten wiederholen.

Der nächste Tag bringt einen jener Bilderbuchtage in den Rocky Mountains Colorados, mit strahlend blauem Himmel und wunderbarer Fernsicht. Wir sind direkt auf der Continental Divide, der kontinentalen Wasserscheide, unterwegs, die sich hier als markanter Rücken aus der Landschaft erhebt. In einem großen Bogen reiten wir den Kamm entlang. Links und rechts geht es einige hundert Meter in die Tiefe. Wir erleben die Landschaft wie aus der Vogelperspektive. Weit unter uns schimmert ein grünblauer Gebirgssee knapp überhalb der Baumgrenze. Immer wieder hören wir das schrille Pfeifen der Murmeltiere. Es ist ein herrlicher Tag, sonnig und warm. Trittsicher und ruhig trotten die Pferde über den steinigen Trail, immer wieder rupfen sie ein paar Grashalme vom Wegesrand. Ich habe den Eindruck, auch sie genießen diesen wunderschönen Tag. Wieder gibt es einen steilen Anstieg. Ich halte mich mit der linken Hand an Rustys Schweif fest, rechts umklammere ich Lightfoots Führstrick. So zieht uns Rusty den Berg hinauf. Über ein Schuttfeld mit autogroßen Trümmern haben freiwillige Helfer der Continental Divide Trail Alliance einen Pfad angelegt. Wir sind unendlich dankbar. Trotzdem staune ich, wie trittsicher die Pferde über die Steine gehen. Auch danach verliert der Weg nicht an Spannung. Immer wieder führt er über enge Passagen, die links und rechts steil abfallen. „Im Vergleich dazu war mein Ritt durch Mittelamerika ein Spaziergang", ruft mir Günter zu. Ich weiß nicht recht, ob er mich damit aufmuntern will. Im Gegensatz zu Günter stört mich die Exponiertheit des Weges nicht. Ich liebe die hohe Bergwelt, die Luftigkeit und Leere, auch die Leere in meinem Kopf. Der Weg erfordert maximale Aufmerksamkeit, die Gedanken können nicht abschweifen. In diesem Gelände bewege ich mich trittsicher. Dafür fürchte ich mich noch immer, wenn ich ein Pferd über einen steilen Hang bergab führen soll. Ständig stolpert es mit einem seiner vier Hufe über einen Stein, und ich warte nur darauf, dass es mit mir gemeinsam den Berg hinabpoltert.

Beim Berthoud Pass verlassen wir den Continental Divide Trail, um einen großen Bogen um Gray Peak, den mit 4.270 Metern höchsten Punkt auf dem CDT, und den messerscharfen Kamm des Argentine Passes zu machen. Wir folgen dem Bobtail Creek Trail. Der Weg ist kaum sichtbar, nur einzelne Steinmännchen zeigen uns die Richtung. Im Wald wächst eine unglaubliche Fülle an Pilzen. Ich ärgere mich, dass keine Eierschwammerl dabei sind, weil das die einzigen Pilze sind, die ich mit Sicherheit erkenne, und nehme mir vor, mehr über die Pilze der Rocky Mountains zu lernen. Am Ende des dicht bewachsenen Tals entdecken wir einen Schwarzbären. Gemütlich sitzt er einige hundert Meter oberhalb auf dem Weg und pflückt Beeren – genau wie man sich das aus den Bilderbüchern aus Kindheitstagen vorstellt. Als er uns erspäht, verschwindet er im Gebüsch. Kurze Zeit später gehen die Pferde durch. Irgendwas, wahrscheinlich Leni, die wieder von hinten angesprungen kam, hat sie erschreckt, und wir preschen im Galopp über eine Wiese. Als sich die Pferde beruhigt haben, schimpft Günter mit Leni, denn er gibt ihr die Schuld für die Panik der Pferde:

„Du Wutzsau! Du Freckling, du!"

Die Schimpfworte sind, soweit ich weiß, frei erfunden. Oder sie entstammen dem spezifischen Rauenberger Dialekt. Wenn Günter wütend ist, bringt er mich immer zum Lachen. Überhaupt amüsiert er mich oft, nicht immer absichtlich. Ich mag seinen feinen, oft selbstironischen Humor.

„Du brauchst keine Angst haben, wenn die Pferde durchgehen. Bleib einfach ruhig sitzen, spring auf keinen Fall ab!", erklärt mir Günter. „Abspringen", wie meint er das? Nicht im Leben käme ich auf die Idee, von einem galoppierenden Pferd abzuspringen.

Am Abend haben wir zum ersten Mal seit elf Tagen Blick

auf Zivilisation. Ein Lichtermeer am Ufer des Lake Dillon. 1963 wurde der 1.800 Meter lange Damm fertig gestellt, der das Wasser des Blue Rivers staut und das 13 km^2 große Reservoir bildet. Im Zuge des Bauvorhabens musste die Stadt Dillon verlegt werden. Noch heute liegen die Überreste der ehemaligen Stadt auf dem Grund des Sees verborgen. Tauchen ist streng verboten. Würde der Damm den Wassermassen nachgeben, so könnte auch das heutige Dillon unter den Fluten begraben werden. Eine Autobahn führt auf einer langen Brücke quer durch den Ort und teilt ihn. Auf der einen Seite liegt Dillon, auf der anderen Silverthorne. Ich klopfe an die Tür des ersten Hauses. Pferdekoppeln hinter dem Haus haben mich angelockt. Eine blondgelockte Frau öffnet die Türe, zunächst nur einen Spalt weit, und streckt ihren Lockenkopf hindurch. „Ja bitte?"

Ich erzähle unsere Geschichte. Noch fehlt mir die Übung und ein paar Vokabel und ich muss einige Male von vorne beginnen, bis sie mich versteht. „Und nun brauchen wir einen Platz für die Pferde für eine Nacht", beende ich meine Ausführungen. Sie zögert zunächst, dann schüttelt sie den Kopf, wohl über sich selbst, denn sie streckt mir lächelnd die Hand entgegen und meint: „Hi, ich bin Julie. Natürlich könnt ihr eure Pferde bei uns lassen." Wenig später kommt auch Kevin, ihr Mann, und ich darf unsere Geschichte nochmals erzählen. „Wir reiten einmal quer durch die USA und dann weiter durch Kanada nach Alaska." Noch kommt mir die Geschichte selbst so unglaubwürdig vor, dass es mir schwer fällt, sie überzeugend zu erzählen.

Wir gönnen uns eine Nacht im Hotel, liegen stundenlang in der Badewanne, essen Pizza, waschen unsere Kleidung und kaufen Proviant für die nächste Etappe ein. Amerikanische Städte sind für Autos gebaut, und obwohl der Ort nur knapp 2.000 Einwohner hat, sind die Distanzen zwischen Supermarkt, Waschsalon und Hotel schrecklich groß. Am Ende des Tages bin ich erschöpfter als an so manchem Tag unterwegs.

Wir sind froh, die Stadt wieder zu verlassen. Südlich von

Dillon liegt das Schigebiet Copper Mountain. Der Sessellift ist auch im Sommer in Betrieb. Unser Weg führt unter dem Lift hindurch. Unsere Pferde mögen keine Sessellifte, und schon gar keine Kinder, die von oben herab kreischen. In monotoner Stimme rede ich auf Rusty ein: „Ist gut, Kleiner, keine Angst, wir sind gleich durch, es ist gleich vorbei." Trotzdem durchqueren wir die Liftanlage schneller, als uns lieb ist. Ein Schild warnt uns vor Golfcarts, die unseren Weg kreuzen könnten. Noch den ganzen Tag über verfolgt uns die Zivilisation in der Gestalt von Mountainbikern, die je nach Tempo unsere Pferde nur erschrecken oder davonjagen. Copper Mountain liegt im Summit Country, im dichtesten Schigebiet Colorados. Im Winter strömen tausende Schifahrer aus Denver in diese Bergwelt. Mit allen Mitteln wird versucht, auch im Sommer Touristen in die Resorts zu locken.

In den Bergen südlich von Copper Mountain wird heute noch Bergbau betrieben. Von unserem Aussichtspunkt auf dem Continental Divide Trail haben wir Blick auf die Climax Molybdän Mine. Die Climax Molybdän Company wurde zu Ende des ersten Weltkrieges gegründet und ist bis heute in Betrieb. Sie ist der weltweit größte Produzent von Molybdän, das zur Härtung von Stahl und zur Erzeugung von Metalllegierungen verwendet wird.

Ein blaues Dreieck, auf dem in schwarzer Schrift CDT geschrieben steht, wobei das T die Form eines Pfeils hat, der die Richtung angibt, ist das Symbol des Continental Divide Trails. Man findet es auf Bäumen, Pfählen und Schildern. Es ist uns mittlerweile gut vertraut, denn wir folgen ihm schon seit Beginn der Reise. Seit einigen Kilometern hat sich jedoch ein zweites Zeichen dazu gesellt, auch dieses ist dreieckig und zeigt einen skizzierten Berg. Es ist das Symbol des Colorado Trails, der über 800 Kilometer von Denver bis Durango führt. CDT und Colorado Trail nehmen hier dieselbe Route.

Die Idee des CDT wurde im Jahr 1966 geboren, als Benton MacKaye, der „Vater" des Appalachian Trails, seinen Vorschlag eines Wanderweges entlang der kontinentalen Wasserscheide präsentierte. MacKaye muss damals schon ziemlich alt gewesen sein, denn die Idee des Appalachian Trails entstand bereits fünfundvierzig Jahre früher. 1978 gründete Jim Wolf die Continental Divide Trail Society mit dem Ziel, den 5.000 Kilometer langen Wanderweg zu errichten, doch 1990 fehlten noch immer über 1.600 Kilometer. Die Continental Divide Trail Alliance wurde gegründet. Sie mobilisierte neue Sponsoren und freiwillige Helfer, um den Wanderweg fertig zu stellen, denn einen Trail entlang des Rückgrats der Rocky Mountains zu verwirklichen, ist keine einfache Angelegenheit. Immerhin dauerte es siebzig Jahre, um dem Appalachian Trail, der von Georgia nach Maine führt, seine heutige Form zu geben. Auch heute, dreißig Jahren nach dem Beginn der Errichtung des Wanderweges, sind erst etwa siebzig Prozent des Continental Divide Trails fertig gestellt. Dies lässt viel Raum für Abenteuer – jetzt, bevor der Trail von Grenze zu Grenze geformt und markiert ist, bevor der Weg gezähmt ist, bevor die Fußabdrücke anderer Wanderer ihn geschliffen haben, jetzt, wo die Route so unvollständig ist, dass jeder Wanderer seinen eigenen Weg finden kann. Nicht immer folgt der Trail strikt der Divide, vielmehr mäandert er durch einen 160 Kilometer breiten Korridor, vermeidet Terrain, das Bergziegen und Kletterern vorbehalten bleibt und umgeht so manches vom Menschen errichtete Hindernis.

Wir reiten durch die Wälder an der östlichen Flanke der Wasserscheide. Manche dieser Wälder sind uralt, sie strahlen eine Zeitlosigkeit aus, in der man versinken kann. Hunderte Jahre alte Baumriesen ragen bis zu dreißig Meter hoch in den Himmel. Manche von ihnen waren wohl schon hier, bevor Columbus nach Amerika segelte. Nur einzelne Sonnenstrahlen finden ihren Weg durch das dichte Gewirr der Tannen- und Fichtenzweige, sie malen ein Mosaik auf den Waldboden. Jeder natürliche Lebenszyklus des Waldes ist vertreten. Auf den durch Wind- und Altersschwäche umgefallenen Baumstämmen wachsen grüne Teppiche aus Moos, Flechten und bizarr aussehenden Pilzen und bringen die Nährstoffe zurück in den Boden. Diese umgestürzten Baumriesen, zusammen mit jungen Bäumen, die in allen Größen aus der Erde ragen, kreieren ein undurchdringbares Dickicht. Es ist kühl und feucht im Wald. Ein Klima, das auch Heidelbeeren und Preiselbeeren, Waldblumen und insbesondere Orchideen lieben. Nur zehn Prozent der alten Wälder, die einst auf unserem Planeten wuchsen, stehen noch. Es ist ein Privileg, durch diese Urwälder zu reiten, vorbei an den alten Riesen, die schon lange vor meiner Zeit da waren und noch lange nach mir hier sein werden, wenn die Menschheit nicht zu kurzsichtig agiert und diesen Schatz der Natur zerstört.

Der Wald nimmt die Fernsicht und lenkt meine Aufmerksamkeit auf die Details. Ich lausche den Geräuschen: Ein Vogel zwitschert, irgendwo klopft ein Specht, dann ist es wieder still. Ein Meisenhäher sitzt auf einem Ast und beobachtet uns. Grau-weiß leuchtet sein Gefieder. Es riecht nach Moosen und Pilzen. Der Weg zieht sich gemütlich dahin. Immer wieder steigen wir ab und gehen ein Stück zu Fuß. Das schenkt den Pferden eine Pause und mir einen Perspektivenwechsel. Im Gehen betrachte ich jede Pflanze am Weg, jeden Pilz, jede Blume. Wir führen Dino und Lightfoot, die beiden anderen laufen frei. Sie hören auf mein Kommando. Rufe ich „walk on", so folgen sie den anderen Pferden, außer manchmal, wenn sie stehen geblieben sind, grasen und sich dabei umgedreht haben. Dann kann es sein, dass sie auf mein Kommando einfach so weiter gehen, wie sie gerade stehen, auch wenn sie eben aus dieser Richtung gekommen sind.

Nach drei Tagen durch den Wald erreichen wir die Holy Cross Wildnis. Wir durchqueren nur die südöstlichste Ecke dieser Wildnis, trotzdem bleibt sie mir als besonders wild und schön in Erinnerung. Hier ragen die Bergspitzen der kontinentalen Wasserscheide über 4.000 Meter in den Himmel und umschließen breite, fruchtbare Täler, in denen smaragdgrüne Bergseen glitzern. Tief am Himmel hängende Wolken tragen noch zu der Dramatik des Anblicks bei. Ausnahmsweise findet das Nachmittagsgewitter an diesem Tag schon um 12 Uhr statt. Das erste Mal werden wir nass, dafür gleich richtig. Die Intensität des Gewitters wirkt geradezu theatralisch, Blitze zucken über den Himmel, Donnergrollen folgt unmittelbar darauf, es fängt sogar an zu hageln. Wir suchen im Wald Zuflucht und versuchen die Pferde so zwischen den Bäumen einzuparken, dass sie nicht nass werden. Doch Dino drängt sich immer genau in die Mitte und schiebt die anderen zurück in den Regen. Nach kurzer Zeit reißt der Himmel auf und die Sonne kommt wieder hervor. Auf die Sonne Colorados kann man sich eben verlassen.

Wir schlagen unser Lager am Bear Lake, einem eiskalten Gebirgssee, auf. Als Günter mein Pferd absatteln will, vergisst er, den Riemen zu lösen, der die Packtaschen unter dem Pferdebauch zusammenhält. Rusty reagiert darauf in angemessener Art und Weise, buckelt und springt durch die Wiese, bis der Gurt reißt und Sattel und Packtaschen auf dem Boden landen. Günter ist damit beschäftigt, sich über sich selbst zu ärgern, und ich kann meine Sachen selber wieder einsammeln und reparieren. Als ich später am Lagerfeuer sitze und unser Abendessen koche, galoppiert Rusty plötzlich aufgebracht durch das Lager. Diese unnötige Schreckhaftigkeit macht nun mich wütend und ich binde ihn an einem Baum fest. Ich bin mir sicher, er spürt, dass ich böse bin, denn er blickt ganz schuldbewusst. Als ich später wiederkomme, begrüßt er mich mit einem freundlichen Wiehern, als ob er sagen möchte: „Sei doch nicht mehr böse!"

Leni ist ein Phänomen. Sie kann fünfzehn Stunden lang durchschlafen. Kaum haben wir das Zelt aufgestellt, schon liegt sie drin, eingerollt und im Tiefschlaf. Füttere ich sie nicht schnell genug, verschläft sie das Essen. Morgens bleibt sie einfach liegen, bis ich die Pferdedecke unter ihr hervorziehe und das Zelt abbaue. Dann sucht sie sich einen Sonnenstrahl und schläft im Freien weiter. Was für ein Hundeleben! Lightfoot legt sich im tiefen Gras nieder und frisst mal wieder im Liegen weiter. Dann rollt er sich auf die Seite und liegt minutenlang still. Ich mache mir Sorgen, doch Günter beruhigt mich: „Der steht gleich wieder auf. Wenn nicht, dann hat er vielleicht einen Pilz gefressen." Es ist schön, mit Tieren unterwegs zu sein. Sie bringen so viel Abwechslung in unseren Alltag.

Nachts kommen wir nicht zum Schlafen, da ständig die Pferde ums Zelt schleichen. Sie könnten doch wenigstens ein bisschen Respekt haben und Rücksicht nehmen, aber scheinbar schmeckt das Gras genau neben dem Zelt am besten. Die ganze Nacht über hören wir das Getrampel der Hufe, das Rupfen der Gräser und das Malmen der Pferdemäuler. Eigentlich schöne Geräusche, die in ihrer Monotonie einschläfernd wirken würden, wäre da nicht ständig die Angst, dass sie über die Abspannleinen des Zelts stolpern könnten. Aus diesem Grund spannen wir unser Zelt ohnehin nur sehr notdürftig ab. Nachts binden wir immer zwei Pferde an ein Seil, das wir zwischen zwei Bäumen gespannt haben, zwei dürfen grasen. Am Morgen, während wir frühstücken und das Lager abbauen, lassen wir meist alle vier Pferde frei, denn in der Regel bleiben sie da. Heute ist wohl eine Ausnahme von der Regel, denn die Pferde sind weg. Gerade waren sie noch da, jetzt sind sie weg, und wir haben keine Idee, in welche Richtung sie losmarschiert sind. Günter, der auf jahrelange Erfahrung im Fährtenlesen zurückgreifen kann, macht sich auf den Weg, um sie zu suchen.

Der Bear Lake ist ein idyllisches Fleckchen in dieser Wildnis, und so bin ich den Pferden für ihren Ausbruch gar nicht böse, denn er gibt mir Zeit, innezuhalten und die Landschaft auf mich wirken zu lassen. Hier draußen fehlt mir gar nichts, keine Menschen, keine Zivilisation, selbst die heiße Dusche, die gute Flasche Rotwein und das weiche Bett, auf das wir uns in jedem Dorf freuen, erscheinen mir eher als Entschädigung für den Stress und Lärm der Stadt. Ich genieße die Einsamkeit. Wenn ich nur einen Menschen bei mir habe, in dessen Gesellschaft ich mich wohl fühle, brauche ich sonst niemanden. Ganz alleine jedoch wäre mir hier draußen nicht wohl. Da fehlt mir das Selbstvertrauen, das Günter hat und das ihn auf seiner langen Reise alleine begleitet hat. Ich könnte ewig so weiterziehen. Obwohl ich genau daran auch manchmal zweifle. Vier Wochen sind wir nun unterwegs, kann ich wirklich monatelang so weiterleben?

Ein Reh kommt vorsichtig aus dem Wald, grast auf der Wiese. Ein zweites folgt ihm. Genau genommen sind es keine Rehe, sondern Maultierhirschkühe. Sie haben eine schwarze Nase und große, spitze Ohren, ähnlich einem Maultier. Die Männchen tragen ein spitzes Geweih, genau wie ein Rehbock. Ich weiß nicht, wie viele Stunden ich so verbringe, meinen Gedanken nachhänge, bis endlich Günter mit den Pferden zurückkommt. Er fand sie auf einer Anhöhe, auf der es nicht einmal gutes Futter gab. Als sie Günter sahen, kamen sie ihm entgegen und gingen bereitwillig wieder mit.

Wir brechen auf. Seit Tagen sind wir nun schon auf Waldwegen unterwegs, umgeben von dichtem Nadelwald und undurchdringlichem Unterholz. Wären wir zu Fuß unterwegs, würde diese Monotonie vielleicht langweilig werden. Doch die Pferde bringen immer wieder Abwechslung in unseren Alltag. Dino liebt es, sich an Bäumen zu reiben oder sich den Bauch an kleinen Büschen zu kratzen, indem er über sie hinwegsteigt. Wenn Günter ihn als Packpferd führt, versucht er oft neben dem Weg zu gehen, steigt über kleine Tannenbäume hinweg und klettert durchs Gebüsch. Das regt Günter wahnsinnig auf, und er schimpft mit ihm. Doch wie alle Pferde kann Dino unglaublich unschuldig dreinschauen. Als wir an einer Wegkreuzung halten, um die Karte zu studieren, wirft Dino den Wegweiser um, weil er sich daran reiben will. Trotz des Krachs bleiben die Pferde erstaunlich ruhig.

Während Günter den Pfeiler wieder aufrichtet, legt sich Azabache mitsamt Packtaschen hin und macht Anstalten sich zu wälzen. Ich schreie ihn an und trete ihm ins Gesäß, doch kaum steht er, schon geht Rusty zu Boden, legt sich einfach gemütlich auf die Seite und rollt meinen Sattel im Dreck. Dino folgt sofort seinem Beispiel und wälzt sich ebenfalls mit Reitsattel im Sand. Fehlt nur noch Lightfoot, der ein Stück abgewandert ist und sich dort in aller Ruhe zu Boden legt. Am besten ist es, wir bleiben gar nicht erst stehen, dann kommen die Pferde auf keine dummen Gedanken. Wir versuchen daher ohne Pausen auszukommen, doch ich traue mich noch nicht, die Wanderkarte aufzufalten, während ich im Sattel sitze. Das könnte Rusty erschrecken, er würde einen Sprung nach vorne machen und die Karte und ich würden in hohem Bogen zu Boden fliegen. Zumindest stelle ich mir das in meiner Fantasie so dramatisch vor. Daher steige ich vorerst lieber noch ab. Um dem CDT in Colorado zu folgen, ist keine Meisterleistung in Orientierungskunde gefordert. Der Weg, meist ein kleiner Trampelpfad, ist zum Großteil gut markiert. Außerdem haben wir gute topographische Karten im Maßstab 1:40.000. Das ist ein brauchbarer Maßstab. Der CDT ist in diesen Karten eingezeichnet. Optimistisch gehen wir davon aus, dass es für die gesamten 5.000 Kilometer Karten in dieser Art geben wird. Doch das ist ein großer Irrtum. In Colorado werden wir verwöhnt. Trotzdem stehen wir auch hier immer wieder an Kreuzungen, die nicht in unserer Karte eingezeichnet sind. Für welchen Weg entscheidet man sich? Der falsche endet vielleicht nach zehn Kilometern in der Landschaft und man muss die ganze Strecke zurückgehen. Dann ist ein halber Reisetag vorbei. Wann immer wir an einer solchen Kreuzung stehen und mein Karten-Latein am Ende ist, vertraut Günter seiner Intuition. Noch nie habe ich ihn zögerlich erlebt, er entscheidet, folgt dabei seinem Bauchgefühl und liegt fast immer richtig.

Am späten Nachmittag begegnet uns nach einer Wegbiegung eine große Gruppe Menschen. Singend kommen sie uns entgegen, zwei Jugendliche springen übermütig von Stein zu Stein. Wir sind verblüfft, unsere Pferde auch, sie scheuen. Seit Tagen haben wir keinen Menschen mehr gesehen, woher kommen plötzlich diese Massen? Es sind Wanderer jeden Alters, sogar Kleinkinder im Tragerucksack sind dabei. Einige haben Wanderstöcke, das Klick-Klack der Stöcke auf den Steinen macht die Pferde nervös. Eine ältere Dame klärt uns auf. Sie alle haben Mt. Elbert bestiegen, den höchsten Berg der Rocky Mountains, und sind nun auf dem Heimweg. Es ist Sonntag, der letzte im August.

Warum suchen die Menschen immer nach Superlativen? Hunderte Wanderer waren an diesem Sonntag auf dem Mt. Elbert, nur weil das der höchste Gipfel ist. Die Nachbargipfel, die in Schönheit und Einzigartigkeit dem Mt. Elbert um nichts nachstehen, haben kaum Besucher gesehen. Ist es denn wirklich so wichtig, den höchsten Gipfel zu besteigen, wenn man das Erlebnis mit hunderten Gleichgesinnten teilen muss? Wenn die Menschenmassen alle Tiere verscheuchen, den Weg breit trampeln und man sich für ein Gipfelfoto anstellen muss? Die Suche der Menschen nach Superlativen bleibt mir ein Rätsel.

Doch es macht auch Spaß, all die Menschen zu treffen.

„Wohin reitet ihr?", ruft mir ein kleiner Junge zu.

„Nach Kanada", antworte ich und freue mich über das Staunen in den Gesichtern.

Andere wiederum halten uns für ein Team von Forschern, die wichtige Geräte transportieren. Manche meinen, wir hätten die Packtaschen voller Fisch. Ich weiß auch nicht, wie sie darauf kommen. Eine Frau meint sogar, wir wären von der Bergrettung. Im Sinne der Verletzten kann ich nur hoffen, dass die Bergrettung schneller vorankommt als wir.

Leni ist begeistert von den vielen Menschen und lässt sich von zahlreichen Händen streicheln.

Auch am nächsten Tag begegnen wir Menschen. Eine Kolonie Freiwilliger arbeitet mit Hacken und Schaufeln daran, den Weg zu verbessern. Große Felsbrocken werden ausgegraben, mit der Hacke zertrümmert, verteilt und mit Erde bedeckt. Die Einfachheit der Technik erstaunt mich und erinnert mich an chinesische Straßenarbeiter, die ich auf einer Reise beobachtet habe. In der sehr armen Provinz Yunnan arbeitete eine Gruppe Frauen, in schmutzige Tücher gehüllt und mit Hacken und Hämmern bewaffnet, daran, Mauern links und rechts der Straße zu errichten. Im Gegensatz zu den chinesischen

Frauen wirken die Arbeiter hier fröhlich. Sie begrüßen uns freundlich und laden uns ein, gemeinsam Pause zu machen. In der Gruppe erblicke ich Rex und seine Familie. Wir haben sie bei einem Fest der Continental Divide Trail Alliance kennen gelernt. Rex und seine Frau, sein Sohn und seine Tochter wurden zur CDT Familie des Jahres gewählt. Sie verbringen fast jedes Wochenende in den Bergen der Rocky Mountains und helfen mit, den Continental Divide Trail fertig zu stellen. Für die fehlenden Streckenabschnitte muss erst die genaue Routenführung festgelegt werden, der Weg muss gegraben, Brücken gebaut und Markierungen angebracht werden. Bei jedem Bautrupp ist auch ein Koch dabei und dieser bringt uns nun Brot, Käse, frische Tomaten und Äpfel. Frisches Obst und Gemüse sind für uns die schönsten Geschenke unterwegs. In der Zwischenzeit haben alle ihre Schaufeln und Hacken abgelegt und sich im Gras niedergelassen. Leni marschiert von einem zum anderen und kassiert Leckerbissen. Die Pferde haben wir sicherheitshalber an Bäumen festgebunden.

Noch nie habe ich mir Gedanken darüber gemacht, wie Wanderwege entstehen. Sind sie da, so nimmt man sie gerne an, gibt es sie nicht, so muss man mühsam querfeldein gehen. Aber dass jeder Meter dieser Wege mit Muskelkraft geschaffen wurde, darüber habe ich noch nie nachgedacht. Wir nehmen uns vor, uns auch einmal bei einem Trail-Bau-Projekt zu beteiligen. Irgendwann, wenn sich die Gelegenheit bietet. Ich muss zugeben, dass ich nicht sehr erpicht darauf bin, denn die Arbeit sieht sehr anstrengend aus.

Der weitere Trail hinab ins Tal ist nun sehr angenehm, wir sind die Ersten, die den neuen Weg benutzen. Es ist ein schmaler Pfad, gerade breit genug für ein Pferd mit Packtaschen, aber der Boden ist weich und federt. Trotzdem steigen wir ab und führen die Pferde. So können sie sich erholen und wir bewegen uns auch ein bißchen. Günter geht voran und führt sein Reitpferd Lightfoot. Azabache und Dino, die beiden Packpferde, folgen und Rusty und ich gehen zum Schluss. Im Tal angekommen steigen wir wieder in den Sattel. Ich sitze bereits im Sattel, als Günter sich von der rechten Seite auf sein Pferd schwingt. Das ist für Reiter und Pferd ungewohnt. An Günters Hüfte baumelt die Kameratasche, die er heute ausnahmsweise an seinem Gürtel befestigt hat. Seit Tagen probiert er immer neue Varianten aus, um die Kamera rasch bei der Hand und trotzdem sicher und wasserdicht verstaut zu haben. Jetzt erweist sich die neue Konstruktion jedenfalls als ungünstig, denn Günter bleibt mit seinem Gürtel am Sattelhorn hängen, dadurch streift er mit seinem Stiefel die Kuppe des Pferdes, woraufhin dieses mit Günter halb im Sattel auf und davon galoppiert. Seine „Ho, ho, ho" Rufe verklingen in der Ferne. Dino und Azabache bleiben wie angewurzelt stehen. Erstaunt schauen sie Lightfoot nach. Die Szene wirkt unheimlich komisch auf mich und ich muss mich zurückhalten, um nicht laut aufzulachen. Ich steige ab und halte die Pferde fest, damit sie es sich nicht noch anders überlegen. Nach kurzer Zeit höre ich wieder die „Ho, ho, ho" Rufe, diesmal kommen sie allerdings näher. Noch immer galoppierend kommt Günter zurück. Vor meinen Augen zerreißt der Gürtel, die Kameratasche fliegt zu Boden und Lightfoot bleibt abrupt stehen. Wütend springt Günter aus dem Sattel und schimpft auf seinen Gürtel, der an allem schuld ist.

Wir umrunden den See Twin Lakes. Zunächst müssen wir einen Highway überqueren, dann über einen Campingplatz und danach einer Schotterstraße folgen. Es ist Feiertag und viele Menschen sind unterwegs. Wir können Leni nicht frei laufen lassen, und noch kann ich sie nicht bei mir im Sattel halten. Ich kann auch noch immer kein Packpferd führen, und aufgrund der vielen Menschen und Autos können wir auch Azabache nicht frei laufen lassen. So muss Günter nun vom Sattel aus zwei Packpferde führen, und ich gehe zu Fuß und führe Rusty am Zügel und Leni an der Leine. Ständig habe ich Angst, dass Rusty einen unerwarteten Sprung machen und Leni verletzen könnte, da sie an der Leine nicht schnell genug flüchten kann. Auch Günters Nerven sind angespannt. Er hat die beiden Packpferde aneinander gebunden. Eine dünne Schnur zwischen dem Führstrick des zweiten und dem Packsattel des ersten dient als Sollbruchstelle. Sollte eines der Pferde in Panik ausbrechen, reißt diese Schnur und eine größere Katastrophe wird verhindert. So die Theorie. Die Schwierigkeit ist, die Festigkeit der Sollbruchstelle zu bestimmen. Ist sie zu dünn, reißt sie jedes Mal, wenn das hintere Packpferd auch nur kurz daran zieht. Immer wieder muss Günter absteigen und die Pferde erneut zusammenbinden. Er macht die Sollbruchstelle nun dicker, nur um kurz darauf festzustellen, dass sie nun nicht mehr das schwächste Glied der Kette ist. Der Karabiner, mit dem der Führstrick am Halfter hängt, bricht entzwei. Ich habe Probleme, zu Fuß das Tempo der Pferde zu halten. Immer wieder stolpere ich über Lenis Leine. Wird der Abstand zwischen Günters Pferden und mir zu groß, macht Rusty Anstalten mich zu überholen. Ich bin froh, als wir die Zivilisation wieder hinter uns lassen.

An einem lauschigen Plätzchen am Ufer machen wir lange Pause, gehen schwimmen und lassen uns sonnen. Später reiten wir durch denselben Fluss. Leni springt ins Wasser und schwimmt heldenhaft hindurch, und das obwohl sie zuvor bereits über die Brücke gelaufen ist. So aber hat sie unsere Aufmerksamkeit und unser Lob. Siebenhundert Höhenmeter steigen wir empor, der Nadelwald links und rechts des Weges ist mit einer schwarzen Flechte überzogen und wirkt trostlos und tot. Wir steigen hinab ins nächste Tal und schlagen bei Lilly Ponds unser Lager auf. Dunkle Wolken hängen am Himmel. Donner grollt und Blitze zucken. Durchs Tal fegt ein heftiger Wind, in dem sich die Wipfel der höchsten Bäume biegen. Wir verkriechen uns im Zelt und machen die Luken dicht.

Eine ungewöhnliche Ruhe folgt auf das Gewitter. Stille liegt über dem Tal. Der Sturm hat die Wolken vertrieben. Nur einige Wolkenfetzen hängen noch in den Bergen. Ich sammle Holz für das Lagerfeuer. Viele dürre Äste hängen in

Augenhöhe, Pflückholz. Das Holz ist feucht und will nicht brennen. Ich hole dürre Tannennadeln und breche eine Handvoll der kleinsten Äste ganz unten am Baumstamm, wo sie vor dem Regen geschützt waren, ab. Damit lässt sich das Feuer starten. Wir trinken Kaffee und schauen dem Spektakel der Farben des Abendhimmels zu. Einige Fledermäuse fliegen über uns hinweg. Voll Demut und Respekt genießen wir den Augenblick. Wir lassen uns Zeit. Zeit! Sie ist der größte Luxus dieser Reise. Wir haben Zeit. Unendlich viel Zeit. Wir sind Millionäre an Zeit. In meinem alten Leben – denn ich tendiere dazu, an ein altes und neues Leben zu denken, da diese Reise für mich nicht nur eine Reise, sondern so etwas wie einen neuen Lebensabschnitt darstellt – war die Zeit in kleine und kleinste Teile zerstückelt. Sie war verplant. Oft konnte ich schon Wochen im Voraus sagen, was genau ich an einem bestimmten Mittwoch um 10 Uhr Vormittag machen werde. Mein Kalender voller Termine und Abgabefristen schien mich manchmal regelrecht zu erdrücken, ließ mir keinen Freiraum für Spontaneität. Ein Alltag wie ein Korsett. Nicht, dass es bei uns nun keine Routinen geben würde, die den Tag strukturieren, doch ich empfinde Zeit nun als etwas Ganzes, das in einer unzerstückelten Woge stetig und unerschöpflich fließt. Der Verlust - wenn es so etwas überhaupt gibt - einer Stunde oder eines Tages spielt keine Rolle. Der Satz „Ich habe keine Zeit“, in meinem alten Leben so oft gesprochen, kommt mir nun nicht mehr über die Lippen. Was ist die Zeit doch für ein kostbares Gut.

Während der Vorbereitung für meinen Entwicklungshilfeeinsatz in Kambodscha wurde ich gewarnt, mir für die langen, einsamen Abendstunden eine Beschäftigung zu suchen. Ein Musikinstrument zu lernen, beispielsweise, oder eine neue Sprache. Schon damals empfand ich sie als großes Geschenk, die Abendstunden, die ich ganz für mich alleine gestalten konnte, ohne einem Plan zu folgen. Monatelang versuchte ich, die morgenländische Kunst der Trägheit und des Müßiggangs, die ich bei den Menschen in den Dörfern

Kambodschas sah, zu erlernen. In der Hängematte liegend beobachtete ich den Sternenhimmel, hörte den Vögeln zu oder studierte voller Freude zwei Geckos, die auf Fliegenjagd an der weißen Hauswand klebten. Doch meine Versuche blieben ohne großen Erfolg. Ich bleibe doch ein Mensch, der gerne gut beschäftigt ist.

Dino durchstreift das Lager auf der Suche nach etwas Fressbarem. Er findet unsere Wasserschüssel und trinkt sie aus. Nun muss ich wieder zum Fluss hinunter, um frisches Wasser zu holen. Leni hat ihren Nachmittagsschlaf beendet, bringt ein Holzstöckchen und legt es vor mich hin. Als ich nicht reagiere, knurrt sie: „Spiel mit mir!", soll das heißen. Rund fünfundzwanzig Kilometer legen wir täglich zurück, Leni läuft das Doppelte oder Dreifache davon, trotzdem ist sie abends nicht müde. Günter erbarmt sich und fordert Leni zum Kampf auf. Wie wild springt sie an ihm hoch, beißt in den Zipfel seiner Jacke und beginnt dann schnell im Kreis zu laufen. Als sie erschöpft ist, kommt sie zu mir und rollt sich in meinem Schoß ein.

Die Natur verwöhnt uns in diesem Tal. Das Gras steht kniehoch, durchzogen von Kräutern und spätsommerlichen Blumen. Ein Reh streift auf der anderen Seite des Flusses anmutig durchs Gras. Es ist auf dem Weg zum Fluss, um zu trinken. Misstrauisch blickt es zu uns herüber, läuft aber nicht davon. Gibt es ein größeres Vergnügen, als am Lagerfeuer zu sitzen, die müden Muskeln zu entspannen und dabei gedankenverloren die Natur rundherum zu betrachten? Günter gesellt sich zu mir. Wortlos genießen wir den Moment.

Ich glaube, ich könnte nicht glücklicher und zufriedener sein als in diesem Augenblick. Warum ist das so, dass ich mich hier draußen so rundum wohl fühle? Dass ich für jeden Tag, den ich hier im Wald, in den Bergen verbringen darf, einfach nur dankbar bin? Ich denke, es hat etwas mit der Angemessenheit der Dinge in der Wildnis zu tun. Die Dimensionen und Relationen stimmen. Hier ist die Welt noch so groß, wie sie immer schon war. Hier ist Europa, Wien, Zuhause unendlich weit entfernt. Unerreichbar. Distanzen werden in Gehzeiten angegeben, Tagesetappen liegen bei zwanzig bis dreißig Kilometern. Hundert Kilometer fühlen sich real an, wenn sie fünf Tage entfernt sind. Die Handlungsalternativen sind sehr überschaubar. Ein Tag beginnt mit Sonnenaufgang und endet mit Sonnenuntergang. Man kann weitergehen oder bleiben. Die globalisierte Welt, die geschrumpft und in ihrer Komplexität unendlich verdichtet scheint, dehnt sich wieder zu ihrer ursprünglichen Größe aus, und ihrer Schönheit. Eine Schönheit, der wir nur mehr an wenigen Ecken dieser Welt begegnen, wo die Wildheit der Natur noch ungezähmt ist.

Ich schummle ein wenig, wenn ich sage, mir fehlt nichts. Ich gebe zu, manchmal habe ich Heißhunger auf Joghurt oder Pizza oder Eis. Nur wer so eine Reise schon mal gemacht hat, kann nachvollziehen, was für eine entscheidende Rolle dabei Essen spielt. Oft kreisen meine Gedanken bereits am Nachmittag darum, was ich zum Abendessen kochen werde. Dabei ist die Auswahl wirklich nicht sehr groß. Und doch, wir haben ausreichend Proviant dabei. Hauptsächlich Reis und Nudeln, Mehl, getrocknetes Gemüse, Haferflocken, Müsli, Trockenmilchpulver, Nüsse und Trockenobst. Doch am Lagerfeuer stellt sich oft Heißhunger auf andere Dinge ein. Wir träumen von Schokolade, Käse, Salat, frischem Obst und Gemüse, knusprigem Schwarzbrot, Wein und Bier. Das Schwierige beim Planen des Proviants ist, dass man nie weiß, wann der Hunger einsetzt. Die ersten Tage über hat man noch Reserven, von denen man zehren kann. In diesen Tagen wirft mir Günter meist vor, zu viel eingepackt zu haben. Aber ab dem fünften oder sechsten Tag steigt der Appetit. Sogar Leni frisst dann das Doppelte oder noch mehr ihres normalen Tagesbedarfs, und ich habe alle Hände voll zu tun, alle Mäuler satt zu kriegen. Mit jedem Tag lerne ich besser am Lagerfeuer zu kochen. Wenn Günter Feuer macht, fragt er mich, wie viele „Kochplatten“ ich brauche. Dementsprechend groß errichtet er das Feuer und schichtet Steine und Langhölzer so, dass ich Töpfe und Pfannen aufs Feuer stellen kann. Manchmal koche ich an drei Stellen gleichzeitig. In der Pfanne backe ich Fladenbrot, während in einem Topf Reis kocht und in dem anderen Gemüse gebraten wird. Das ist kritisch und oftmals eine wackelige Angelegenheit. Kippen die Töpfe um, fällt das Essen ins Feuer.

Es hat sich unbewusst eine gewisse Rollenverteilung eingeschlichen, die an ein traditionelles Rollenbild erinnert. Das heißt, ich – die Frau – koche. Es ist im Moment einfach wesentlich vernünftiger und für alle befriedigender. Auf seiner Reise durch Südamerika hatte Günter manchmal wochenlang nur Reis gegessen. Ein Freund bezeichnete ihn daraufhin als „kulinarischen Tiefflieger". Doch ich habe die Hoffnung nicht aufgegeben, eines Tages wird auch Günter kochen lernen, und bis dahin kann er ja den Abwasch übernehmen. Die anderen Arbeiten im Lager verrichten wir ohne große Absprachen: Steinkreis bauen, Feuerholz sammeln, Zelt aufstellen, Wasser holen, Pferde und Hund füttern. Es gibt keine bestimmte Arbeitsteilung, jeder macht, was ihn gerade freut.

Auf den letzten fünfzehn Kilometern nach Buena Vista regnet es in Strömen. Schon seit zwei Tagen werde ich nervös, wenn ich daran denke, dass wir wieder in einen Ort reiten. Ich weiß, Buena Vista ist ein Dorf mit vielleicht 2.000 Einwohnern, einer Hauptstraße, weit verstreut liegenden Einfamilienhäusern, ein, vielleicht auch zwei Supermärkten und einigen Motels und Restaurants. In meiner Fantasie sehe ich uns trotzdem in eine Großstadt reiten, mit vier Pferden, die beim Anblick des ersten Autos nach Wochen in Panik ausbrechen und in gestrecktem Galopp die Main Street entlangjagen und dabei sämtliche Ausrüstungsgegenstände verstreuen. Ich weiß nicht, woher diese Ängste kommen, denn bisher haben sich die Pferde in Gegenwart von Fahrzeugen immer sehr ruhig verhalten. Doch meine Anspannung überträgt sich auf Rusty und er tänzelt nervös. In Buena Vista müssen wir einen Platz und Futter für die Pferde finden. Wir wollen zwei Tage bleiben, den Pferden eine Ruhepause gönnen, unsere Wäsche und uns selbst waschen und Proviant für die nächste Etappe einkaufen. Es schüttet immer noch, als wir die Asphaltstraße erreichen. Wir sind völlig durchnässt. Das Wasser rinnt die Regenhose entlang in die Bergschuhe. Die Füße sind feuchtwarm, doch meine Hände sind eiskalt, die Handschuhe aus weichem Fleece durchnässt. Wieder muss Günter beide Packpferde führen, während ich Leni an der Leine und Rusty am Zügel nehme. Obwohl es ein kleines Dorf ist, brauchen wir eine Stunde vom ersten Haus bis ins Zentrum, so verstreut liegen die Häuser. Einige Autos überholen uns, sonst ist die Straße menschenleer, bis auf einen Mann mit grell-blauem Regenschirm, der zwischen den trostlos grauen Häuserblocks spazieren geht. Er ist unser Retter, er weiß es nur noch nicht. In einen langen Regenmantel gehüllt, wirkt er rechteckig wie ein Schrank. Ich schätze ihn auf etwa siebzig Jahre. Ich winke ihm zu. Als er auf uns zukommt, erschreckt Rusty vor dem Regenschirm und springt einen Satz zurück. Das wird auch nicht besser, als der Alte den Schirm auch noch über mich halten will. Eine rührende, aber mittlerweile völlig sinnlose Geste. Ich würde ihn gerne bitten, den Schirm abzuspannen, aber das ist bei dem Schnürlregen wohl zu viel verlangt. Stattdessen frage ich, ob er einen Platz für die Pferde weiß. Er zögert kurz, dann lädt er uns zu sich ein. „Lasst sie erst mal in meinem Obstgarten grasen, während ich ein paar Telefonate erledige“, meint er freundlich. Ich bitte die Pferde inständig, ihr Geschäft nicht in den Garten zu machen, doch sie tun natürlich wie immer, was sie wollen. Wenig später werden wir von einem gut gelaunten, hageren Mann namens Harold abgeholt, ein Cowboy wie aus dem Bilderbuch: Lederstiefel, Cowboyhut, Jeans und kariertes Hemd, darüber eine Lederweste. Der Regen scheint ihm nichts auszumachen. Er zeigt uns seine Weide. Zwanzig Zentimeter hoch steht der Klee, ein Festessen für die Pferde. Harolds Maultiere stehen nebenan. Wie werden unsere Pferde auf sie reagieren? Doch unsere Sorge ist unbegründet. Unsere vier Helden haben nichts als Fressen im Kopf.

Jetzt endlich können auch wir uns nach einer Bleibe umsehen. Wir suchen das Motel nach dem Badezimmer und der Nähe zum Supermarkt aus und nehmen ein mehrstündiges Vollbad, trinken dabei eine Flasche Rotwein und fühlen uns pudelwohl. Ich glaube, niemand, der nicht schon mal mindestens eine Woche im Zelt in der Wildnis übernachtet hat, weiß, wie schön so ein heißes Bad sein kann. Meine Hände sind so dreckig, dass sie selbst mit Seife und Bürste nicht sauber werden. Seit zwei Wochen blicke ich das erste Mal wieder in den Spiegel. Ich bin braun geworden, die Wangen sind rosa, dafür entdecke ich einige neue Falten um die Augen. Doch es macht mir nichts aus, sehe ich eben so alt aus wie ich bin. Außerdem bin ich schlanker geworden. Aber nicht nur äußerlich habe ich mich verändert. Ich hatte viel Zeit, über mich nachzudenken, und bin mir selbst näher gekommen. Ich bin nun mehr im Einklang mit mir selbst als vor dem Aufbruch. Ich fühle mich unbeschreiblich privilegiert, dass ich diese Reise machen kann. Denn dazu gehört nicht nur der Mut aufzubrechen, das Sicherheitsnetz zurückzulassen, sich zu verabschieden und tatsächlich abzureisen, auch die Umstände müssen passen und die Reise ermöglichen. Ich bin frei und ungebunden, bin für niemanden verantwortlich, niemand ist von mir abhängig. Ich war frei zu gehen. Nicht jeder ist in dieser Lage. Da gibt es Kinder, Eltern, Menschen, für die man verantwortlich ist und um die man sich kümmern möchte. Viele sind in ihrem Leben gefangen und können und wollen es nicht einfach hinter sich lassen. Sie sind von der Idee meiner Reise fasziniert und doch froh darüber, dass ich es bin und nicht sie, die unterwegs ist. Warum aber ich? Warum darf gerade ich diese Reise machen? Warum will ich es? Ich habe in meinem Ahnenregister gestöbert, aber ich konnte keine Erklärung finden. Kein Seemann, kein Wanderprediger, kein Zirkusvolk hat mir sein Blut vererbt. Woher die Lust zum Reisen kommt? Ich weiß es nicht.

Am Abend sind wir bei Harold und Susan zum Essen eingeladen. Das geräumige Vorstadtsiedlungshaus steht direkt neben der Weide. Wir nehmen auf dem Sofa im Wohnzimmer Platz, Leni zuerst. Aus Höflichkeit schelten wir sie kurz. Sie blickt uns fragend an. In Wahrheit warten auch wir nur auf das „ach nein, kein Problem, lasst sie nur“ von den Gastgebern, denn unser Hund ist verzogen. Sie ist es gewohnt, wie eine kleine Prinzessin behandelt zu werden. Ich glaube nicht, dass sie weiß, dass sie der Hund ist. Susan strahlt die Gemütlichkeit aus, die für dicke Menschen oft charakteristisch ist. Der schmale Harold nimmt nicht mal die Hälfte an Raum von ihr ein. Es gibt Hirsch-Ragout. Harold liebt die Jagd. Sie ernähren sich ausschließlich von dem Wild, das er jagt. Er ist stolz darauf. Ich komme mir unhöflich vor, als ich ablehne, aber ich habe seit über zwanzig Jahren kein Fleisch mehr gegessen. Fisch schon, ja, aber das ist eine andere Sache.

Auf dem Rückweg zum Hotel spaziert eine Rehfamilie die Straße entlang. Im Licht der Laterne sieht sie unwirklich aus, wie eine Erscheinung aus einer anderen Welt. Ihr Fell glänzt silbrig, das weiße Hinterteil leuchtet. Wir bleiben drei Tage in Buena Vista und sehen mehr Rehe als auf der Reise bisher. Sie liegen in den Vorgärten, spazieren durch die Straßen, grasen auf den Verkehrsinseln. Grund dafür sind die kleinen Bewässerungskanäle, die schachbrettartig im Dorf angelegt sind und zur Bewässerung der Gärten dienen. Für die Rehe stellen sie eine sichere Wasserquelle dar, und Futter finden sie in den Gärten.

In Buena Vista will Günter die Pferde neu beschlagen. Harold leiht ihm das nötige Werkzeug, einen großen Hammer und den Amboss. Lederchaps, die die Oberschenkel vor den spitzen Nägeln schützen sollen, hat er keine. Günter braucht meine Hilfe nicht, und so mache ich es mir im Schatten eines Baumes mit einem Buch gemütlich. Schon nach wenigen Minuten höre ich Günter fluchen. Er ist dabei, Dinos alte Hufeisen zu entfernen, doch das Pferd will nicht stillhalten.

„Gönn ihm eine Pause. Mach die anderen zuerst“, rufe ich ihm zu und erstaunlicherweise folgt er meinem Rat. Meistens lässt sich Günter bei Tätigkeiten, bei denen er jahrelange

Erfahrung hat, nichts dreinreden. Doch auch die Pause hilft nichts. Beim erneuten Versuch, Dinos Hinterhufe zu beschlagen, tritt er aus und erwischt Günter am Oberschenkel. Der blickt schmerzverzerrt und wütend, schimpft und flucht und tritt zurück. Leise mache ich mich aus dem Staub. Als ich Stunden später zurückkomme, sind Dinos vier Hufe neu beschlagen, Günters Hände zerschunden und blutig, auf seinem Oberschenkel leuchtet ein großer blauer Fleck, und er humpelt, als wäre er gerade von einem LKW überrollt worden. Dass er nicht ansprechbar und schlecht gelaunt ist, brauche ich wohl nicht zu erwähnen.

Zwischen Buena Vista und Creede liegen rund vierhundert Kilometer - das soll unsere bisher längste Etappe ohne Zwischenstopp in der zivilisierten Welt werden. Wir sind guter Dinge und frohen Mutes. Die Pferde haben sich gut erholt, wir haben ausreichend Proviant und freuen uns darauf, wieder weiterzuziehen.

Immer wieder werde ich nach drei Tagen in der Zivilisation unruhig und kann es kaum erwarten, wieder hinauszukommen in die Wildnis. Günter erzählt, dass auf seiner Reise durch Südamerika vor allem die Unterbrechungen, die Pausen, die Tage, die er bei Menschen verbrachte, mit ihnen lebte und arbeitete, für ihn die eigentliche Reise ausmachten. Noch kann ich das nicht nachfühlen, noch ist für mich das Unterwegssein die Quintessenz des Reisens.

Es dauert ewig, bis wir unsere Sachen in den Packtaschen verstaut haben. Proviant, Hundefutter, Kochgeschirr und Kocher, Werkzeug für den Hufbeschlag kommen in die grünen Boxen, außerdem meine Kosmetiktasche, denn seit ich gesehen habe, wie gerne Azabache sich mitsamt seinen Packtaschen hinlegt, will ich meine Reservebrille lieber sicher verstaut wissen. Neben der Brille befindet sich noch meine Zahnbürste und Zahnpasta und eine Seife in der Kosmetiktasche. Das ist alles, was ich zur Körperpflege dabei habe. In den gelben Packtaschen werden Schlafsäcke, Matten, Zelt und Kleidung und außerdem zwei Säcke mit jeweils zehn Kilogramm Pferdefutter verpackt. Jede Packtasche wiegt etwa fünfundzwanzig Kilogramm. Am Anfang einer Etappe sind sie für mich zu schwer, um sie über Schulterhöhe hinaufzuhieven, und Günter muss alle vier Taschen in die Packsättel einhängen. Ganz oben, quer über den grünen Boxen, wird die Fototasche mit unserer Kameraausrüstung befestigt. Zwei digitale Spiegelreflexkameras, vier Wechselobjektive, ein Stativ, Speicherkarten, Batterien, eine externe Festplatte und ein Blitzgerät – alles in allem zwölf Kilogramm. Am Ende wird die Ladung mit einem alten Kletterseil verschnürt, damit die Taschen unterwegs nicht auf- und abhüpfen. Es gibt Unmengen an Fachliteratur über Pferdetrekking und richtiges Packen. Die Fachwelt spricht von Knoten mit klingenden Namen wie Diamond oder Double Diamond Hitch oder Squaw Hitch. Irgendwie haben wir unser eigenes System entwickelt, d. h., Günter hat es entwickelt und weil ich es ohnehin nicht besser weiß, verlasse ich mich ganz auf ihn. Was das Unterwegssein mit Pferden betrifft, bin ich noch immer völlig von ihm abhängig. Ich könnte alleine ja nicht einmal die Boxen und Taschen auf das Packpferd heben, geschweige denn das Packpferd vom Sattel aus führen. Wenn ich so darüber nachdenke, fühle ich mich ganz schön fehl am Platz. Genaugenommen war es ziemlich vermessen von mir, mit der wenigen Erfahrung, die ich mit Pferden hatte, zu solch einer Reise aufzubrechen. Immer wieder wird mir vor Augen geführt, wie wenig Ahnung ich von Pferden habe, im Vergleich mit den Menschen, die wir unterwegs treffen. Hier im Westen der Vereinigten Staaten wachsen auch heute noch die Kinder auf dem Pferderücken auf. Mit drei Jahren sitzen sie bereits alleine im Sattel, oder besser gesagt auf dem nackten Pferderücken, denn der Sattel wäre noch zu groß, und sie galoppieren unbesorgt über die Prärien. Immer wieder sind wir von Pferdefachleuten umgeben, die jahrzehntelange Erfahrung mit Pferden haben und trotzdem erklären, dass sie solch einen Ritt nicht wagen würden. Und ich stehe dann mitten unter ihnen und fühle mich wie ein naives Kind. Andererseits ist es genau diese Portion Naivität, die man wohl braucht um aufzubrechen. Würde ich versuchen, mir im Vorfeld sämtliches Wissen über Pferdetrekking anzueignen, alle Eventualitäten durchzudenken, ich würde wahrscheinlich nie aufbrechen. Auch Günter ist zu seiner ersten Tour mit Pferden, damals vor vielen Jahren in Guatemala, völlig ahnungslos gestartet. In den zwei Monaten, die er unterwegs war, musste er einsehen, dass er noch viel lernen musste. Und was tat er? Er kaufte acht Pferde, um mit ihnen zu üben! Natürlich sollte man nicht ganz ahnungslos zu einer Reise aufbrechen, es hilft schon, wenn man ungefähr weiß, worauf man sich einlässt. Aber ich habe ja einen erfahrenen Mann bei mir, der mich davor bewahrt, allzu viele Dummheiten mit den Pferden anzustellen. Viele Fehler muss man trotzdem selber machen, um daraus zu lernen. Man sollte sich einfach von Unerfahrenheit nicht abschrecken lassen.

In den Bergen rund um den Cottonwood Pass zeichnet der Herbst seine ersten Pinselstriche. Die Temperatur ist deutlich kälter, die Blätter der Espen zeigen ein erstes dezentes Gelb und alle Farben scheinen intensiver. In das Grün der Landschaft mischen sich nun Gold- und Rottöne, sogar der Himmel scheint mit einem tieferen Blau getränkt zu sein. Ein Schneehuhn flattert neben uns aus dem Gebüsch auf und reißt mich unsanft aus meinen kontemplativen Gedanken, denn Rusty macht einen Satz nach vorne, die anderen Pferde, ebenfalls aufgeschreckt, folgen seinem Beispiel und auf dem engen Pfad, wo vorher nur ein Pferd Platz hatte, stehen nun plötzlich zwei Pferde nebeneinander. Wenige Meter später macht der Weg vor einem steilen Abgrund eine Haarnadelkurve nach rechts. Ein Blickwechsel, wir denken beide dasselbe: „Was, wenn sie sich hier erschreckt hätten?"

Der Weg ist angenehm zu reiten. Ein kurzes Stück führt er oberhalb der Baumgrenze, dann reiten wir durch den Wald hinab nach St. Elmo. So sollten alle Städte aussehen, durch die wir reiten! Schotterstraßen, alte Holzhäuser, keine Autos, aber auch keine Menschen. St. Elmo ist eine Geisterstadt. „Ghost Town", schon der Begriff lässt Bilder des Wilden Westens in meinem Kopf entstehen: Pferde, die vor dem Saloon angebunden sind, Cowboys, die breitbeinig die Gasse entlangtorkeln, Patronengurt um die Hüfte, Colt im Anschlag. Ein Sheriff, der für Recht und Ordnung sorgt, die Bardame im langen grünen Kleid, ihre lockige Haarpracht kunstvoll hochgesteckt, die elegant durch die Schwingtür des Saloons ins Freie tritt, ... Vor über hundert Jahren lebten 2.000 Menschen in diesem Dörfchen mitten im Wald, der Großteil waren Männer, die, angelockt von den Goldfunden in den Bergen der Umgebung, nach St. Elmo kamen. Die einzigen Frauen arbeiteten in den Saloons, Tanzcafés und Freudenhäusern und waren darauf aus, den Männern das Gold rasch wieder abzunehmen. Als die Goldminen versiegten, zogen sie weiter, um anderswo ihr Glück zu suchen, und zurück blieb eine Geisterstadt. Die touristische Hauptsaison ist vorbei, der Saloon bleibt geschlossen. Schade, in keinem anderen Dorf habe ich mich so wohl gefühlt. Hier ist die Zeit stehen geblieben und Reisende zu Pferd passen irgendwie genau ins Bild.

Auf der Hancock Road kommen uns vier Geländefahrzeuge entgegen. Rücksichtsvoll halten sie an, als sie unsere Karawane erblicken. Die Lenker, zwei Männer und zwei Frauen, sind enorm übergewichtig. Wie Fässer thronen sie auf ihren Fahrzeugen. Einer der Männer warnt uns vor der Jagdsaison. Wir sollten unsere Pferde mit Schleifen in leuchtendem Orange kennzeichnen, damit sie nicht mit einem Elch verwechselt werden. Wir finden das absurd, aber trotzdem binden wir nachts alle vier Pferde fest und lassen sie nur unter Aufsicht grasen. Schon vor einigen Tagen waren uns die ersten Jäger begegnet. In grün-weiß-braunes Tarngewand gehüllt und mit Pfeil und Bogen bewaffnet lauerten sie am Wegesrand. Unsere Pferde erschraken nicht, nein, sie nahmen die Jäger nicht einmal wahr. Doch es sind nicht die Bogenschützen, vor denen wir Angst haben. Wer mit Pfeil und Bogen ein Tier erlegen will, muss ihm sehr nahe sein und nüchtern. Sorgen machen uns die Jäger, die mit Feuerwaffen schießen und ihren Erfolg oder Misserfolg abends in Alkohol ertränken. Vielleicht stimmen die Gerüchte, die uns zu Ohren gekommen sind, ja auch gar nicht und es fließt nicht so viel Alkohol, aber sicher ist sicher. Und zugegeben, Azabache, der in der Abenddämmerung durch kniehohes Gebüsch zum Bach streift, ähnelt von hinten schon irgendwie einem Elch.

Die Nacht ist kalt, eiskalt. Wir kuscheln uns eng zusammen. Leni liegt eingerollt zwischen uns. Sie hat einige Versuche unternommen, zu mir in den Schlafsack zu kriechen, doch ich habe diese erfolgreich abgewehrt. Zwischen den Schlafsäcken hat sie es auch warm, außerdem hat Günter sie mit seiner Jacke zugedeckt, so dass nur noch ihre Nasenspitze herausragt. Wir sind wie eine kleine Familie, nach vielen Wochen unterwegs bereits ein eingespieltes Team. Dabei begann alles so unkonventionell, vielleicht sogar etwas ausgefallen.

Ich stand an einer Straßenkreuzung in München und wartete auf einen grünen VW-Bus. Günter hatte am Telefon erklärt, dass Leni auch mitkommen würde. Erste Anzeichen von Eifersucht stiegen in mir auf. Wer ist Leni? Will sie auch mit? Ist sie eine Konkurrentin für mich als Reisepartnerin?

Günter holte mich ab, der VW-Bus war voll mit Vortragstechnik, Dias, Projektoren, Leinwänden und Lautsprechern. Die Technik war sorgfältig verstaut, alles hatte seinen Platz. Auf dem Beifahrersitz schlief, zu einem kleinen Knäuel eingerollt Leni. Leni war also sein Hund! Sie gewöhnte sich als Erste an mich und schlief in meinen Armen weiter. Wir waren unterwegs zu Günters Vortrag in Tanna, Thüringen. Ich hatte noch keinen Vortrag von ihm gesehen. Während der Fahrt erzählte Günter von seiner Reise durch Mittelamerika mit Barbara. Beim Zuhören dämmerte mir, was ich bis dahin einfach ignoriert hatte. Barbara ist Günters Exfreundin. Die beiden waren ein Paar, nicht nur Reisepartner.

„Kannst du dir eigentlich vorstellen, mit einer Frau ein Jahr unterwegs zu sein und keine Beziehung mit ihr zu haben?"

Die Frage kam nicht ganz unüberlegt über meine Lippen.

„Nein", die Antwort war eindeutig und mir wurde klar, dass ich mich nicht nur auf eine Reise begab. Dieses Abenteuer hat noch andere Dimensionen.

In Tanna wurden wir von Jürgen, dem Veranstalter, überschwänglich begrüßt.

„Hey Günter, alter Kumpel, wie geht's dir?", die beiden Männer fielen einander um den Hals. Dann stellte Günter mich vor:

„Das ist Sonja, meine Freundin."

Meine Freundin! Hat er jetzt wirklich meine Freundin gesagt? Wir kennen uns doch erst seit drei Stunden. Und überhaupt! Ich war empört, aber zu perplex, um die Situation zu klären.

Zwei Stunden später begann der Vortrag. Die Turnhalle war bis auf den letzten Platz besetzt. Ganz vorne waren Turnbänke aufgestellt. An die zwanzig Kinder hatten sich darauf zusammengedrängt. In Zweier- oder Dreiergruppen kamen sie zu mir, um Günters Hund zu streicheln, auf den ich während des Vortrags aufpassen sollte. Ich hatte ein bisschen Sorge, dass mir der Vortrag nicht gefallen würde. In der Vergangenheit hatte ich nur einige wenige Diavorträge gesehen. Viele davon fand ich entsetzlich langweilig. Doch die Angst war völlig grundlos. Ich lachte, ich weinte, ich war hingerissen und ich wollte immer noch mit. In der Pause begrüßte mich Petra, Jürgens Frau. Sie bombardierte mich mit Fragen.

„Wie heißt denn der Hund?"

„Liesl," antwortete ich, denn ich wusste es nicht mehr besser.

„Und wie alt ist er?"

„Noch ganz jung", das würde schon irgendwie stimmen, hoffte ich.

„Und du, wie alt bist du?"

„33", das war leicht.

„Und wie alt ist eigentlich Günter?"

So, da hatten wir's. Ich hatte keine Ahnung. Ich hätte es selbst zu gern gewusst, war aber zu höflich, um ihn gleich im ersten Gespräch nach seinem Alter zu fragen. Ich kam mir ziemlich dumm vor, als ich antwortete: „Äh, ich weiß es nicht so genau. Das musst du ihn selber fragen."

Petra sah mich mit einem erstaunten Lächeln an. „Na, ihr kennt euch aber noch nicht lange, oder?"

„Ja, das stimmt!"

„Kann ich dir etwas zu essen bringen? Da vorne gibt es Würstel", fragte sie weiter.

„Nein, danke, das ist lieb, aber ich bin Vegetarierin."

Petra und Jürgen luden uns ein, bei ihnen zu übernachten. Wir bekamen das Zimmer der Tochter.

„Es hat ein großes Bett für euch zum Kuscheln", Petra lachte. Sie hielt uns wohl für ganz frisch verliebt. Ich weiß auch nicht, warum ich damals nicht die Wahrheit sagte. Ich hatte das Gefühl, es wäre schon zu spät. Es würde sie vor den Kopf stoßen. Das Zimmer der Tochter war ein Traum. Hätte ich so ein Jugendzimmer gehabt, ich würde immer noch bei meinen Eltern wohnen.

Am nächsten Morgen war der Frühstückstisch reichlich gedeckt. Jürgen, Petra und Tochter Julia aßen gemeinsam mit uns. Günter reichte mir die Schinkenplatte.

Petra sah ihn erstaunt an. „Aber sie ist doch Vegetarierin!", rief sie empört.

Ich wollte die Situation retten. Wollte sagen, dass Günter das immer wieder mal vergisst. Aber ich war nicht schnell genug.

„Tatsächlich?", antwortete er erstaunt, und ich wäre am liebsten im Boden versunken.

Das war vor etwas mehr als einem halben Jahr. Wie viel hat sich doch in der Zwischenzeit verändert! Mit dem Gedanken an unser Kennenlernen schlafe ich ein.

Am Morgen ist unser Zelt mit einer Eisschicht überzogen, der Boden gefroren und sogar das Wasser in der Faltschüssel mit einer dicken Eisplatte bedeckt. So ein Morgen schreit nach einem herzhaften Frühstück. Spiegeleier, Tortillas, Käse und Kaffee, dann erst kann ich dem neuen Tag gegenübertreten. Wir haben uns wieder dem Rhythmus der Natur überlassen, er diktiert das Tempo. Heute Morgen gibt das Metronom einen langsamen Takt vor, der Tag beginnt „Adagio". Erst als die Sonnenstrahlen unseren Lagerplatz erreichen und alles nach und nach auftaut und Eiskristalle in Wassertropfen verwandelt, kommen wir in Schwung. Durch alpine Tundra, die sich langsam herbstlich verfärbt, steigen wir hinauf zum Hancock Lake. Wir durchqueren Schuttfelder mit autogroßen Felsblöcken. Die Pferde trotten trittsicher darüber. Einige Male schließe ich aus Angst die Augen. „Mach dir keine Sorgen, diese Pferde sind in der Wildnis aufgewachsen, die kennen die Berge", beruhigt mich Günter. Wochen später werde ich herausfinden, in welchem Gelände unsere Pferde tatsächlich aufgewachsen sind, zum Glück weiß ich davon noch nichts und vertraue sprichwörtlich blind meinem Pferd.

Kurz vor dem Hunter Lake schlagen wir unser Lager am Rande einer großen Waldlichtung auf. Herrliches, goldgelbes Gras steht kniehoch, ein kleiner Bach durchschneidet die Wiese genau in der Mitte. Mit einer Tasse Kaffee in der Hand haben wir uns auf einem umgefallenen Baumstamm am Rand der Lichtung niedergelassen und genießen die letzten Sonnenstrahlen des Tages. Die Pferde grasen, das Lagerfeuer knistert, Leni kommt von ihrer Erkundungstour zurück und gesellt sich zu uns. Es ist einer jener Momente, die sich in mein Gedächtnis einprägen, für die es sich lohnt, unterwegs zu sein.

Der Abend ist sternenklar, das Quecksilber sinkt unter Null. Wenigstens ist die Zeit der Gewitter nun endlich vorbei. Doch in der Nacht beginnt es zu regnen und am Morgen schneit es sogar leicht. Die Berge vor uns sind in dichte Wolken gehüllt. Wir beschließen abzuwarten und Tee zu trinken. Tatsächlich eine gute Methode, die Wartezeit im Zelt zu überbrücken und warm zu bleiben. Wie jeden Morgen hat Günter auch heute alle vier Pferde freigelassen. So können sie, während wir frühstücken und packen, noch ein Stündchen grasen. Fünfzehn Minuten später sind sie verschwunden. Spurlos. Ich könnte heulen. Unsere Pferde haben die Angewohnheit, wenn sie fortlaufen, in die Richtung zu gehen, aus der sie kamen. Günter folgt daher dem Trail zurück, ich suche währenddessen die umliegenden Lichtungen ab, ständig in Angst mich zu verirren. Es ist eine irrationale Angst, denn mein Orientierungssinn ist gut, trotzdem bin ich mehr damit beschäftigt, mir den Weg von einer Lichtung zur nächsten zu merken als nach Pferden zu suchen. Gegen Mittag kehre ich zum Zelt zurück. Was soll's, ich finde die Pferde ja doch nicht, dann nütze ich die Zeit eben anders und tue etwas Sinnvolles. Ich backe Brot. Aus Mehl, Wasser, Hefe und Salz bereite ich Brotteig und lasse ihn am Rande des Lagerfeuers gehen. Ich lasse eine beträchtliche Menge Holz niederbrennen, um möglichst viel Glut zu erhalten. In einen großen Topf fülle ich einige Steine, darauf setze ich einen kleineren Topf, der so nach unten und zur Seite einige Zentimeter Abstand zum großen Topf hat. In diesen kommt der Brotteig und beide Töpfe kommen in die Glut, die ich rundum anschichte. Selbst auf den Deckel lege ich einige Glutstücke. Immer wieder wird nun heiße Glut nachgelegt. Nach etwa einer Stunde Backzeit ist das Brot fertig, doch von Günter und den Pferden keine Spur. Noch mache ich mir keine Sorgen, denn ich bin überzeugt, dass sie jeden Moment auftauchen werden. Ich breite meine Isomatte aus und mache einige Yogaübungen, dann lese ich. Langsam wird es dämmrig und ich verspüre erste Zeichen einer Unruhe. Kurz nach Einbruch der Dunkelheit kommt Günter zurück, allein. Jetzt machen wir uns Sorgen, denn es ist Jagdsaison und der Gedanke, dass die Pferde die Nacht alleine da draußen verbringen, behagt uns ganz und gar nicht. Im Schein unserer Stirnlampen breiten wir die Karte aus. Das Gebiet ist nach drei Seiten durch hohe Berge begrenzt, nur in einer Richtung geht es bergab und dort hat Günter bereits alles abgesucht. Was, wenn wir sie am nächsten Tag auch nicht finden? Sie können schon über alle Berge sein! Die Nacht ist unruhig und einsam, ohne die Pferde.

Am nächsten Tag suchen wir nochmals gemeinsam die Wiesen rund um unseren Lagerplatz ab. Wir entdecken eine Fährte, die bergan in Richtung Passhöhe führt, sich dann aber wieder verläuft. Warum auch sollten sie auf den steinigen Pass klettern, wenn hier unten so saftige Weiden stehen? Pferde suchen ist eine Kombination aus sechstem Sinn, dem Wissen um das Verhalten von Pferden, scharfen Augen und Übung. Übung hat Günter mit den Jahren genug gesammelt, hat er einmal die Spur der Pferde aufgenommen, ist es nur mehr eine Frage der Zeit, bis er sie findet. Wir entdecken die Stelle, an der sie übernachtet haben, erkennbar an den gehäuft umherliegenden Pferdeäpfeln, die etwa einen halben Tag alt sind. Oberhalb des Platzes finden wir keine Spuren. Erst nach einigen Stunden, in denen wir die Hänge hinauf und hinunter wandern, ohne auch nur die geringste Spur zu finden, steigen wir auf den etwa 3.500 Meter hohen Pass. Und dort oben finden wir tatsächlich Hufabdrucke im weichen Sand. Sie sind wirklich den steilen Felshang hochgeklettert. Pferde verhalten sich nicht logisch, oder zumindest nicht nach einer für uns Menschen zugänglichen Logik. Auch etwas, das ich erst lernen muss. Auf der anderen Seite des Passes finden wir sie. Friedlich grasen sie die wenigen mageren Halme ab, die hier oben wachsen. Luftlinie sind wir vielleicht drei Kilometer von unserem Lager entfernt. Bereitwillig kommen sie mit uns mit, wir brauchen nur Dino, den Boss, zu führen, die anderen folgen ihm von selbst. Zur Feier des Tages trinken wir den Whisky, den wir für kalte Tage eingepackt haben, und essen unseren gesamten Schokoladevorrat.

Im Hochgebirge unterwegs zu sein bedeutet schutzlos dem Wetter ausgesetzt zu sein. Sommergewitter können mit einer Heftigkeit niedergehen, die Mensch und Hund in Angst und Schrecken versetzt und die Pferde in die Flucht jagt. Ständig beobachte ich mit einem Auge den Himmel.

Bereits am Vormittag kann ich anhand der Wolkentürme, die sich am Horizont aufbauen, die Stunde des Nachmittagsgewitters vorhersagen. Jeden Abend, wenn wir die Karte und den Weg für den nächsten Tag studieren, suchen wir nach Notabstiegen, auf denen wir rasch unterhalb der Baumgrenze Zuflucht finden können. Heute fegt ein heftiger Seitenwind über den Bergkamm der kontinentalen Wasserscheide. Gut zwei Stunden sind wir dem Wind gnadenlos ausgeliefert. Ich ziehe die Kapuze meiner Jacke tief in die Stirn, über den Reithelm, schütze meine Augen mit einer Sonnenbrille vor dem aufgewirbelten Staub und fühle mich durch meine Schutzschicht von der Umwelt abgeschnitten. Doch die Fernsicht ist atemberaubend. Unendlich weit erstreckt sich die Gebirgswelt vor uns. Bergrücken erhebt sich hinter Bergrücken, immer eine Nuance heller, bis zum Horizont. Kein Zeichen der Zivilisation stört das Auge, abgesehen von den unnatürlichen weißen Streifen, die den Himmel kreuz und quer überziehen. Sie zerstören die klare Struktur gewellter Linien, die die Bergkämme der Landschaft geben. Könnte man den Luftraum über der Bergwelt nicht auch vor menschlichen Einflüssen schützen?

Unsanft werde ich aus meinen Gedanken gerissen. Eine Gruppe Mountainbiker hat von hinten aufgeschlossen und unsere Pferde erschreckt. Mit großen Augen und weit geblähten Nüstern starren sie sie an. Mit Autos oder Motorrädern können sie besser umgehen, denn diese nähern sich geräuschvoll. Diese Mountainbiker hingegen tauchten wie aus dem Nichts auf, die leisen Geräusche der Räder im Schotter wurden vom Wind verschluckt. Wütend bellt Leni die Radfahrer an. Im Laufe der nächsten Stunden erhalten die Pferde eine Schocktherapie gegen Mountainbikes. Gezählte 120 Fahrer überholen uns auf einer Strecke von etwa fünfundzwanzig Kilometern, mehr Menschen als wir auf der gesamten Reise bisher getroffen hatten. Azabache, der wie immer frei mitläuft, gehen die Biker wohl genauso sehr auf die Nerven wie mir, denn wir müssen ständig ausweichen und sie vorbeilassen.

Irgendwann ist es ihm zu dumm, er weigert sich, ständig den Trail zu verlassen und bleibt stur wie ein Esel mitten auf dem Weg stehen. Die Radler müssen ihre Drahtesel an ihm vorbeischieben. „Recht hat er“, denke ich und amüsiere mich königlich. Monate später recherchiere ich nach. Der Monarch Crest Trail wird in Werbeprospekten als eine der schönsten Mountainbike-Routen in den „Top of the Rockies“ angepriesen. Da haben wir sie wieder, die Superlative, nach denen die Menschen suchen. Für mich unterscheiden sich die fünfundzwanzig Kilometer im Hinblick auf ihre Schönheit nicht im Geringsten von den hundert Kilometern davor oder danach. Doch für diese macht niemand Werbung, also geht auch keiner hin. Warum lassen wir uns nur immer wieder von den Marketingleuten täuschen?

Irgendwann überholt uns dann der letzte Mountainbiker und der Trail gehört wieder uns allein. Der Spuk ist vorüber. Auf der südlichen Seite des Marshall Passes schlagen wir unser Lager am Silver Creek auf. Es ist ein idyllisches Plätzchen nahe der Baumgrenze. Es ist nicht schwer, in den Rocky Mountains Colorados einen schönen Lagerplatz zu finden. Was macht einen guten Lagerplatz aus? Sauberes Wasser, Futter für die Pferde und ein etwa vier Quadratmeter großes flaches Stück Boden. Doch die reiche Auswahl macht uns anspruchsvoll. Der Platz soll auch schön sein, das heißt er soll zusätzlich schöne Aussicht bieten und auf dem Osthang gelegen sein, damit die Morgensonne unser Zelt wärmt. Es ist, als würde man sich täglich aufs Neue den Bauplatz für sein Häuschen aussuchen können.

Der Platz am Silver Creek erfüllt alle unsere Ansprüche. Anscheinend waren die Mountainbiker auch für Leni sehr aufregend, denn sie ist ungewöhnlich müde und schleicht durchs Lager auf der Suche nach einem Plätzchen. Ich bin gerade dabei, das Zelt aufzustellen. Nach so vielen Wochen ist das Routine und dauert keine fünf Minuten. Als das Zelt steht, will ich Leni füttern, doch sie ist verschwunden. „Leni! Ham, ham!“ Doch auch auf mein Rufen kommt sie nicht. Das ist ungewöhnlich, außerdem war sie doch eben noch da. Einer Eingebung folgend hebe ich das Zelt hoch und da liegt sie. Eingerollt zu einem kleinen Häufchen Hund auf der Wiese unter dem Zelt. Sie konnte es einfach nicht mehr erwarten!

Nachts heulen die Kojoten. Ihre Stimmen klingen unglaublich klar. Die melancholische Klage erfüllt die Nacht mit einer tiefen Traurigkeit.

Wir wachen spät auf. Es ist bereits sieben Uhr. Am Ufer des Baches wachsen Johannisbeeren. Es ist Sonntag und so gönnen wir uns ein Sonntagsfrühstück. Wir wickeln die Beeren in Hefeteig und backen sie in Fett heraus, das gibt herrliche Beeren-Krapfen.

Voller Tatendrang brechen wir wieder auf. Wir durchqueren auf schmalem Pfad einen dichten, dunklen Wald. Im feuchten Erdboden haben Elche, Hirsche und Rehe ihre Spuren hinterlassen, außerdem sind da Abdrücke etwa zwanzig Zentimeter breiter Reifen, mit starkem Profil, Spuren von zwei, vielleicht drei Fahrzeugen. Es ist schwer zu sagen, ob sie nur in eine Richtung oder hin und retour führen. Wir reiten an einem steilen Waldhang entlang, das Unterholz ist dicht verwachsen. Günter reitet Dino und führt die Gruppe an, dann folgt Lightfoot, dann Azabache – wie immer frei –, ich bilde mit Rusty das Schlusslicht. Plötzlich höre ich Motorengeräusche hinter mir. „Günter, Achtung, sie kommen!", rufe ich erschrocken. Mir ist heiß, meine Hände schwitzen, meine Muskeln spannen sich an. Noch bevor wir irgendetwas unternehmen können, sind sie da: fünf Geländemotorräder. Der erste Fahrer sieht uns aber rechtzeitig und bleibt in einiger Entfernung stehen. Wir müssen ausweichen, auch wenn das fast unmöglich zu sein scheint. Wir reiten einige Schritte steil bergab in den Wald. „Azabache, walk-on!", rufe ich, und er folgt uns tatsächlich und bleibt neben Rusty stehen. Die Motorräder rollen langsam vorüber. Mit ihren Vollvisierhelmen sehen die Fahrer in dieser Wildnis aus wie Figuren von einem anderen Stern. Mountainbikes, Motorräder, Geländefahrzeuge, ... was bitte kommt in diesem Wald noch auf uns zu?

Das ist der Nachteil des National Forest, des öffentlichen Waldes. Während in den geschützten Wildnisgebieten Fortbewegung nur zu Fuß oder zu Pferd erlaubt ist, ist hier alles, aber wirklich alles möglich. Das ist der Preis der Freiheit, der unbegrenzten Möglichkeiten, die man mit Amerika verbindet. Doch wir bleiben von weiteren Begegnungen verschont. Nur einen einsamen Wanderer, der auf dem Colorado Trail unterwegs ist, treffen wir. Günter scheint sich über die Begegnung zu freuen, denn er schenkt dem Wanderer spontan seinen Müsliriegel.

Immer wieder sehe ich auf dieser Reise plötzlich einzelne Bilder aus meinem Leben vor mir. Wie Blitzlichter erscheinen diese Momentaufnahmen ganz alltäglicher Situationen. Ich weiß nicht, was sie bedeuten. Vielleicht so etwas wie eine Art Abschied, Abschied von meinem alten Leben. Ich denke kaum über mein Leben nach, weder über meine Vergangenheit noch über meine Zukunft. Das Besondere an der Reise ist, dass ich ganz im Hier und Jetzt lebe. Nichts was war oder kommt scheint von irgendeiner Bedeutung zu sein. Nur der Moment ist wichtig. Ich mache keine Pläne, ich träume nicht, wie denn auch, ich befinde mich ja bereits in meinem Traum. Zwinge ich mich, über meine Zukunft nachzudenken, bereitet mir das Kopfzerbrechen. Ich könnte ewig so weiterreiten, von einem Platz zum nächsten, mit meinen Pferden unterwegs sein. Nichts würde mir fehlen. Außer, na ja, irgendwann würde mir natürlich das Geld ausgehen. Doch hätte ich überhaupt ein Recht darauf, so ein Leben zu führen? Es scheint mir eine sehr egoistische Verhaltensweise zu sein. Muss ich denn nicht meinen Beitrag zur Gesellschaft leisten? Ich beschließe, die Klärung dieser Fragen auf später zu verschieben und mich wieder meiner Umgebung zu widmen. Es scheint mir Verschwendung zu sein, Gedanken nachzuhängen, anstatt die Natur um mich herum aufzunehmen.

Die Landschaft hat sich während der letzten Stunden stark verändert. Wir sind kontinuierlich bergab gegangen. Keine 4.000 Meter hohen Gipfel ragen mehr in den Himmel, vielmehr prägen sanfte Hügel die Landschaft. Die mächtige kontinentale Wasserscheide, die sich von Alaska bis nach Südamerika zieht, ist hier nichts anderes als ein bewaldeter Hügel. Der Herbst ist mit aller Kraft eingezogen. Die Blätter der Espen leuchten goldgelb und bilden einen starken Kontrast zu dem tiefen Blau des Himmels. Das Gras ist vertrocknet und gelb. Die Landschaft ist sanft, die Wege sind gemütlich, wie im Alpenvorland.

Vor uns breitet sich weites offenes Land aus: die Prärie. Ewige Weite, die bis zum Horizont fast eben dahinrollt. Eine Steppenlandschaft, die bewachsen ist mit wildem Salbei und Büffelgras.

In der Weite dieser Landschaft fühle ich mich frei. Hatte Sean Penn dieses Bild im Kopf, als er den Helden in seinem Film „Into the Wild" sagen lässt: „Der Weg in die Freiheit führt immer nach Westen"? „Go West" stand schon immer symbolisch für Freiheit. Durch den Fall des eisernen Vorhanges wurde dieser Gedanke wohl auch auf Europa ausgeweitet. Was ist das eigentlich, Freiheit? Janis Joplin singt: „Freedom is just another word for nothing left to lose". Muss man alles aufgegeben haben, um frei zu sein? Steht Freiheit im Widerspruch zu Sicherheit? Bedeutet frei sein nicht einfach, dass man tun kann, was man will, und nicht tun muss, was man nicht will? In diesem Fall müsste man allerdings zumindest wissen, was man will. Jedenfalls glaube ich nicht, dass Freiheit in Relation zu der Anzahl der Handlungsoptionen wächst. Denn gerade jetzt fühle ich mich frei und habe doch keinen großen Handlungsspielraum. Andererseits gibt es keinen Menschen, der mir befehlen kann. Gut, Günter könnte es versuchen, doch ich hätte keinen Grund, ihm gehorchen zu müssen. Nietzsche hat einmal gesagt: „Wer von seinem Tag nicht zwei Drittel für sich hat, ist ein Sklave, er sei übrigens wer er wolle: Staatsmann, Kaufmann, Beamter, Gelehrter." Es mag sein, dass wir auf viel Freiheit verzichten, indem wir nach Freiheit streben. Was immer nun Freiheit sein mag, sie fühlt sich gut an.

Während der letzten Kilometer kam es mir vor, als würden wir auf der Stelle treten, so gleichförmig ist die Landschaft. Wir kommen an ein Gatter. Das erste Mal, seit wir unterwegs sind, müssen wir ein Tor öffnen und schließen. Unsere Freunde zu Hause hatten uns gewarnt, dass uns aufgrund der großen privaten Ranchs im Westen der USA immer wieder Zäune den Weg versperren werden, die in jede Richtung endlos weit gegen den Horizont verlaufen. Doch wir haben Glück, der Großteil unseres Weges führt über öffentliches Land. Nur wenn dieses, wie es hier der Fall ist, an Rancher verpachtet ist, ist die Weidefläche eingezäunt. Aber eine Markierung zeigt, dass unser Weg hindurch führt und das Tor lässt sich öffnen. Am Rand der weiten Graslandschaft steht ein einsames Farmhäuschen. Ein Außenposten der Zivilisation in der Wildnis. Die Kuhfladen, die überall verstreut liegen, sind alt und vertrocknet. Die Rinder wurden schon vor Wochen auf eine andere Weide getrieben. Das Häuschen sieht verlassen aus, kein Rauch steigt aus dem Schornstein. Doch es weckt in mir romantische Vorstellungen einer Blockhütte irgendwo am Rand der Welt.

„Möchtest du mit mir eine Holzhütte bauen?", frage ich Günter.

„Warum nicht. Wo denn? In Kanada vielleicht?", antwortet er.

„Ja, oder Alaska, oder Norwegen, ich bin da nicht wählerisch. Irgendwo halt, wo's schön ist und wir ganz alleine sind."

Der Weg ist breit, ausnahmsweise können wir nebeneinander reiten und uns unterhalten. Rusty findet das ganz ungewöhnlich und will sich immer wieder hinten einordnen. Wir sind alle unsere Routinen gewohnt.

Wir lagern in der Nähe der Farm, denn wir wollen das Häuschen im Sonnenaufgang fotografieren. Doch nachts beginnt es zu regnen. Am Morgen ist der Himmel grau in grau, nur ganz selten kommen ein paar Sonnenstrahlen durch die Wolkendecke. Ich will bei dem Wetter einfach nicht raus. Auch wenn ich mir wie ein Weichei vorkomme, heute bleiben wir im Zelt. Günter reinigt seine Kamera, er will mich aufmuntern: „Ich fotografiere einfach den Himmel und bearbeite ihn dann digital nach, damit er wieder blau wird." Wenn man den ganzen Tag im Zelt liegt, wird man unglaublich faul. Sogar Leni schläft fünfzehn Stunden am Stück und geht nur zweimal kurz raus zum Pinkeln. Wie eine kleine Prinzessin liegt sie in meinem Schlafsack, ganz unten bei den Füßen und wärmt meine Zehen. Zwei Pferde dürfen grasen, zwei sind angebunden. Im Drei-Stunden-Takt wird gewechselt. Lightfoot und Azabache kommen nach ihrer Schicht alleine zurück und warten darauf, angebunden zu werden. Abends prasseln immer noch Regentropfen an die Zeltwand. Ein kalter Wind drückt die Plane gegen meine Schultern. Lange nach Einbruch der Dunkelheit hören wir plötzlich Schritte. Eine Männerstimme dringt zu uns vor: „Keine Angst, ich bin nur ein Wanderer."

Günter ruft zurück: „Na, dann schreck du dich nicht vor unseren Pferden!"

„Möchtest du eine Tasse Tee mit uns trinken?", rufe ich.

„Nein, danke", kommt die Stimme aus dem Off, „ich muss weiter, ich habe heute noch fünf Kilometer vor mir. Ich gehe täglich fünfundsechzig Kilometer. Ich bin auf dem Rückweg zur mexikanischen Grenze, im Frühjahr bin ich dort gestartet, zur kanadischen Grenze gewandert und jetzt gehe ich zurück. Ich bin ein Jo-Jo Hiker."

„Wie heißt du?", ruft Günter ihm noch nach.

„Francis." Die Stimme ist schon wieder weit weg.

Wir sind sprachlos. Fünfundsechzig Kilometer täglich? Wir schaffen meist nicht mal dreißig!

Wie schon bei den Mountainbikern und Geländemotorrädern machen wir auch jetzt die Erfahrung, dass merkwürdige Begegnungen immer in gehäufter Zahl auftreten. Der nächste Tag führt uns wieder durch diese eintönige und doch faszinierende Hügellandschaft, die in ihrer Kargheit und Offenheit der Seele Raum gibt. Wir machen eine kurze Pause, um die Karte zu studieren, da erblicken wir am Horizont einen Menschen, der rasch näher kommt. Er wandert mit großen, schnellen Schritten und langen Wanderstöcken den Hügel hinab. Er trägt nur einen kleinen Rucksack. „Was zum Teufel macht ein Nordic Walker hier draußen? Wie kommt der hierher?“, frage ich erstaunt.

In seinem Schwung ist er kaum zu bremsen, bleibt dann doch ein paar Minuten bei uns stehen. Mir gegenüber steht ein junger Bursche im Alter von etwa zwanzig Jahren, in kurzen Hosen, Turnschuhen und T-Shirt. Ich trage lange Hosen, Schiunterwäsche und eine Fleecejacke. Einer von uns ist definitiv falsch angezogen!

„Hi, ich bin Andy. Seid ihr auch auf dem CDT unterwegs?“, stellt er sich vor.

Auch? Wieso auch? Der will mir doch nicht erzählen, dass er mit seinem kleinen Tagesrucksack, den Turnschuhen und der kurzen Hose auf dem CDT unterwegs ist! Doch, das ist er und wie sich gleich herausstellen soll, war er nicht nur auf dem CDT unterwegs. Andy startete vor sieben Monaten am Grand Canyon, wanderte durch Kalifornien zum Pacific Crest Trail, folgte diesem über 4.240 Kilometer nach Norden, wanderte entlang der kanadischen Grenze zum Glacier National Park und von dort entlang des CDT nach Süden. Er ist auf dem Weg zurück zum Grand Canyon.

„Keep it simple“, erklärt er mir sein Geheimrezept und erzählt etwas von Komplexitätsreduktion. „Pferde, Hunde, Wanderpartner, das alles ist doch nur ein pain in the ass“, meint er und blickt von Pferd zu Pferd. Leni springt an ihm hoch, als ob sie ihn eines Besseren belehren wollte. Fünf Minuten sind vergangen, Andy muss weiter. Fünfzig bis sechzig Kilometer legt er pro Tag zurück. Er startet vor Sonnenaufgang und geht bis in die Dunkelheit. Zelt braucht er keines, er schläft unter einer Plane und sein Proviant besteht ausschließlich aus Müsliriegeln. „Mach dir nichts draus. Hauptsache, wir amüsieren uns alle großartig“, tröstet er mich. Anscheinend sehe ich so aus, als ob ich getröstet werden müsste. Noch im selben Jahr wird Andy von National Geographic zum Abenteurer des Jahres gewählt, nachdem er über 11.000 Kilometer in sieben Monaten zurückgelegt hat.

Die beiden Begegnungen irritieren mich. Abends am Lagerfeuer lasse ich sie nochmals Revue passieren. Machen wir etwas falsch? Drei Wanderern sind wir bisher begegnet, zwei davon gehen täglich mehr als fünfzig Kilometer. Sind wir zu langsam? Sollten wir uns mehr fordern, von den Pferden ein höheres Tempo verlangen, früher losgehen, unser Lager erst spät am Abend aufschlagen? Doch dann wird mir bewusst, dass wir aus ganz unterschiedlichen Beweggründen hier draußen unterwegs sind. Francis und Andy sind davon besessen voranzukommen, Kilometer zu machen, irgendwo anzukommen. Sie wollen sich selbst etwas beweisen, sehen in dem Weg eine sportliche Herausforderung. Diese Motivation hat ihre volle Berechtigung. Doch wir sind nicht hier, um uns etwas zu beweisen. Wir sind hier, weil wir hier draußen leben möchten. Dauerhaft. Für uns ist es nicht wichtig, anzukommen, sondern unterwegs zu sein und das zu genießen. Lebendig zu sein. Schon Goethe soll einmal gesagt haben, dass man nicht reist um anzukommen, sondern um zu reisen.

Mit diesen Gedanken geht es mir wieder besser, und ich teile sie Günter mit. Der hat die Sache natürlich schon längst durchschaut und wundert sich über mich. „Natürlich, das sind zwei grundverschiedene Dinge. Das eine hat nichts mit dem anderen zu tun.“

Unter einem Baum finden wir einen Kübel voller Regenwasser. Er ist zur Hälfte in den Boden eingegraben. Irgendwas schwimmt darin. Immer wieder tauchen eine schwarze Nase und zwei kleine Pfoten an der Oberfläche auf. Die Pfoten rutschen am Plastikrand des Kübels ab. Es ist ein Salamander. Vorsichtig holen wir ihn aus dem Wasser. Erschöpft liegt er im Gras. Seine Haut glänzt gelb-olivgrün, mit schwarzen Flecken gesprenkelt. Nach einer kurzen Erholungspause verschwindet er mit schlangenförmigen Bewegungen im hohen Gras. Es erfüllt mich mit kindlicher Freude, dass wir ihn gerettet haben.

Nachts wache ich auf, als Günter ins Zelt zurückkommt.

„Wo warst du?", frage ich schlaftrunken.

„Nach den Pferden sehen. Ich hatte mir eingebildet etwas zu hören. Und gut war's! Lightfoot hat sich hingelegt, obwohl er an dem Hochseil angebunden war. Durch die Feuchtigkeit hat sich wohl das Seil gedehnt, darum war das möglich. Dabei hat er sich mit dem Hinterbein im Seil verfangen. Jetzt lag er da und konnte nicht mehr aufstehen."

Ich hatte davon nichts mitbekommen. Günter wacht über seine Pferde wie eine Mutter über ihr Baby. Er hört jedes Geräusch. Deshalb schläft er nicht gut und ist oft müde und unausgeglichen. Jede Nacht um ein Uhr steht Günter auf und wechselt die Pferde, die am Hochseil angebunden sind. So können sie in zwei Schichten die ganze Nacht grasen. Manchmal stehen sie schon zur Wachablöse bereit, doch oft muss er sie auch erst suchen. Ohne Taschenlampe, denn diese würde die Pferde erschrecken, geht er dann im Licht von Mond und Sternen durch Wald und über Wiesen, um die Pferde zu finden. Selbst wenn ich wollte, und um ehrlich zu sein, ich will gar nicht, ich könnte ihm diese Arbeit nicht abnehmen. Als ich es einmal versuchte, fand ich zwar die Pferde, danach jedoch das Zelt nicht mehr und musste Günter um Hilfe rufen. Außerdem habe ich immer noch Angst davor, im Stockdunklen an den Pferden zu hantieren.

Am nächsten Tag durchstreifen wir eine wunderschöne Herbstlandschaft. In dem weiten Grasland sehen wir viele Wildtiere. Am Waldrand erspähe ich einen Wapitihirsch mit mächtigem Geweih. Hinter ihm, zwischen den Bäumen versteckt, kann ich einige Hirschkühe erkennen. Das männliche Oberhaupt der Familie sieht nach, ob die Luft rein ist. Er beäugt uns misstrauisch und bleibt wie festgefroren stehen. Unser Weg führt in das malerische Cochetopa Tal, ein Schlaraffenland für Pferde. Ein kleiner Fluss schlängelt sich durch das Tal, umsäumt von breiten, saftigen Wiesen. An den Hängen leuchtet herbstlicher Mischwald. Ich steige ab und gehe, um die Natur im Detail zu betrachten. Schwarz-gelbe Schmetterlinge flattern über spätsommerliche Blumen. Arnika, Astern und Sonnenblumen recken in ihrer letzten welken Schönheit die Köpfe. In wenigen Tagen werden sie verblüht sein, schon jetzt hängen die Blätter, doch sie leuchten noch, mit letzter Kraft halten sie am Sommer fest. Es ist, als ob die Natur sich noch einmal aufbäumt und erstrahlt, bevor sie dem kalten Winter den Einzug erlaubt. Blauviolette Disteln wachsen am Wegesrand. Ein Festessen für die Pferde. Ich drehe mich nach Rusty um, der sich links und rechts bedient. Jedes Mal, wenn ich ihn anschaue, freue ich mich. So ein hübsches Pferdchen. Seine Mähne leuchtet rotgold in der Abendsonne und gibt ihm ein spitzbübisches Aussehen, wie ein kleiner Pumuckl. Viel hat er gelernt in den letzten Wochen. Selbst beim Auf- und Absteigen bleibt er nun ganz ruhig stehen.

Am Ufer des Flusses schlagen wir unser Lager auf und lassen alle vier Pferde grasen. Wir haben ihnen Fußfesseln angelegt. Die Fesseln aus Lederriemen werden um die beiden Vorderbeine geschlungen und verhindern im Prinzip, dass die Pferde sich zu weit entfernen. Im Prinzip, denn mit etwas Übung können manche Pferde trotz der Fesseln kilometerweit galoppieren. Zur Feier des Tages koche ich Käsespätzle. Wir sitzen am Lagerfeuer, schaufeln hungrig die Spätzle in uns hinein und sind rundum glücklich. Gutes Essen kann auf Reisen unglaubliche Glückshormone freisetzen.

Plötzlich schlägt Leni Alarm. Wütend kläfft sie in Richtung Fluss. Als ich ihr das Maul zuhalte, können auch wir das Geräusch hören: ein dumpfes, heiseres Brüllen. Wenige Sekunden später tritt ein Elchbulle aus dem Dickicht auf der anderen Seite des Flusses. Er ist etwa fünfzig Meter von uns entfernt. Majestätisch schreitet er durch das Gebüsch zum Wasser. Mit seinem breiten Schaufelgeweih und dem langen Kehlbart sieht er aus wie ein Geschöpf aus einer anderen Zeit. Er ist groß und massig. Nichts verzaubert mich so sehr wie die Begegnung mit wilden Tieren. Wie sehr hat sich die menschliche Gesellschaft verarmt, indem sie dieses Element aus ihrem Leben vertrieb. Nachdem er getrunken hat, verschwindet er wieder so unauffällig, wie er gekommen ist. Der dunkle Wald verschluckt ihn. Ich bin so hingerissen von dem Anblick des Elchs, dass ich für den Moment unsere Pferde vergessen habe. Günter packt mich an der Schulter und deutet in die andere Richtung. Dort laufen sie, klettern den steilen, steinigen Hang empor, und das mit Fußfesseln. Azabache, der Schreckhafte, führt die Gruppe an. Ihm folgen Dino und Lightfoot. Rusty klettert als Letzter den Hang hinauf. Mit beiden Vorderbeinen gleichzeitig springt er bergan. Genau in dem Moment, als ich hinsehe, verliert er das Gleichgewicht. Beim Sprung nach oben bleiben seine Vorderbeine etwa einen halben Meter vom Boden entfernt. Wie in Zeitlupe kippt er langsam nach hinten, überschlägt sich und kullert den Hang hinunter. „Der steht nicht mehr auf", schießt es mir durch den Kopf, doch Rusty ist schnell wieder auf den Beinen und galoppiert hinter den anderen her. Ohne zu denken rennen wir ihnen nach. Auf allen Vieren klettern wir den steilen Hang empor und folgen ihrer Spur durch den Wald. Die Sonne ist bereits untergegangen, und es ist schwierig, die Fährte zu lesen. Dann verlieren wir sie ganz, wir haben keine Taschenlampen mit. Mittlerweile ist es stockdunkel. Es ist Neumond und bewölkt. Wir haben die Orientierung verloren. Das erste Mal seit Beginn der Reise bin ich nun froh, ein GPS-Gerät mitgebracht zu haben. Eigentlich haben wir es bisher nie gebraucht, doch da es für mich neu ist und ich den Umgang damit üben wollte, habe ich seit Tagen alle Lagerplätze eingegeben. In stockdunkler Nacht führt es uns nun zurück zum Zelt. Der steile Abstieg ist schwierig, meine Kräfte sind am Ende, und ich mache mir Sorgen um Rusty. Was, wenn er sich bei dem Sturz verletzt hat? Kann ein Pferd mit gebrochenem Bein noch laufen, wenn es in Panik ist? Heulend sitze ich am Lagerfeuer. Günter legt seine Hand um meine Schulter, doch er findet keine Worte. In der Nacht träume ich von den Pferden.

Mit dem ersten Tageslicht setzen wir die Suche fort. Ohne

es mir zu zeigen, hat Günter das große Küchenmesser mitgenommen. Später gesteht er mir, dass er bereits überlegte, wie er ein schwer verletztes Pferd am schnellsten von seinem Leiden befreien könnte. Das GPS führt uns schnell an den Ort zurück, an dem wir gestern die Spuren verloren haben und wir nehmen die Fährte wieder auf. Sie führt uns zum Übergang von Laub- und Nadelwald und verliert sich dort. Die ersten Sonnenstrahlen haben bereits den Laubwald erreicht, außerdem wächst dort Gras. Wir wollen gerade die Richtung einschlagen, als wir ein leises Wiehern aus dem Nadelwald hören. Lightfoot begrüßt uns. Günter geht langsam auf ihn zu und legt ihm das Halfter an. „Dort hinten steht Rusty. Er scheint in Ordnung zu sein“, ruft er mir zu. Mir fällt ein Stein vom Herzen und bildet einen Kloß in meinem Hals. Mit Tränen in den Augen inspiziere ich seine Wunden, doch er hat nur ein paar harmlose Kratzer. Ich bin so froh, ihn wieder zu haben. Rusty hingegen scheint sich nicht sonderlich darüber zu freuen, mich zu sehen. Gleichgültig lässt er meine Umarmungen über sich ergehen.

Die Sonne hat gerade das Tal erreicht, als wir zum Lager zurückkehren. Gemütlich trinken wir Kaffee, frühstücken, dann packen wir unsere Sachen und satteln die Pferde. Günter will Azabache reiten. Aus diesem Grund muss heute Lightfoot als Packpferd frei laufen. Bei ihm ist der Herdentrieb allerdings nicht so stark ausgeprägt. Wir folgen dem Cochetopa Tal in die La Garita Wildnis. Hier müssen wir den Fluss, dem wir schon so lange folgen, durchqueren. Die Uferböschung ist so hoch, dass die Pferde ins Wasser springen müssen. Azabache weigert sich zunächst, doch Günter setzt sich durch und er springt ins Wasser. Dino, als Packpferd, bleibt am Ufer stehen und reißt Günter fast aus dem Sattel. „Nun komm schon, du sturer Bock.“

Günter zieht am Führstrick, ich schwinge den Zügel über Dinos Hinterbacken und so motiviert springt auch er ins Wasser. Ich gebe Rusty lange Zügel, halte mich fest und schließe die Augen. Nur Lightfoot bleibt am Ufer stehen.

„Lass ihn. Er muss jetzt lernen, dass er uns folgen muss", meint Günter.

Wir reiten weiter. Als wir außer Sichtweite sind, warten wir. Zehn Minuten später ist er immer noch nicht da.

„Ich geh zurück und hol ihn", beschließe ich, denn ich will nicht schon wieder ein Pferd verlieren. Als ich an den Fluss komme, steht Lightfoot am anderen Ufer genau so, wie wir ihn zurückgelassen haben. Er hat sich keinen Schritt bewegt, er grast nicht einmal. Er wartet und wiehert mir jetzt erfreut zu. Ich ziehe meine Schuhe aus und wate barfuß durch das kalte Wasser.

„Komm, Kleiner, lass uns zu den anderen gehen." Bereitwillig kommt er mit mir mit. Unser Weg führt an einer einsamen Ranch vorbei. Wie würde ich mich über ein Schild „Coffee & Cake" jetzt freuen. Doch sie sieht verlassen aus. Über einen schmalen, steinigen Pfad steigen wir wieder hinauf ins Hochgebirge in Richtung San Luis Pass. Vor uns ragen die schroffen Gipfel der La Garita Berge wie eine Festung in die Höhe. Wir passieren ein Schild, das davor warnt, Packtiere über den Pass zu führen. Doch wir haben keine andere Wahl. Auf der anderen Seite des Passes liegt Creede, unser nächster Versorgungsstopp. Außerdem haben unsere Pferde schon einiges an Trittsicherheit bewiesen. Wir lassen uns daher von dem Schild nicht weiter verunsichern und klettern höher und höher in die alpine Berglandschaft, durchqueren dichte Wälder und reiten über saftige Wiesen. Immer wieder verliert sich der Weg im Gras. Vereinzelte Holzpfosten und Steinmännchen - aufeinander gestapelte Steine in Form kleiner Türmchen - zeigen uns die Richtung. Auf einem Sattel unterhalb des Passes an der Baumgrenze schlagen wir unser Lager auf. Am nächsten Tag wollen wir nach Creede reiten. Anfang Oktober ist es auf dreieinhalbtausend Metern bereits empfindlich kalt. Alle Handgriffe müssen schnell gehen. Doch nach zwei Monaten, die wir unterwegs sind, haben wir Routine. Zehn Minuten brauchen wir, um alle Pferde abzupacken und abzusatteln. Fünfzehn Minuten später lodert das Lagerfeuer, das Zelt steht, Leni ist in meinem Schlafsack verschwunden, und ich setze Teewasser auf. Wir verkriechen uns früh in die Schlafsäcke. Es ist viel zu kalt, um den Sternenhimmel zu bewundern. Außerdem ist es ohnehin bewölkt. Mit Einbruch der Dunkelheit beginnt es zu regnen.

„Wenn der Regen in Schnee umschlägt, sind wir morgen früh eingeschneit", gibt Günter zu bedenken.

Keine guten Voraussetzungen, um über einen Pass zu reiten, der für Packtiere ohnehin nicht empfohlen wird. Doch am Morgen regnet es immer noch. Die Berge, die gestern Abend im spätsommerlichen Sonnenlicht so sanft wirkten, sind nebelverhangen und bedrohlich. Es ist einer jener Tage, an denen man sich, in sein Zelt verkrochen, der Gewalt der Natur ausgeliefert fühlt, wo das Grollen des Donners und das Heulen der Kojoten bedrohlicher klingen als sonst. Es muss über Null Grad haben, doch die Temperatur fühlt sich wesentlich kälter an. Unsere Pferde frieren. Seit zwölf Stunden stehen sie im Regen. Tropfnass, sie tun mir leid. Wenn ich könnte, würde ich sie auch ins Zelt holen und in meinem Schlafsack wärmen. So wie Leni, die zusammengerollt in meiner Kniekehle schläft. Wir liegen im Zelt und beobachten den Himmel. Ein Sonnenstrahl dringt durch die Wolkendecke, schneeweiß leuchten die Berggipfel. Wir lagern etwa zweihundert Höhenmeter unterhalb der Schneegrenze. Das Schwarz der Wolken wirkt so dicht, so beständig, dass man sich nicht vorstellen kann, dass es jemals wieder schön wird. Windböen drücken gegen das Zelt und lassen es flattern. Regentropfen und Hagelkörner prasseln gegen die Plane. Kälte kriecht ins Zelt. Mir wird bewusst, wie klein und unbedeutend ich in dem Zusammenspiel der Naturkräfte bin. Die Wildnis zeigt sich von ihrer rauen Seite, bedrohlich und unbarmherzig.

Ich muss über einen Satz nachdenken, den ich vor einigen Tagen in einem Taschenbuch gelesen habe, das mir in Buena Vista in die Hände gefallen ist. „There is no good argument for wilderness", schreibt Frank Clifford in seinem Portrait der Rocky Mountains „The Backbone of the World". Gibt es denn einen Grund dafür, die Wildnis zu schützen und zu erhalten? Soll man weiterhin Flecken dieser Erde vor menschlichen Eingriffen schützen, wie das in den Wildnisgebieten in den Vereinigten Staaten der Fall ist? Warum nicht die ganze Welt dem Fortschritt unterwerfen, aus dem Reichtum der Natur schöpfen, sie bis zum Letzten ausbeuten? Wildnis ist unser Naturerbe. Sie weckt in uns das Urtümliche, Ursprüngliche, das Wesentliche. Wer in der Wildnis ist, ist bei sich selbst. Weit weg von den Ablenkungen der Gesellschaft, der Reizüberflutung der urbanen Gebiete. Aber noch viel wichtiger ist die Wildnis als Lebensraum vieler Tier- und Pflanzenarten, oft ein letzter Ort des Rückzuges. Für mich stellt die Vielfalt der Fauna und Flora, die unzähligen Spielarten der Natur einen der kostbarsten Schätze dar, über den die Menschheit verfügt. Ein Reichtum, der allen gehört und gerade deshalb vor seiner Zerstörung geschützt werden muss.

Wir verbringen eine weitere Nacht in dem Lager unterhalb des Passes. Am nächsten Morgen ist es eiskalt. Das Quecksilber ist auf minus zehn Grad Celsius gefallen. In Rekordzeit brechen wir das Lager ab, packen die Pferde und gehen los. Es ist zu kalt zum Reiten, denn im Sattel frieren Hände und Füße zu schnell ein, und so marschieren wir vor den Pferden her. Die Bergspitzen sind schneebedeckt, die Kristalle brechen die Sonnenstrahlen in Spektralfarben. Bäume und Gräser sind von Raureif überzogen. Eine weiße Wunderwelt. Von einem der Gipfel sehen drei Rehe auf uns herab. Der Weg ist gefroren, auf dem Wasser, das sich in den kleinen Einkerbungen im Felsen gesammelt hat, hat sich eine Eisschicht gebildet. Die Äste der Tannen hängen schwer herab. Aus den Tälern dampft Nebel herauf und streicht schwer und feucht durch das Gesträuch. Es drängt mich vorwärts zu kommen, die Kilometer des Tages hinter mich zu bringen, in der Wärme der Zivilisation anzukommen. Auf einem nur wenige Zentimeter breiten Pfad überqueren wir einen Steilhang. Rechts geht es einige hundert Meter hinab. Doch unsere Pferde sind schwindelfrei und zögern keinen Augenblick. Auf der Südseite des Passes entspringt der Willow Creek. Sein Flusslauf führt uns hinab ins Tal bis in das Dörfchen Creede. Die letzten Kilometer führen durch einen engen Canyon, hunderte Meter ragen die Seitenwände steil empor. Kein Sonnenlicht fällt in die Felsenschlucht. Links und rechts des Weges liegen alte Minen. Bis in die 80er Jahre wurden hier Gold und Silber abgebaut. Wir betreten Creede durch den „Hintereingang". Gleich nach der Ortstafel liegt das Rathaus.

„Frag mal, ob die einen Platz für unsere Pferde wissen", ersucht mich Günter.

In dem kleinen Büro sitzt ein älterer Mann hinter einem Schreibtisch. Er begrüßt mich freundlich. Ich deute durchs Fenster nach draußen, auf die andere Seite der Straße, wo Günter mit den Pferden wartet.

„Wir sind gerade angekommen und suchen einen Platz für die Pferde und für uns. Wir reiten entlang des CDT."

„Willkommen in Creede."

Mein Gegenüber deutet auf einen freien Stuhl, dann greift er zum Telefon. Dem Inhalt des Gespräches kann ich nicht folgen, doch wenige Minuten später fährt Jenny mit ihrem Truck vor. Sie ist die Managerin des Messegeländes. Dorthin können wir unsere Pferde bringen. Jenny zeigt uns den Weg.

„Wir bräuchten auch noch Heu für die Pferde", sage ich zögerlich.

„Schon erledigt", antwortet sie mit einem breiten Lächeln.

Jenny ist Geschäftsfrau durch und durch. In Creede gehört ihr eines der größeren Souvenirgeschäfte, in dem sie auch Schmuck aus Pferdehaar verkauft, den sie selbst herstellt.

„Wie bist du auf diese Idee gekommen, Schmuck aus Pferdehaaren zu machen?", frage ich sie.

„Ich habe nichts gelernt, ich konnte nichts anderes", lacht sie, „da musste ich eben erfinderisch werden."

Als wir bei den Koppeln ankommen, wartet bereits eine blonde, schlanke Frau auf uns. Ihr schulterlanges Haar steht widerspenstig unter dem Cowboyhut hervor.

„Ihr müsst Günter und Sonja sein. Willkommen in Creede. Ich bin Rhonda, Jenny hat mich angerufen. Ich habe gehört, ihr braucht Heu? Ich habe gerade neues gekauft und noch nicht abgeladen“, sie deutet auf die Ladefläche ihrer Pick-ups. „Nehmt, soviel ihr braucht.“

Rhonda und ihr Mann David laden uns in ihr Haus ein. Im Gegenzug für ihre Gastfreundschaft wollen sie Geschichten hören von unterwegs. Nach den letzten kalten Nächten im Zelt kommt mir das große Holzhaus vor wie das Paradies auf Erden. Mit einem Glas Rotwein in der Hand machen wir es uns vor dem offenen Kamin gemütlich und erzählen. Auch ich höre so manche Geschichte von Günter aus Südamerika, die ich noch nicht kannte.

Während unserer Tage in Creede hält der Winter Einzug. Eines Morgens fallen dicke Schneeflocken und begraben die Landschaft unter einem sanften, weißen Teppich. Rund zwanzig Zentimeter Schnee sind über Nacht gefallen. Rhonda steht mit einer Tasse Kaffee vor dem großen Fenster und betrachtet die Winterlandschaft.

„Das sind erst die Vorboten des Winters“, sagt sie, „der wahre Winter zeigt sich noch nicht.“ Während sie uns Kaffee eingießt, erzählt sie eine Geschichte aus einem der ersten Winter, die sie in Creede verbrachte: „Es war in den 80er Jahren. Bei einem unerwarteten Wintereinbruch im Oktober wurden einige Jäger mit ihren Pferden in den Bergen eingeschneit. Die Jäger wurden mit Helikoptern geborgen. Die Pferde mussten sie zurücklassen.“

Niemals würde ich die Pferde zurücklassen, denke ich und male mir Bilder aus, wie sie ebenfalls per Helikopter geborgen werden könnten, per Seilwinde, mit einem breiten Gurt unter dem Bauch würden sie durch die Lüfte segeln wie Pegasus. Ich will es nicht wahrhaben, muss aber einsehen, dass es Zeit ist, die Pferde in die Winterpause zu schicken. Es fällt mir sehr schwer, mich von dem Gedanken zu verabschieden, am nächsten Tag wieder weiterzureiten. Die Pferde sind mir ans Herz gewachsen, die Vorstellung, sie nicht ständig um uns zu haben, macht mich traurig. Wie soll ich mich da am Ende der Reise für immer von ihnen verabschieden? Abschied nehmen – es fällt mir schwer, merkwürdigerweise immer schwerer je öfter ich mich verabschieden muss. Ich verspüre eine Melancholie, einen sanften Schmerz, eine Traurigkeit, die ich nicht benennen und erklären kann. Die Leichtigkeit des unbeschwerten Abschiedes, bei dem man hoffnungsvoll auf das blickt, was einen erwartet und voll Zuversicht das nächste Zusammentreffen im Hinterkopf hat, ist mir verloren gegangen. Bei jedem Abschied denke ich, es könnte der letzte sein und Tränen füllen meine Augen. Je mehr ich reise, umso sensibler werde ich, umso empfänglicher für Stimmungen. Mir geht dabei auch die Abhärtung verloren, die es braucht, um nicht unter der Last der täglichen Katastrophen und Terrormeldungen der westlichen Medien zusammenzubrechen. Die Kälte und Abgeklärtheit, die man sich bei schlechten Horror- und Actionfilmen überzieht wie eine Tarnkappe. Die ersten Fernsehnachrichten nach zwei Monaten erdrücken uns. Nichts hat sich geändert auf der Welt. Was ist es doch für ein Privileg, in der Wildnis keine Nachrichten empfangen zu können! Es könnte der dritte Weltkrieg ausbrechen, wir würden nichts davon mitbekommen und einfach dem Weg folgen, geleitet von kleinen dreieckigen Symbolen bis zum nächsten Lagerplatz.

Unsere Pferde stehen auf der Weide, gemeinsam mit Rhondas und Davids acht Pferden, sieben Wallachen und einer Stute. Dino hat die Stute für sich erobert. Escalante, der Boss unter den anderen Pferden, hatte keine Chance. Das geschah bereits in den ersten fünf Minuten. Dino stieg, hob bedrohlich die Vorderhufe, riss seinen Kopf in die Höhe und ließ seine dichte Mähne fliegen. Anmutig und stark sah er aus. Escalante, der wesentlich älter ist als Dino, bot ihm kaum Gegenwehr. Dino ist in der Wildnis aufgewachsen. Er hat das Sozialverhalten in einer großen Herde gelernt, wurde wahrscheinlich im Alter von etwa zwei Jahren von seinem Vater aus der Herde vertrieben, zog dann alleine umher auf der Suche nach Stuten. Wenn er Glück hatte, fand er andere Junggesellen und konnte sich ihnen anschließen, mit ihnen spielen und spielerisch kämpfen. Nun gehört die Stute Dino. Dabei ist sie wesentlich größer als er, was will er denn mit so einer großen Frau?

Im San Luis Tal, etwa achtzig Kilometer entfernt, befindet sich die Elk Ranch. Es ist ein breites, fruchtbares Tal. Auf den Weiden der Elk Ranch wächst Luzerne, ein beliebtes Futtermittel. In den Wintermonaten grasen Pferde die Reste der abgeernteten Felder ab. Jeden Winter bringen Rhonda und David ihre Pferde auf die Ranch, da es in dem Bergdörfchen Creede zu kalt wird. Nicht selten wird das Dorf im Winter unter zwei Metern Schnee begraben. Es ist ein Wink des Schicksals. Schon zu Beginn der Reise machte ich mir Sorgen darüber, wo unsere Pferde den Winter verbringen würden. Ich hatte Angst, dass der Großteil meiner Reisekasse dabei draufgehen würde, die Pferde durch den Winter zu füttern. Doch Günter meinte damals nur: „Mach dir keine Sorgen, es wird sich etwas Passendes finden. Eine Lösung läuft uns einfach über den Weg, wenn es so weit ist.“ Warum hat er nur immer Recht? Ende Oktober bringen wir unsere Pferde hinunter ins Tal. Das Gatter befindet sich in einer Ecke der Weide. Links und rechts läuft der Zaun schnurgerade dahin und verschwindet irgendwann hinter einem Hügel. Von den anderen Pferde, die bereits hier ihren Winterurlaub begonnen haben, ist keine Spur zu sehen. Wir nehmen unseren Pferden zum letzten Mal für fünf Monate die Halfter ab. Sie gehen einige Schritte von uns weg und beginnen zu grasen. Für sie ist es ein ganz gewöhnlicher Tag. Der Abschied macht mich traurig, in Begleitung von Rhonda und David will ich mich meinen sentimentalen Gefühlen, die ich für völlig übertrieben halte, nicht hingeben. Ich verbiete mir Tränen, die kommen erst nachher, als ich alleine bin und das Leckerli in meinen Hosentaschen entdecke, das ich Rusty zum Abschied geben wollte.

Auf dem Wild Horse Mesa, südlich von San Luis, lebt eine Herde wilder Pferde. Mit Geduld und ein bisschen Glück kann man sie sehen. Als Rhonda uns dies erzählt, steht für uns sofort fest, dass wir dorthin wollen. David borgt uns eines seiner sieben Autos. Warum sie so viele Autos haben, will ich wissen. „David sagt immer, wir brauchen kein neues, dafür aber eines für jede Gelegenheit. Und so haben wir sieben alte Schrottkisten!", lacht Rhonda, „Keines dieser Fahrzeuge ist mehr wert als das Blech, aus dem es besteht."

Auf dem Highway 159 fahren wir nun Richtung Süden, vorbei an Fort Garland und dem Dörfchen San Luis, dessen Bronzefiguren des Kreuzwegs angeblich bis nach Rom bekannt sind. Südlich von San Luis ändert sich die Landschaft. Wir sind nahe der Grenze von New Mexico und nun umgibt uns wieder das weite, flache Land des wilden Safrans. Die Hügel links von uns heißen Wild Horse Mesa. Doch von wilden Pferden ist keine Spur zu sehen. Wir biegen auf eine Schotterpiste ab und halten vor einem „Mobile home", einem Wohncontainer. Viele Amerikaner, die sich keine richtigen Häuser leisten können oder wollen, leben in diesen mobilen „Pappkartonschachteln". Ein Mann tritt vor die Tür und wir fragen ihn nach den Wildpferden.

„Gestern Abend haben sie hier direkt hinter unserem Haus gegrast. Meine Frau sieht sie oft, sie macht Fotos von ihnen. Mit eurem Auto kommt ihr nicht weit, aber wenn ihr wollt, fahre ich euch mit meinem Geländewagen durch die Gegend", bietet er an. Sein Name ist Chris und gemeinsam mit seiner Frau zog er 1972 in diese trockene Einöde. Es ist mir ein Rätsel, warum jemand freiwillig in diesem Gebiet leben will.

„Wir haben hier das beste Wasser ganz Amerikas", erzählt er stolz. „Mein Brunnen ist fünfzig Meter tief!"

Früher lebten sie im Wohnmobil. Als sie dieses Leben satt hatten, kauften sie sich das Stück Land und ließen sich hier nieder. „Ich will keine Menschen um mich herum, ich liebe die Einsamkeit", meint Chris.

„Und was ist mit den Nachbarn?", frage ich und deute auf

ein einzelnes Mobile home einige hundert Meter oberhalb. „Ach die“, meint er achselzuckend, „das sind Kelten. Kennst du irgendwelche Kelten?“

„Nein“, antworte ich, und er verzieht angewidert die Mundwinkel. Ich habe den Eindruck, Chris ist kein Nachbar, wie man sich ihn wünscht. In seinem Allradfahrzeug fährt er uns durch die Steppe, bis wir in der Ferne eine Herde Wildpferde entdecken. Dann machen wir uns zu Fuß auf den Weg.

„Nehmt euch vor dem Hengst in Acht, der ist gefährlich. Und passt auf die Klapperschlangen auf!“, ruft uns Chris noch nach.

Ich bleibe mit Leni zurück, während Günter sich immer näher an die Tiere heranschleicht. Als mich die Pferde entdecken, wenden sie mir alle gleichzeitig ihre braunen Köpfe zu. Etwa zwanzig Pferde starren mich aus ihren schönen, dunklen Augen an. Die ersten Wildpferde meines Lebens! Diese Reise bietet viele erstmalige Erlebnisse. Fast jedes Tier hat eine weiße Blesse auf der Stirn, die in der Abendsonne leuchtet. Es ist keine bunte Herde, jedes Pferd gleicht dem anderen. Weit und breit gibt es keinen Zaun. Dies ist keine Weide, sondern ein Stück offenes, nutzloses Land. Bis auf etwa zweihundert Meter lassen die Pferde Günter herankommen. Er umkreist sie, macht Fotos aus jeder Perspektive, dann wird es den Pferden zu eng und wie auf Kommando galoppieren sie los, verschwinden hinter einem Hügel, nichts hinterlassend als eine Wolke Wüstenstaub.

Bei der Rückfahrt nach Creede ist Günter schweigsam. Wie so oft, wenn er in Gedanken versunken ist, brütet er etwas aus.

„Lass uns den Winter dazu nutzen, Wildpferde zu beobachten! Wir kaufen uns ein Auto und begeben uns auf die Suche nach den Ursprüngen unserer Pferde. Denn schließlich waren ja auch unsere Pferde einmal wild“, schlägt er schließlich vor.

„Wir können doch nicht einfach so ein Auto kaufen. Dazu haben wir gar kein Geld“, rufe ich.

Günter tut meinen Einwand schnell ab.

„Wir kaufen uns ein altes Auto, in dem man auch wohnen kann. Dann sparen wir Geld für Übernachtungen. Denn schließlich können wir nicht den ganzen Winter im Zelt schlafen", sagt er, und ich weiß, dass an diesem Entschluss nicht mehr zu rütteln ist. Am Rande der Landstraße sehen wir ein Hinweisschild: „Great Sand Dunes National Park". Es macht uns neugierig. Da es schon stockdunkel ist, halten wir an einem Parkplatz und verbringen die Nacht im Auto.

Immer wieder ist es aufregend, am Abend im Dunklen anzukommen, um am Morgen das Land um uns herum zu entdecken. Die ersten Sonnenstrahlen tauchen das Land in warmes Licht. Am Horizont ragen die schneebedeckten Gipfel der Sangre de Cristo Mountains empor. Vor uns liegt San Luis Lake. Im stillen Wasser ist die klare Reflexion des Crestone Peak, dem mit 4.260 Metern höchsten Gipfel der Sangre de Cristo Mountains, zu sehen.

Am Fuße der Berge liegen die Dünen. Die sanften, hellbraunen Linien bilden einen starken Kontrast zu den schroffen, grauen Bergen. Sie entstanden über tausende von Jahren durch Sand, der von Flüssen zermahlen und vom Wind hier an der Bergflanke der Sangre de Cristo Mountains abgelagert wurde.

Der Aufstieg auf die zweihundert Meter hohen Dünen ist mühsam. Im weichen Sand kämpfen wir uns bergauf, bei jedem Schritt sinken wir tief ein und rutschen immer wieder ab. Ein starker Wind bläst uns Sand ins Gesicht. Auch Leni kneift die Augen zusammen. Es ist kalt, und sie trägt ihr braunes Mäntelchen, in dem sie fast mit dem Braun des Sands verschwimmt. Doch die Strapazen lohnen sich. Der Ausblick auf die riesige Dünenlandschaft ist fantastisch. Die noch immer tief stehende Morgensonne malt schöne Schattenzeichnungen auf die Sanddünen. Auf dem Gipfel eines Gegenhanges stehen zwei Burschen mit Surfbrettern. Wir beobachten, wie sie versuchen, den Sand hinabzusurfen. Kullernd und rollend erreichen sie das Ende der Düne und steigen nochmals auf. Der

Abstieg durch den weichen Sand ist wesentlich angenehmer als der Aufstieg. Auf dem Rückweg zum Auto fängt sich Leni einige Stacheln ein. Nachdem wir versuchen, die Stacheln aus ihren Pfoten zu ziehen, verzieht sie sich beleidigt auf den Rücksitz und vermeidet jeden zu nahen Kontakt mit uns. Bei der Rückfahrt beobachten wir zwei Antilopen, die quer über die Steppe vor den Dünen galoppieren. Wir halten an, und auch die Antilopen verharren still und schauen zu uns her. Sie sehen aus wie Geschöpfe aus der Urzeit, in dieser kargen, trockenen, windgepeitschten Sandwüste.

Eine Woche später sind wir unterwegs nach Norden. Wohin genau wissen wir noch nicht. Wyoming, South Dakota, Montana oder Nevada – überall soll es noch wilde Pferde geben. Unser Truck rollt gemütlich über die Landstraßen. Country Musik dröhnt aus dem alten Radio, Günter singt fröhlich mit. An die Musik und seinen Gesang werde ich mich wohl gewöhnen müssen. Es ist das erste Mal in meinem Leben, dass ich ein Auto gekauft habe. Schon wieder eine Premiere. Der Wagen, ein roter Ford Pick-up ist alt, doch er hat Charakter. Es ist eines jener Autos, die Geschichten erzählen könnten. Zuletzt gehörte es einem Jäger, der es für seine Jagdausflüge in die Berge genutzt hat. Auf der Ladefläche befindet sich ein Truck-Camper, unser neues Zuhause. In den vergangenen Tagen haben wir das Auto völlig auseinandergenommen, gereinigt und geschmiert und wieder zusammengebaut. Statt der Rückbank hat Günter eine große Holzkiste für unsere Ausrüstung eingebaut. Lenis Box steht darauf, und sie schläft darin. Zumindest sie hat bereits Freude am Autofahren gewonnen. Über schnurgerade Schotterpisten gondeln wir durch die weiten Ebenen Wyomings. Hin und wieder springt eine Herde Antilopen vorbei. Ein Sturm peitscht über das Land und drückt das gelbe Gras zu Boden. Tumbleweed, der rollende Busch der Steppe, kullert über den Erdboden, hebt immer wieder ab und fliegt durch die Luft. Die Abendsonne taucht die Prärie in warmes, weiches Licht. Sie schmeichelt den Farben der Wüste, lässt sie in Rot und Ockergelb leuchten. Einsame Farmen liegen in der Gegend verstreut. Windräder drehen sich eifrig, Rinderherden ziehen über das Grasland. Am Horizont erheben sich sanfte Hügel. Wir überqueren die Laramie Berge. Ich übernehme das Steuer und bin entsetzt. Bremsen ist ein Erlebnis, bei dem fast gar nichts passiert. „So ist das eben, wenn man einen LKW fährt“, beruhigt mich Günter. Es ist November und die Abende werden zunehmend kälter. Umso gemütlicher ist es im Camper. Wir kuscheln uns in die Schlafsäcke und trinken heißen Tee mit einem Schuss Whisky. Starker Wind pfeift durch die Bäume und bringt unser Auto zum Schwanken, obwohl es im Windschatten geparkt ist. Draußen ist es stockdunkel. Wir stehen auf einem verlassenen Parkplatz am Grayrock Reservoir. Niemand hat etwas dagegen, wenn wir hier übernachten. Auf vier Quadratmetern haben wir alles, was wir zum Wohnen brauchen: ein Bett, einen Herd, einen Tisch und einen Kühlschrank, der nicht funktioniert, den wir aber später verwenden werden, um Lebensmittel und Wasser vor dem Gefrieren zu schützen.

Auf das Black Hills Wild Horse Sanctuary stoßen wir durch Zufall. Man erlaubt uns, einige Tage zu bleiben und mitzuarbeiten, um so mehr über das Sozialverhalten der Wildpferde zu lernen. Um Punkt acht Uhr treffen wir uns in der kleinen Küche des Farmhauses. Es duftet bereits verlockend nach Kaffee. Lucyanne reicht mir eine Tasse und schenkt ein. Seit fünf Jahren lebt sie in ihrem Wohnmobil und reist durch das Land. Seit einigen Monaten arbeitet sie gegen Kost und Logis auf der Ranch mit. Es wird nicht viel gesprochen an diesem Morgen, jeder hängt seinen Gedanken nach, trotzdem ist die Stimmung fröhlich. Barbara durchbricht die Stille, erzählt uns von ihrem Arbeitsalltag. Sie kümmert sich um die Besucher, die täglich in großen Scharen hier eintreffen, um Wildpferde zu sehen, fährt sie im alten Schulbus herum und erzählt ihnen Geschichten über die Tiere. Da tritt Adam, der 17-jährige Sohn des Wranglers – des für die Pferde der Ranch zuständigen Cowboys –, durch die Tür. Ihn dürfen wir bei seiner morgendlichen Rundtour mit dem Futtertruck begleiten.

Der Truck ist alt und fällt beinahe auseinander. Ich muss die Tür auf der Beifahrerseite festhalten, denn sie schließt nicht mehr. Günter hat auf der Ladefläche Platz genommen, die Kamera schussbereit. „Werden alle Pferde täglich gefüttert?", rufe ich Adam über den Lärm des Trucks hinweg zu. „Nein, nur diejenigen auf dieser Seite des Flusses. Das sind etwa 150 Pferde. Der Fluss teilt das Gelände in zwei Hälften. Die Pferde auf der wilden Seite bekommen nur selten Menschen zu Gesicht", erklärt Adam. „Warum müssen die Pferde gefüttert werden?", frage ich und Adam erklärt: „South Dakota leidet seit vielen Jahren unter einer Dürre. Auf dieser Seite des Flusses ist kaum mehr Gras vorhanden, die Pferde müssen zugefüttert werden, und sie müssen das Futter mit hunderten wilden Truthähnen teilen, die ebenfalls in den Black Hills leben. Dayton liebt eben alle Tiere", fügt er achselzuckend hinzu. Dayton ist der Mann, der dieses Pferdeparadies vor zwanzig Jahren gegründet hat.

Schon von weitem hören die Pferde den Futtertruck kommen. Sie kennen das Geräusch und wissen, wann und wo sie warten müssen. Der Truck stoppt mitten auf einer großen Weide. Von allen Seiten kommen Pferde auf uns zugelaufen. Eine bunte Herde, Pintos, Grullas, Falben, Palominos – Pferde in allen möglichen Farben scharen sich um das Futter. Auch einige Fohlen sind unter ihnen. „Anfangs wurden nur Stuten in den Black Hills aufgenommen", erzählt Adam. „Doch immer wieder folgten einige der Tiere ihrem Freiheitsdrang und liefen davon. Nachbarn riefen an und Dayton und sein Wrangler zogen los, sie wieder zurückzutreiben. Eines Tages bekam Dayton den Rat, einen Hengst aufzunehmen. Dieser würde die Stuten um sich scharen. So kam der erste Hengst in die Black Hills."

Später zeigt er uns den alten Hengst mit der markanten weißen Blesse auf der Stirn, die er an so viele seiner Nachkommen weitergegeben hat. Er darf nun seinen Ruhestand genießen.

Etwas abseits der Herde steht eine einzelne Stute. Sie bekommt ihr Futter erst nachdem die anderen gefüttert wurden. „Vor einigen Monaten fanden Dreharbeiten zu einem Film hier im Sanctuary statt. Ich weiß nicht, was sich der Regisseur dabei gedacht hat, jedenfalls ließ er zwei Reiter an den Wildpferden vorbeigaloppieren. Vielleicht wollte er genau das „Stampede“ – die panikartige Flucht – filmen, die daraufhin folgte. Diese alte Lady trat dabei in eines der zahlreichen Löcher im Boden, die von den Präriehunden gegraben werden, und verletzte sich ihre Schulter. Seither lahmt sie“, erzählt Adam. „Mein Vater“, berichtet er weiter, „wollte sie zur Pflege einfangen. Doch die Stute kämpfte mit aller Kraft dagegen. Wenn sie sich diesen Platz ausgewählt hat, dann soll sie eben hier bleiben.“ Adam zuckt mit den Schultern und leert einen Eimer Hafer vor die Stute.

Nachmittags helfen wir Heu abladen und Ställe ausmisten. Als würde er den Jahren ein Schnäppchen schlagen, klettert Dayton Hyde flink aus dem Traktor, mit dem er zuvor große Heuballen manövriert hat. Dayton ist 83 Jahre alt. Wir schütteln ihm voll Respekt die Hand. Wie kam es dazu, dass er dieses Sanctuary gründete? „Vor zwanzig Jahren kam ich an Koppeln des Amtes für Landmanagement vorbei, vollgestopft mit wilden Mustangs, die unglücklich ihre Köpfe hängen ließen. Schon als kleiner Junge, als ich als Cowboy auf der Ranch meines Onkels in Oregon arbeitete, verliebte ich mich in diese Wildpferde. Sie in so trostlosem Zustand zu sehen, brach mir das Herz. Ich wollte wenigstens einem Teil von ihnen ein neues Zuhause geben.“ Etwa fünfhundert Pferde befinden sich heute auf dem weiten Gelände des Black Hills Wild Horse Sanctuary. Etwa 30.000 wilde Pferde leben auf den Prärien des amerikanischen Westens. Seit 1971 stehen sie unter Schutz, und das Amt für Landmanagement ist für sie zuständig. Dayton nimmt uns mit in sein Büro. Er zeigt mir eine Ausgabe des U.S. Time Magazines von 1959. „The wild horses and burros of the romantic old West are fast disappearing", steht auf der Titelseite. „Nur noch 20.000 Tiere", so steht geschrieben, „leben auf den einsamen Prärien des Westens. Seit dem 2. Weltkrieg wurden über 100.000 Wildpferde eingefangen, geschlachtet und zu Hundefutter verarbeitet."

„Dass es in der heutigen Welt noch Platz gibt für Wildpferde haben wir Wild Horse Annie zu verdanken", erzählt Dayton, „Sie führte einen regelrechten Kreuzzug gegen die Misshandlung der Wildpferde. Ihr größter Erfolg war das Gesetz von 1971."

Eine alte Katze lebt ebenfalls auf der Ranch, ein stolzes, eigensinniges Tier ohne jeden Respekt vor Hunden, und vor Leni schon gar nicht. Immer wieder fordert unsere Hündin die Katze zum Spiel auf. Diese jedoch bleibt stolz auf der obersten Stufe einer Treppe sitzen und ignoriert den Hund. Leni, zu feige, sich der Katze zu nähern, wird wütend, bellt und knurrt, doch die Katze zeigt sich unbeeindruckt und schleicht sich anmutig unter unser Auto. Dort sitzt sie nun und putzt sich, was Leni rasend macht.

Nach einer Woche ziehen wir weiter durch den Nordosten Wyomings. In der Ferne ragt der einsame Zahn des Devil Towers in den Himmel. Wir rollen durch den Custer State Park. Leni liegt in ihrer Kiste, wobei ihr Kopf dankbar auf Günters Schulter ruht. Ich will gerade feststellen, wie süß das aussieht, da öffnet sie ihren Mund und heraus kommen die Nudeln, die sie mit etwas Speck zum Frühstück gefressen hatte. Eine volle Ladung Penne ergießt sich über Günters Rücken. Ich kann mich kaum halten vor Lachen. Günter findet das alles natürlich weniger komisch. Er hält am Straßenrand, springt aus dem Fahrzeug und zieht unter lautem Fluchen rasch seinen Pullover aus. Eine Herde Bisons sieht ihm dabei erstaunt zu.

Unsere Freundin Gabriele hatte uns von Oshoto erzählt. Dort leben die Brislawn-Brüder Neel und Emmet. Ihr Vater Robert Brislawn gründete 1957 die Spanish Mustang Registry, den ersten und ältesten Mustang-Zuchtverband in den USA.

Robert wollte die Zukunft des echten Spanischen Mustangs sichern. Wahrscheinlich ist es sein Verdienst, dass es heute noch reinrassige Nachkommen der Pferde gibt, die durch die Spanier ins Land gebracht wurden.

Auf einer schmalen Schotterpiste gelangen wir nach Oshoto. Hinter der Ortstafel stehen ein winziges Gemeindeamt und eine Kirche. Sonst ist weit und breit nichts zu sehen. Kein Haus, keine Ranch, nichts als weite, trockene Prärie. Ein Truckfahrer erklärt uns den Weg. Obwohl wir unangemeldet kommen, heißen uns Kitty und Neel herzlich willkommen. Neel, eine Erscheinung mit langem weißem Haar und in türkisblauem, knöchellangem Rock, zeigt uns stolz ein Buch, das er über seinen Vater geschrieben hat. Neel und sein Bruder Emmet führen die Tradition fort, die ihr Vater mit der Gründung der Registratur begonnen hatte. Emmet und seine Frau Joicy haben etwa dreihundert spanische Mustangs. Sie haben nichts dagegen, dass wir mit unserem Camper einige Tage mitten auf der Weide unter den Pferden verbringen.

Am Nachmittag genieße ich die warmen Sonnenstrahlen. Ich sitze mit einem Buch in der Hand auf der Ladeklappe des Pick-ups, als eine Herde Mustangs neugierig auf mich zukommt und mich umringt. Der Hengst bleibt einige Meter entfernt stehen und schnaubt heftig durch seine weit geblähten Nüstern. Eine schwarze Stute ist mutiger und holt sich den Rest von meinem Apfel. Dann knabbern die Pferde am Lack des Autos, bis Günter sie verjagt. Sie haben ein paar Zahnabdrücke im Lack hinterlassen. Abends sitzen wir auf der Kühlerhaube unseres Autos, trinken eine Flasche Merlot und bewundern den Sternenhimmel. Die Pferde werfen Schatten im Licht des Vollmondes. Der Schrei einer Eule durchbricht die Stille.

Die Nacht wird kalt. Die Batterie ist leer und die Heizung des Campers funktioniert nicht. Beim ersten Tageslicht blicke ich durch die dreckigen Scheiben nach draußen. Wir sind umringt von Pferden. Etwa hundert Pferde grasen in mehreren Gruppen auf den umliegenden Hügeln. Mit einer Tasse heißen Kaffee in der einen und der Kamera in der anderen Hand stürzen wir uns in die Kälte, um im Sonnenaufgang zu fotografieren. Plötzlich erscheint eine weitere Herde auf einer Bergkuppe. Die grasenden Pferde wenden ihnen die Köpfe zu, und wie auf Kommando rennen alle los, in ausgelassenem Galopp den Hügel empor, bis die beiden Herden einander gegenüberstehen wie zwei Indianerstämme. Dann galoppieren alle gemeinsam in eine Richtung davon. Es ist unser Abschied von Oshoto. In Sheridan kaufen wir Lebensmittel und ein neues Spielzeug für Leni, ein Stoffhuhn, das wir „Wienerwald" taufen. Leni ist ganz wild darauf, und der arme Wienerwald musste schon einige Federn lassen.

Einige hundert Kilometer weiter westlich, auf dem Weg zum Yellowstone Nationalpark, fährt man an einer unauffälligen Hügelgruppe vorbei, den McCullough Peaks. Mit etwas Glück und einem guten Auge kann man dort im Vorbeifahren Wildpferde entdecken. In der Buffalo-Bill-Stadt Cody sitzen wir in einem gemütlichen Wohnzimmer und blättern in einem Fotoalbum. Tracy, unsere Gastgeberin, fotografiert seit vielen Jahren die Wildpferde, die vor ihrer Tür in der felsigen Steppenlandschaft der McCullough Peaks leben. „Diese Pferde sind die lebenden Symbole des Pioniergeistes des Westens", erzählt sie, „und es grenzt an ein Wunder, dass es sie in unserer Welt des Fortschritts überhaupt noch gibt. Gerade jetzt wird in dem Wildpferde-Management-Gebiet wieder nach Öl gebohrt."

„Schau, das ist doch Dino", rufe ich begeistert.

Tracy schaut sich nachdenklich das Foto an.

„Ich kann mich noch erinnern. Dieser zweijährige Hengst war alleine, als man ihn gefangen hat. Wahrscheinlich war er erst vor kurzem aus der Herde vertrieben worden und hatte noch keine Junggesellengruppe gefunden, der er sich anschließen konnte", erzählt sie.

Wir fahren mit unserem Pick-up stundenlang kreuz und quer über Feldwege auf der Suche nach den Pferden. In weiter Ferne erspähen wir eine Herde. Die Landschaft in den McCullough Peaks wirkt karg und unwirtlich, doch die Pferde, die wir durch unsere Ferngläser beobachten, sehen kräftig und gut genährt aus. Diese Wildpferde sind die Gesellschaft von Menschen nicht gewöhnt und es ist schwierig, an sie heranzukommen. Wir lassen das Auto stehen und machen uns zu Fuß auf den Weg. Sobald wir in Hörweite sind, beginne ich zu singen. Das habe ich in Hope Rydens Buch „America's Last Wild Horses" gelesen. Die Pferde haben uns ohnehin schon längst entdeckt und blicken misstrauisch in unsere Richtung. Ich will ihnen signalisieren, dass wir keine Gefahr darstellen. Ein Puma, der einzige Feind dieser Wildpferde, würde sich geräuschlos anpirschen, wir aber schlendern singend in weiten Bögen auf sie zu. Ob diese Methode erfolgreich ist, ist schwer zu sagen. Diese Herde lässt uns nur bis auf hundert Meter an sich heran. Im Moment sind die Pferde besonders misstrauisch, denn für seismische Untersuchungen kreisen wieder Helikopter über das Land, und es werden Bohrungen durchgeführt. Ich hoffe, dass keine nennenswerten Erdölvorkommen gefunden werden. Vor uns steht eine Gruppe junger Hengste, die übermütig und spielerisch ihre Kräfte aneinander messen. Sie heben drohend die Vorderhufe, werfen ihre langen Mähnen und blähen die Nüstern. Mein Herz schlägt schneller, als ich sie bei der kurzen Demonstration ihrer Männlichkeit beobachte. Ich bin nahe an dem Geschehen dran, fast zu nahe und ziehe mich vorsichtig zurück. Im kommenden Frühjahr werden sie losziehen und versuchen, einen eigenen Harem zu gründen.

Später entdecken wir eine große, bunte Herde. Nach langem, vorsichtigem Annähern dulden sie uns mitten unter sich. Ein kleines weißes Fohlen kommt auf mich zu. Es muss eine Stute sein, denn denen wird nachgesagt, dass sie besonders neugierig sind. Jedenfalls müssen wir sie, als sie zu nahe an uns herankommt, einige Male vertreiben. Wir wollen den Pferden die natürliche Scheu vor dem Menschen nicht nehmen. Als wir den Hengst dieser Herde sehen, sind wir uns sicher, dass er der Vater oder zumindest ein Bruder von Dino sein muss. Die Ähnlichkeit ist verblüffend.

Leni verbringt nun viel Zeit im Auto, während wir den Wildpferden nachspüren. Wienerwald ist daher schon ganz zerrupft. Er hat Löcher an Nase und Ohren. Leni gönnt ihm kaum eine Pause.

Am nächsten Morgen blühen Eisblumen an den Innenseiten der Fenster. Das Wasser in den Kanistern ist gefroren, wie auch der Putzlappen. An der Decke hängen kleine Stalaktiten aus Eis. Es ist kalt heute Morgen, sehr kalt. Mein Kopf brummt, wahrscheinlich weil ich die halbe Nacht tief im Schlafsack verkrochen war. Lustlos krabble ich aus dem Bett, schalte die Heizung ein und stelle Kaffee auf.

„Günter, fährst du mit mir nach Italien?“, frage ich und dehne das A von Italien extra lang aus. Er verdreht die Augen. Immer wieder gehe ich ihm mit dieser Frage auf den Geist. Sie ist nicht ernst gemeint. Doch an einem kalten, ungemütlichen Morgen wie diesem empfinde ich etwas, das ich als Sehnsucht nach Italien bezeichne. Es ist eine Sehnsucht nach Meer, Sonne und Wärme. Nach alten Werten und Kultur, nach dem Duft von Basilikum und guter Küche und einem stilvollen Glas Wein. Es ist eine Sehnsucht nach einem Phantom, nach einem Trugbild von Italien. Es ist die Sehnsucht nach dem, was hier fehlt: nach Kultur, Stil, kulinarischen Genüssen und Sinnlichkeit.

Wir verbringen den Morgen mit einer kleinen Herde: ein grauer Hengst, seine sieben Stuten, ein Jährling und drei Fohlen. Zwei der Fohlen sind schneeweiß.

Am Nachmittag fahren wir weiter. Tracy hat uns von wilden Pferden in den Pryor Mountains an der Grenze zu Montana erzählt. In Lovell statten wir dem Pryor Mountain Wild Mustang Center einen Besuch ab. Ein glücklicher Zufall, denn Matthew, der das Center betreut, lädt uns ein, ihn am nächsten Tag auf seiner wöchentlichen Kontrollfahrt durch die Pryor Mountain Wild Horse Range zu begleiten. Wir übernachten im Big Horn Canyon. Hier betrieb in den 30er Jahren Caroline Lockhart so erfolgreich ihre Ranch, dass es ihr den Spitznamen „Cattle Queen" eintrug. Frauen hatten im Wilden Westen eine ganz neue Rolle übernommen. Sie konnten reiten und schießen, den Wagen lenken, das Vieh treiben, Kälber mit dem Lasso einfangen und trugen Hosen. Es waren Frauen, die es an der Ostküste gewohnt waren, von Hausangestellten bedient zu werden. Zwar wurde die Geschichte des Wilden Westens von Männern wie Billy the Kid, Buffalo Bill, Doc Holliday und Wyatt Earp geschrieben, doch die Hälfte der Pioniere war weiblich. Sie kamen Mitte des 19. Jahrhunderts zu tausenden von der Ostküste mit ihrem gesamten Hab und Gut nach Westen. Sie wurden getrieben von der Abenteuerlust, dem Traum von einem Stück Land, der Freiheit, ungebunden und unabhängig zu sein und der Aussicht auf einen bescheidenen Reichtum. Anfangs war das Leben in der Wildnis hart und einsam. Nachbarn waren oft mehr als einen Tagesritt entfernt. Einige Frauen zogen es vor, wieder zurück in den belebten Osten zu gehen. Den Frauen, die blieben, eröffnete sich eine neue Welt. Rodeo reiten, schießen oder Glücksspiel – die Frauen ließen sich kaum noch etwas verbieten. Das klassische Rollenbild von Mann und Frau war überholt. Der Weg in den Westen hatte die Frauen selbstständig und selbstbewusst gemacht.

Am nächsten Morgen spazieren wir entlang der Felskante. Der Blick in den tiefen Canyon ist fantastisch. Zwei Kanus treiben flussabwärts. Als wir um eine Kurve biegen, sehen wir plötzlich etwa zwanzig Reiter und rund hundert Pferde auf uns zukommen. Die Pferde stammen von einer Gästeranch und werden in ihr Winterquartier gebracht, erklärt uns einer der Cowboys. Mit lauten Rufen treiben sie die Pferde an. Eine bunte Herde zieht an uns vorbei. Wenig später treffen wir Matthew und steigen zu ihm in den Jeep.

Gut gelaunt und sicher steuert Matthew das Fahrzeug über die holprige Bergstraße. Wir fahren bis auf rund 2.500 Meter

Höhe. Hinter einer Kurve stoppt er abrupt. „Das ist Lakota und seine Familie.“ Matthew kennt jedes der rund 150 Pferde mit Namen. Seit sechs Jahren beobachtet er die Tiere und weiß viele Geschichten zu erzählen. Er klettert auf einen kleinen Hügel und sucht durch sein Fernglas die Almwiesen auf der Bergkuppe ab. „Dort oben ist Cloud mit seinen Stuten und noch etwa fünf weitere Familien.“ Durch das Fernglas kann ich nur schwarze und weiße Punkte auf der grünen Wiese sehen, es ist mir ein Rätsel, wie er die Pferde so genau erkennt. Cloud ist der Filmstar der Pryor Mountains. Die Filmproduzentin Ginger Kathren hat ihn seit seiner Geburt über viele Jahre hinweg begleitet und sein Leben in dem Dokumentarfilm „Cloud“ festgehalten. Wir setzen die Fahrt fort. Auf der Bergkuppe grasen tatsächlich etwa zwanzig Pferde. Cloud, der Star, ist unter ihnen. An diesem Dezembermorgen wirkt er müde und erschöpft. Er denkt gar nicht daran, sich für uns in Pose zu werfen. „Die Leitstute seines Harems ist vor kurzem verstorben. Anscheinend will keine der anderen Stuten diese Rolle übernehmen. Nun muss Cloud neben den Aufgaben des Hengstes auch die Funktion der Leitstute erfüllen und seine Familie bei Gefahr in sicheres Gebiet führen. Diese Doppelbelastung macht ihm zu schaffen“, erklärt Matthew.

Auf der windgepeitschten, baumlosen Kuppe grasen fünf Familien friedlich nebeneinander. Der Winter steht vor der Tür. Der Konkurrenzkampf ruht, um Kraft für den harten und schneereichen Winter zu schöpfen. Der Lebensraum in den Pryor Mountains ist karg und die Winter kalt. In der Herde lebt auch ein junges, dürres Fohlen, das 35. und letzte Fohlen, das 2008 geboren wurde. „Seine Überlebenschancen stehen schlecht“, erklärt Matthew sachlich die Gesetze der Natur, „nur fünfzig Prozent der Fohlen überleben die ersten Monate, dafür sind die restlichen Pferde härter und widerstandsfähiger.“

Wir verbringen die Nacht auf einem kleinen Platz im Wald in den Bergen. Bereits am Abend fallen die ersten Schneeflocken. Um 5:30 Uhr weckt uns ein starker Südwind. „Möchtest du vielleicht Kaffee kochen?“, fragt Günter. Draußen ist es noch stockdunkel und selbst im Camper ist es eiskalt.

„Um die Zeit? Nie im Leben“, antworte ich und verkrieche mich samt meiner Pudelmütze im Schlafsack. Bei kalten Temperaturen schlafe ich immer mit Mütze. Um sieben Uhr wird Günter ungeduldig und kocht selbst Kaffee. Damit hatte ich spekuliert. Noch tief im Schlafsack verkrochen, schlürfen wir aus unseren dampfenden Tassen. Ich kratze die Eisblumen vom Fenster. Dichter Nebel liegt über der windgepeitschten Landschaft der Pryor Mountains. Es stürmt so heftig, dass wir kaum die Autotüren öffnen können. Trotzdem fahren wir jetzt auf Schnee nochmals hinauf auf das Hochplateau. Die Sichtweite von etwa zwanzig Metern macht es nicht gerade leichter, die Wildpferde aufzuspüren. Bei diesem Wetter verziehen sie sich gerne in geschützte Gebiete im Wald oder in Talsenken. Auf dem Hochplateau stürmt es dermaßen, dass sogar das Auto im Wind schwankt. Der Wind Chill Faktor lässt die Temperaturen weit unter den Gefrierpunkt sinken. Ich muss an das kleine Fohlen denken, das dem Wetter schutzlos ausgeliefert ist. Ich verstehe die Gesetze der Natur, weiß, dass nur die Stärksten überleben dürfen, trotzdem hoffe ich, dass es stark genug ist, um dem Winter zu trotzen. Günter zieht zu Fuß los um zu fotografieren. Ich weigere mich, bei dieser Kälte auszusteigen. Leni ebenfalls. Stur bleiben wir im Auto sitzen und sehen uns um. Der starke Wind hat die Nebelschwaden verblasen. Die Landschaft ist abwechslungsreich. Die Täler sind trocken und zerklüftet, die Erde tiefrot. Ausgewaschene Felsen ragen wie Tafelberge hervor. Hier oben hat die Landschaft alpinen Charakter.

Am Nachmittag beginnt es wieder zu schneien. Dicke Flocken fallen gleichmäßig zu Boden. Wenigstens der Wind hat sich gelegt. Wenn wir hier nicht eingeschneit werden wollen, müssen wir die Pryor Mountains schleunigst verlassen.

Wir machen uns auf den Rückweg nach Creede, wo wir den Rest des Winters ausharren und auf den Frühling warten wollen. Wir lassen uns Zeit und genießen die Fahrt zurück, soweit man das Leben in einem Camper bei Temperaturen von minus zwanzig Grad Celsius genießen kann. Nachts werfen wir nun zusätzlich eine Daunendecke über die Schlafsäcke. Leni schläft ebenfalls darunter, eingekeilt zwischen unseren warmen Körpern. Morgens erwachen wir in einer Tropfsteinhöhle. Nachts kondensiert das Wasser, friert in kleinen Eiszapfen an der Decke, die morgens schmelzen. Wir haben die Fenster mit Isomatten und Jacken verbarrikadiert. So ist es kuschelig und einigermaßen warm, aber gemütlich ist es nicht mehr. In Colorado liegt meterhoch Schnee. Auf den Seen haben sich spiegelglatte Eisflächen gebildet, Wasserfälle sind zu riesigen Eiszapfen gefroren. Auf dem Togwotee Pass begegnen uns Dutzende Schneemobile. Diese stinkenden, lauten Gefährte, von denen Günter so begeistert ist, haben kreuz und quer Spuren in die herrliche, weiße Winterlandschaft gezogen.

Eine Nacht verbringen wir einsam auf einem Parkplatz im Grand Teton Nationalpark. Es ist Vollmond, der hellste, den ich je gesehen habe. In seinem Licht spiegeln sich die Bergspitzen der Teton Range malerisch im Jackson Lake. Auch am nächsten Morgen gehört der Park uns alleine. Außer uns scheint niemand mehr unterwegs zu sein. Elche, Büffel und ein Kojote posieren alleine für unsere Kameras. Im Wald hinter Steamboat Springs werden wir eingeschneit. Im Camper ist es warm wie in einem Iglu. Etwa ein halber Meter Schnee ist über Nacht gefallen und hat die Landschaft nun endgültig in eine Märchenwinterwelt verwandelt. Es schneit noch immer, als wir in Creede eintreffen. Rhonda hat Langlaufschi für uns besorgt. „Die werdet ihr in den nächsten Wochen brauchen. Ohne Schi können wir oft nicht einmal das Haus verlassen.“ Herrliche Aussichten!

Wir verbringen die nächsten drei Monate in Creede, arbeiten für Kost und Logis und warten auf den Frühling. An einem Tag im März ist es dann so weit. Fast schüchtern klopft der Frühling an, wir heißen ihn willkommen, packen unsere sieben Sachen und ziehen los.

UTAH
COLORADO
La Garita Wilderness
Rio Grande NF
Weminuche Wilderness
Creede
San Juan River
San Juan NF
South San Juan Wilderness
Carson NF
Cuba
Santa Fe NF
Santa Fe
Cibola NF
ALBUQUERQUE
ARIZONA
El Malpais NM
Pie Town
Cibola NF
Reserve
PHOENIX
Gila River
Rio Grande River
NEW MEXICO
Pecos River
Gila Wilderness
Aldo Leopold Wilderness
Beaverhead NF
Silver City
Gila NF
MEXIKO
0 100 200 300 km
Route
Gewässer
Bundesstaatsgrenze
Nationalpark-Gebiet
Wilderness-Gebiet
NF Nationalforst
NM Nationalmonument

Teil Drei

Unterwegs in New Mexico

Rot oder Grün?“, fragt die Kellnerin in dem kleinen Lokal und klopft mit dem Stift gegen den Schreibblock. Es ist Mittagszeit, und alle Tische sind besetzt. Ich würde gerne antworten, wenn ich nur wüsste, was sie von mir will. Ich blicke sie verständnislos an.

„Na das Chili, rot oder grün?“, antwortet die Kellnerin ungeduldig.

„Ach so. Hm, rot?“

Wir sind neu in New Mexico, gerade angekommen und wissen noch nichts über das Land. Auf der Straße vor dem kleinen Café parkt der Trailer mit unseren vier Pferden. Wir sind auf dem Weg nach Silver City. Von dort aus wollen wir in einigen Tagen losreiten. Diesmal nun tatsächlich Richtung Norden, Richtung Alaska.

Schon als wir die Grenze zwischen Colorado und New Mexico passierten, veränderte sich die Umgebung dramatisch. Eine endlos weite, flache Steppenlandschaft, kochend in der glühenden Sonnenhitze, streckt sich gegen die am Horizont aufragenden Berge. Monoton und eintönig rollt sie in Wellen dahin, wie ein erstarrtes Meer. Ich bin gespannt, ob sich unser Eindruck der Landschaft ändern wird, wenn wir sie vom Pferderücken aus wahrnehmen, wenn die Landschaft nicht in der Gleichförmigkeit eines trockenen Ozeans verschmilzt, sondern sich in Details, in Ecken und Kanten zeigt. Die Dörfer links und rechts der Straße sehen verwahrlost aus. Alte Trucks rosten still vor sich hin, Hunde mit verlaustem Fell streunen umher. Eine zersauste Katze macht ihre Tour von Mülleimer zu Mülleimer, ein paar Kinder trödeln von der Schule nach Hause. Erst in dem Dörfchen Taos ändert sich unser Eindruck von New Mexico. Schon auf den ersten Blick sind wir von dieser kleinen spanischen Stadt bezaubert, die man zu Fuß durchlaufen kann wie eine gute alte, europäische Stadt. Die Straßen winden sich, nirgendwo starre Ecken. Die Häuser in mexikanischem Stil, aus gebrannter Erde gebaut, wirken mit ihren runden Kanten künstlerisch, warm und weich – Schachteln aus Lehm in verschiedensten Größen, hintereinander und übereinander angeordnet, mit flachen Dächern. Von drinnen lockt angenehme Kühle. Farbenfroh leuchten die blau gestrichenen Türen. Rote Chilischoten hängen in Bündeln neben den Eingängen. Rund um den Hauptplatz stehen Arkaden wie in Madrid oder Sevilla, unter denen Lebensmittelgeschäfte und Souvenirläden Schatten suchen, sie werden durch rote und grüne Holzsäulen gestützt. In Taos gibt es eine ganze Kolonie von Intellektuellen und Künstlern, die vom Klima, von der Gegend und der Nachbarschaft der Indianer angezogen worden sind. D. H. Lawrence lebte unweit des Dorfes auf einer Ranch. Auf den Nummernschildern der Autos liest man: „New Mexico – Land der Verzauberung“. Drei Kilometer entfernt liegt das Pueblo, ein wirkliches Indianerdorf, das älteste Dorf der Vereinigten Staaten. Die Sonne taucht die Lehmziegelhäuser in ein angenehm warmes Licht. Eine Katze schleicht umher, klettert über eine Leiter auf ein Hausdach und sonnt sich. Einige Kinder spielen am Bach, der mitten durch den Ort fließt und noch immer das einzige fließende Wasser in Taos Pueblo darstellt. Das Pueblo mit seinen Mauern aus Stampferde und seinen Zinnen gleicht einem afrikanischen Dorf. Die Gebäude sind mehrstöckig, die oberen Stockwerke springen zurück. Zum Aufstieg dienen auch heute noch überwiegend Leitern.

Wir verlassen Taos in südlicher Richtung. Am Dorfausgang halten wir vor einer Kirche. Ihre hohen, fensterlosen Wände aus gebrannter Erde werden von wuchtigen, kegelförmigen Stützmauern gehalten. Es sind die klaren Linien und die Zeichnung der Schatten, die faszinieren. Ansel Adams hat sie fotografiert, Georgia O'Keeffe gemalt. Kaum lassen wir Taos hinter uns, nimmt uns die Monotonie der Landschaft wieder gefangen. Es ist eine großzügige Weite, als erstreckten sich die Wogen aus Sand bis zu den äußersten Enden der Erde. Gleichzeitig ist die Leere bestürzend. Da erscheinen einem die dicht gedrängten Wolken am Himmel wie eine barocke Übertreibung. Ein paar Bäume tauchen auf, sie fühlen sich in dieser Landschaft fremd und drängen sich an einer windgeschützten Stelle auf dem Hügel aneinander. Irgendwo im Herzen dieser Wüsten, in Los Alamos, wurde die erste Atombombe entwickelt. Am westlichen Horizont zeichnen sich die südlichen Ausläufer der Rocky Mountains ab.

„Ich hoffe, dort ist die Landschaft anders", sagt Günter und deutet Richtung Berge.

„Abwechslungsreicher", ergänze ich.

„Und nicht so trocken", fügt Günter hinzu und blickt skeptisch auf die rissige, trockene Erde links und rechts der Straße.

In dem kleinen Städtchen Hillsboro machen wir Pause. Das Café im über hundert Jahre alten General Store ist gemütlich. Alte Pfannen und Werkzeug hängen an den Wänden, daneben ein durchlöcherter Stiefel und ein kunstvoll bemalter Stierschädel. Jeder einzelne Mann im Lokal trägt einen Cowboyhut, Günter eingeschlossen. Die Kellnerin serviert uns Huevos Rancheros, Maistortilla mit Spiegelei und Chili-Salsa, zum Frühstück. Ich habe mich für rotes Chili entschieden, weil es angeblich nicht so scharf ist. Angeblich! Was die Schärfe betrifft, so ist die Nähe zu Mexiko sprichwörtlich spürbar.

Wir fahren weiter nach Silver City, über eine kurvenreiche Straße durch die Black Range, ein wildes und beinahe unberührtes Gebiet, dessen Name bei mir schon eine Gänsehaut hervorruft.

„Würdest du dich hinten in den Trailer stellen und schauen, ob den Pferden in den Kurven nicht schlecht wird?", fragt Günter mich mit ernster, besorgter Miene.

„Bist du verrückt? Nie im Leben!", entgegne ich entsetzt.

„Hm, na dann eben nicht."

Wieder einmal bekomme ich nicht mit, dass er mich auf den Arm nimmt.

In Silver City sind wir mit Gerry Thompson verabredet. Gerry ist ein großer, breit gebauter Mann mit rotem Gesicht und festem Handschlag. Er ist Präsident der Backcountry Horsemen und hat uns und die Pferde in sein Haus eingeladen. Wir treffen ihn auf dem Hauptplatz, denn sein Haus liegt abgelegen. Das ist allerdings die reinste Untertreibung, denn die letzten zwei Kilometer des Anfahrtsweges führen durch ein Flussbett. Im ersten Gang rumpeln wir, soweit es zumutbar erscheint, über den Feldweg. Dann laden wir die Pferde aus und führen sie zu Fuß durch den Fluss. Gerrys Haus steht mitten im Gila National Forst. Rundherum ist nichts als Wald, Pinien- und Kiefernwald. Eine Handvoll Nachbarn sind darin verborgen. Die Vegetation ist spärlich. Vereinzelt wachsen Kakteen, Agaven und Yucca. Es ist angenehm warm. In Colorado liegt noch meterhoch Schnee. Vor wenigen Tagen waren wir Schneeschuhwandern, hier blühen bereits die Kakteen. In nur einem Tag sind wir vom Winter in den Frühling gefahren. Unterhalb des Hauses befinden sich der Stall und die Koppeln. Vereinsamt warten sie darauf, dass unsere Pferde einziehen. Vor vier Jahren verkaufte Gerry seine Pferde. Seither steht der Stall leer. Unsere Pferde waren noch nie in einem Stall. Skeptisch gehen sie durch das Gebäude auf die Koppel. Dort fühlen sie sich wohl. Einer nach dem anderen rollen sie sich in der staubigen Erde. Dino macht den Anfang, er ist der Boss. Er sucht die Stelle aus, in der sich dann auch Lightfoot, Azabache und Rusty wälzen. Danach springen sie und schlagen übermütig aus. Nach der langen Fahrt genießen sie die Bewegung.

Im Haus wartet eine rundliche, gemütliche Frau.

„Willkommen. Ihr seid sicher hungrig“, begrüßt uns Doretta, Gerrys Frau. Sie bittet uns an den gedeckten Tisch und überhäuft uns mit Köstlichkeiten. Wir hätten uns keine besseren Gastgeber wünschen können. Wieder verwöhnt uns das Schicksal, mehr als wir es verdienen. Zur Feier des Tages füllt Gerry unsere Gläser mit Whisky. Der pensionierte Lutheraner Pfarrer krempelt meine Vorstellung eines asketischen und den Freuden des Lebens entsagenden Pfarrerlebens gehörig um. Zum Inventar des Hauses gehören auch zwei alte Hunde, Toby, der Bernhardiner, und Lefti, ein Schäferhund. Leni weiß nicht so recht, was sie mit den beiden anfangen soll, denn am Spielen haben sie kein Interesse. Den ganzen Tag liegen sie faul in der Sonne, wird es zu heiß, legen sie sich in den Schatten.

Die Pferde haben die Wintermonate auf der Ranch in Colorado sichtlich genossen. Angeblich haben Pferde kein sehr gutes Gedächtnis. Es wurde sogar behauptet, sie würden sich nach mehreren Monaten Abwesenheit nicht mehr an uns erinnern können. Ich bin fest davon überzeugt, das stimmt nicht. Denn als unsere Pferde uns nach vielen Wochen wiedersahen, stand das Wiedererkennen in ihren Augen, sie drehten um und liefen davon. Es dauerte eine Weile, bis wir sie eingefangen hatten. Dann verbrachten wir vier Tage mit ihnen auf der Weide, um sie wieder an uns zu gewöhnen. Erst danach luden wir sie in den Trailer und machten uns auf den langen Weg nach Silver City. Ich habe das dumme Gefühl, dass wir wieder ganz von vorne anfangen müssen. Die Pferde schrecken sich vor jedem Geräusch und jedem Gegenstand, den sie nicht kennen. Dino weigerte sich, an einem blitzblauen Mülleimer vorbeizugehen, Azabache sprang vor einer Holzkiste auf und davon, Lightfoot verweigerte, in den Trailer einzusteigen, und selbst Rusty ist schreckhafter als vergangenes Jahr. Bei einem Spaziergang mit den Pferden wehte der Wind Günters Cowboyhut in die Luft. Dino sprang in schnellem Galopp davon. Noch zwei weitere Male ging er während des Sparziergangs, der für ihn die reinste Geisterbahn gewesen sein muss, durch, doch beim zweiten Mal kam er sogar von selbst zurück. Hätte ich nicht im vergangenen Jahr bereits zwei wundervolle Monate mit den Pferden verbracht, ich wäre wieder am Verzweifeln. So aber denke ich mir, es muss mir wohl gefallen haben, sonst wäre ich jetzt nicht hier.

In Silver City wollen wir den Pferden ein paar Tage Zeit geben, sich an die neue Umgebung und das Klima zu gewöhnen.

Wir werden diese Tage nutzen, um Günters Pferde Gaucho und Rebelde in Mexiko zu besuchen. Mit ihnen war er den langen Weg von Argentinien nach Mexiko geritten. Ich freue mich darauf, die beiden Helden kennen zu lernen. Als ich Günters Buch „Der Abenteuerreiter“ überarbeitete, waren mir die beiden Pferde sehr vertraut geworden. Ich kenne so viele Geschichten über sie, dass es wie ein Wiedersehen mit alten Freunden sein wird. Vor wenigen Tagen hatte Günter erfahren, dass sein drittes Pferd, Maxl, das er in Costa Rica gekauft hatte, vergangenen Winter verstorben war. Maxl war erst neun Jahre alt.

Die Fahrt nach Mexiko ist ein Martyrium. Dreihundert Kilometer liegen zwischen Silver City und der Grenze, dreihundert Kilometer trockener, öder Wüste. Die heiße Luft bringt den Asphalt zum Flimmern. Ein starker Wind fegt über das Land und wirbelt Sand auf. Eine Windhose kommt kreisend auf uns zu. Das ist der Bootheel, der Stiefelabsatz New Mexicos. Land und Sitten haben hier schon mehr mit Mexiko zu tun als mit den Vereinigten Staaten. Durch diese Landschaft führen die ersten Kilometer des Continental Divide Trails. Sie folgen der Straße. Wir werden sie auslassen. Mit gutem Gewissen wollen wir auf diese ersten Kilometer verzichten. Wozu die Pferde zur Grenze fahren, um dann durch diese Landschaft entlang der Straße zurück nach Silver City zu reiten? Nein, es ist uns nicht wichtig, dokumentieren zu können, dass wir jeden Kilometer zwischen der mexikanischen und der kanadischen Grenze geritten sind. Wir wollen keinen Rekord aufstellen, wir wollen die Reise genießen. Das ist keine Landschaft, durch die man mit Pferden reiten sollte. Ich bin dankbar, denn wieder einmal geben uns die Pferde einen Anlass dazu, etwas nicht zu tun, was auch nicht erstrebenswert wäre.

Beim kleinen Grenzposten Antelope Wells lässt man uns nicht passieren, da die Grenzbeamten keine Papiere für unser

Auto ausstellen können. Sie schicken uns zum Grenzübergang Las Palomas. Wir haben nur wenig Benzin im Tank. Günter fährt so effizient wie möglich, lässt das Fahrzeug im Leerlauf über jeden Hügel hinablaufen. Außer uns ist kein Mensch auf dieser Landstraße unterwegs. Rechts befindet sich die mexikanische Grenze. An Säulen sind Überwachungskameras installiert. Mit den letzten Tropfen rollen wir in Columbus zur Tankstelle. In Las Palomas dürfen wir über die Grenze. Über schnurgerade Straßen rollen wir durch trostlose Landschaft. Es ist brütend heiß. Das Auto hat keine Klimaanlage, daher haben wir die Fenster geöffnet. Staub legt sich auf unsere Kleider. Die Dörfer nahe der Grenze wirken verwahrlost. Halbfertige Häuser, aus dem Beton ragen Eisenträger nach oben, warten schon seit Ewigkeiten auf ein oberes Stockwerk. Glasscherben, Flaschen und Dosen liegen am Straßenrand. Nur wenige Straßen sind asphaltiert.

In Nuevas Casas Grandes treffen wir Andrés. Seine junge Frau öffnet uns die Tür, ein Kleinkind versteckt sich hinter ihrem Rock. Günter und Andrés unterhalten sich, während die Frau mich höflich anlächelt. Andrés ist der Besitzer der Ranch, auf der Rebelde und Gaucho ihren Lebensabend verbringen. Rebelde ist 23, Gaucho 22 Jahre alt, sie haben sich, nachdem sie Günter über 20.000 Kilometer begleitet hatten, ihren Ruhestand verdient. Maxl hingegen war jung, zu jung, um in den Ruhestand geschickt zu werden. So hatte ihn Günter Andrés geschenkt. Günter bezahlt das Futtergeld für die nächsten sechs Monate, dann fahren wir zur Ranch. Es ist eine lange, mühsame Fahrt über eine holprige Bergstraße. Bei Einbruch der Dunkelheit erreichen wir die Ranch. Ein kleiner Mexikaner begrüßt uns freundlich. „Das ist Antonio. Er ist für die Ranch zuständig. Er wacht über zweihundert Rinder und zwanzig Pferde“, stellt Günter ihn mir vor. Das Gebäude ist armselig. Neben dem Herd stehen ein alter Holztisch und zwei Klappstühle. Im einzigen Zimmer steht das Bett. Aus der Matratze ragen die Sprungfedern. Das Fließwasser wird direkt aus dem kleinen Bach abgezweigt. Strom gibt es keinen. Als

Beleuchtung dient eine alte Petroleumlampe. Antonio will uns sein Bett überlassen, doch wir schlafen lieber im Auto. Auf der Terrasse vor dem Haus trinken wir zu dritt eine Flasche Wein. Leni spielt mit Antonios Hund namens Rocco, einem typischen mexikanischen Hund. Als ich meine Hand nach ihm ausstrecke, um ihn zu streicheln, zuckt er zusammen.

„Wann hast du die Pferde zuletzt gesehen?", fragt Günter.

„Vor wenigen Tagen. Sie kommen immer wieder mal hier am Haus vorbei. Es geht ihnen sehr gut, sie sehen gut aus."

„Du weißt, wie viel mir an den Pferden liegt", sagt Günter.

„Ja natürlich. Ich passe auch gut auf sie auf", antwortet Antonio, und ich habe das Gefühl, dass er es auch so meint.

„Und was ist mit Maxl passiert?", frage ich.

„Ich weiß auch nicht. Er blieb immer beim Haus. Meine Kinder haben ihn geliebt. Zweimal im Jahr, wenn sie Ferien haben, kommen sie und meine Frau hierher und verbringen einige Tage mit mir. Maxl, das war so ein braves Pferd, die Kinder sind ohne Sattel auf ihm geritten. Aber er hat wohl etwas Falsches gefressen. Irgendwie kam er mir schon einige Tage komisch vor. Und dann ist er dort hinten am Fluss gestorben. Meine Kinder waren sehr traurig, als sie davon hörten."

„Liegt er noch dort?", frage ich. Antonio nickt. Es war eine unnötige Frage. Niemand würde in Mexiko Zeit oder Geld verschwenden, ein totes Pferd zu begraben. Es verwest dort, wo es stirbt. Niemand käme in Mexiko auf die Idee, einen Tierarzt zu holen, wenn ein Pferd krank ist, jedenfalls nicht, wenn es sich nicht um ein teures Rennpferd handelt.

Am nächsten Morgen starten wir die Suche nach den Pferden. Als ich jetzt im Tageslicht das Gelände sehe, bin ich entmutigt. Wie soll man in dieser riesigen zerklüfteten Wald- und Felslandschaft zwei Pferde finden, wenn ich doch nicht einmal eines der zweihundert Rinder sehen kann? Wir klettern einen Steilhang bergauf. Bereits jetzt am Morgen ist es heiß. Gegen Mittag ist die Hitze unerträglich. Ich gehe mit Leni zurück zum Haus, Günter sucht weiter. Er wird erst aufhören, wenn er sie gefunden hat. Am Himmel kreisen zwei Falken. Majestätisch gleiten sie durch die Lüfte.

Ein Stück weit hinter dem Haus am Fluss liegt das Skelett von Maxl. Von dem schönen weißen Pferd sind nur noch einige Knochen übrig. Ich fotografiere sie. So kann Günter anhand des Fotos entscheiden, ob er hierher kommen will. Er will ihn begraben. Doch in diesem steinigen Boden ein Grab für ein Pferd auszuheben ist keine leichte Aufgabe, selbst wenn von dem Tier nur mehr ein paar Knochen, Haare und ein bisschen Haut übrig sind. Ein trauriger Anblick. Mit hängendem Kopf gehe ich zurück zum Auto.

Leni sieht Günter zuerst und läuft schwanzwedelnd auf ihn zu. Er führt gerade seine beiden Helden in Richtung Haus. Voll Freude laufe ich ihm entgegen.

„Du hast sie gefunden! Wo waren sie denn?“, rufe ich ihm zu.

Er antwortet nicht. In seinem Blick ist etwas Mürrisches, Trauriges.

„Was ist?“, frage ich.

„Schau sie dir doch an! Wie abgemagert sie sind“, sein Tonfall ist bissig, enttäuscht.

Günter fand die Pferde hoch oben in dem steinigen Gelände. Mühsam suchte er einen Weg, über den er sie zum Haus hinab führen konnte.

„Aber du würdest nicht glauben, wie trittsicher die beiden noch sind“, sagt er nicht ohne Stolz. Wir bürsten ihr struppiges Fell und füttern ihnen Karotten, Heu und Tortillas, in Anlehnung an eine alte Tradition zwischen Günter und den Pferden. Leni wird eifersüchtig und frisst die Tortillareste, die zwischen den Pferdezähnen herausfallen.

Antonio ist betrübt. Er scheint aufrichtig traurig zu sein, dass er Günter so enttäuscht hat. Doch er wusste nichts von der Vereinbarung, die Günter mit Andrés getroffen hatte, nach der er den Pferden im schneereichen Winter Heu füttern sollte. Im vergangenen Herbst, bei Günters letztem Besuch, sahen die Pferde noch rund und gesund aus. Nicht Antonio trifft die Schuld, sondern Andrés. Andererseits haben Pferde in Mexiko einfach nicht denselben Stellenwert wie bei uns. Sie sind in erster Linie Nutztiere und jede Sentimentalität für alte Pferde ist dem Mexikaner fremd. Antonio verspricht, ab sofort den Pferden morgens und abends Heu zu füttern.

Ich begleite Günter zu den Überresten von Maxl. Günter wirkt müde und niedergeschlagen. Er will kein Grab schaufeln, er will einfach nur weg von hier und Gaucho und Rebelde mitnehmen.

„Willst du sie wirklich hier wegbringen?“, frage ich Günter.

„Ja, ich habe kein Vertrauen mehr zu diesen Menschen. Gaucho und Rebelde haben sich einen besseren Platz verdient. Die beiden haben so viel mit mir durchgemacht, das bin ich ihnen schuldig.“

„Wir könnten versuchen, sie in die USA zu bringen. Dort könnten wir einen besseren Platz für sie finden, aber es wäre sicher auch teurer.“

„Das habe ich schon mal versucht. Damals durfte Gaucho nicht einreisen. Aber vielleicht hat sich ja etwas geändert. Ich würde es doch zu gern versuchen. Das Geld ist mir egal. Ich hab es zwar nicht, aber ich kann es verdienen. Würdest du mir helfen? Macht es dir nichts aus, wenn wir erst später losreiten?“

„Natürlich macht es mir nichts aus. Klar helfe ich dir.“

Am nächsten Morgen fahren wir zurück in die USA und beginnen sofort mit der Suche nach einem Platz für die Pferde. Auf einer Ranch im Süden Colorados werden wir fündig. Drei Tage später sind wir wieder an der mexikanischen Grenze und erkundigen uns wegen der Formalitäten zur Einfuhr von Pferden. Wir brauchen mexikanische Gesundheitspapiere. Dann müssen die Pferde eine Woche an der Grenze in Quarantäne bleiben. Während dieser Zeit wird ein Bluttest durch die amerikanischen Behörden gemacht. Der Grenzbeamte reicht

Lightfoot und Rusty genießen den wohlverdienten Ruhetag.

Die Rocky Mountains sind neben den borealen Nadelwäldern Kanadas und Alaskas der Lebensraum des Elchs in Nordamerika.

Beim „Calf Roping“ versuchen die Reiter, das Kalb mit einem Lasso vom Pferd aus einzufangen, indem sie Seile um die Hörner und die Hinterbeine des Tieres werfen.

Das Rodeo ist eine der beliebtesten Sportarten Amerikas. Beim Wildpferdreiten ohne Sattel muss sich der Cowboy acht Sekunden lang auf dem Pferd halten.

Die Wälder und Wildnisgebiete der Rocky Mountains bieten einsame und romantische Lagerplätze, wie hier im Arapaho National Forest in Colorado.

Sobald Günter morgens seinen Schlafsack verlässt, verkriecht sich unsere Hündin Leni darin und genießt die Wärme.

Unsere Freiluft-Küche: die Transportboxen werden zu einem Arbeitstisch umfunktioniert.

Der Aufstieg zum 4 000 Meter hohen James Peak in Colorado führt über steinige Pfade. Er ist einer von zahlreichen luftigen Gipfeln, über die der Continental Divide Trail in Colorado führt.

Im Rocky Mountain Nationalpark im Norden Colorados erwartet uns eine spektakuläre alpine Hochgebirgslandschaft.

Anfang Oktober werden die Tage bereits kürzer und die Nächte frostig kalt. Trotzdem ist es die schönste Jahreszeit in den Rocky Mountains.

Mustangs, die Wildpferde Amerikas, leben noch heute auf den Prärien des Westens. Sie bilden keine Pferderasse, sondern sind verwilderte Hauspferde.

Das Leben auf den Ranchs in Colorado ist einsam. Sie liegen oft fünfzig Kilometer von der nächsten kleinen Siedlung entfernt.

Fast jede Nacht hören wir das Heulen der Kojoten. Sie leben noch in großer Anzahl in den Bergen der Rocky Mountains.

Bereits in vorgeschichtlichen Zeiten lebten Wildpferde auf dem amerikanischen Kontinent. Doch am Ende der letzten Eiszeit starben sie aus. Erst die spanischen Eroberer brachten die Pferde zurück auf amerikanisches Territorium.

Ein Streifenhörnchen blickt neugierig aus seinem Versteck.

Die 72-jährige Theodora betreibt in New Mexico ein Tierheim für Wölfe und Wolfshund-Mischlinge.

Farbenfroh und ausgelassen geht es beim Treffen der Nationen Powwow in Albuquerque zu, das jährlich im April stattfindet.

200 Meter hoch ragen die Dünen des Great Sand Dunes National Parks in Colorado. Sie entstanden über Tausende von Jahren durch Sand, der vom Wind an der Bergflanke der Sangre de Christo Mountains abgelagert wurde.

Aufgrund der Wasserknappheit in New Mexico folgen wir Flussläufen, wie hier dem Gila River.

Am Lagerfeuer schmeckt jedes Essen, auch wenn es noch so einfach ist.

Wohlverdiente Mittagspause für Reiter und Pferde.

Ausblick auf das trockene Tal des Rio Puercos.
Wasserknappheit und Temperaturen von über 40 Grad erwarten uns.

Mangels Oberflächenwasser sind wir bei unserem Ritt durch New Mexico oftmals auf Viehtränken angewiesen.

Im Frühling stellt die Durchquerung dieses Flussbetts in New Mexico kein Problem dar, es ist staubtrocken. Erst die Regenfälle im Sommer werden es mit Wasser füllen.

Ordnung ist das halbe Leben. Alles in unserem Lager hat seinen Platz.

Steile Aufstiege führen uns im trockenen Rio Puerco Valley auf Sandsteinklippen empor. Trittsicher meistern die Pferde die Herausforderung.

Der markante Sandsteinfelsen „Chimney Rock“ thront über dem Gebiet der sogenannten Ghost Ranch.

Windräder sind ein willkommener Anblick in New Mexico. Sie transportieren Grundwasser an die Oberfläche.

Ein Murmeltier-Junges klettert noch unbeholfen und vorsichtig aus seinem Bau.

Immer wieder versperren umgefallene Baumstämme unseren Weg. Die Äste werden abgesägt, damit die Pferde sie gefahrlos überspringen können.

Abendstimmung an unserem Lagerplatz kurz vor dem Elwood Pass in den South San Juan Bergen.

Günter eine Visitenkarte und sagt: „Dieser Mann, Francisco, kann euch helfen, die Papiere zu besorgen."

Fünf Tage später sind wir zurück auf der Ranch, um Rebelde und Gaucho zu holen. Manuel, ein Freund von Andrés, den Günter schon von früher kennt, borgt uns seinen Trailer. Die letzten zwanzig Kilometer zur Ranch ist die Straße zu schlecht, um die Pferde zu fahren. Auf dem Rückweg fährt deshalb Günter den Truck, während ich Gaucho und Rebelde zu Fuß führe. Wie der Auszug der Helden kommt mir der Abmarsch vor. Als wir die Grenze der Ranch überschreiten, bleibt Gaucho stehen und blickt zurück. Er möchte umdrehen. Ich bin so gerührt, dass ich Tränen in den Augen habe. Das Stück Land, das so karg, felsig und öd ist, betrachtet er als sein Zuhause und will es nicht verlassen.

„Glaubt mir, in den USA gibt es saftigere Weiden!"

Ich erzähle ihnen davon, wie schön es in Amerika ist, ich schwärme vom guten Futter, den saftigen Weiden, dem flachen, fruchtbaren Land. Aber wahrscheinlich können sie sich das noch nicht wirklich vorstellen. Als wir die Ranch verlassen haben, trotten sie brav neben mir her. Ich bin froh, dass wir die Pferde dort wegholen, sie haben sich einen besseren Lebensabend verdient. Wir führen sie bis zur Ranch von Cachi, dem Schwager von Andres. Dort übernachten wir.

„Gaucho, alter Junge, vielleicht sollte ich dich noch ein Stück auf dem Weg durch die USA mitnehmen? Du würdest das noch schaffen", Günter spricht mit seinem Pferd und fährt ihm liebevoll über den Hals. Er weiß nicht, dass ich hinter ihm stehe und mithöre.

Am nächsten Tag laden wir die Pferde in den Trailer. Sie sind nicht gerade begeistert darüber. Nach wenigen Kilometern ist die Kupplung kaputt. Wir können zwar noch weiterfahren, doch Günter muss nun direkt, ohne Kupplung, schalten. An einer Straßenkreuzung öffnet Günter die Motorhaube. Sofort findet sich eine Gruppe Mexikaner ein, die helfen wollen. Etwa zehn Männer stehen rund um die Motorhaube und werfen wichtige Blicke hinein. Helfen kann am Ende keiner und wir rumpeln weiter im zweiten Gang in Richtung Stadt. Eine blödere Situation kann man sich kaum vorstellen. Wir fahren durch Mexiko, ziehen einen Pferdetrailer und haben keine Kupplung. Gegenüber zweier alter Wohnwägen, die am Stadtrand parken, halten wir an. Was aussieht wie ein Bordell ist das Büro des Tierarztes. Günter kommt wenige Minuten später mit Papieren voller Stempel zurück. Niemand hat auch nur einen Blick auf die Pferde geworfen. In der Zwischenzeit hat er mit Manuel und Francisco telefoniert. Manuel kommt wenige Minuten später mit seinem Auto vorbei. Am Rand der vierspurigen Straße laden wir die Pferde aus, kuppeln den Trailer ab und hängen ihn an Manuels Fahrzeug. Dann laden wir die Pferde wieder ein. Ich fahre mit Manuel. Wir bringen die Pferde auf eine Koppel, wo sie über Nacht bleiben können. Auf der Fahrt hilft mir Manuel, mein Spanisch wieder aufzufrischen. Er lehrt mich neue, spanische Wörter. „Eso es un truque", erklärt er mir und zeigt auf unseren Truck. Und die Kupplung nennt er „clutsh". Das Vokabel erinnert mich irgendwie an das englische Wort „clutch". Später bringt er mich in die Werkstatt, wo bereits ein Mechaniker fröhlich vor sich hin pfeifend an unserem Auto arbeitet. Nach etwa einer Stunde ist das Fahrzeug repariert. Das ist auch nur hier in Mexiko möglich. In den USA hätten wir wahrscheinlich zwei Wochen auf das Ersatzteil gewartet. Am nächsten Tag setzen wir den Transport zur Grenze fort, nachdem Günter ein Loch im Boden des Trailers geflickt hat. Ein Bodenbrett war völlig morsch und von den Hufen der Pferde beinahe durchgetreten. Es musste ausgetauscht werden. In der Zwischenzeit erzähle ich Gaucho und Rebelde von der bevorstehenden Reise. An der Grenze werden die Pferde in einen Korral gebracht. Die Landschaft rundum ist unwirtlich. Der Wind fegt über das trockene Land und wühlt den Staub auf. Die Luft flimmert. Wir zeigen den Grenzbeamten Günters Buch. Sie sind von seiner Geschichte fasziniert. „Estos caballos tienen una historia! – Diese Pferde haben eine Geschichte!", rufen sie, und wir hoffen, dass sie die Pferde deshalb besonders gut behandeln.

Eine Woche später erreicht uns die Nachricht. Die amerikanische Behörde macht uns einen Strich durch die Rechnung: Gaucho darf nicht einreisen. Die Untersuchung hat Antikörper gegen Piroplasmosen gezeigt. Gaucho ist damit nicht krank, er dürfte mit diesem Ergebnis in Deutschland einreisen, nicht aber in die USA. Nachdem wir diese Nachricht erhalten, ist Günter unansprechbar. Er macht ein Gesicht, als wäre jemand gestorben. Wir hatten die Tatsache, dass Gaucho bereits einmal positiv getestet worden war, so weit verdrängt, dass wir mit einer Absage überhaupt nicht mehr gerechnet hatten.

Nach einiger Zeit teilt er mir seinen Entschluss mit. Er will die Pferde nach Veracruz bringen. Dort lebt Homero, ein mexikanischer Tierarzt, mit dem er seit Jahren befreundet ist. Veracruz ist im Süden Mexikos, etwa 2.500 Kilometer entfernt.

„Bist du dir sicher?", frage ich entsetzt. Das bedeutet drei Tage Fahrt in jede Richtung. Eine Belastungsprobe für uns und die Pferde.

Günter nickt nur schweigend.

Am nächsten Tag fahren wir wieder an die Grenze und sprechen mit dem amerikanischen Tierarzt. Bei dem Versuch, mir zu erklären, warum ein Pferd mit Piroplasmosen-Antikörper nicht einreisen darf, stößt er an seine Grenzen. Er faselt irgendwas von sexuell übertragbaren Krankheiten. Als ob ein Wallach dazu noch irgendeine Gelegenheit hätte. Gaucho erkrankte auf der Reise durch Panama. Wie durch ein Wunder überlebte er diese in den meisten Fällen tödlich verlaufende Krankheit. Rebelde, der seit Jahren nie mehr als zwanzig Meter von ihm getrennt war, wurde nie angesteckt. Sehr ansteckend kann diese Krankheit ja wohl nicht sein. Es tut dem Tierarzt sichtlich leid, dass er die Pferde nicht über die Grenze lassen darf. Uns hilft sein Mitleid wenig. Gaucho wurde von Rebelde getrennt auf einer Koppel auf der anderen Seite des Gebäudes untergebracht. Dort steht er ganz alleine in dem großen Holzverschlag. Günter klettert über den Zaun und füttert ihm eine Handvoll Hafer.

„Das tut mir leid, alter Junge, das wollte ich nicht."

Rasch wende ich mich ab und gehe zurück zum Auto. Ich will nicht, dass Günter die Tränen in meinen Augen sieht. Nur drei Prozent aller Pferde dürfen nicht über die Grenze. Warum muss Gaucho unter ihnen sein? Die Pferde müssen noch eine weitere Woche an der Grenze bleiben, denn Rebelde muss einen weiteren Test machen, egal ob wir ihn nun über die Grenze bringen wollen oder nicht. Den Test müssen wir bezahlen. Ich ärgere mich über diese sinnlose Bürokratie und will mich mit den Beamten anlegen, doch Günter hält mich davon ab:

„Hör auf, das macht keinen Sinn, die können doch auch nichts dafür."

Mit leerem Trailer fahren wir zwei Stunden später zurück in die USA. Der Grenzbeamte wirft einen Blick in den Trailer. Auf dem Boden liegen Heureste.

„Sie müssen den Trailer waschen, sonst dürfen sie nicht einreisen. Heu darf nicht eingeführt werden." Es macht mich so wütend, dass ich ansetzte, den Beamten zu beschimpfen. Günter hält mir den Mund zu, wendet den Wagen und wir fahren zurück zu den Mexikanern, die uns sofort einen Wasserschlauch und Besen besorgen. Bevor wir erneut in die USA einreisen, spricht uns ein mexikanischer Grenzbeamter an. Er hat unser Problem mit den Pferden mitbekommen. Mit seiner Stiefelspitze zieht er eine Linie im Sand. „Das ist Mexiko. Das ist die USA", erklärt er und deutet auf die beiden Seiten links und rechts der Linie. „Ich habe einen Freund, der hütet Schafe genau hier", sagt er und deutet auf eine Seite der Linie. „Er bringt dein Pferd hier an die Grenze, lässt es laufen, und du kommst von hier", nun deutet er auf die andere Seite der Linie, „und nimmst es mit. Ist gar kein Problem." Bei der Heimfahrt spreche ich Günter auf dieses Angebot an: „Und, was denkst du?"

„Kommt nicht in Frage. In Südamerika, da hätte ich es mir vielleicht überlegt, denn dort macht jeder seine eigenen Gesetze, ganz wie es ihm passt. Doch die USA hat klare

Richtlinien und die muss ich akzeptieren, ob es mir passt oder nicht."

Damit ist das Thema erledigt und die Reise nach Veracruz besiegelt.

Jetzt müssen wir nur noch den Transport organisieren, was sich als gar nicht so leicht herausstellt. Reist man mit einem Fahrzeug und Trailer nach Mexiko ein, so müssen beide auf den Fahrer zugelassen sein, sonst liegt der Verdacht des Diebstahls nahe und Fahrzeug oder Trailer wird konfisziert. Gerry hat uns angeboten, uns seinen Pferdetrailer zu leihen. Doch selbst eine Vollmacht von ihm genügt nicht, um uns das Recht zu geben, diesen in Mexiko zu benutzen. Wir können den Trailer auch nicht kaufen, denn anders als in Colorado können Ausländer in New Mexico kein Fahrzeug und keinen Fahrzeuganhänger anmelden, wenn sie nicht ihren Wohnsitz in New Mexiko haben. Schlussendlich erklärt sich Gerry bereit, Günter nach Veracruz zu begleiten. Er stellt sogar seinen Truck und Trailer zur Verfügung. Vor Freude und Dankbarkeit falle ich ihm um den Hals. Er ist ein routinierter Fahrer und daher ein viel besserer Reisepartner für diese Expedition als ich.

Anfang Mai fahren Günter und Gerry nach Mexiko. Nach sechs Tagen und 5.000 Kilometer sind sie wieder zurück.

„Wie geht's Homero? Was hat er gesagt, als ihr nach 2.500 Kilometern dort ankamt?", frage ich Günter.

Günter lacht: „Er ist mir nach mexikanischer Art der Begrüßung um den Hals gefallen und hat gesagt ‚Günter, so was machst auch nur du'!"

„Und wie geht's den Pferden? Haben sie den Transport gut überstanden?"

„Wir haben sie gleich nach der Ankunft gewaschen und gebürstet. Danach sahen sie bereits viel besser aus. Ich habe Vertrauen zu Homero. Ich denke, bei ihm sind sie gut aufgehoben."

Homero hatte ihnen zu Ehren ein Fest veranstaltet. Einer seiner Brüder schlachtete ein Schaf, der andere ein Schwein und die Frauen frittierten das Fleisch in heißem Fett am offenen Feuer. Homeros Ranch liegt einige Kilometer außerhalb von Veracruz. Unter den hohen, schattenspendenden Bäumen wurden für die Festgäste Tische aufgestellt. Auf jedem Tisch stand eine Drei-Liter-Flasche Tequila, die nie leer zu werden schien.

„Homero spricht kein Wort Englisch, trotzdem haben wir uns prächtig unterhalten", erzählt Gerry. „Homero zeigte mir stolz die Seite in Günters Buch, auf der sein Name steht. Ich weiß nicht, wie er die so schnell gefunden hat, denn Deutsch spricht er ja auch nicht."

Gerry und Günter hatten trotz der Strapazen viel Spaß auf ihrer Reise, vor allem bei den Straßenkontrollen. Drei Tage dauerte die Fahrt nach Veracruz. Drei Tage, an denen sie allein schon bis Mexico City dreizehn Kontrollen passieren und unzählige Stempel auf den Pferdedokumenten sammeln mussten. Doch kein einziges Mal wurden die Pferde selbst begutachtet. Eine Bürokratie, die keinen Sinn hat.

„Einmal kamen wir an einer Kontrollstation vorbei, die sich auf der anderen Seite der Autobahn befand. Wir fuhren einfach weiter. Es wird doch wohl keiner auf die Idee kommen und von uns erwarten, dass wir zu Fuß über die Autobahn laufen, dachten wir. Gerry hatte gerade das Steuer übernommen, ich döste auf dem Beifahrersitz. Nach zwanzig Kilometern weckte er mich auf, weil ein weißer VW-Käfer mit Blaulicht neben uns herfuhr. Der Fahrer winkte heftig und Gerry dachte, er sollte langsamer fahren. Da der Fahrer nicht aufhörte zu winken, blieben wir stehen. Wir mussten zurück zur Kontrollstation. Dort wollte der Beamte Geld von mir, doch ich hab's ihm ausgeredet", erzählt Günter. In Mexico City verloren sie die Hauptroute durch die Stadt und kämpften sich gegen Mitternacht auf Nebenstraßen durch. Wieder wurden sie angehalten. Zwei Beamte in sauberen weißen Uniformen sprachen von einem „Problemcito". Die Nummerntafel des Anhängers war nicht in den Papieren vermerkt. Günter, der auf seinem Ritt durch Südamerika genug

Erfahrung mit korrupten Beamten gesammelt hatte, ließ sich gar nicht auf eine Diskussion ein.

„Ich habe ihm gesagt, er soll doch jetzt die Nummer eintragen, damit es bei den nächsten Kontrollen stimmt. Dann drückte ich jedem der beiden Beamten einen von der Hitze aufgeweichten Müsliriegel in die Hand, dankte ihnen und verabschiedete mich freundlich."

Gerry kann es noch immer nicht fassen: „Die wollten Schmiergeld und hatten uns gedroht, wir müssten die Nacht auf der Polizeiwache verbringen und Günter speist sie mit aufgeweichten Müsliriegeln ab."

Günter und Gerry erzählen bis spät in die Nacht hinein von ihrem Abenteuertrip durch Mexiko.

Gaucho und Rebelde sind jetzt auf einer Weide im Süden Mexikos. Sie ist zwar nicht so groß wie das Gebiet, in dem sie vorher waren, und es ist heiß, doch sie bekommen Futter, haben einen Tierarzt als persönlichen Betreuer und können sich im Schatten der Bäume abkühlen.

Das erste Mal seit Wochen sitze ich wieder im Sattel. Es fühlt sich gut an. Jetzt erst merke ich, wie sehr mir die Pferde gefehlt haben. Noch ist da eine Spur Unsicherheit, doch ich merke, wie sie mit jeder Minute geringer wird. Es ist ein erster Testritt durch den Wald. Im Gegensatz zum Waldboden in Colorado, der weich und federnd war, ist dieser hier steinig, trocken und hart. Keine gute Voraussetzung dafür, dass wir ohne Hufeisen unterwegs sind. Zwanzig Jahre lang war Günter davon überzeugt, dass man einen Wanderritt nur mit Hufeisen machen kann. Er machte ein Praktikum bei einem Hufschmied und beschlug fortan seine Pferde selbst. Als er jedoch im vergangenen Winter beobachtete, wie die Wildpferde barhuf über die Prärie galoppieren, bewirkte das einen Gesinnungswandel.

„Schau mal, wenn man bedenkt, dass die Natur über Millionen von Jahren ein Pferd mit einem funktionierenden

Bewegungsapparat entwickelte, sollte man dem auch etwas mehr Respekt schenken. Zumindest muss mal kritisch hinterfragt werden, warum wir Menschen der Meinung sind, etwas verbessern zu müssen", erklärte er mir. Günter suchte Informationen. Selbst erfolgreiche Distanzreiter, die auf Hufeisen verzichten, rieten ihm aber ab. „Bei uns ist das ganz anders, unsere Rennen werden auf natürlichem Boden ausgetragen. Was du machst, das geht nicht ohne Hufeisen", erklärten ihm diese Profis. Günter besuchte zwei Barhufseminare. Danach war er sich sicher: „Ich habe all die Jahre meine Pferde beschlagen, weil ich davon überzeugt war. Aber jetzt, wo ich verstanden habe, wie ein Huf funktioniert, welches großartige Instrument die Natur da entwickelt hat, kann ich keinem Pferd mehr mit gutem Gewissen ein Eisen aufnageln."

Nun ist es natürlich etwas anderes, ob ein Wildpferd frei in der Prärie galoppiert oder einen Reiter über einen Wanderweg tragen muss. Uns war bewusst, dass so eine Umstellung nicht von heute auf morgen passieren kann. Als Kompromiss besorgten wir uns Hufschuhe. Günter schaute sich etwa zehn Modelle verschiedener Hersteller an. Am besten gefielen ihm die Swiss Horse Boots. Er rief den Schweizer Hersteller Hubert Rohner an und wollte sich und seine Reise kurz vorstellen. Hubert Rohner ließ ihn jedoch gar nicht ausreden. Er kannte Günter und war sogar schon vor Jahren bei einem seiner Vorträge gewesen. Damals hatte er Günter auch angesprochen und gefragt, ob er sich vorstellen könnte, diese Reise auch mit Horse Boots zu machen. Günter konnte sich an die Begegnung nicht erinnern. Hubert Rohner lachte und meinte, Günter hätte wohl damals gar nicht verstanden, was er von ihm wollte.

Wir entschieden uns für Swiss Horse Boots, da diese keinen unnötigen Schnickschnack haben. Dafür braucht man etwas Übung, um sie an- und auszuziehen. Der Huf muss zunächst entsprechend einem Naturhuf getrimmt werden, dann wird die Größe der Schuhe bestimmt. Mit etwas Geschick werden sie mit einem Gummihammer aufgeklopft.

Anfangs mochten die Pferde ihre neuen Schuhe gar nicht. Vor allem die Boots an den hinteren Hufen versuchten sie wieder abzuschütteln. Unterwegs kommt nun zu unserer täglichen Arbeit am Morgen, für die wir ohnehin schon zwei bis drei Stunden benötigen, auch noch das Anziehen der Pferdeschuhe. Nachdem Pferde ja vier Füße haben, sind das sechzehn Schuhe, und das Anziehen dauert etwa dreißig Minuten.

Leni hat mittlerweile herausgefunden, dass Toby und Lefti, die beiden alten Hunde von Gerry und Doretta, doch auch ihre Vorzüge haben, nämlich riesige Futterschüsseln. Unser vorlauter kleiner Hund frisst dem Bernhardiner einfach das Futter weg, vor seinen Augen. Damit die alten Herren in Ruhe fressen können und Leni sie nicht belästigt, muss Doretta die beiden großen Hunde in den Zwinger sperren und sie dort füttern. Nur die Hitze und Trockenheit machen Leni zu schaffen. In New Mexico wird sie doch noch reiten lernen müssen.

Die Tage in Silver City vergehen schnell und schon nach kurzer Zeit sind wir wieder das alte Team. Azabache hört wieder auf meine Kommandos, wenn er frei läuft, aber auch der „Packstring“, bei dem Günter beide Packpferde zusammenbindet, funktioniert wieder. Meistens jedenfalls. Bei einem unserer Ausritte entlang einer Forststraße steigt Dino auf ein altes Blech. Er erschrickt dermaßen, dass er mit allen vier Füßen gleichzeitig in die Höhe springt wie ein Bock. So etwas hält kein Packstring aus.

Eines Abends sind wir Gäste auf einer Geburtstagsparty. Silke, das Geburtstagskind, ist aus Deutschland. Jetzt lebt sie mit ihrem Mann, drei Pferden und zwei Pfauen in Silver City.

„Und was trieb dich in die USA?“, fragt Günter.

„Ich kam mit einem Wandertheater. Wir spielten überall auf der Welt, hier gefiel es mir, daher blieb ich“, antwortet Silke und reicht uns zwei Margaritas.

„Silke hat auch schon einen langen Ritt gemacht“, wirft Gerry ein.

„Tatsächlich? Wo denn?“, frage ich neugierig.
Silke antwortet lachend: „Ach, das war nichts Besonders. Ich war erst zwanzig und hatte keine Ahnung, aber auch keine Angst.“
„Silke ritt ganz alleine entlang des Santa Fe Trails, 1.500 Kilometer“, erzählt Gerry ehrfurchtsvoll.
„Das war so eine Idee des Theaterdirektors. Der wollte die Tour als Werbekampagne nutzen. Ich fand's cool. Ich war jung und unbeschwert. Am ersten Tag ritten wir durch eine Stadt. Da fiel mir ein, dass ich mit dem Pferd noch nie auf einer Straße unterwegs war. Doch das Pferd war viel cooler als ich“, lacht sie, „Außerdem hättet ihr mich sehen sollen, nach den ersten dreißig Kilometern. Ich konnte kaum noch stehen. Zum Glück hat ein Freund mich im Auto begleitet. Der musste dann für mich kochen.“
Der Santa Fe Trail ist eine alte, knapp 1.500 Kilometer lange Handelsroute, die durch Prärien und Wüsten führt. Im 19. Jahrhundert verband sie die besiedelten Regionen am Missouri mit den damals mexikanischen Gebieten im heutigen Südwesten der USA. Der Trail war die erste und wichtigste Verbindung zwischen den alten spanischen Territorien und den jungen, britisch geprägten Vereinigten Staaten. Ich bewundere Silke dafür, dass sie solch einen Ritt alleine und in so jungen Jahren machte. Auf der Party lernen wir auch Jeff und Cherie kennen. Die beiden haben der Kälte und dem schlechten Wetter Alaskas den Rücken gekehrt und sind nach New Mexico ausgewandert. Jeff arbeitete als Bushpilot und Jagdführer in Alaska. Beide lieben sie Pferde. Wieder befinde ich mich mitten unter Pferdeexperten, aber langsam gewöhne ich mich an diesen Umstand.
An dem Tag, an dem wir bei Gerry und Doretta ankamen und unsere Pferde auf die Koppel führten, hörten wir erstmals das Heulen der Wölfe. Es war so nah, dass es uns durch Mark und Bein fuhr und unsere Pferde erstarren ließ. Mittlerweile haben wir uns an ihr Heulen gewöhnt, denn sie wohnen nebenan, bei Theodora. Gerry erzählt uns von ihr: „Eine Verrückte. Sie

kam erst vor einigen Jahren hierher. Sie muss an die fünfzig Wölfe haben. Uns stört das Heulen nicht, aber die anderen Nachbarn beschweren sich."

Unsere Abreise steht unmittelbar bevor. Die Ausrüstung liegt halb gepackt in der Scheune, der Proviant ist eingekauft, die letzten Telefonate sind geführt. Doch wir wollen der „Wolf-Lady", wie wir sie nennen, noch einen Besuch abstatten. Sie empfängt uns herzlich, öffnet das meterhohe Tor für uns. Wie ein Hochsicherheitstrakt wirkt ihr Grundstück. Die Wölfe und Wolf-Hund-Mischlinge sind, aufgeteilt in verschiedenen Gruppen, in großen Gehegen untergebracht. Die Wölfe sehen gut genährt aus, kein Hundekot liegt herum – keine einfache Aufgabe bei dutzenden von Tieren. Theodora führt uns in eines der Gehege. Wir stehen drei Wölfen im Abstand von vielleicht drei Metern Aug in Aug gegenüber. Ganz wohl fühle ich mich dabei nicht. Vielleicht ist sie doch verrückt? Theodora zeigt uns, wie man Wölfe füttert. Man umschließt ein Stück Fleisch mit der Hand und hält sie dem Wolf hin. Dieser beginnt an der Faust zu lecken, ganz langsam öffnet man die Faust und lässt den Wolf das Stückchen Fleisch nehmen. Wölfe schnappen sonst nach dem Futter und könnten dabei einen Finger erwischen. Ich probiere es trotz Erklärung nicht aus. Theodora ist eine talentierte Geschichtenerzählerin, und ich höre ihr gerne zu. Dabei spielt es keine Rolle, ob ihre Geschichten wahr sind oder fantastische Märchen. Am besten gefällt mir die Geschichte von ihrem gebrochenen Bein. „Ich schlafe oft draußen bei den Wölfen", erzählt uns Theodora, „so kann ich verhindern, dass sie nachts heulen, denn das ärgert die Nachbarn. Bei einer Dummheit brach ich mir mein linkes Bein und trug einen Gipsverband. Nun lag ich fast den ganzen Tag bei den Wölfen, denn ich konnte mich kaum bewegen. Hin und wieder humpelte ich hinaus und holte mir Wasser. Wölfe sind sehr fürsorgliche Tiere. Sie sorgen füreinander. Mit diesem Wolf dort", sie deutet auf ein schönes, weißes Tier, „verbindet mich ein besonderes Band. Denn eines Nachts brachte er mir Knochen. Er legte sie auf meinen Schlafsack. Ich schwöre, wäre ich imstande gewesen, diese zu essen, ich hätte es ihm zuliebe getan." In einer anderen Geschichte wird Theodora von einer Wölfin vor einem Wildschwein gerettet. Zu meinen Lieblingsgeschichten gehört auch die von der Erdmaus. „Zwei Erdmäuse lebten bei mir im Garten. Immer wieder verwüsteten sie meinen Gemüsegarten, fraßen die Wurzeln ab und zerstörten so meine Ernte. Ich wusste, wo die beiden zu Hause waren. Ich war so verärgert, dass ich eines Tages, als sie nicht daheim waren, ihre Baumhöhle zerstörte. Wenige Tage später war die Höhle wieder hergestellt. Der Eingang war jedoch mit zwei Ästen, die über Kreuz lagen, versperrt. Deutlicher konnten sie mir nicht sagen: ‚Bleib draußen!' Ich verstand die Botschaft und kommunizierte in derselben Art und Weise mit ihnen. Ich legte ebenfalls zwei Äste über Kreuz vor den Eingang zu meinem Gemüsebeet. Und von da an gab es keine Grenzüberschreitungen mehr." Wir sitzen auf Theodoras Terrasse und lauschen ihren Geschichten. Ein Wolf wird mir besonders in Erinnerung bleiben, denn er hatte ein ganz kurzes, vielleicht zwei Millimeter langes Fell. „Er kam im Winter auf die Welt. Es war außergewöhnlich kalt. Ich hatte der Wölfin eine Hütte gerichtet, doch dieser kleine Kerl wurde aus irgendeinem Grund draußen im Schnee geboren. Es war zu kalt, die Haut fror, und jetzt hat er kein Fell", erzählt die Wolf-Lady. Theodora kümmert sich um die Wölfe und Wolf-Hunde, weil andere Menschen mit ihnen überfordert waren. Es ist mir ein Rätsel, doch es gibt tatsächlich Menschen, die Wölfe als Haustiere haben wollen. Wie zu erwarten, kommen sie dann nicht mit ihnen zurecht und geben sie weg. Wahrscheinlich hat Gerry Recht, Theodora muss ein wenig verrückt sein, sich so für diese wilden Tiere einzusetzen und ihnen ihr ganzes Leben zu widmen. So wie auch wir wahrscheinlich ein bisschen verrückt sein müssen, mit Pferden durch die USA zu reiten, wo es doch auch Autos gibt.

Am Abend vor unserer Abreise zeigt Günter, als Dank für die Gastfreundschaft, Fotos von seiner Reise von Argentinien bis

Mexiko vor den Mitgliedern der Backcountry Horsemen. Wir laden die Zuschauer ein, uns an unserem ersten Tag am Trail in New Mexico zu begleiten. Wer nicht mitreiten möchte, ist eingeladen, am Abend das erste Lagerfeuer mit uns zu teilen. Gerry und Doretta wollen für Speis und Trank sorgen.

Ein letztes Mal falle ich in das Gästebett. Ich blicke dem Aufbruch voller Freude entgegen. Trotzdem fällt es mir noch schwer, von den Annehmlichkeiten Abschied zu nehmen. Zu groß war die Gastfreundschaft in diesem Haus. Meine Erwartungen an New Mexico sind nicht allzu hoch geschraubt. Colorado war fantastisch. Alles, was noch kommt, kann nur ein Abklatsch sein. Trockenheit, Wassermangel und Hitze werden in New Mexico auf uns zukommen. Außerdem ist der Trail wenig begangen, nicht gut markiert und teilweise noch nicht einmal vorhanden. Windbruch und Waldbrände haben den Weg stellenweise unpassierbar gemacht. Und dann gibt es da noch die Klapperschlangen und Wölfe. Doch zumindest Wölfe fürchte ich spätestens seit unserem Besuch bei der Wolf-Lady nicht mehr.

Über Nacht hat der Regen die Landschaft frisch gestrichen. Gräser und Blätter atmen auf, vom Staub befreit. Herrlich duftet der Wald. Auf Tannennadeln glitzern Regentropfen, ein Espenhain leuchtet in zartem Grün. Dunkle Wolkenfetzen hängen noch am Himmel, lösen sich langsam auf, machen Platz für die Morgensonne, die die Bergspitzen auf der anderen Talseite in goldenes Licht taucht. Es riecht nach Moos und Pilzen. Mit einer Tasse Kaffee stehen wir vor dem Haus. Auf der Weide grasen zufrieden unsere vier Pferde. Ein schöner Morgen, um aufzubrechen. Wir satteln die Pferde, verabschieden uns von Gerry und Doretta und reiten los. Zwei Kilometer später stoßen wir auf den CDT und folgen ihm Richtung Norden.

Trittsicher und ruhig trotten die Pferde über den steinigen Weg, immer wieder rupfen sie ein paar trockene, gelbe

Grashalme vom Wegesrand. Silke begleitet uns, die übrigen Mitglieder der Backcountry Horsemen teilen doch lieber nur Steak und Bier am Lagerfeuer.

Das Wasser, oder besser gesagt seine Knappheit, ist in New Mexico das bestimmende Element. Colorado verwöhnte uns mit saftigen Wiesen und Bächen. Futter und Wasser für die Pferde waren in rauen Mengen vorhanden. Die Wüste und Steppenlandschaft der südlichen Ausläufer der Rocky Mountains stellt uns vor neue Herausforderungen. Unsere Tagesetappen richten sich nun nach dem Wasservorkommen. Vierzig Kilometer müssen wir am ersten Tag zurücklegen, um das Bächlein Meadow Creek zu erreichen. Bei einer Durchschnittsgeschwindigkeit von etwa vier Kilometern pro Stunde verspricht das, ein langer Tag zu werden. Der Weg schlängelt sich durch Pinien- und Kiefernwälder, dazwischen stehen vereinzelt Eichen. Der Wald verströmt Düfte, die mich an Sommer, Sonne und Mittelmeer erinnern. Nach wenigen Kilometern überqueren wir ein Bächlein. Das Wasser tropft mehr, als es rinnt, und hat sich in kleinen Becken gesammelt. „Trinkt, trinkt", ermuntern wir die Pferde, denn dies ist die einzige Wasserquelle auf dem Weg. Es ist Anfang Mai, doch die Temperatur ist sommerlich heiß. Agaven und Kakteen wachsen am Wegesrand, einige blühen. Es ist immer wieder faszinierend, welche prunkvollen Blüten diese abweisenden, stacheligen Gewächse hervorzaubern.

Um die Pferde sowohl an das Barhufgehen als auch an die Schuhe zu gewöhnen, ziehen wir ihnen diese erst nach zwei Stunden an und zwei Stunden vor Ankunft wieder aus. Noch sind die Pferde den harten, steinigen Boden nicht gewohnt und gehen langsamer und vorsichtiger als mit Hufeisen. Bei einem langen Anstieg steigen wir ab. Oben werden wir mit herrlicher Aussicht belohnt: bewaldete Berge, so weit das Auge reicht, unberührt von Menschenhand, in alle Richtungen. Dieses Gebiet werden wir in den nächsten Tagen durchqueren. Es sieht einladend und endlos aus.

Kurz vor dem Dörfchen Pinos Altos überqueren wir eine

Straße. Ein Blick auf die Karte zeigt, dass wir etwa die halbe Tagesetappe hinter uns haben. Die Sonne ist schon weit über dem Zenit, es wird spät werden bis zu unserer Ankunft. Man erwartet uns gegen 17 Uhr, wir wissen jetzt schon, dass wir uns um Stunden verspäten werden, doch noch sind wir guter Dinge. Die Strecke zieht sich endlos dahin, wir reiten einen Berghang entlang, in ein Tal hinab, auf dem Gegenhang wieder hinauf und scheinen nicht voranzukommen. Das ist der Unterschied zwischen Hügellandschaft und Bergwelt. In den Bergen erklimmt man einen Gipfel, kommt irgendwann oben an, lässt sich vom Weitblick umwerfen und steigt dann hinab ins Tal, um das Lager aufzuschlagen. In diesen Hügeln treibt man wie ein Schlauchboot auf den Wellen, auf und ab, aber nicht vorwärts. Als es bereits dämmert, nehmen wir an einer Kreuzung den falschen Weg. Wir bemerken es erst, als es bereits zu spät ist umzukehren. Das bringt uns einen Umweg von weiteren sechs Kilometern ein. Mittlerweile ist es Nacht geworden. Der Vollmond scheint so hell, dass die Pferde Schatten werfen. Wir gehen zu Fuß, um die Hufe der Pferde zu entlasten. Ich ärgere mich über mich selbst, denn die Navigation ist meine Aufgabe. Außerdem mache ich mir Sorgen, dass Gerry und Doretta einen Suchtrupp mobilisieren, wenn wir nicht bald ankommen. Nie wieder eine Verabredung auf dem Trail, nehme ich mir vor. Doch Silke stimmt ein Lied an, die Pferde gehen einen flotten Schritt, und auch Leni zeigt kein Zeichen von Müdigkeit. Ich teile die letzten Tropfen Wasser mit ihr. Sie schleckt sie aus meiner Hand. Wir sind den Tieren wieder sehr nahe, im wahrsten Sinn des Wortes. Als wir das Lager erreichen, ist die Party bereits vorbei. Das Lagerfeuer ist niedergebrannt, die Steaks gegessen, die meisten Gäste wieder gefahren. Doch wir dürfen die Reste verputzen. Ich mache mich heißhungrig über ein Blech Karottenkuchen her. Natürlich nicht ohne vorher die Pferde versorgt und Leni gefüttert zu haben, denn diesen Grundsatz hat mir Günter von Anfang an eingebläut: „Die Tiere kommen immer zuerst."

Um Mitternacht fallen wir todmüde in die Schlafsäcke.

„Ich brauche bald mal einen Ruhetag. Ich bin fix und fertig. Die letzten Wochen waren so anstrengend", jammere ich.

„Na dann freu dich auf den 16. Oktober", antwortet Günter.

Das ist unser Heimreisetag.

Doch als ich aufwache, sieht die Welt wieder anders aus. Vögel zwitschern, ein Specht klopft, leichter Wind bläst durch die Bäume und raschelt in den Blättern, in der Nähe plätschert Wasser. Wir haben die Bande der Zivilisation hinter uns gelassen und sind wieder alleine im Wald. Es ist warm, zu warm im Zelt.

„Guten Morgen! Wie geht's dir?", ruft Günter von draußen. Er ist bereits auf und kocht Kaffee am Lagerfeuer.

Ich strecke mich in alle Richtungen, probiere meine Muskeln aus.

„Gar nicht so schlecht, ein bisschen steif."

Laut Karte sind es bis zur nächsten Wasserstelle siebzehn Kilometer. Tadpole Lake wurde uns als sicheres, jedoch unappetitliches Wasserloch beschrieben. Zum Gila River sind es allerdings weitere zwanzig Kilometer. Wir haben keine Lust auf einen weiteren langen Tag, außerdem wollen wir das den Pferden nicht zumuten, sie sollen sich langsam an das Barhufgehen gewöhnen. So schlimm wird Tadpole Lake schon nicht sein, immerhin sagt der Name, dass es sich um einen See handelt.

Eine Aufgabe der Backcountry Horsemen ist die Instandhaltung der Wege. Dazu gehört, dass sie jedes Frühjahr umgefallene Bäume, die quer über den Weg liegen, wegräumen. Nachdem große Teile der Wälder nicht durchforstet werden, und außerdem seit einigen Jahren Borkenkäfer ihr Unwesen treiben, sterben viele kranke und altersschwache Bäume und fallen einfach um. Der natürliche Prozess von Wachstum und Verfall nimmt seinen Lauf und dabei keine Rücksicht auf Wanderwege. Laut Harry, dem Trail-Koordinator der Backcountry Horsemen, steht der Tadpole Ridge Trail auf seiner

Liste der vom letzten Windbruch stark betroffenen Wege. In einer Woche will er daher mit seinen Maultieren und der Motorsäge den Weg freiräumen. Eine Woche zu spät für uns. Bei unbarmherzig strahlendem Sonnenschein kämpfen wir uns durch den Windbruch. Einige Male müssen die Pferde über Baumstämme springen. Wir sind auf einem schmalen Pfad unterwegs, links geht es steil bergauf, rechts bergab. Die Hänge sind dicht bewachsen, ausweichen ist nicht möglich. Wir räumen Bäume aus dem Weg, oder, wenn das nicht möglich ist, sägen wir zumindest die abstehenden Äste ab, damit die Pferde springen können. Dino und Lightfoot müssen wir über diese Hindernisse führen, Azabache und Rusty springen meist von selbst. Der Weg ist zu schwierig, um zu reiten. Zu Fuß bin ich den kleinen Blümchen näher, die am Wegrand wachsen. Wilde Erdbeeren und Himbeeren blühen und Lupinen leuchten in Violett und Weiß. Rusty hat eine Vorliebe für diese Blüten. Ich nehme mir vor, nachzuschlagen, ob sie auch für den Menschen genießbar sind. Schon nach zwei Stunden ist meine Wasserflasche leer. Noch habe ich nichts dazugelernt, bei diesen Temperaturen brauchen wir mehr Flüssigkeit. Durstig und staubig kommen wir am frühen Nachmittag am Tadpole Lake an. Was für eine Erleichterung! Von nun an werden wir bei jeder Sichtung von Wasser einen Jubelgesang anstimmen, wie Schiffbrüchige, die Land sehen. Die Pferde stürzen ans Wasser, um zu trinken. Leni springt gleich ganz hinein und trinkt beim Schwimmen. Azabache möchte es ihr gleich tun und watet in den See, doch er trägt noch die Packtaschen. Ich bücke mich nach dem erstbesten Stein und werfe. Werfen war noch nie meine Stärke, genauso wenig wie fangen. In diesem Fall war das ganz gut, denn der Stein ist ein kleiner Felsen und statt Azabache zu treffen, fliegt er hinter ihm mit einem lauten Platsch ins Wasser. Genug, um ihn auf dem schnellsten Weg aus dem See zu jagen. „Hättest du ihn am Kopf getroffen, er wäre ohnmächtig geworden“, stellt Günter nüchtern fest.

Am Ufer wachsen wilde Iris. Bezaubernde Geschöpfe der

Natur, so zart und farbenprächtig in dieser sonst so trockenen, gelb-braunen Landschaft. Auch das Wasser ist braun, das Ufer schlammig. Hufspuren von Kühen und Rehen führen ins Wasser. Kuhfladen liegen ringsum. Der See ist künstlich angelegt, er sammelt Regenwasser für die Rinder. Nachdem wir die Pferde abgepackt haben, gehen sie sofort schwimmen, wühlen mit ihren Hufen das Wasser auf und wälzen sich im Schlamm. Nur Rusty nicht, der bleibt lieber sauber. Dino sieht danach aus wie paniert. Missmutig betrachte ich das Wasser. Es ist so unappetitlich, dass ich mich nicht einmal damit waschen will. Doch es bleibt uns nichts anderes übrig, wir müssen es trinken. Dazu filtern wir das Wasser zunächst mit einem Glasfaser-Aktivkohlefilter. Das sollte eigentlich ausreichen, um aus dieser trüben Suppe trinkfähiges Wasser zu machen. Wir gehen auf Nummer sicher und kochen es zusätzlich noch ab. Es spielt ohnehin keine Rolle, ob wir lauwarmes oder heißes Wasser trinken. Beim Waschen im Teich habe ich nicht den Eindruck, sauberer zu werden, doch es tut gut, die Füße in den kühlen Schlamm zu stecken. Als die Sonne untergeht, spiegelt sich der rote Ball im See und übermalt die braune Wasseroberfläche mit gelbroter Farbe. Azabache und Lightfoot grasen am Seeufer. Sie fressen die Köpfe der Schilfhalme ab. Dino und Rusty sind an dem Hochseil, das wir zwischen zwei Fichten gespannt haben, angebunden. Leider müssen wir nach wie vor zwei Pferde anbinden, um sie nicht am nächsten Morgen stundenlang suchen zu müssen.

Dabei wollten wir dieses Jahr neben den Hufschuhen eine weitere Neuheit einführen, einen elektrischen Weidezaun. Wir kauften ein mobiles Set, bestehend aus zweihundert Metern Seil, acht Plastikpfählen und einem Batteriegerät. Unsere Hoffnung war, dass wir nachts zwei Pferde in diesem Weidezaun grasen lassen könnten, während die anderen beiden Pferde frei wären. So bekämen die Pferde einerseits mehr Futter und Günter müsste nachts nicht mehr aufstehen, um die Pferde zu wechseln. Wir stellten den Zaun auf der Wiese oberhalb des Hauses von Gerry und Doretta auf. Dino, unser Boss, war der größte Angsthase. Er hatte so viel Respekt vor dem Zaun, dass er bewegungslos in der Mitte stehen blieb und auch durch die offene Tür nicht mehr hinaus wollte. Azabache wiederum betrachtete den Zaun einen Moment lang und sprang dann einfach aus dem Stand über die in etwa einem Meter Höhe gespannte Schnur.

„Der hat seinen Beruf verfehlt", rief Günter begeistert, „der hätte als Springpferd auf die Welt kommen sollen."

Azabache sprang noch mehrere Male über den Zaun, als ihm das zu dumm wurde, rannte er einfach durch. „Es ist nur ein kurzer Schmerz, dann bin ich draußen", musste er sich wohl gedacht haben. Azabache war also für den elektrischen Weidezaun nicht geeignet. Wir reparierten den Zaun und stellten ihn erneut auf. Am nächsten Morgen ließen wir Dino und Rusty innerhalb des elektrischen Weidezauns grasen. Als wir nach etwa einer halben Stunde zurückkamen, stand Lightfoot ebenfalls bei den beiden innerhalb des Zauns. Er musste zu ihnen hineingesprungen sein. In den nächsten Tagen spielten unsere Pferde allerhand Schabernack mit dem Weidezaun. Sie sprangen hinein, hinaus, liefen unten durch oder rannten ihn einfach nieder. Irgendwann war es uns zu bunt, und wir schenkten den Zaun her. Sollte sich doch jemand anderer damit ärgern. Und so müssen Dino und Rusty noch ein paar Stunden an dem Hochseil ausharren, bevor die beiden anderen Pferde zur Wachablöse kommen.

Aufgrund der Wassersituation haben wir beschlossen, dem CDT im Süden New Mexicos nicht zu folgen, sondern uns entlang des Flusslaufes des Gila Rivers zu bewegen. Auch keine einfache Alternative, denn der Fluss trat im Januar über die Ufer und überschwemmte das Tal, das links und rechts von steilen Felswänden begrenzt ist. Der Weg wurde weggespült, die Überschwemmung hinterließ allerlei Treibholz und Gestrüpp auf dem breiten Uferstreifen. Wir steigen über rund 1.000 Höhenmeter hinab ins Flusstal. Die Temperatur steigt immer höher je tiefer wir klettern. Rund zehn Grad beträgt der Temperaturunterschied, unten angekommen hat es um die vierzig Grad. Leni hat Falten unter den Augen. Die Hitze macht ihr zu schaffen. Aus Gehorsamkeit und Treue würde ein Hund bis über seine Grenzen hinaus seinem Herrchen folgen. Wir machen uns Sorgen um sie. Reiten kommt noch nicht in Frage. Bisher haben wir weder Packpferde noch Leni daran gewöhnt. Ich steige ab und trage sie. Wie einen Rucksack nehme ich sie huckepack, je ein Vorderbein über eine Schulter, ihre Hinterbeine stützt sie an meinem Hosenbund ab. Nahe an meinem Ohr höre ich sie hecheln. Ihr Atem geht nach wie vor schnell. Der Anblick des Sapillo Creek, eines Seitenarmes des Gila Rivers, entlockt uns erneut Jubelschreie. Wir satteln ab und stürzen uns nackt ins kühle Nass. Nach dem Bad ist Leni wieder fit. In den nächsten Tagen wird sie ausreichend Abkühlung bekommen, denn mangels Weg kämpfen wir uns mal an dem einen, dann an dem anderen Flussufer vorwärts. Rund zwanzig Mal pro Tag reiten wir durch den Gila River, der gut zwanzig Meter breit ist. Leni schwimmt tapfer hin und her. Einmal gerät sie unter Rustys Vorderhufe. Weder das Pferd noch ich sehen sie. Sie will direkt vor Rusty ins Wasser. Er gibt ihr mit seinem Huf einen Kick. Leni jault auf, überschlägt sich im Wasser, schwimmt dann aber tapfer ans andere Ufer, wo sie mir zitternd in die Arme läuft. Wir betasten ihre Beine, doch zum Glück scheint nichts gebrochen zu sein. Sie humpelt nur ein bisschen. „So kleine Hunde laufen auch auf drei Beinen“, tröstet mich Günter. Seither hält Leni Abstand zu den Pferden. Sie hat auch etwas ganz Erstaunliches herausgefunden. Sie muss immer flussabwärts von den Pferden ins Wasser gehen, dann ist die Gefahr, durch die Strömung unter die Pferde gespült zu werden, gebannt. Es ist schwer zu glauben, dass ein Hund ein solches Maß an Intelligenz haben soll. Doch die Tatsache, dass sie diesen Grundsatz über mehrere Tage hinweg berücksichtigt und wir den Fluss dutzende Male durchqueren, spricht für sie. Leni verfügt über ein eigenes Urteilsvermögen. Sie hat auch eine bestimmte Art entwickelt, mit mir zu kommunizieren.

Mit ihrem Verhalten und oft auch einem bestimmten Blick kann sie mir mitteilen, was sie will. Die Aufforderung zum Spielen ist dabei noch für jedermann verständlich. Will sie jedoch etwas zu fressen, macht sie ihr Maul auf und zu und schmatzt. Ist es Wasser, das sie will, blickt sie einfach durstig drein. Ich kann auch nicht genau sagen, wie das aussieht. Stelle ich mich aber besonders begriffsstutzig, bringt sie mir ihre Wasserschüssel und stellt sie mir vor die Füße.

Es ist schwierig, in dem durch die Flut verwüsteten Gelände voranzukommen. Wir bewegen uns viel langsamer als gehofft, kommen nur etwa eineinhalb Kilometer pro Stunde voran. Wenn es so weitergeht, brauchen wir noch ewig bis Reserve, unserem nächsten Boxenstopp, geschweige denn bis Kanada! Immer wieder müssen wir umkehren, ein Stück zurückreiten, den Fluss durchqueren und auf der anderen Uferseite einen Weg durch das Dickicht suchen. Die Pferde gehen barhuf, denn die Mischung aus Wasser und Sand würde in den Hufschuhen bald die Fußballen aufreiben. Müssen wir längere Strecken über Geröll, steige ich ab, um Rusty zu entlasten. Das Geröll schmerzt ihn, noch sind die Hufe nicht hart genug, noch sind sie nicht an das Gelände angepasst. Durch das zum Teil hüfthohe Wasser will ich allerdings nicht gehen und steige deshalb ständig auf und ab. Bald hat Rusty das System heraus und bleibt vor Geröllpassagen stehen. Steige ich nicht sofort ab, blickt er auffordernd zu mir nach hinten. Bei einer der zahlreichen Flussdurchquerungen treffen wir die ersten Wanderer. Zwei junge Burschen, hoch motiviert und voller Energie, sind ebenfalls auf dem Weg nach Kanada. Des ständigen Schuhe An- und Ausziehens müde haben sie beschlossen, fortan im Flussbett zu wandern. Sie sind guter Dinge und voller Optimismus, noch im selben Jahr die kanadische Grenze zu erreichen. Ein Ziel, das wir nie vor Augen hatten. Zu schön ist die Landschaft entlang der Strecke, als dass man an ihr vorbeihasten könnte.

Die Wegsuche verlangt so viel Aufmerksamkeit, dass ich der Auen-Landschaft kaum Beachtung schenke. Zu Unrecht, denn die Vegetation ist dicht und grün. Wilder Wein rankt sich um dicke Baumstämme, vereinzelt blühen farbenprächtige Blumen, am Ufer wächst wildes Getreide, das die Pferde lieben. Doch auch die Zweige stacheliger Büsche strecken sich nach uns aus. War die Vegetation auf dem Hochplateau so spärlich, dass ich mir einbildete, jede einzelne Pflanze wahrzunehmen, so wirkt die Vielfalt hier schier unüberschaubar. Bevor wir das Flusstal verlassen, ziehen wir den Pferden wieder Schuhe an. Dabei erschrickt Dino, springt vor und wirft mich um. Ich rolle auf die Seite, damit er nicht noch versehentlich auf mich steigt. Günter sieht dem Fiasko zu und meint lachend: „Mit der Nummer könnt ihr im Zirkus auftreten." Ich finde es gar nicht komisch, ich habe mich ziemlich erschreckt, außerdem hat Dino mein Bein erwischt, und nun hinke ich auch, so wie Leni.

Nach fünf Tagen, die mir wie eine Ewigkeit vorkommen, erreichen wir das Gila Cliff Dwellings National Monument. Dieser Ort ist auch über eine Straße erreichbar. Hier wollten wir uns mit Jeff und Cherie treffen, allerdings bereits vor zwei Tagen. Wieder ein Rendezvous, das wir nicht eingehalten haben. Später erzählt uns ein Ranger, dass er einer blonden Frau aus Alaska geholfen hat, ihr Maultier wiederzufinden, da es entlaufen war. Nicht nur unsere Pferde laufen also davon! Vor dem Eingang zum National Monument befindet sich Woody's Corrals. Wir hofften, einen Campingplatz mit Duschen und einen Kiosk mit Eis vorzufinden, doch Woody's Corrals hat nichts weiter zu bieten als vier mit massiven Stangen eingezäunte Korrale für die Pferde und daneben einen Platz für ein Zelt. Die Korrale haben Wasser, aber weit und breit wächst kein Futter für die Pferde. Wir planen, zwei Nächte zu bleiben, denn wir wollen die geheimnisumwobenen Höhlenwohnungen besichtigen.

Doch wir brauchen Heu für die Pferde. Ich hinke zwei Kilometer bis zum Besucherzentrum und singe während des Weges laut vor mich hin: „It never rains in New Mexico ... man it poors!", denn es schüttet. In Silver City hatte man uns prophezeit, dass bis Anfang Juli kein Regentropfen fallen würde. So sicher waren unsere Gesprächspartner, dass wir unsere Regensachen zurückließen. Die Dame im Besucherzentrum sieht mich an wie eine Erscheinung aus einer anderen Welt. Immer wieder fragt sie mich, wo wir unseren Trailer geparkt hätten. Dann endlich versteht sie, doch sie ist ratlos. Es kommt nicht oft vor, dass jemand einen Ballen Heu von ihr will. Doch sie verspricht, es aufzutreiben. In der Zwischenzeit löchere ich zwei Wildnis-Ranger mit Fragen zum Zustand der Trails und nach Wasserquellen auf den nächsten hundertfünfzig Kilometern. Doch anstatt meine Fragen zu beantworten, fügen sie nur noch weitere hinzu: „Überall waren Überschwemmungen, die Wege sind noch nicht vom letzten Windbruch freigeräumt, wie wollt ihr da durchkommen? Wo findet ihr genug Futter für die Pferde? Wo Wasser?"

Draußen fährt ein Pickup vor, er hat Heu geladen, und der Fahrer nimmt mich mit zurück zu den Korralen. Ein Ballen Heu ist alles, was er entbehren kann. Niedergeschlagen und entmutigt komme ich bei Günter an. Er versteht mich nicht, ich habe doch meine Mission erfolgreich erfüllt.

„Ja, aber die waren alle so entmutigend. Keiner kann mir sagen, wo es Wasser gibt, welcher Weg der beste ist, und außerdem haben sie gesagt, es wächst kein Futter", jammere ich.

Günter lacht: „Na dann machen wir uns eben selbst auf die Suche nach dem besten Weg. Futter finden wir auch, und Wasser fällt ja bereits vom Himmel."

Ich liebe ihn für seinen Optimismus! Wir verkriechen uns im Zelt. Am späten Nachmittag hören wir Hufgeklapper: zwei Reiter mit Packpferden. Sie waren drei Tage in der Gila Wildnis. Das Team organisiert Reittouren für Touristen und wollte den Zustand der Trails erkunden. Ich würde sie gerne mit Fragen überhäufen, doch die beiden Reiter sind triefend nass, und ich kann sie beim besten Willen nicht länger aufhalten.

Ein Ballen Heu reicht für einen Abend und den Morgen.

Das bedeutet, dass wir am nächsten Tag weiterreiten müssen. Während der Nacht hält der Regen konstant an. Auch am Morgen prasseln die Tropfen gegen die Zeltplane. Ohne Regenzeug wird das ein sehr nasser Tag. Wir haben keine Lust aufzustehen. Ich liege im Schlafsack und hoffe auf ein Wunder. Manchmal hilft das. Manchmal, wenn man sich etwas ganz fest wünscht, geht es in Erfüllung. Das weiß schon jedes Kind. Wir liegen immer noch in unseren Schlafsäcken, als wir ein Auto hören. Günter streckt seinen Kopf nach draußen.

„Ich dachte, ihr könntet vielleicht etwas Heu brauchen. Hier habe ich einen Ballen für euch."

Es ist einer der Reiter von gestern. Ich möchte ihm um den Hals fallen. Jetzt können wir den Regentag nutzen, um die Gila Cliff Dwellings zu besuchen.

Mitten im Wald, am Eingang zur Gila Wildnis, befindet sich ein faszinierendes Zeugnis davon, dass schon vor langer Zeit Menschen hier gelebt haben. Das Volk der Mogollon errichtete in den Sandsteinhöhlen mithilfe von Steinen aus der Umgebung Wohnungen, in denen es vor Wetter, wilden Tieren und Angreifern geschützt war. Fünf große Höhlen, hoch in den Felsen einer Nebenschlucht des Gila Flusses, bildeten die natürliche Basis für die Errichtung dieser beeindruckenden Bauwerke. Etwa zehn bis fünfzehn Familien lebten im 13. Jahrhundert in diesen Höhlenwohnungen. Über das Ende der Kultur der Mogollon ist wenig bekannt. Die Bewohner verließen die Höhlen bereits im frühen 14. Jahrhundert wieder. Warum sie gingen und wohin, weiß man nicht.

Ich sitze in einer der Höhlen und blicke in das tiefgrüne Tal. Kaum etwas hat sich hier durch den Menschen verändert. Vor 700 Jahren müssen die Höhlenbewohner etwa dasselbe gesehen haben wie ich heute. Ich bin fasziniert von dieser Tatsache. Der Mensch hat einen so tiefen und bleibenden Fußabdruck auf diesem Planeten hinterlassen, dass es etwas Besonderes ist, wenn man keine Spuren seines Einflusses sieht. So oft erleben wir Natur als gezähmte, vom Menschen gestaltete Landschaft oder gar als Stadtnatur in Form von Parks und Anlagen mit Blumenbeeten, die Mosaikteppiche darstellen, und Sträuchern in Form von Schwänen. Das Wilde und Ungezähmte ist selten geworden und macht Angst. Wie die Angst vor der Dunkelheit oder dem Alleinsein ist sie nicht greifbar, nicht rational erklärbar. Man stelle sich einen dichten, dunklen Wald vor. Er ist gespenstisch, unheimlich. Nicht das Sichtbare macht uns Sorgen, nicht die Bäume, Wiesen und Blumen, sondern das Unsichtbare, das wilde Tier, die Schlange oder Spinne, die sich dahinter verbirgt. Wildnis kann eine Atmosphäre der Bedrohung ausstrahlen. Da flüchtet sich der Mensch doch lieber in die ihm vertraute Umgebung. Dem Stadtmenschen erscheint es heute natürlicher, Wasser aus der Leitung zu trinken als aus dem Fluss. Er fühlt sich wohler dabei, in seiner Stadtwohnung zu schlafen, wo in zig Stockwerken Menschen über und unter ihm wohnen als frei und allein unter dem Sternenzelt. Wir sind es nicht mehr gewohnt, in und mit der Natur zu leben, und leider ist es eine Tatsache, dass wilde Tiere und Menschen keine guten Nachbarn sind. Wo der Mensch sich ausgebreitet hat, ist kein Platz mehr für die Vielfalt der Kreaturen. Laut Roter Liste 2008 der IUCN, der Weltnaturschutzunion, sind rund zwanzig Prozent der Säugetierarten bedroht. „Bären, das waren große, wilde Tiere, die vor langer, langer Zeit im dunklen Wald lebten", so werden schon bald die Märchen beginnen, die wir unseren Enkelkindern erzählen.

„In die Gila Wildnis gehen wir niemals ohne Waffe", erklärten uns einige junge Männer aus Silver City. „Vor allem seit sie dort die Wölfe wieder freigelassen haben." Das mit den Wölfen in New Mexico ist jedoch in der Tat eine komplizierte Sache. In den 70er Jahren mussten die Wölfe in New Mexico dem Fortschritt und Profitstreben weichen. In der modernen Welt der Rinderfarmen gab es keinen Platz mehr für sie. Sie wurden gejagt und ausgerottet. In den 90er Jahren wurde jedoch beschlossen, den Mexikanischen Wolf wieder anzusiedeln. Am

29. März 1998 begannen elf Wölfe ihre Reise in die Gila Wildnis, eine Reise der Rückeroberung uralten Terrains. Auch in anderen Teilen des Westens der Vereinigten Staaten wurden Wölfe wieder angesiedelt. Wilde Rudel wurden beispielweise in Kanada eingefangen und in Montana freigelassen. Nur in New Mexico und Arizona gab es weit und breit keine wilden Wölfe mehr, die sich in diesen Gebieten zurechtgefunden hätten. Sie mussten erst in Gefangenschaft gezüchtet werden. Rinderzüchter werfen nun diesem Ansatz vor, dass Wölfe, die in Gefangenschaft aufwachsen und von Menschen gefüttert wurden, für immer Menschen mit Futter assoziieren werden. Sie haben die natürliche Scheu vor dem Menschen verloren, dringen in besiedelte Gebiete vor und töten Kälber und Hunde. Es bedarf mindestens eines Generationswechsels bei den Wölfen, bis die Tiere wieder gelernt haben, in der Wildnis lebende Beute zu jagen. „Wird ein Kalb von einem Wolf gerissen, erhält der Besitzer Schadenersatz", erzählte uns ein Viehzüchter. „Aber nur, wenn er's beweisen kann", fügte er resigniert hinzu. Ein Wolf, der Rinder angreift, darf laut den strengen Regeln des Programms erschossen werden. Trotzdem warnt uns derselbe Ranger eindringlich: „Erschieße niemals einen Wolf! Bringst du einen Menschen um, gehst du nach wenigen Jahren wieder auf Bewährung raus, ermordest du aber einen Wolf, sperren sie dich lebenslang ein."

Trotz der Warnungen vor den Wölfen mache ich mir keine Sorgen. Wölfe greifen praktisch niemals Menschen an. Ich glaube nicht, dass sie auch nur in unsere Nähe kommen werden, daher sorge ich mich auch nicht um Leni. Sie ist so klein, vielleicht würden die Wölfe sie nicht mal ernst nehmen. Mehr Kopfzerbrechen machen mir die Wildschweine. Aber wohl auch nur, weil Doretta mir wüste Geschichten von Hunden und Wildschweinen erzählt hat.

Abends wollen wir noch ein Stück unserer nächsten Etappe erkunden. An einer Hinweistafel hängt ein weißer Zettel. Es ist eine Nachricht, die irgendjemand hinterlassen hat. Günter wirft einen Blick darauf. Es ist eine Nachricht für uns! Jeff und Cherie haben sie für uns hinterlassen. In einem Versteck finden wir einen Ballen Heu und einen Sack Hafer für die Pferde und eine Dose Bier. Was für ein Fest! Zumindest für die Pferde, denn unser eigenes Essen muss bereits rationiert werden. Wir sind halb so schnell unterwegs wie geplant. Und mit dem Bisschen, das wir haben, müssen wir noch mindestens acht Tage auskommen. Auch das Hundefutter ist knapp, und so bekommt Leni immer auch ein bisschen Pferdefutter. Vor allem das „Süße Zeug", wie die Mischung heißt, mag sie ohnehin gerne.

Am nächsten Morgen reiten wir in die Gila Wildnis. Was für ein Vergnügen, wieder im Sattel zu sitzen und auf gutem Weg gemütlich dahinzureiten. Welch eine Belohnung für die vergangenen Tage! Durch den engen Bear Canyon steigen wir hinab zum Middle Fork River. Über Jahrhunderte hat der Fluss ein eindrucksvolles Tal gegraben. Steile Sandsteinwände ragen zu beiden Seiten empor. Baumriesen mit meterdicken Stämmen stehen wie alte Trolle im Canyon. Wilder Wein rankt sich um sie. Johannisbeeren blühen. Es duftet nach Moos und Kräutern. Am Flussufer steht kniehohes Gras, die Pferde rupfen dankbar daran. Wir sind nun unterwegs im Wildnis-Gebiet, urtümlich und authentisch, dicht und ungebändigt. Unser Weg ist schmal, er kämpft um seine Existenz, mit riesigen Armen greifen die Sträucher und Bäume nach ihm aus. Wir ducken uns unter herunterhängenden Zweigen hindurch. Das erste Mal in New Mexico sind wir auf einem Weg unterwegs, der es erlaubt, die Gedanken schweifen zu lassen. Ich philosophiere über das Glück.

Bei Jordan Hot Springs entspringt eine heiße Quelle. Das warme Wasser sammelt sich in einem kleinen, natürlichen Becken. Eine Badewanne der Natur! Könnte uns diese nicht im Norden begegnen, wo es kalt ist? Sei nicht unzufrieden, freue dich über die Geschenke, die auf dem Weg liegen, ermahne ich mich. Der beste Weg zum Unglücklichsein ist, immer das zu suchen, was man nicht hat. Will man in tiefer Depression enden, so muss man nur wichtige im Leben getroffene Entscheidungen anzweifeln. „Ach, hätt' ich doch... dann wäre ich heute...", Gedankengänge dieser Art sind die beste Anleitung. Ein Universitätsprofessor erklärte uns Studenten dieses Phänomen anhand seiner Ehefrau, mit der er seit über dreißig Jahren mehr oder weniger glücklich verheiratet war: „Würde ich nun an dieser Wahl zweifeln, würde mich fragen, was wäre aus mir geworden, hätte ich nicht diese, sondern jene geheiratet. Würde ich den Gedanken fortführen und mir ausmalen, welch erfülltes, glückliches Leben wir geteilt hätten, würde ich diesen Prozess nur lange genug fortsetzen, ich ginge nach Hause und ließe mich scheiden."

Ratgeber zum Glücklichsein gibt es wie Sand am Meer. Sind aber Glück und Glücklichsein erstrebenswerte Lebensziele? Paul Watzlawick, zum Beispiel, zweifelt in seiner „Anleitung zum Unglücklichsein" daran. „Unglücklich sein kann jeder, sich unglücklich machen aber will gelernt sein, dazu reicht etwas Erfahrung mit ein paar persönlichen Malheurs nicht aus", schreibt er darin. Doch wenn nicht das Glück, was dann? Nein, ich zweifle nicht daran, dass es erstrebenswert ist, glücklich zu sein, was immer Glück auch bedeuten mag. Ich halte es da lieber mit Tenzin Gyatso, dem 14. Dalai Lama, der sagt: „Der Sinn des Lebens besteht darin, glücklich zu sein." Zufrieden über diesen letzten Gedanken stimme ich ein Lied an. Pippi Langstrumpf fällt mir ein. „Ich hab ein Zelt, ein Hündchen und ein Pferd, ...", wenn das kein guter Anfang vom Glück ist?

Irgendwo verliert Azabache sein Halfter. Das ist dumm, denn ohne Halfter können wir ihn nicht führen oder anbinden. Günter reitet zurück, um es zu suchen. Ich warte mit den anderen drei Pferden und Leni. In den letzten Stunden haben wir etliche Male den Fluss durchquert, die Suche wird schwierig. Kaum ist Günter durch den Fluss verschwunden, schon legt sich Azabache mit vollem Gepäck nieder. Eine schlechte Angewohnheit! Ich trete ihm unsanft ins Gesäß und nötige ihn, wieder aufzustehen. Als ich mich umdrehe, ist Rusty verschwunden. Er ist Günter und Lightfoot gefolgt.

Von weitem höre ich ihn einsam wiehern. Was für ein Chaos! Günter hört sein Rufen ebenfalls, dreht um und kommt wenig später mit beiden Pferden, aber ohne Halfter zurück. Rusty hatte sich so über Lightfoots Anblick auf der anderen Seite des Flusses gefreut, dass er über eine hohe Böschung ins Wasser gesprungen ist. Mein Pferd! Manchmal möchte ich schon zu gerne wissen, was in seinem Kopf vorgeht.

Bei Meadows verlassen wir das Flusstal und steigen über steile Serpentinen empor ins Hochland. Der Aufstieg auf dem Pferderücken ist bequem, aber höchst beängstigend: Dreihundert Meter Luft unter dem Steigbügel. Oben ändert sich die Landschaft schlagartig. Der grüne Dschungel des Flusstales weicht einem südländischen Pinien- und Zedernwald. Der Waldboden ist trocken. Hier wächst nicht einmal mehr das gelbe Pampasgras. „Wo werdet ihr Futter und Wasser finden?", haben mich die Wildnis-Ranger im Besucherzentrum gefragt. Erneut beginnt das Bangen ums Wasser. Ein Grundsatz, der fast immer gilt, ist: Wo Wasser ist, gibt es auch Futter. Das stimmt nur dann nicht, wenn die Quelle eingefasst und das Wasser zum Beispiel in einem künstlichen Betonbecken gesammelt wird. Prior Creek heißt unsere Hoffnung. Niemand konnte mir sagen, ob er derzeit Wasser führt. Doch der Bach fließt und verwandelt das Ufer links und rechts in eine grüne Oase, die sich quer durch den trockenen Pinienwald zieht. Unglaublich, wie Wasser die Landschaft verändern kann. Wir schlagen unser Lager gegenüber einer alten Blockhütte auf. Wer waren wohl diese Pioniere, die sich hier niedergelassen haben? Die Hütte ist verschlossen, ein Schild teilt uns mit, dass sie vom National Forest Service genutzt wird. Bei Sonnenuntergang nehme ich mir Zeit, der Natur zu lauschen. Grillen zirpen, eine Krähe krächzt heiser vor sich hin und der Bach plätschert. Günter ruft die Pferde zum Essen. Dazu pfeift er eine bestimmte Melodie, immer dieselbe. Daraufhin kommt Rusty sofort angelaufen. Er ist immer der erste. Günters Prophezeiung hat sich bewahrheitet. Anfangs war er zurückhaltend, jetzt ist er verfressen. Wir füttern ihnen

Hafer aus Futtersäcken, die wir ihnen ums Maul hängen. Es gibt nur zwei Futtersäcke, wer zuerst kommt, mahlt zuerst. Dino ist immer der Dritte und muss warten, Lightfoot braucht meist eine Sondereinladung. Jedes Pferd entwickelt seine eigene Strategie, um auch noch das letzte Körnchen Hafer zu bekommen. Lightfoot hat die dumme Angewohnheit, den Fresssack dazu auf und ab zu werfen. Immer wenn ich ihn dabei beobachte, fällt mir ein Gedicht ein, das ich als Kind einmal lernen musste:

Ich bin zwar nur ein Droschkengaul,
doch philosophisch regsam;
der Fress-Sack hängt mir kaum ums Maul,
so werd ich überlegsam,
Ich schwenk ihn her, ich schwenk ihn hin,...
...
Ich bin zwar nur ein Droschkengaul,
doch sann ich oft voll Sorgen,
wie ich den Hafer brächt' ins Maul,
der tief im Grund verborgen.
Ich schwenkte hoch, ich schwenkte tief,...

Lightfoot verschüttet bei seiner Methode mehr als er bekommt. Das macht Günter ärgerlich und wenn ich nicht für Lightfoot ein gutes Wort einlege, nimmt Günter ihm den Futtersack wieder weg.

Am nächsten Morgen folgen wir dem Bach durch lichten Pinienwald. Der Weg ist frei und angenehm zu reiten. Ich reite voran, Rusty geht einen flotten Schritt. Dazu muss ich ihn nicht einmal antreiben. Ich denke, es macht auch ihm Freude, unterwegs zu sein. Leni springt ausgelassen durch den Wald. Von den Bäumen schimpfen die Eichkätzchen auf sie herab. Immer wieder versucht sie, auf einen Baumstamm zu klettern. Das gelingt ihr natürlich nicht, und manchmal fällt sie dabei einfach nach hinten um.

Bis zum Dörfchen Reserve sind es noch etwa fünf Tage. Dank der Rationierung unserer Vorräte können wir uns einen

Abstecher zu den White Creek Flats erlauben. Ein Wanderer erzählte uns von großen Steinpools, in denen man baden kann. Der Abstieg zum West Fork ist steil und steinig. Wir lassen die Pferde auf einer großen Lichtung grasen und klettern zu Fuß etwa einen Kilometer flussabwärts zu den Becken. In Millionen von Jahren hat der Fluss die Steine in dem engen Canyon ausgehöhlt. Das Wasser in den Becken ist glasklar und eiskalt, ein Gebirgsbach eben. Wir vergnügen uns damit, Aktfotos von uns in dem kalten Wasser zu machen. Nach dem Bad lassen wir uns auf den schwarzen Steinen von der Sonne trocknen. Erst als die Sonne wandert und hinter der Felswand des Canyons verschwindet, ziehen wir weiter, durch ein Gebiet, in dem vor wenigen Jahren ein Waldbrand gewütet hat. Anhand des Jungwaldes und der Größe der Sträucher versuche ich abzuschätzen, wie viele Jahre das Feuer zurückliegt. Immer wieder versperren umgefallene Baumstämme den Weg, und wir müssen ausweichen oder springen. Besonders schwierig wird das Vorankommen im Turkeyfeather Creek. Der Canyon ist nicht viel mehr als ein schmaler Riss im Felsen, durch den wir hindurchklettern müssen, oft nicht breiter als eineinhalb Meter. Immer wieder führt der Weg direkt durch das Flussbett. Wir führen die Packpferde, damit sie mit ihren Taschen nicht hängen bleiben. Die Reitpferde müssen alleine durchkommen. Ich brauche selbst schon Hände und Füße um voranzukommen und muss gleichzeitig darauf achten, wo das Packpferd geht. An einer Engstelle überlege ich zu lange, und Azabache springt an mir vorbei. Ich lasse den Führstrick los und klettere hinter ihm her. Sobald Azabache die anderen eingeholt hat, wartet er auf mich.

„Ich dachte, du führst das Packpferd“, ruft Günter mir entgegen.

„Ja, schon, eigentlich.... “, ich nehme den Führstrick wieder auf, zu müde für weitere Erklärungen.

Nach einigen Stunden haben wir den Canyon endlich durchquert. Wir lassen die Wildnis hinter uns und folgen Schotterpisten. Wieder reiten wir durch einen Wald, der vor kurzer Zeit gebrannt hat. Verkohlte Baumstämme ragen noch einsam in die Höhe. Die Landschaft ist trocken und öd. Auf den Schotterpisten gehen die Pferde langsam. Es scheint keinen Unterschied zu machen, ob wir ihnen Schuhe anziehen oder nicht. Wir wissen nicht, ob es an den Hufen liegt, ob sie müde oder einfach lustlos sind oder so wie Leni und wir unter der Hitze leiden. In den Pausen legen sie sich immer wieder nieder. Lightfoot frisst sogar im Liegen weiter. Ich kraule ihm das Fell zwischen den Ohren und verspreche ihm einige Ruhetage, sobald wir in Reserve ankommen.

Die hohen Temperaturen und die Trockenheit machen vor allem unserer Hündin zu schaffen. Es ist nun endlich an der Zeit, dass sie reiten lernt. Günter hebt sie hoch, und ich nehme sie zu mir in den Sattel. Sie liegt nun vor mir, quer über dem Sattel, Vorderbeine nach links, Hinterbeine nach rechts. Unter ihrem Bauch liegt meine Weste, deren Ärmel ich mir um die Hüfte gebunden habe. So sind Leni und ich zusammengeschnürt und sie kann nicht so leicht hinunterrutschen. Dankbar blickt sie mich an, als ob sie sagen wollte: „O.k., bei der Hitze reite ich auch lieber." Nur als sie ein Eichkätzchen in Blickhöhe erspäht, will sie abspringen.

Über die letzten hundertfünfzig Kilometer bis Reserve haben wir keinerlei Information. Wir wissen nicht, wo wir Wasser finden können. Die Karte des National Forest ist mit blauen Linien überzogen, doch die meisten davon sind trocken. Sie füllen sich nur in der Zeit der Sommergewitter mit Wasser. Ich hatte gehofft, dass die Wassersituation im Frühling nicht so prekär sein würde, doch das war ein großer Irrtum. Hier im Süden New Mexicos fällt kaum Schnee, der Wasserreserven für den Frühling bilden würde. Ich verlasse mich nun beim Kartenlesen auf meine Intuition. Der Name Quaking Aspen Creek beispielsweise klingt für mich so frisch-fröhlich, dass ich ihn mir einfach nicht ohne Wasser vorstellen kann. Und tatsächlich hat mein Bauchgefühl recht. Das kleine Rinnsal hat die Landschaft rundum in eine tiefgrüne, fast schon sumpfige Wiese verwandelt. Hier schlagen wir unser Lager auf, denn so ein Paradies können wir nicht links liegen lassen.

Beim Reinigen zerbricht meine Kontaktlinse. Ungläubig starre ich die beiden Hälften in meiner Hand an. Leichte Panik erfasst mich. Natürlich habe ich eine Ersatzbrille, aber nur eine und diese korrigiert meine Fehlsicht lang nicht so gut wie die Kontaktlinsen. Wenn nun die Brille auch zerbricht, was dann? Ohne Kontaktlinsen oder Brille bin ich fast blind. Zum ersten Mal fühle ich mich in der Wildnis schutzlos und mir wird meine Abhängigkeit von der Zivilisation bewusst. Ich muss an William Goldings „Herr der Fliegen“ denken. Nach einem Flugzeugabsturz rettet sich eine Gruppe Jungen auf eine Insel. Ein Junge, er wird wegen seiner molligen Gestalt „Piggy” genannt, trägt eine dicke Hornbrille. Im Laufe der Geschichte wird Piggys Brille gestohlen. Kurzsichtig tappt er auf der Insel umher. Er wird am Ende von einem Stein erschlagen, den die anderen Kinder auf ihn werfen. Auch in „Nachtzug nach Lissabon“, dem Buch, das ich derzeit lese, wird dem Helden der Geschichte, Raimund Gregorius, von einem Rollerskater die Brille von der Nase geschlagen. Als er danach suchen will, steigt er auf sie und sie zerbricht. Verängstigt tastet er sich in der fremden Stadt zurück ins Hotel, um seine Ersatzbrille zu holen. Tränen kullern über meine Wangen. Nur wer selbst Brillenträger ist, kann meine Panik vielleicht nachvollziehen.

Am nächsten Tag begegnet uns ein Fahrzeug mit der Aufschrift National Forest Service. Der Fahrer rät uns, einem Feldweg nach Osten zu folgen, er würde uns zu einem Viehteich führen. Nachdem wir dem Feldweg über eine Stunde in die angegebene Richtung gefolgt sind, gebe ich auf und binde die Pferde an Bäumen fest. Ich habe Durst und Kopfweh und will nicht mehr weiter. Ratlos setze ich mich auf einen Baumstamm, stütze den Kopf in die Hände und beobachte die Ameisen, die fleißig vor mir auf und ab laufen. Auf den letzten Kilometern schlichen auch die Pferde so langsam dahin wie nie zuvor. Die Moral der Gruppe ist tief gesunken. Schon seit Stunden reiten wir nicht mehr, sondern laufen neben den

Pferden her. Leni haben wir in eine Satteltasche verfrachtet. Popo voran steckten wir sie hinein, so dass nur noch der Kopf heraussah. Um ihren Hals zogen wir die Tasche zu, damit sie nicht hinausfallen konnte. Es war meine Idee. Günter fand sie zunächst nicht so gut.

„In die Satteltasche? Da passt sie doch nicht hinein“, meinte er.

Doch ich war überzeugt: „Du hast immer gesagt, wir haben einen kleinen Hund, damit er in die Satteltasche passt. Also muss sie jetzt auch hinein.“

Sie wehrte sich nicht, sondern ließ das Verpacken ohne weiteres über sich ergehen. In der Satteltasche schlief sie sofort ein.

Günter gibt nicht auf und geht noch ein Stück weiter. Er ist noch in Sichtweite, als er den Viehteich erspäht. Ein dreckiges Erdloch, gefüllt mit braunem Wasser. Ein stinkender Tümpel. Doch Wasser ist Wasser! Beim Anblick eines glasklaren Baches könnte ich nicht glücklicher sein. Wieder filtern und kochen wir das Wasser, ich weigere mich aber, mich in dem Tümpel zu waschen.

Bei unserem Einmarsch in Reserve am nächsten Tag geben wir ein trauriges Bild ab, so müde, erschöpft und dreckig wie wir sind. Doch es sieht ohnehin keiner, das kleine Dörfchen ist wie ausgestorben. Wenn es darum geht, Menschen anzusprechen, soziale Kontakte herzustellen oder einfach Informationen einzuholen, so ist das immer meine Aufgabe. Günter meint, als Frau würde es mir leichter fallen, mit Menschen in Kontakt zu kommen und ihre Aufmerksamkeit zu erlangen. Ein ewiger Diskussionspunkt zwischen uns, denn ich denke, er will sich nur davor drücken. Nun, diesmal hat er Recht. Wenn man als junge Frau um elf Uhr vormittags eine klassische Cowboybar betritt, hat man die volle Aufmerksamkeit. An der langen Theke von Uncle Bill's Bar sitzen aufgefädelt fünf Männer und drehen mir einer nach dem anderen das Gesicht zu. Ein Cowboyhut nach dem anderen. Keiner sagt auch nur ein Wort. Ich glaube, sie haben auch vorher nichts gesprochen, sondern nur tief in Gedanken versunken in ihre Biergläser gestarrt. Im restlichen Lokal stehen einige leere Tische. Im hinteren Bereich befinden sich zwei Billardtische, ein Aquarium leuchtet türkis-grün. Dann fällt mein Blick auf die Kellnerin, die sich am Ende der Theke mit einer älteren Dame unterhält. Sie sprechen Deutsch. Das kann doch nicht sein, oder?

„Sprecht ihr wirklich Deutsch?“, meine Stimme klingt wie die einer Verdurstenden beim Anblick der Oase.

„Nee, Spanisch. Was glaubst du denn. Klar sprechen wir Deutsch. Schließlich bin ich ja auch Deutsche.“ Jetzt kann ich sie mir auch im Dirndl vorstellen, vollbusig mit roten Wangen und breiten Hüften. Regina kommt ursprünglich aus Heilbronn. Vor zwanzig Jahren wanderte sie in die USA aus. Sie ist resolut und alles andere als auf den Mund gefallen, eine selbstbewusste Frau eben. Eigenschaften, die sie in einer Bar wie Uncle Bill's wohl auch braucht. Später lernen wir Mike kennen, den 70-jährigen Enkel von Uncle Bill. Er spendiert uns ein Bier und trinkt selbst drei doppelte Whisky in der gleichen Zeit. Voll Stolz zeigt er uns das Aquarium oder besser gesagt das Terrarium. In dem kleinen Glasbehälter leben zwei Mini-Alligatoren. Klopft er lange genug an die Scheibe, schnappen sie nach ihm.

Wir dürfen unser Lager auf dem Rodeogelände errichten und die Pferde in den Korralen unterbringen. Vergangenes Jahr gab uns Gabriele die Telefonnummer ihrer Freundin Ann in Reserve. Da keines der drei öffentlichen Telefone funktioniert, stehe ich wieder in Uncle Bill's Bar und rufe Ann an. Sie hat uns schon erwartet und lädt uns in ihr Haus zum Essen ein. Ann ist eine jener älteren, gepflegten Damen, in deren Gegenwart man stets mit geradem Rücken und artig übereinander geschlagenen Beinen sitzt, die Hände über den Knien gefaltet. Ann ist eine Frau mit Kaliber. Ich bin von ihrem Selbstbewusstsein und ihrer Tatkraft erschlagen. Aufgewachsen auf einer Farm in New York, widmete sie ihr Leben dem Springreiten. Sie zeigt uns Fotos. Nichts schien ihr zu hoch oder zu schwer. Nach einem schweren Unfall kehrte sie dem Turniersport den Rücken und eröffnete gemeinsam mit ihrem Mann eine Schischule. Außerdem fliegt sie gerne, am liebsten kleine Buschflugzeuge in Alaska. Nach dem Abendessen lernen wir Saturday kennen, ihr Pferd, ein Zirkuspferdchen, das Tore öffnen und auf Kommando lachen kann.

Durch Ann lernen wir eine Reihe interessanter Menschen kennen, Sam Luis zum Beispiel, den Arzt. Sam Luis lebt mit seiner Frau, einigen Pferden und Eseln in einem abgeschiedenen Tal an der Grenze zwischen New Mexico und Arizona. Als Arzt betrieb er viele Jahre lang eine kleine Klinik in diesem entlegenen Teil der Vereinigten Staaten. Jetzt im Alter von 77 Jahren vertreibt er sich die Zeit mit Jagen und Fischen. Immer wieder nahm er Männer mit auf die Jagd nach Pumas und Bären. Doch seit ihn einer dieser Jäger nach einem Vorfall mit einem Lasso wegen „menschenunwürdigen Verhaltens" angeklagt hat, hat er genug davon. „Dabei wollte ich ihm nur helfen", berichtet er und blickt dabei unschuldig. „Der Jäger war sehr unsportlich, er konnte den Berg nicht hinaufreiten und gehen schon gar nicht. Da habe ich ihm, von meinem Pferd aus, das Lasso um den Bauch geworfen und habe ihn hinaufgezogen." Während wir uns unterhalten, macht er es sich in seinem Sessel gemütlich, dazu nimmt er seine Pistole aus dem Holster an seiner Hüfte und legt sie vor mir auf den Tisch. Waffen zu tragen ist im Wilden Westen auch heute noch völlig normal. Im großen Wohnzimmer liegen Pumafelle. Auf einer Säule sind die Häute von Klapperschlangen aufgespannt. Später zeigt er uns seine Tiere. Ich verliebe mich in die kleinen Esel. Sie sind vielleicht einen Meter hoch. „Eine ideale Größe zum Reiten", finde ich, und Sam bestätigt mir, dass auch er die Tiere als Reittiere einsetzt. Sam und ich sind etwa gleich groß. Die Esel haben süße, lange Ohren und ein struppiges, aber weiches Fell.

Wir bleiben einige Tage in Reserve, waschen unsere Wäsche, reinigen und pflegen die Ausrüstung und beobachten die Einheimischen auf dem Rodeogelände bei ihrer Freizeitbeschäftigung, dem „calf roping". Dabei versuchen zwei Reiter, einen jungen Stier mit Lassos einzufangen. Einer muss dem Stier das Lasso über den Kopf werfen, der andere versucht, mit der Seilschlinge ein Hinterbein zu erwischen. Es gelingt ihnen selten, was auch an dem Bier liegen mag, das nach jedem Durchgang getrunken wird. Für mich ähnelt das Spiel einem Flipper: Man schießt einen jungen Stier raus, versucht ihn zu fangen, sammelt ihn dann wieder ein. Sind alle Stiere verschossen, werden alle wieder in den Sammelbereich zurückgetrieben und erneut verschossen. Mir tun die kleinen Stiere leid.

Durch Zufall erfahren wir, dass Margarita und Raul Vasconsellos nur wenige Kilometer von Reserve entfernt auf der kleinen Ranch „La Escondida", „die Versteckte", leben. Die beiden gehören, so wie Günter, zu den ersten Mitgliedern der Long Riders Guild, einer internationalen Gruppe von Langstreckenreitern. Margarita und Raul waren in den 80er Jahren von Argentinien in die Vereinigten Staaten geritten, oder umgekehrt, genau weiß es Günter auch nicht. Er wusste auch nicht, dass sie in den Vereinigten Staaten leben. Spontan beschließen wir, sie zu besuchen.

Das alte Lehmziegelhaus liegt abgeschieden und ist nur über einen holprigen Feldweg erreichbar. Da wir nicht beim Essen stören wollen, warten wir die Mittagszeit ab, kommen erst am frühen Nachmittag an und stören genau zur Zeit der Siesta. Die beiden mögen zwar seit über zwanzig Jahren in den USA leben, doch ihren Lebensstil haben sie nicht angepasst. Wir wecken sie, und Margarita schimpft, dass wir nicht bereits zum Mittagessen da waren: „Dann bekommt ihr mein Essen eben am Abend", bestimmt sie. Außerdem stellt sie sofort klar, dass wir über Nacht bei ihnen bleiben müssen. Ein schwarzer Hund hat unsere Ankunft mit lautem Gebell gemeldet. „Was ist das für eine Rasse?", frage ich. „Puro perro – reinrassiger Hund", antwortet Margarita lachend. Wo sie denn nun genau geritten sind, wollen wir wissen. „Nun das war so ...", beginnt sie zu erzählen und holt weit aus. Sie berichtet von ihren vier Kindern, die erst erwachsen werden mussten, von Rauls Arbeit als Ingenieur, die ihn in die USA führte, von ihrem ersten Kontakt mit dem Buch Tschiffely's Ride, das sie zur Reise inspirierte. Sie erzählt und erzählt, ein spanischer Wortregen ergießt sich über uns und hüllt uns wohlwollend ein. Es ist angenehm kühl im Haus. Nach einer Stunde wissen wir noch immer nicht, ob sie von Norden nach Süden oder umgekehrt geritten sind. Raul ruft aus dem Schlafzimmer. Wenig später erscheint ein etwa 70-jähriger Mann. Die Längsstreifen seines Schlafrocks unterstreichen die Steifheit, unter der er seit seinem Schlaganfall leidet. Raul und Margarita laden uns zu einem Spaziergang zum Fluss ein. Dieser Fluss ist Margarita wichtig. In Peru hatten sie drei Tage lang kein Wasser, danach wollte sie nur mehr an einem Fluss leben. Auf La Escondida leben zwei junge Pferde, ein Maultier, Ziegen und Lola, der Hund. Viel Arbeit für zwei alte Menschen, doch sie kommen gut zurecht. Beim Abendessen erzählen sie uns von der Reise. Sie starteten 1984, nachdem ihre vier Kinder erwachsen waren, in El Morro, New Mexico, und ritten Richtung Süden bis in ihr Heimatland Argentinien. An den Grenzen stießen sie auf ähnliche Probleme mit korrupten Beamten wie Günter. Margarita ist die Gesprächige, Raul fällt ihr immer wieder ins Wort und korrigiert sie. In einer liebevollen Art und Weise ergänzen sie einander. Wir bleiben über Nacht. Am nächsten Tag fällt es mir schwer Abschied zu nehmen, zu viel gäbe es noch zu erzählen.

Es ist bereits Juni, als wir Reserve wieder verlassen. Für diese Gegend sind wir viel zu spät dran, das Thermometer klettert täglich höher, die Hitze wird unerträglich. Doch vor Anfang Juli brauchen wir gar nicht erst versuchen, über den Wolf Creek Pass nach Colorado zu gelangen, denn während uns hier die Hitze quält, liegt dort noch meterhoch Schnee. Die ewige Suche nach Wasser und die schmutzigen Viehtränken entlang des Trails in New Mexico werden zu einer Nervenprobe für mich. Ich beginne, von den grünen Wiesen und klaren Bächen Colorados zu träumen. Immer schwerer fällt es mir, die Schönheit New Mexicos zu würdigen.

Wir folgen Forststraßen durch Pinien- und Kiefernwälder. Hirsche und Rehe sind hier zu Hause, wir sehen ihre Spuren und fragen uns, wo sie Wasser finden. Nachts hören wir das metallische Röhren der Hirsche. Bei einem Jagdcamp wurden Pferdekorrale errichtet, doch die Tränken sind leer, und wir müssen weiter zu einem künstlichen Viehteich. Kaum bin ich verdrossen über das schlechte Wasser, schon werde ich mit einer besonderen Begegnung entschädigt. Auf der anderen Seite des Teichs wandert ein Schwarzbär, drollig wie Balu, in Richtung Wasser. Als er uns sieht, macht er kehrt und verschwindet geräuschlos im Wald. Wir schlagen unser Lager auf der anderen Seite der Lichtung auf, trotz des Bären, denn wir haben keine andere Wahl. Ich mache mir keine Sorgen, dass der Bär uns etwas tun könnte, sondern dass er aus Angst vor uns nun nicht zum Wasser kann. Daher schlagen wir das Zelt in großem Abstand zum Teich auf.

Der Viehteich ist an drei Stellen eingezäunt. Günter bringt die Pferde zum Wasser und führt sie dann wieder zurück zum Lager. Lightfoot, unser Träumer, hat den Abmarsch verpasst, findet alleine nicht den Ausgang, und wiehert: „Lasst mich nicht alleine!“ Rusty, von Grund auf sozial, galoppiert zu ihm zurück und bleibt außerhalb des Zauns stehen. „Lass ihn doch“, schimpft Günter, „soll er was draus lernen“, und beginnt Dino und Azabache zu füttern. Rusty bleibt trotz Lockruf treu bei Lightfoot. Ich mache mich auf den Weg über die Lichtung, um Lightfoot zu holen. Als Rusty mich sieht, wiehert er erfreut, als ob er sagen wollte: „Jetzt kannst du dich ja um ihn kümmern, dann geh ich schon mal fressen.“ Im Schweinsgalopp läuft er zum Zelt, wo Günter mit Futter wartet.

Nachts bringt uns ein starker Wind um den Schlaf. Regen, Schnee, Nebel, jedes Wetter ist mir recht, nur nicht dieser Wind. Nachts schlägt er gegen die Zeltplane und lässt sie flattern, tagsüber bläst er mir den Staub ins Gesicht, zischt mir mit entsetzlichem Krach um die Ohren. Nein, ich mag den Wind nicht. Am Morgen sind wir unausgeglichen und schlecht gelaunt. Das überträgt sich auf die Pferde, und sie kicken beim Anziehen der Hufschuhe. Ärgerlich bindet Günter Rusty an einer mickrigen Tanne fest. Nachdem er sie dreimal umrundet und das Seil aufgewickelt hat, steigt er auch noch mit dem Vorderbein darüber und steht nur noch auf drei Beinen. Unauffällig befreie ich ihn. Ich möchte nicht wissen, was Günter zu mir sagen würde, hätte ich Rusty so unsachgemäß angebunden. Doch ich weiß, Kritik hieße in dieser angespannten Situation nur, Öl ins Feuer zu gießen. Später am Abend werde ich ihn darauf ansprechen, jetzt schweigen wir uns an und sind böse. Außerdem kann ich es im Moment auch nicht besser. Ich binde Rusty nämlich sachgerecht mittels Panikknoten an einen Baum. Doch der Knoten löst sich und Rusty geht spazieren.

Hin und wieder kommen wir an Farmhäusern vorbei. Von der Forststraße sieht man meist nicht mehr als einen Briefkasten und einen pompösen Torbogen mit der Aufschrift fantasievoller Namen wie „Diamond Ranch“ oder „Lost Valley Ranch“ oder „Tumbling River Ranch“. Seit Stunden inspizieren wir jeden Wassertank entlang des Weges. Während Dino sich vor den Betonringen fürchtet, ist Rusty immer der Erste, der sie auskundschaftet. Er sieht hinein, schnuppert und seufzt, nachdem er kein Wasser findet. Leni reitet nun fast ständig bei mir im Sattel. Nur morgens und abends läuft sie einige Stunden.

Neben der Straße blühen kleine rosa und weiße Blümchen. Vom Staub der Straße bedeckt, trotzen sie der Trockenheit. Die Straße, wie unendlich lang kommt sie mir heute vor. Immer wieder haben wir von einem Hügel aus Blick über die sich ewig hinziehende, staubige Straße. Da wir weit und breit kein Oberflächenwasser finden, reite ich durch einen der Torbögen, um die Rancher um Wasser zu bitten. Mit mulmigem Gefühl passiere ich ein Schild, auf dem in großen Buchstaben

„Unbefugter Zutritt verboten“ steht und reite auf das Haus zu. Ein Viehrost versperrt den Weg, daher kann ich nicht in den Hof reiten. Ich binde Rusty am Zaun fest. Im Hof liegt ein Kinderfahrrad. Ein alter PKW und ein Pickup parken neben dem Haus. Ich rufe, ich schreie, doch scheinbar ist niemand zu Hause. Jeden Moment erwarte ich, dass der Rancher mit seiner Schrotflinte bewaffnet auf die Veranda tritt und mich verjagt. Doch ich bin hier nicht in einem schlechten Film. Eine Windmühle pumpt Wasser in eine große Tonne zum Tränken der Rinder. Auch von diesen ist weit und breit nichts zu sehen. Mit mulmigem Gefühl fülle ich die Wasserschüsseln, trage sie zurück zu den Pferden und tränke sie. Viermal schleppe ich Wasser quer über den Hof zum Eingang, denn Günter ist überzeugt, der Rancher mit der Schrotflinte, der hinter einem der Fenster lauert, wartet nur darauf, dass er das Grundstück betritt. Eine Frau hingegen würde er nicht erschießen.

Wir reiten Richtung Pie Town, einer Metropole direkt am CDT. Pie Town trägt seinen Namen nicht umsonst. Ich freue mich schon seit Tagen auf einen Apfelkuchen mit Vanilleeis im Pie-o-Neer Café. Günter muss von einer ähnlichen Motivation getrieben sein. Gemeinsam haben wir das Ziel, rasch anzukommen. Wir kommen an vielen Viehtränken vorbei, doch alle sind trocken. Rusty will sich immer persönlich davon überzeugen. Stur steuert er jede Tränke an und blickt hinein. Wie um sicher zu gehen, schnuppert er auch noch an dem trockenen Boden und seufzt dann tief. Am späten Nachmittag begegnet uns ein Fahrzeug. In breitem Akzent erklärt uns der Fahrer, dass wir noch etwa fünfundzwanzig Kilometer von Pie Town entfernt sind und dass es bis ins Dorf kein Wasser mehr gibt. Für eine Strecke von fünfundzwanzig Kilometern brauchen wir etwa fünf bis sechs Stunden. Es ist vier Uhr nachmittags. Der letzte Wassertank liegt acht Kilometer oder zwei Stunden hinter uns. Diesen Überlegungen folgend schlage ich vor umzukehren.

„Auf keinen Fall. Wir reiten doch nicht wieder zwei Stunden zurück“, antwortet mir Günter bestimmt. Über diese Frage geraten wir uns ziemlich in die Haare. Günter besteht darauf, dass seine Intuition ihn noch nie getäuscht hat, außerdem folgt er einem Grundsatz, der ihn davon abhält umzukehren und zurückzureiten. „Würde ich immer zweifeln und zurückreiten, ich käme doch nirgends an.“ Ich auf der anderen Seite vertraue der Auskunft des Ranchers und folge der Vernunft und dem Verstand. Ich appelliere an sein Verantwortungsgefühl, er an meinen Optimismus und mein Vertrauen in ihn und seine jahrelange Erfahrung.

„Ich habe seit Jahren jeden Abend Wasser gefunden, und ich werde auch heute Wasser für meine Pferde finden“, beendet er die Diskussion.

Im Endeffekt bleibt mir keine Wahl, Günter setzt sich durch, und wir reiten weiter. Schweigend. An einer verlassenen Ranch holen wir uns bei der Windmühle Wasser. Wieder kommen wir wegen eines Viehrosts mit den Pferden nicht nahe an das Wasser heran. Diesmal lasse ich Günter schleppen, ohne mit der Wimper zu zucken. Ich bin immer noch böse. Wir tränken die Pferde und füllen unsere Wassersäcke. Erstmals campieren wir auf Privatland, versteckt hinter einem Hügel, ein gutes Stück von der Straße entfernt.

Wenn man zu zweit unterwegs ist und weit und breit kein anderer Mensch ist, kann man – auch wenn man sich noch so sehr geärgert hat – nicht lange böse sein. Man versucht es, will den anderen mit Verachtung strafen, nicht so schnell klein beigeben, den anderen den Ärger noch ein bisschen länger spüren lassen, doch irgendwann kann man einfach nicht mehr und muss über sich selbst und die Situation lachen und freut sich wieder über den Anblick der Pferde, die im goldgelben Licht der Abendsonne in der weiten Prärie grasen. Am Horizont leuchten die Felsen einer der ersten Bergketten.

Pie Town, der Name klingt wie ein Versprechen. Und es wird gehalten. Wenige Stunden nach Einzug ins Dorf sitzen wir im Pie-O-Neer Café und essen Apple-Pie mit Vanilleeis. Liz, die Besitzerin des Cafés, reiste selbst vor einigen Jahren durch Pie Town. Enttäuscht darüber, dass es seit Jahrzehnten keine Pies mehr in Pie Town zu kaufen gab, nahm sie die Sache selbst in die Hand und eröffnete das Pie-O-Neer Café. Ich bin bei meinem dritten Stück Kuchen, als eine Gruppe Biker das Lokal betritt. Sie sind auf einer einmonatigen Motorradtour quer durch den Westen. Eine der Fahrerinnen ist aus Österreich.

„Nein wirklich, was für ein Zufall! Da fährt man durch die USA und trifft ein Mädl aus Wien!“ Ihre Begeisterung über das Zusammentreffen ist etwas übertrieben.

„Wie seid ihr denn hierher gekommen?“, fragt sie mich.

„Mit den Pferden“, stoße ich zwischen zwei Bissen Heidelbeer-Pie hervor. Ich gebe zu, ich bin viel zu sehr mit Essen beschäftigt, als dass ich mich auf ein Gespräch einlassen möchte.

„Nein, wirklich, das gibt's ja nicht! Und wie lange seid ihr unterwegs?“

Langsam beginnt mir das Gespräch Spaß zu machen.

„Zwei bis drei Jahre. Solange es halt dauert.“

„Und wo schlaft ihr? Wo reitet ihr? Woher habt ihr die Pferde? Was macht ihr am Ende der Reise mit den Pferden?“

Ich habe eine Lawine an Fragen losgetreten und versuche sie nun halbwegs geordnet zu beantworten, begleitet von dem „Nein, wirklich!“ der Bikerin aus Tirol. Sie bleibt fassungslos: „Cool, und ich dachte, ich wäre schon auf einer langen, außergewöhnlichen Tour.“

Pie Town hat nur 45 Einwohner, jedoch alles, was ein Reisender an einem Rasttag braucht. Auf einer Wiese mitten im Ort gibt es einen kostenlosen Campingplatz, auf dem wir mit allen unseren Tieren willkommen sind. Und dann gibt es da noch das Toaster Haus. Eines Tages bemerkte Nita, die Besitzerin des Toaster Hauses, einen Wanderer mit großem Rucksack, der an ihrem Garten vorbeimarschierte. „Wohin gehst du?“, fragte sie ihn.

„Ich wandere auf dem CDT“, antwortete er.

„Der Continental Divide Trail geht direkt an meiner Haustüre vorbei?“, fragte Nita. „Ja“, antwortete der Wanderer.

Sie lud ihn auf ein Stück Wassermelone und eine heiße Dusche ein. Das war der Beginn des Toaster Hauses. Heute steht das alte Holzhaus Wanderern am CDT zur Verfügung. Auf der Veranda steht neben einem gemütlichen Sofa eine Kiste mit allerlei Dingen zur freien Entnahme, die andere Wanderer hier zurückgelassen haben. Der Vorgarten des Hauses ist mit ausrangierten Toastern geschmückt, daher der Name. Irgendwann hatte Nitas Mann einmal einen Toaster, den er nicht reparieren konnte, im Vorgarten aufgehängt. Von dieser Idee auf eigentümliche Weise inspiriert, sandten daraufhin viele Reisende ihre alten Toaster an Nita. Und so hängen nun Toaster aus aller Welt am Torbogen.

Im Toaster Haus treffen wir Nil. Er arbeitet als Universitätsprofessor in Boston. Er will den CDT in Etappen erwandern. Diesen Sommer ist er unterwegs, um als ersten Bundesstaat New Mexico zu durchwandern. Nil ist alleine unterwegs, seine Freundin muss arbeiten. Noch hat er sich nicht an das Alleinsein gewöhnt und ich spüre ein bisschen Neid, dass wir zu zweit unterwegs sein können.

Alleine zu reisen ist so eine Sache. Unterwegs beschäftige ich mich oft mit Gedanken an die „Qualität der Einsamkeit“. Wie viel Alleinsein braucht der Mensch, und wie viel von sich selbst muss er aushalten können? Man stelle sich vor, zwei Monate mutterseelenallein in einer Hütte in Alaska zu leben. Ein Nottelefon hängt an der Wand, mit diesem könnte man Hilfe rufen, wenn es sein muss. Wie lange würde man es aushalten, ab wann und wie lange die Zeit genießen oder warten, dass die Muse einen küsst? Wie lange wäre Einsamkeit etwas Positives, eine geistige Erholung, und ab wann würde man den sozialen Kontakt vermissen, sich ausgegrenzt und unglücklich fühlen? Manchmal ist es gut alleine zu sein, um sich selbst zu spüren. Unsere westliche Welt bietet so viele Ablenkungen, dass man sich kaum mehr mit sich selbst beschäftigen muss. Doch es tut gut, sich hin und wieder aus dem bewegten Leben zurückzuziehen, sich zu isolieren und auf die eigenen Kraftquellen zu besinnen. Man kann sich selbst besser kennen lernen, seine Gedanken ordnen, aber auch ungeahnte Kreativität entwickeln. Viele Künstler ziehen sich in ihren kreativen Phasen völlig zurück und schotten sich von der Umwelt ab. Immer wieder werde ich gefragt, ob mir die Reise denn nicht irgendwann langweilig wird. Würde das aber nicht bedeuten, dass ich mir selbst langweilig werde, dass ich das Interesse daran verliere, mich selbst auszuprobieren in den immer neuen Situationen, die sich uns auf dem Weg stellen? Ob Einsamkeit als bewusste Abwendung von gesellschaftlichen Erwartungen oder Ablehnung von gesellschaftlichen Angeboten überhaupt möglich ist, hängt wiederum stark von der Gesellschaft ab. Die Möglichkeit von Einsamkeit hat den Prozess der Individualisierung zur Voraussetzung, den es in seiner radikalen Form allein in den westlichen Industriegesellschaften gibt. In früheren Jahrhunderten hat sich kaum jemand Gedanken über die Qualität der Einsamkeit gemacht. Michel de Montaigne, dessen Essay „Über die Einsamkeit" mir in die Hände fiel, meinte, es wäre „nicht genug, sich von der Herde abgekehrt zu haben: Vom Herdentrieb in unserem Inneren müssen wir uns abkehren, zukehren aber dem eigenen Selbst." Gelingt das, so schreibt der Dichter, würde „unsere Zufriedenheit nur noch von uns selbst abhängen". Dies mag einer der Gründe dafür sein, warum viele Menschen in unserer Gesellschaft freiwillig ein Single-Dasein der Partnerschaft vorziehen.

Während wir reiten, kann ich die positive Kraft der Einsamkeit spüren. Stets durch ein bis zwei Packpferde von Günter getrennt, bin ich mir selbst überlassen. Ich habe Zeit, meine Gedanken schweifen zu lassen, sie zu ordnen, in mich zu schauen, mich selbst zu spüren. Trotzdem bin ich über seine Gesellschaft glücklich. Sie gibt mir Sicherheit. Außerdem sind viele Momente dieser Reise einfach zu schön, um sie alleine zu genießen, ich möchte sie teilen. Alleinsein ist auch nicht immer ausreichend, um sich selbst besser kennen zu lernen.

Manchmal braucht man einen Spiegel, um sich selbst zu sehen. Deshalb, denke ich, werden Menschen, die zu lange alleine in der Wildnis, aber auch alleine in der Großstadt leben, manchmal eigenbrötlerisch. Ihnen fehlt der Spiegel ihres eigenen Verhaltens durch die anderen. Ich bin Barbara unendlich dankbar dafür, dass sie Günter über vier Jahre seiner Reise von Ecuador bis Mexiko begleitet hat, keine leichte Aufgabe, wenn man bedenkt, dass er davor bereits sechs Jahre alleine unterwegs gewesen war.

Ein alter Leiterwagen steht auf dem Campingplatz. Auch er sieht einsam aus, verlassen. Eine Art Zelt befindet sich darauf, mit Planen bedeckt und mit Schnüren zusammengehalten. Ein verrosteter Rauchfang steht schräg nach oben, amerikanische Flaggen stecken neben Plastikblumen in den Holzspalten. Vorne hängt ein Schild „Donnerstag, 7. September 2006. Bob Sundown ist entschlafen". Zurück blieb nur sein Wagen. Ob er wohl alleine war? Ob er einsam war?

Der Campingplatz von Pie Town ist Anziehungspunkt für Aussteiger. Am Brunnen treffe ich eine ältere Frau mit langem, zottigem, grauem Haar und ihren Hund. Sie und der Hund freuen sich über ein kurzes Gespräch. „Mein Hund und ich mögen diesen Ort. Hier sind wir willkommen. Hier jagt uns niemand fort", erzählt sie. Sie leben gemeinsam in einem alten VW-Bus. In Pie Town verbrachten sie den Winter, in den nächsten Tagen werden sie weiterziehen, nach Norden. „Mein Hund und ich kennen einen Platz da oben in den Bergen. Dort wollen wir wieder hin."

Auch Günter macht eine interessante Bekanntschaft. Ihm, als Mann der die Technik liebt, fiel ein Fahrzeug mit großen Solarpanelen auf dem Dach auf. Es gehört dem Cowboy-Poeten. Seine Augen haben etwas Verrücktes, um seinen dicken Kugelbauch schlängeln sich zwei Hosenträger und ziehen die Hose hoch über den Nabel, wie bei einem Clown. Er schenkt uns eine seiner CDs. Erst Wochen später haben wir Gelegenheit, sie zu hören. Es sind einfühlsame Country-Songs. Er schrieb die Texte zu den Liedern. Ich hätte ihm nicht so viel

Poesie zugetraut. Wie oft man Menschen doch aufgrund ihres äußeren Erscheinungsbildes einschätzt und unterschätzt.

Nach nur einer Nacht in Pie Town setzen wir unsere Reise am CDT fort. Der Weg folgt nun einer Schotterstraße. Links und rechts der Schotterpiste ist das Weideland eingezäunt. Vereinzelt stehen Häuser. Bei einer dieser Ranchs fragen wir nach Wasser. Brad, Mitte vierzig, hager und groß, gibt es uns gerne. Wir unterhalten uns über das Leben auf der Ranch.

„Als kleiner Bub kam ich mit meiner Familie hierher. Damals war das alles eine einzige große Ranch“, mit der rechten Hand macht Brad eine weite, ausholende Bewegung: „Jetzt gibt es mehr und mehr Subdivisions - Wohnsiedlungen, neue Leute ziehen her. Sie kommen im Sommer, es wird Winter und sie ziehen wieder weg. Aber noch ist die Welt heil, die Menschen sind freundlich und hilfsbereit. Keiner hier schließt sein Haus ab, wir lassen auch den Autoschlüssel stecken. Es könnte ja sein, dass mein Nachbar dringend ein Auto braucht, dann soll er die Möglichkeit haben, meines zu nehmen.“

Brad liebt das Rodeo. Er war sogar New Mexico Meister im Calf Roping. Seine Frau kommt aus der Stadt. Ihr geht es wie mir, auch ihr bleibt es ein Rätsel, wie man so reiten kann.

„Ich bin schon froh, wenn ich beim Traben nicht aus dem Sattel rutsche“, lacht sie.

Brad ist mir sympathisch, und das nicht nur, weil er mein Pferd lobt. Er tätschelt Rusty den Hals und sagt: „Du bist ein schönes Pferd. Wenn du mit dieser Reise fertig bist, kannst du zu mir kommen, wenn du nichts Besseres vorhast.“ Rusty blickt ganz stolz, als ob er die Worte verstehen würde.

Das Land rundum ist karg und trocken. Nur wenige, krumme Bäume trotzen den harschen Bedingungen. Hier möchte ich nicht leben. Für Brad ist es das schönste Stückchen Land der Erde, und ein bisschen beneide ich ihn um diese Gewissheit.

Einige Kilometer nördlich von Pie Town liegt El Malpais, das schlechte Land. Vor zwei- bis dreitausend Jahren brach Mount McCarty aus. Sein Lavastrom zog kilometerweit durch das Tal. Es war der dritte und letzte Ausbruch eines Vulkans in dem Gebiet im Zentrum New Mexicos. Wir stehen auf einer Sandsteinklippe und blicken über das schwarze Feld. So stelle ich mir die Mondlandschaft vor. Schwarz, trocken, öd, bizarr, überirdisch. Wenn man jedoch über die erkaltete Lava wandert, entdeckt man erst, dass das Gebiet durchaus besiedelt ist. Jetzt, im Frühling, blühen kleinste Blümchen und bilden einen farbenfrohen Kontrast zum schwarzen Stein. Grillen springen und Schmetterlinge flattern umher. An der Außenseite sind ihre Flügel farblos grau, innen jedoch leuchtend blau. Zwei himmelblaue Libellen tanzen durch die Luft. Der CDT folgt dem Acoma-Zuni Trail, einer alten Handelsroute über das erkaltete Lavafeld. Mit den Pferden können wir nicht über die Lava gehen, so folgen wir dem Chain of Craters Backcountry Byway, einer Schotterpiste. Vor einigen Tagen rief ich beim Northwest New Mexico Visitor Center an, um mich über die Beschaffenheit des Acoma-Zuni Trails zu erkundigen. Ich erklärte, dass wir mit Pferden unterwegs sind. Mein Gesprächspartner hielt mir einen langen Vortrag darüber, dass es unmöglich sei, den CDT mit Pferden zu reiten.

„Wir haben bereits an die tausend Kilometer davon zurückgelegt", sagte ich, doch er wischte meinen Einwand einfach beiseite.

„You don't understand ...", schrie er immer wieder ins Telefon: „Der Weg ist 5.000 Kilometer lang, so weit kann man nicht mit Pferden reiten und durch El Malpais schon gar nicht." Ich erzählte ihm von Günters Ritt durch Südamerika.

Wieder schrie er: „You don't understand ...".

„And you don't listen", dachte ich und gab auf. Dem Zuni-Acoma Trail folgen wir nicht, doch Acoma Pueblo wollen wir trotzdem besuchen. Das tausend Jahre alte Indianerdorf liegt auf einem Tafelberg, der sich wie ein Zahn rund 120 Meter aus der Steppe erhebt. Vor einigen Jahren wurde eine Straße in das Dorf gebaut, und so gelangen wir bequem nach oben. Die Aussicht über die weite Steppe ist atemberaubend. Pkws, die zwischen den alten Lehmziegelhäusern auf den Steinstraßen stehen, wirken fehl am Platz. Tausend Jahre alte Kultur vermischt sich auf irritierende Weise mit den Zeichen der Moderne. Doch abgesehen von den Autos hat sich in Sky City, wie Acoma Pueblo im modernen Amerikanisch genannt wird, nichts verändert. Der Sage der Acoma nach stiegen zwei Frauen, Nautsiti und Iatiku, aus der Unterwelt herauf und erschufen mit Hilfe der Sonne alle anderen Lebewesen. Anschließend heirateten die beiden Schwestern und gebaren Kinder. Iatiku blieb dort, wo heute Acoma Pueblo steht. Nach alter Tradition stellen noch heute viele Frauen in Acoma Pueblo Töpferwaren mit aufwändigen schwarz-weißen Mustern her, die weit über die Grenzen New Mexicos hinaus bekannt sind. Gerry, ein dickbäuchiger Indianer, ist unser Führer durch das Dorf. Ohne Führer darf man Acoma Pueblo nicht betreten.

„Wie sind diese Häuser denn eingerichtet?“, frage ich ihn.

„Auch für uns ist die Zeit nicht stehen geblieben. Auch wir kaufen unsere Möbel bei Walmart“, antwortet er.

Sein Vortrag über die Geschichte des Dorfes sowie das Leben der Bewohner heute ist auswendig gelernt. Wenn ich ihn mit einer Frage unterbreche, ist es, als ob er ein Band zurückspult. Er fängt einen Absatz vorher wieder an, und wir hören dieselben Sätze ein zweites Mal. Den Rückweg hinab in die Steppe gehen wir zu Fuß. Über eine steile, schmale Steintreppe gelangen wir hinunter. Links und rechts wurden Fingerlöcher in den Felsen gebohrt. Wie vielen Menschen mögen sie wohl in den vergangenen tausend Jahren Halt gegeben haben?

Von Acoma Pueblo aus hat man Blick auf den über 3.000 Meter hohen Mt. Taylor, den höchsten Berg entlang der kontinentalen Wasserscheide in New Mexico. Sein Vulkankegel dominiert die Landschaft, ein Patriarch inmitten einer Reihe kleinerer Gipfel, ein Riese unter Zwergen. Vor rund 3,3 Millionen Jahren wurde der Berg durch einen Vulkanausbruch geboren. Den Acoma-Indianern ist er heilig. Er liegt im Cibola National Forest auf einem großen vulkanischen Hochplateau, das wir durchqueren werden.

Wanderkarten für New Mexico zu bekommen war eine komplizierte Angelegenheit. Grundsätzlich standen drei Quellen zur Auswahl: für den National Forest gibt es topographische Karten im Maßstab 1:100.000. Das Amt für Landmanagement gibt ebenfalls Karten heraus, diese sind allerdings nicht topographisch. Drittens gibt es USQS Quadrangles, topographische Karten in sehr detailliertem Maßstab 1:24.000. USQS begann 1879 mit der flächendeckenden Erstellung von Karten für alle Bundesstaaten, und so alt scheinen manche der Karten auch zu sein. Das ist der Nachteil dieser Serie, neben der Tatsache, dass man alleine für den CDT in New Mexico 91 Karten bräuchte.

„In Südamerika musste ich mich oft mit handgezeichneten Skizzen durchschlagen“, erklärte mir Günter während unserer Vorbereitungszeit in Silver City, „wir brauchen nicht so viele und so detaillierte Karten.“

„In Südamerika waren aber Menschen unterwegs, die dir weiterhelfen konnten.“

„Dafür folgen wir hier einem markierten Trail.“

„Na gut“, stimmte ich halbherzig zu. Auch ich wollte nicht 1.000 Dollar für Kartenmaterial ausgeben. Doch das war vor einigen Wochen in Silver City. Damals war der Cibola National Forest noch weit weg. Jetzt dient uns als Planungsgrundlage für die nächsten hundertfünfzig Kilometer einzig die Cibola National Forest Karte. Sie ist im Maßstab 1:126.000 gezeichnet, wodurch 1.260 Meter im Gelände auf der Karte zu einem einzigen Zentimeter schrumpfen. Mehr als ein Quadratkilometer Landschaft mit allem, was sich auf diesem Gebiet befindet – Forstwege, Bäche, Kuppen, Erhebungen und Schluchten – wird auf der Fläche eines Fingernagels zusammengefasst. Um es noch spannender zu machen, ist diese Karte nicht topographisch, d. h., es wurden keine Höhenlinien eingezeichnet. Täler, Berge, Schluchten, felsige Abhänge bleiben verborgen.

Wir können nicht einmal erkennen, ob das Gelände flach oder steil ist. Im Grunde ist auf der Karte nicht viel mehr zu sehen als ein großer grüner Fleck mit einigen Linien, sprich Forststraßen, darin. Der CDT ist nicht eingezeichnet, auch kein anderer Wanderweg. Irgendwie ist die Navigation während der letzten Monate nach und nach meine Aufgabe geworden. Eigentlich erstaunlich, dass sich ein Mann so blindlings von seiner Frau führen lässt. Doch mir macht es Spaß. Meistens. Nicht immer. Laut unserem CDT-Buch existieren mehrere alternative Routen durch den Cibola Wald. Der Reisende hat die Auswahl zwischen landschaftlich reizvolleren oder kürzeren Alternativen. Unser Buch ist allerdings auch nicht mehr ganz auf dem neuesten Stand, um es mal freundlich zu sagen. Vor unserem Aufbruch hatte ich bei der Continental Divide Trail Alliance nach aktuellen Informationen zum Weg gefragt. Ich bekam folgende Antwort vom Field Operations Director Teresa:

„Erstens sind die Guide Books völlig 'out of date' und daher nicht mehr hilfreich. Außerdem ist die offizielle Route des CDT noch nicht vollständig festgelegt. Zweitens gibt es Gebiete, durch die man nicht mit Pferden reiten kann, selbst dann nicht, wenn der Trail einmal fertig gestellt ist. Drittens würde ich euch stark dazu raten, die ganze Reise nochmals zu überdenken. Startet auf keinen Fall im Frühjahr in New Mexico. Außerdem muss ich euch warnen, die Rancher am Weg sind nicht immer hilfreich und wollen auch nicht um Hilfe gebeten werden."

So viel Information wollte ich gar nicht haben. Denn eines hatte ich bereits gelernt. Wenn man sich von allem „Wenn und Aber" abschrecken lässt, begibt man sich nie auf den Weg. Man entwickelt mit der Zeit ein unglaubliches Gespür dafür, welche Informationen wichtig sind und welche man einfach beiseite schieben sollte. In einem Punkt hatte Teresa allerdings recht, unser Buch ist wirklich sehr veraltet. Da wir keine Markierung finden, folgen wir einer Forststraße Richtung Nord-Ost. Sie führt durch tiefgrünen Wald. Die dichten

Büschel der Föhren hängen schwer über dem Weg. Einige Espen lockern die Schwere. Am Wegrand wächst saftiges, grünes Gras. Nach einigen Kilometern endet die Forststraße, und wir müssen umkehren und nehmen eine andere Abzweigung. Diese bringt uns vorbei an Twin Springs, einer Quelle. Der große Tank, in dem sich das Wasser sammeln soll, ist leck, das kostbare Nass versickert im Boden. Aus der Quelle tröpfelt das Wasser so langsam, dass es dreißig Minuten dauert, die Trinkflasche zur Hälfte zu füllen. Hier können wir unsere Pferde nicht tränken. Als die Forststraße einen großen Bogen macht und Richtung Süden weiterführt, beschließen wir, uns querfeldein durchzuschlagen. Günter, dem ich in diesen Fällen gerne die Führung überlasse, führt uns steil bergab. Wir folgen einem Wildwechsel, in der Hoffnung, dass dieser uns zu Wasser führt, und erreichen tatsächlich einen plätschernden Bach. In der Rinde eines umgefallenen Baumstamms befinden sich tiefe Kratzspuren. Sie könnten von einem Bären stammen. Nachdem alle Wasserreserven gefüllt sind – wir transportieren nun meist an die zehn Liter Wasser – klettern wir durch den Wald steil bergauf. Reiten kann man in diesem Dickicht nicht und führen können wir nur zwei Pferde. Azabache und Rusty müssen daher alleine mitlaufen. Oft glauben sie es besser zu wissen und suchen einen anderen Weg. Azabache bricht dabei mit seinen Packtaschen viele dürre Äste ab, manövriert sich oft mitten ins Gestrüpp, doch er findet immer einen Weg. Treu folgt Rusty ihm Tritt für Tritt. Mit vier Pferden querfeldein durch den Wald zu gehen macht wenig Spaß. Es ist anstrengend, meine Arme sind zerkratzt und meine Hose zerrissen. Wieder gelangen wir auf eine Forststraße und folgen ihr. In unserem Buch steht, dass der Cibola Wald mit einem komplexen Netz an Forststraßen durchzogen ist. Zumindest in diesem Punkt hat es recht. An einer Lichtung schrecken wir eine Gruppe Hirsche auf. Elegant springen sie in hohen Bocksprüngen über die Wiese, Kopf und Geweih majestätisch erhoben, und verschwinden im Wald. Es ist bereits sieben Uhr abends, und wir sind seit vielen Stunden unterwegs, doch wir müssen die Quelle Ojo Piedra erreichen. In unserem Buch stehen die Koordinaten der Quelle. Sie liegt etwa zwei Kilometer nördlich, die Forststraße führt genau in die richtige Richtung. Mit jedem Schritt verringert sich die Distanz auf dem GPS. Dann endet die Straße. Vor uns liegt ein steiler Abgrund. Viel zu steil, um hinunterzuklettern. Günter schimpft: „Wozu haben wir dieses dumme GPS, wenn es doch nichts hilft!“

Ich schweige. Ich glaube kaum, dass er eine Erklärung hören will. Außerdem bin ich viel zu müde, um zu erklären. In etwa einer Stunde ist es dunkel. Günter geht zu Fuß los, während ich das Lager aufschlage. Er kommt erst nach drei Stunden zurück, aber er hat die Quelle gefunden. Trotzdem müssen die Pferde heute Abend ohne Wasser auskommen, für uns selbst und Leni haben wir noch genug. Wenigstens ist das Gras saftig. Trockenlager – wie ich es hasse, wenn der Luxus von Fließwasser – in Form eines Bächleins – wegfällt. Wir haben noch fünf Liter Wasser. Zwei Liter brauchen wir als Trinkwasser für uns und Leni, denn auch wir sind völlig ausgetrocknet, einen Liter am Morgen für Kaffee, einen halben Liter zum Kochen. Die Nudeln setze ich mit so wenig Wasser auf, dass nach der Kochzeit keines mehr übrig ist. Dann bleiben uns noch eineinhalb Liter, die wir an die Pferde aufteilen. Ein Tropfen auf den heißen Stein. Wasser zum Händewaschen, Zähneputzen und Abwaschen gibt es keines mehr. Wie vorsichtig man in so einer Situation mit jedem Tropfen Wasser umgeht, als wäre es das kostbarste Gut. Wenn ich etwas auf der Reise durch New Mexico schätzen lerne, dann den Wert von Wasser, frischem, sauberem und kaltem Wasser.

Während ich das Lager am Morgen abbaue, zieht Günter mit der Säge bewaffnet los. Die ersten hundert Meter sind sehr steil und führen durch dichten Wald. Umgefallene Bäume liegen kreuz und quer und müssen beiseite geschafft werden. Trotz Günters Vorarbeit dauert der Abstieg zur Quelle eine Stunde. Sie liegt an einer größeren Forststraße, die von südwestlicher in nordöstliche Richtung führt. Es ist eintönig, die Straße entlangzureiten. Doch wir haben genug davon, uns kreuz und quer durch den Wald zu schlagen. Drei Tage folgen wir der Straße. Die Nächte verbringen wir an Viehteichen voll schlammigem Wasser oder Quellen, deren Wasserqualität aufgrund der rostigen Einfassung auch nur geringfügig besser ist. Nach drei Tagen bin ich von Russ und Asche des Lagerfeuers so dreckig, dass Günter mich nur noch „Murli" nennt, was insofern gemein ist, als es mich an einen in dunkle Schokolade getunkten Eisbecher erinnert.

Der Cibola Wald hat seine Tücken, aber auch Überraschungen. Auf dem kargen Waldboden ziehen immer wieder feuerrote Flecken unsere Aufmerksamkeit auf sich. Es ist Indian Paintbrush. Blüten und Deckblätter bilden die Form von zackigen, scharlachroten Pinselspitzen. Es gibt zahlreiche Vertreter der Paintbrush-Familie: Wüsten Paintbrush, Wyoming Paintbrush, Riesiger Roter, Alpiner oder Sulphur Paintbrush. Es ist eine Blume, die uns auf der gesamten Reise von New Mexico bis Montana begleiten wird. Immer wieder bin ich von der Anpassungsfähigkeit dieser Pflanze fasziniert. Nahe einem steilen Abhang blüht eine Yucca. Die Schönheit dieser glockenförmigen, kugeligen, cremefarbenen Blütenbecher, die wie opulente Trauben an einem einzigen Blütenstängel hängen, macht mich sprachlos. Yucca gehören zur Familie der Agavengewächse und blühen oft erst im hohen Alter. Seit Tagen haben wir keinen Menschen mehr gesehen, dafür viele Rehe und Hirsche und zwei Kojoten, die am Waldrand entlangliefen und herumtollten. Große gelbschwarze Schmetterlinge leben in diesem Wald, und Vögel, deren einprägsame Melodie ich leise pfeife. Die Vögel müssen es gewesen sein, die den Menschen dazu inspirierten, Musikinstrumente zu schaffen. Ist ein Vibrato auf dem Instrument nicht der Versuch, das Trillern der Vögel zu imitieren? Ein Specht hämmert lautstark, ich erspähe ihn im Dickicht des Waldes: roter Kopf, weißer Bauch, schwarze Flügel. Die eindrucksvollste Begegnung im Cibola Wald erleben wir an einem sonnigen Nachmittag.

„Schau mal dort drüben", Günter deutet auf einen braunen

Fleck am anderen Ende einer großen Wiese. „Ein Hirsch?", frage ich zurück. Aufgrund des Verlustes der Kontaktlinse trage ich seit Wochen meine Reservebrille. Mit dieser sehe ich nicht so gut, und wir haben in den letzten Tagen viel Wild gesehen. Günter springt vom Pferd, hebt die Kameratasche vom Packpferd und kramt nach dem Teleobjektiv der Kamera. Wenn er so einen Aufwand betreibt, kann es nicht nur ein Hirsch sein, denke ich, nehme mein Fernglas aus der Satteltasche und spähe über die Wiese. Ein Schwarzbär streunt auf Futtersuche über die Lichtung. Der Wind weht günstig, der Bär hat uns noch nicht gewittert. Günter drückt mir die Zügel seines Pferdes in die Hand und pirscht sich näher heran, denn wir sind einige hundert Meter entfernt. Geduckt läuft er von Baum zu Baum, immer näher an den Bären heran. Ich überlege mir in der Zwischenzeit meine Fluchtstrategie. Irgendwo habe ich gelesen, dass ein Bär schneller läuft als ein Pferd. Es ist ein schönes Tier, braunes kuscheliges Fell, dunkle runde Ohren, schwarze Knopfaugen. Gemächlich trottet er über die Wiese. Seine Bewegungen haben etwas Anmutiges, Gemütliches. Ich kann nicht anders, ich muss an Balu denken, meinen liebsten Helden aus Kindheitstagen. „Probier's mal mit Gemütlichkeit, mit Ruhe und Gemütlichkeit ... Denn mit Gemütlichkeit kommt auch das Glück zu dir ...", singe ich tonlos. In diesem Moment entdeckt der Bär Günter, stellt sich auf die Hinterbeine und starrt ihn an. So aufgerichtet ist er etwa so groß wie Günter. Einige Sekunden stehen die beiden einander gegenüber, Günter hat immer noch die Kamera am Auge, dann dreht sich der Bär um, galoppiert in lustigen Sprüngen davon und ist verschwunden.

An einem der Viehteiche lässt Günter wieder alle vier Pferde über Nacht frei, überzeugt davon, dass sie beim Wasser bleiben werden. Ich wiederum bin am Morgen so überzeugt davon, dass Günter sie suchen muss, dass ich erst gar nicht aufstehe. Ich bewundere Günter für seinen Optimismus. Mir ist schon nach zehn Minuten Suche in dem weiten, offenen Land nach Aufgeben zumute. Es ist wie die Suche nach der

Nadel im Heuhaufen. Prärie so weit das Auge reicht, nur gelbes, trockenes Gras und „Sagebrush" – Wüstensalbei oder Steppen-Beifuß genannt. Ich kann dem Anblick dieses silbriggrauen runden Strauches wenig abgewinnen. Für mich steht er für Monotonie, Endlosigkeit, Trockenheit. Doch etwas Faszinierendes, ja Geheimnisvolles, muss diesem Wüstensalbei anhaften. Denn kaum eine andere Pflanze wird in den Country Songs mehr besungen als der Sagebrush. Der Strauch verbreitet einen aromatischen Geruch, der zur Abschreckung von Tieren dient. Die Blätter sind mit feinen silbrigen Haaren bedeckt. Für viele nordamerikanische Indianer ist der Wüstensalbei eine der heiligsten Pflanzen. Sie verbrennen ihn in Zeremonien, im Glauben, dass dies böse Geister fernhält und die Gedanken reinigt. Der US-Bundesstaat Nevada hat den Wüstensalbei sogar zur Nationalblume ernannt. Mir ist der Kult um diesen krumm gewachsenen Strauch ein Rätsel. Da das Wort Salbei im Namen steckt, habe ich die Blätter gekostet, doch sie schmecken bitter. Auch unsere Pferde mögen sie nicht und selbst als Feuerholz ist der Strauch wegen seines starken Geruchs nur im Notfall zu gebrauchen. Auf den ersten Blick wirkt die Steppe endlos flach, doch sie bietet genug Versteckmöglichkeiten für die Pferde: Senken, kleine Hügel, einzelne Baumgruppen. Diesmal haben sie sich in einem Kiefernhain versteckt, Günter findet sie bereits nach drei Stunden. Manchmal denke ich, für ihn ist die Pferdesuche so etwas wie Ostereier suchen. Man weiß, dass man am Ende fündig wird, die Suche selbst ist Spiel und Spaß. Hörte er diese Behauptung, würde er gewiss heftig protestieren.

Am dritten Tag folgen wir Steinmännchen quer durch den Pinien- und Kiefernwald. Sie führen uns zu einer steilen Abbruchkante in der Landschaft. Vor uns breitet sich das Tal des Rio Puerco aus. In der Mittagshitze flimmert das Bild vor unseren Augen: eine Wüstenlandschaft in Ockergelb und Rot mit bizarren Sandsteinformationen. Man könnte glauben, vom Himmel sei eine riesige Palette mit roter und gelber Farbe auf den Boden gefallen. Aus der Wüste wachsen Vulkankegel, bizarr wie eine Mondlandschaft. Je düsterer die Farben der Berge – Schwarz, Rostrot und Braun – umso leuchtender der ockergelbe Sand. Cabezon Peak erhebt sich wie ein schwarzer versteinerter Baumstamm. Eine abweisende, urzeitliche Landschaft, die mich mit ihrer einsamen, rauen Schönheit in ihren Bann zieht. Das ist das Land der Karl-May-Bücher, die Kulisse der Cowboy- und Indianerfilme. Ein ausgetrocknetes Flussbett schlängelt sich als weiße Linie durchs Land. Kein schattenspendender Baum so weit das Auge reicht, nur Stein und Sand. Wir stehen an der Kante der Mesa Chivato. Die Weite des Landes vor uns fesselt unseren Blick. Aus der Ebene erheben sich gelb-rote Tafelberge, umgrenzt von steilen, vielfarbigen Sandsteinklippen, sowie scharfkantigen Zacken vulkanischen Ursprungs.

„Da reiten wir durch", erkläre ich und mache eine weit ausholende Bewegung mit meinem Arm.

„Was?", Günter starrt mich fassungslos an, „Sonja, nein, du machst Witze. Bitte."

„Nein", erkläre ich bestimmt und wiederhole, „da reiten wir durch. Bis ins Dorf Cuba sind es etwa achtzig Kilometer."

Entsetzen steht Günter ins Gesicht geschrieben. „Das ist nicht dein Ernst. Sonja, wir müssen besser miteinander reden. So was musst du mir sagen. Das darf doch nicht wahr sein, da müssen wir durch!"

So schlimm finde ich die Aussicht nun auch wieder nicht. Es wird heiß werden und trocken, aber das war es bisher auch. In unserem Buch ist die Landschaft folgendermaßen beschrieben: „Das Tal des Rio Puerco ist ein hervorragendes Wandergebiet. Eines, das niemals versäumt, zu überraschen und zu erfreuen." Außerdem steht geschrieben, dass vor uns das längste Segment des Weges ohne Zivilisation in New Mexico liegt und dass wir uns auf eines der „schönsten und interessantesten" Gebiete freuen dürfen. Noch einen Hinweis hat das Buch für uns: „Es sollte möglich sein, Wasser in vernünftigen Intervallen zu finden, immerhin haben schon prähistorische Indianer hier überlebt." Heute ist das Tal unbewohnt.

Steil führt der Weg über vulkanisches Geröll hinab. Wir folgen einem alten Viehweg, über den früher Rinder vom Tal auf das Hochplateau getrieben wurden. Wir steigen etwa 700 Höhenmeter hinab. Die Vegetation wird spärlicher, die Temperatur steigt im Schnitt um ein Grad je hundert Meter. Auf der gelbroten Erde wachsen Kakteen. Sie blühen in Gelb-, Rosa- und Rottönen, ein dorniger Blumenteppich. Ein Stacheldraht versperrt uns den Weg. Für Wanderer ist ein v-förmiger Durchlass eingebaut, zu schmal für Rinder und Pferde. Mit einer Zange öffnen wir den dreifachen Stacheldraht, führen die Pferde auf die andere Seite und schließen den Zaun wieder. Der Boden hier ist sandig, und wir müssen die Pferde im Auge behalten. Sie wollen sich im weichen Sand wälzen. Dass sie Sättel und Packtaschen tragen, stört sie dabei wenig. Kurze Zeit später stoßen wir erneut auf einen Zaun. Noch dreimal müssen wir die Prozedur wiederholen, bis wir im Tal ankommen. Unser Ziel ist die Quelle Ojo Frio, deren Wasser laut unserem Buch „kalt und exzellent schmeckt". Leider irrt das Buch an dieser Stelle. Das Wasser von Ojo Frio wird in einem Betonring als Tränke für Rinder gesammelt. Auf dem Boden hat sich Schlamm und Morast gebildet, und das Wasser stinkt und ist warm. Auf der Reise durch New Mexico lernen die Pferde aus allen möglichen Tränken zu saufen. Rusty ist immer der Erste am Wasser. Der Durst macht ihn mutig. Dino hingegen ist so ein Feigling, dass wir ihm erst lange gut zureden müssen, bevor er eine neue Tränke ausprobiert. Nahe der Tränke haben Jäger ein Stück Weideland mit Stacheldraht eingezäunt, in dem wir die Pferde über Nacht grasen lassen. Am Morgen öffnet Günter das breite Tor und ruft die Pferde mit unserem Lockruf. Diese gepfiffene Melodie assoziieren sie mit Futter. Rusty spricht am besten auf den Ruf an und kommt fast immer als Erster angelaufen. Leider hat er keine Führungsrolle in der Gruppe, und die anderen folgen ihm meist nur zögernd oder gar nicht. Auch an diesem Morgen ist Rusty der Erste, der auf Günter zugelaufen kommt. Er ist so versessen darauf, schnell ans Futter zu gelangen, dass er das offene Tor nicht sieht und einfach über den Zaun springt. Er unterschätzt die Höhe, streift mit dem Bauch am Stacheldraht, erschrickt, bleibt mit den Hinterbeinen hängen und holt sich Kratzer am Bauch, an Hinterbeinen und Fesseln.

„Rusty! Wie kannst du nur so dumm sein!", schimpfe ich. Während er frisst, waschen wir die Wunden aus und besprühen sie mit desinfizierendem Spray, der überall gelbe Flecken hinterlässt.

„Jetzt hast du ein Paint Pony", lacht Günter.

Um der größten Hitze des Tages zu entkommen, stehen wir seit Beginn der Reise durch New Mexico früh auf. Heute Morgen klingelt der Wecker meiner Armbanduhr bereits um vier Uhr. Drei Stunden später sind wir unterwegs. Noch ist die Temperatur angenehm. Der Boden in diesem Tal ist sandig, idealer Untergrund, um barhuf zu reiten. Hier können die Pferde ganze Tage ohne Hufschuhe gehen. Feigenkakteen stehen wie mehrarmige Kerzenleuchter neben dem Weg und prahlen mit gelben Blüten. In den kühleren Morgenstunden kann auch Leni mitlaufen. Hin und wieder gerät sie in den Bann der Präriehunde, die jedoch viel zu schnell in ihren Löchern verschwinden. Leni steckt ihre Nase hinein, gibt prustende Geräusche von sich und läuft dann mit erdigem Maul weiter.

Unser Weg durchquert ein breites, ausgetrocknetes Flussbett in einem engen Canyon. Ich gehe voran und will vom gegenüberliegenden Ufer zurückfotografieren. Von oben beobachte ich, wie sich ein Pferd nach dem anderen im weichen Sand fallen lässt. Die Versuchung war einfach zu groß. Azabaches Packsattel verrutscht und hängt nun seitwärts auf dem Pferd. Er schreckt sich und galoppiert davon. Rusty weiß zwar nicht, was los ist, galoppiert aber gleich mit. Günter ist sprachlos vor Schreck. Im Gegensatz zu mir weiß er aus Erfahrung, was jetzt passiert. Azabache buckelt nun so lange, bis die Seile sich lösen, sämtliche Gegenstände aus den Packtaschen fliegen und sich schließlich der Sattelgurt lockert und reißt. In seiner Panik galoppiert das Pferd so lange, bis es frei ist. Ausrüstungsgegenstände gehen verloren, Packtaschen zerreißen und der Packsattel geht kaputt.

„Ho, ho! Steh!“, schreie ich von oben und zu unserer großen Verwunderung bleiben die Pferde tatsächlich stehen. Schnell packen wir Azabache ab, richten den Sattel und bepacken ihn wieder. In der Zwischenzeit sind die anderen Pferde verschwunden.

„Das darf doch nicht wahr sein!“, flucht Günter.

„Die sind sicher nicht weit weg“, beruhige ich ihn. Und tatsächlich, wir finden sie um die nächste Biegung. Sie wollten sich nur die Wartezeit mit dem Rupfen einiger Grashalme vertreiben. Wieder kommen wir an einigen Stacheldrahtzäunen mit den bereits bekannten v-förmigen Toren vorbei. Das Öffnen und Schließen des Zaunes kostet uns viel Zeit und so vergehen die kühlen Stunden des Tages viel zu schnell. Das Quecksilber ist mittlerweile auf vierzig Grad geklettert. Wie in Trance zieht unsere Karawane durch die flimmernde Hitze. Jetzt verstehe ich, was der Autor unseres Buches meinte, als er schrieb: „Die Schönheit des Tales ist spektakulär, es fehlt nur noch ein Wasserfall“. Wir phantasieren von gekühlter Limonade und Eis. Das Wasser in meiner Wasserflasche aus der Quelle Ojo Frio stinkt nach Kloake. Ich habe Angst, davon krank zu werden und trinke so wenig wie möglich. Ich träume von einem Kiosk, der sich hinter der nächsten Kurve verbirgt und uns kaltes Wasser verkauft. Doch wir sind an einem Punkt angelangt, wo Geld keine Rolle mehr spielt. Selbst mit dem Hundert-Dollar-Schein in meiner Tasche kann ich mir hier nichts kaufen.

Unser Weg führt über Sandsteinfelsen. Sehr misstrauisch und vorsichtig gehen die Pferde bergauf oder bergab über den rutschigen Felsen. Hätten sie Hufeisen, wir müssten einen anderen Weg suchen, denn sie würden auf diesem glatten Untergrund abrutschen. An einer besonders steilen Stelle führen wir Lightfoot und Dino einzeln über einen schrägen Riss im Fels hinauf. Noch bevor ich ihn holen kann, versucht Rusty es im direkten Anstieg, rutscht ab und auf den Knien wieder hinunter. Azabache denkt, er kann es besser, versucht es ebenfalls diritissima und rutscht auch ab. Sie hinterlassen rote und schwarze Haare am Fels, verletzen sich aber zum Glück nicht.

Für diesen Teil des Weges haben wir nun gar kein Kartenmaterial, doch er ist gut mit Steinmännchen markiert. Meine Gedanken kreisen ständig um das Thema Wasser. In unserem Buch ist eine Viehtränke im Arroyo de los Cerros Colorado angegeben. Ich bete darum, dass diese Information noch aktuell ist. Lange Stunden reiten wir auf halber Höhe einer Sandsteinklippe entlang. Leni sitzt bei mir im Sattel. Manchmal müssen wir kleine Gräben überspringen. Die Aussicht ist beeindruckend. Vor uns auf dem trockenen Wüstenboden stehen bizarre Felsnadeln, auch Hoodoos genannt. Diese Gesteinssäulen wurden durch Wind geformt. Durch verschieden harte Sedimentschichten entstehen unterschiedliche Dicken in verschiedenen Höhen. Manche Felsnadeln tragen eine Felsplatte wie einen breiten Hut, der sie horizontal in jede Richtung meterweit überragt.

Seit zwei Wochen sind wir keinem Menschen mehr begegnet. Wir sind Tagesritte von der nächsten Ortschaft entfernt. Doch genau diese Einsamkeit und Unabhängigkeit ist es, die wir suchen. Es ist das einfache, simple Leben, reduziert auf das Wesentliche, das Hier und Jetzt. Am späten Nachmittag sehen wir die ersten Kühe. Wo Kühe sind, gibt es Wasser. Wir folgen ihren Spuren. Ein Trampelpfad, etwa zwanzig Zentimeter breit und fünf Zentimeter tief, führt uns direkt zur Tränke.

„Schau dir mal die Spuren an. Kein einziger Fußabdruck, nur die Paarhufe der Kühe. Außer uns sind nur Rindviecher auf dem CDT unterwegs!“, ruft Günter mir zu.

Die Pferde haben seit dem Morgen kein Wasser mehr gehabt, trotzdem müssen wir Dino erst gut zureden, bevor er sich an das große Fass heran wagt. Ich werfe Leni ins Wasser. Sie klettert sofort wieder heraus. Ich werfe sie nochmals hinein, pflichtbewusst schwimmt sie eine Runde. Dann entdeckt Günter den Wasserhahn. Bei dieser Tränke wird Grundwasser von tief unter der Oberfläche heraufgepumpt. Mithilfe des Wasserhahns kann man direkt darauf zugreifen. Das bedeutet, das Wasser ist sauber und kalt! Ein Schlauch liegt neben der Tränke. Wir schließen ihn an den Wasserhahn, reißen uns die Kleider vom Leib und spritzen uns gegenseitig nass. Voll Freude springen wir auf und ab. Rund herum stehen Kühe und glotzen uns aus ihren schönen dunklen Augen an.

„Lass uns einen Tag hier bleiben", bettle ich.

„Ja, gut. Die Pferde haben sich einen Tag Pause verdient", antwortet Günter.

„Bin ich froh, dass wir die Pferde dabei haben!"

„Das Zelt schlagen wir dort oben auf", bestimmt Günter und deutet auf ein etwa zwanzig Meter hohes Plateau.

„So weit weg vom Wasser", maule ich, sehe dann aber ein, dass wir dort den Kühen nicht in die Quere kommen. Nachdem wir die Pferde abgepackt haben, sagt Günter: „Wir lassen sie alle laufen. Die Weide hier ist eingezäunt, da können sie ohnehin nicht weit weg."

„Bist du sicher? Ich sehe weit und breit keinen Zaun."

„Die Kühe bleiben ja auch da." Mit diesen Worten gibt er den Pferden einen freundschaftlichen Klaps auf die Hinterbacken, und sie marschieren davon.

„Na, du hast ja morgen den ganzen Tag Zeit, sie zu suchen, während ich mich ausruhe", sage ich.

Von unserem Lagerplatz haben wir weite Sicht über das Tal. Während ich am Lagerfeuer koche, beobachte ich die Pferde. Irgendwie verhalten sie sich merkwürdig. Anstatt zu weiden, marschieren sie zielstrebig Richtung Westen. Stückweise galoppieren sie sogar. Und ich dachte, sie wären müde!

„Sie sind schon ganz weit weg", rufe ich Günter zu. Er nimmt mir das Fernglas aus der Hand. „Tatsächlich. Morgen Früh geh ich sie suchen", beruhigt er mich.

Wir genießen den Abend. Das erste Mal seit Wochen fühlen wir uns wieder sauber. Auch meine Haare sind frisch gewaschen, feucht hängen sie über meinen Rücken und spenden angenehme Kühle. Im Feuer knistern die Wurzeln der Wacholdersträucher und verbreiten einen feinen, würzigen Duft. Die Nacht ist klar. Tausende Sterne leuchten am Himmel. Großer Wagen, kleiner Wagen, dann enden meine astronomischen Kenntnisse auch schon wieder. Die Tiere der Nacht erwachen. Wir hören das Heulen der Kojoten. Sie sind nicht weit vom Lager entfernt. Leni antwortet mit wütendem Bellen. Ich halte ihr das Maul zu, nicht dass sie die Kojoten anlockt. Den Kojoten wird nachgesagt, dass sie Hunde in Fallen locken und zerfleischen. Unsere Leni wäre sicherlich ein besonderer Leckerbissen. Meine Sorgen kreisen immer nur um die Tiere, erstaunlich, über uns selbst mache ich mir wenig Gedanken.

Am nächsten Morgen schlafen wir lange, frühstücken ausgiebig – so weit man bei Haferflocken und Müsli von einem ausgiebigen Frühstück sprechen kann –, dann macht Günter sich auf die Suche.

„Soll ich mitkommen?“, frage ich.

„Nein, bleib hier und mach dir einen schönen Tag“, antwortet Günter und läuft mit einer Wasserflasche in der Hand bereits den Hang hinab.

„Komm bald wieder zurück“, rufe ich ihm nach.

„Klar!“, antwortet er.

Ich bereite mir ein Lager im Schatten eines Wacholderstrauches. Leni liegt neben mir. Nur wenn ich regungslos im Schatten verharre, ist die Hitze erträglich. Wie haben wir die letzten Tage überstanden, wie werden wir die nächsten Tage aushalten? Wir befinden uns nur noch drei Tagesritte von Cuba entfernt, haben aber keine Information über Wasser auf dieser Strecke. Selbst wenn wir sämtliche Behälter füllen, können wir nicht genug Wasser für drei Tage für uns und die Pferde transportieren. Ich schiebe den Gedanken fürs Erste beiseite und fröne dem Müßiggang. Selten ist es mir gelungen, die Kunst des Faulenzens so zu perfektionieren. Dasein und Nichtstun und das mit großem Vergnügen. Ich liege im Schatten und betrachte die Umgebung. Etwas im Liegen zu betrachten führt zu einer völlig veränderten

Anschauung des Raumes und der Dinge. Es ist nicht etwa so, dass ich in Situationen wie diesen nachdenke oder etwa gar philosophiere. Vielmehr verfalle ich im Betrachten scheinbar geringer Gegenstände, wie einem Blatt, das im Wind flattert oder dem Stachel einer Mücke, der langsam ausfährt und sich in die Haut versenkt, in ein wachsendes Erstaunen über die Vielfalt des Geschehens und vergesse darüber völlig mich selbst. Diese Momente sind im regen, aktiven Leben, das unsere Gesellschaft fordert, nur schwer zu erreichen. Doch hier draußen, in der Hitze und Monotonie der Landschaft erscheint mir jede weitere Bewegung, und sei es nur die meiner Augen über die Seiten eines Buches, im Augenblick zu viel.

Hin und wieder plagt mich das schlechte Gewissen. Günter ist bei dieser Hitze unterwegs, mit nur einem Liter Wasser in seiner Flasche, und ich liege hier und faulenze. Dann stehe ich auf und wasche unsere Wäsche. Gerade als ich mich wieder in meine Schattenoase zurückziehen will, höre ich ein Motorengeräusch. Ein Pickup nähert sich und bleibt stehen. Eine Frau, ganz in Weiß gekleidet, mit nagelneuen, ebenfalls weißen Sportschuhen steigt aus. Ich gehe auf sie zu, um sie zu begrüßen.

„Pass auf!“, ruft sie mir schon von weitem zu, „Hier wimmelt es nur so vor Klapperschlangen!“

„Schon gut“, antworte ich, „Wir sind seit vier Wochen unterwegs und haben noch keine einzige gesehen.“ Ich gehe noch einige Schritte auf sie zu.

„Aber haben sie vielleicht vier Pferde gesehen?“, frage ich, doch sie schüttelt nur den Kopf und klettert wieder ins Auto. Wenige Minuten später ist die Erscheinung in Weiß verschwunden.

Wieder zurück in meinem Versteck vor der Sonne beginnen meine Gedanken abzuschweifen. Es muss wohl an der Hitze liegen, dass ich an meinen Aufenthalt in Kambodscha denke. So merkwürdig es klingt, doch die Erfahrungen, die ich während meiner Arbeit in diesem südostasiatischen Land sammeln durfte, haben mich auf diese Reise vorbereitet. Dort bin ich

Menschen begegnet, die es gewagt haben, mutige Schritte zu tun, ungewöhnliche Lebensweisen zu wählen, nicht im Sicherheitsdenken verhaftet blieben und im Moment lebten. Das waren die Ausländer, die unterschiedlichste Gründe nach Kambodscha geführt hatten, die jedoch eines gemeinsam hatten: Den Glauben, etwas verändern zu können, und sei es ihr eigenes Leben. Ihnen gegenüber stehen die Khmer, die Einheimischen, die in ihrer Armut gefangen keine Möglichkeit haben, ihr zu entkommen, die oft nicht wissen, wie sie am nächsten Tag ihre Familien ernähren sollen und die trotzdem lachen können. In langen Abenden in der Hängematte konnten diese Eindrücke sickern und etwas in mir bewegen. Sie haben zurechtgerückt, was für mich im Leben wichtig ist.

Die Sonne ist gewandert und zwingt mich, ihr zu folgen, will ich im Schatten bleiben. Wenn ich mich schon bewegen muss, gehe ich zur Kante und halte Ausschau. Rund um die Viehtränke stehen oder liegen die Kühe. Auf der anderen Talseite steht still ein Windrad. Sonst ist weit und breit nichts zu sehen, keine Spur von Günter und den Pferden.

„Warum hast du sie nur laufen lassen?“, frage ich in die Stille. Leni sieht mich mit fragendem Blick an. Wir gehen zur Tränke, ich werfe Leni ins Wasser und dusche. Die Kühe bilden einen Kreis um uns und schauen zu. Splitternackt unter Kühen - wer hat das schon erlebt? Die Kühe offensichtlich auch nicht, denn sie starren mich aus ihren großen, schwarzen Glubschaugen ungläubig an. Tritt eine Kuh näher, bellt Leni sie wütend an. Drei kleine Kälber zeigen besonderes Interesse an Leni. Sie kommen ein paar Schritte näher, Leni bellt sie an, sie ziehen sich zurück; sobald Leni ihnen den Rücken zukehrt, kommen sie wieder näher. Ich glaube, sie wollen spielen.

Bei Einbruch der Dämmerung bin ich immer noch alleine. Langsam mache ich mir Sorgen. Günter ist seit elf Stunden unterwegs. Ich hoffe, er hat irgendwo Wasser gefunden, denn ein Liter ist bei dieser Hitze wie ein Tropfen auf dem heißen Stein. „Er muss einer heißen Fährte gefolgt sein“, erkläre ich Leni, „sonst wäre er bereits zurückgekommen.“ Ich sitze auf dem Felsvorsprung und warte. Auch die Pferde haben kein Wasser. Warum sind sie nur so dumm und bleiben nicht bei der Tränke! Könnte Günter sich verirrt haben? „Nein, unmöglich", sage ich zu Leni, „dazu hat er einen viel zu guten Orientierungssinn." Vertrauensvoll blickt sie mich an. Irgendetwas bewegt sich im Tal. Doch es sind nur Kühe, die zum Wasser kommen. Mittlerweile ist das letzte Sonnenlicht verloschen, trotzdem ist es relativ hell. In wenigen Tagen ist Vollmond. Untätig harre ich auf meinem Aussichtspunkt aus. Jetzt fällt mir das Nichtstun schwer. Gegen neun Uhr kommt Günter zurück, alleine.

„Und?"

„Es ist wie verhext. Sie sind wie vom Erdboden verschluckt", berichtet er.

„Wieso? Erzähl!"

„Ich folgte ihren Spuren. Sie führten direkt zum Zaun. Diesem folgten sie so lange, bis sie ein Loch im Zaun entdeckten. Den Hufabdrücken nach marschierten sie so zielstrebig auf das Loch zu, als ob sie es geahnt hätten."

Günter lässt sich erschöpft auf meine Matte fallen.

„Ein Loch im Zaun?", frage ich.

„Und nicht nur eines. Der Zaun liegt an vielen Stellen einfach flach, die Pfosten sind umgefallen."

„Und da sind sie darüber?"

„Am ersten sind sie vorbei. Höchst anständig, dachte ich, doch beim zweiten umgefallenen Zaun sind sie direkt darüber, schnurgerade, an keinem einzigen Hufabdruck konnte ich erkennen, dass einer gezögert hätte. Und sonst stellen sie sich so an, wenn sie über einen Draht steigen müssen."

„Was ist auf der anderen Seite?"

„Ebenfalls eine Weide. Ich folgte den Spuren, zunächst waren sie deutlich, doch dann verloren sie sich. Ich fand und verlor die Spur immer wieder. Ich lief ständig im Kreis. Auf der Weide dort gibt es ganz tolles Futter! Es macht einfach keinen Sinn! Die laufen doch nicht an gutem Futter vorbei. Ich verstehe es nicht!", Günter schüttelt den Kopf, „Ich kenne schon jede Kuh da drüben persönlich. Von weitem habe ich auch einen Reiter auf einem weißen Pferd gesehen. Später fand ich das Pferd im Korall. Daneben steht ein Wohnwagen. Doch der war abgeschlossen, kein Mensch weit und breit." Er seufzt: „Morgen gehe ich den Zaun der Nachbarweide ab. Mal sehen, ob es dort auch ein Loch gibt."

„Soll ich dir helfen?"

„Nein. Bleib du hier."

„Ich will aber..."

„Nein. Wir können Leni nicht mitnehmen. Es ist zu heiß für sie. Gemeinsam suchen macht keinen Sinn, und wenn wir uns trennen, können wir uns nicht abstimmen", erklärt Günter. „Außerdem finde ich sie morgen ganz bestimmt", ergänzt er und lächelt mich aufmunternd an. Nächte ohne Pferde sind seltsam. Es ist einsam. Wir schlafen schlecht.

Noch vor der ersten Dämmerung zieht Günter am nächsten Morgen los. Unwillig bleibe ich zurück. Soll ich Hilfe holen? In den Tiefen unseres Gepäcks krame ich nach dem Mobiltelefon, reine Routine. Es wird nicht funktionieren, noch nie hatten wir unterwegs Empfang. Doch zu meinem großen Erstaunen erreicht uns ein schwaches Signal. Wahrscheinlich wegen der Ölbohranlage, die wir vor zwei Tagen aus der Ferne sahen. Ich rufe George Marr, den Chef der Backcountry Horsemen dieser Region, an und bitte ihn um Hilfe. Wenig später erreicht mich ein Rückruf des Sheriffs: „Wir haben eine Meldung erhalten, dass ihre Pferde entlaufen sind."

„Ja, das ist richtig."

„Sie gelten hiermit als vermisst", sagt die Stimme am Telefon.

Am Nachmittag kann ich nicht mehr still sitzen, ich binde Leni im Schatten eines Baumes an, stelle eine Wasserschüssel neben sie und folge ebenfalls den Spuren. Ich finde das Loch im Zaun, doch auf der anderen Seite verliere ich die Spuren. Ich steige auf den höchsten Hügel weit und breit, doch mit meiner Brille und ohne Fernglas kann ich nicht einmal Kühe von Pferden unterscheiden. Dafür entdecke ich Günter.

„Ich bin einmal den ganzen Zaun abgelaufen, etwa zwanzig Kilometer, aber der Zaun ist sonst überall intakt“, ruft er mir zu, „Sie müssen noch hier drinnen sein.“

„Na dann finden wir sie auch.“

„Such du die linke Seite ab bis runter in die Senke, ich gehe nach Norden, wo ich die Spuren verloren habe.“

„Einverstanden.“

„Sieh zu, dass du bei Einbruch der Dunkelheit im Lager bist. Ich habe meine Stirnlampe dabei.“

Die Suche ist qualvoll. Die Weide ist groß und hügelig. Sie hat einen Umfang von etwa zwanzig Kilometer, und es ist drückend heiß. Gegen acht Uhr gehe ich zurück ins Lager. Günter kommt zwei Stunden später. Alleine. Jetzt sind wir wirklich beunruhigt. Wir müssen davon ausgehen, dass die Pferde kein Wasser finden. Zwei Tage ohne Wasser sind sehr lang. Unruhig liegen wir im Zelt. Irgendwann schlafen wir doch ein.

Am Morgen zieht Günter wieder los.

„Treffen wir uns um elf Uhr bei der Viehtränke auf der anderen Weide“, ruft er mir noch zu.

Ich telefoniere mit dem Amt für Landmanagement. Danny erklärt sich zuständig für das Gebiet, in dem wir uns befinden. Er teilt meine Sorgen und beschließt kurzerhand, sich ins Auto zu setzen und hierher zu kommen.

„Ich kenne ein paar Rancher da draußen, die können helfen“, erklärt er.

Seine Anreisezeit beträgt zwei Stunden. Um elf Uhr sitze ich wie vereinbart bei der Viehtränke, doch Günter kommt nicht. Auch eine Stunde später bin ich nach wie vor alleine. In der Ferne sehe ich einen Punkt, der sich auf mich zu bewegt. Beim Näherkommen erkenne ich ein altes Auto. Es fährt direkt auf mich zu und bleibt stehen. Das kann doch nicht Danny sein, denke ich, wie sollte der mich hier finden? Ein alter Mann steigt aus und kommt mir entgegen.

„Bin ich froh, dich zu sehen“, begrüßt mich der Alte und umarmt mich. „Ich suche dich schon seit Stunden.“

Ich starre ihn fassungslos an und sage kein Wort.

„Verstehst du kein Englisch?“, fragt er mich zögernd, wobei er den Satz langsam und deutlich ausspricht.

„Doch, doch, aber...“, stottere ich, „Wer sind sie?“

„Dein Mann und die Pferde kommen auch gleich“, sagt er, „Sie sind dort hinten.“

Jetzt ist es mir völlig egal, wer er ist. Ich laufe Günter entgegen. Müde sehen sie aus, alle fünf. Die Pferde stürzen sich auf die Tränke. Ich reiche Günter meine Wasserflasche, er leert sie in einem Zug.

„Wo waren die Pferde? Was ist geschehen? Wer ist dieser Alte?“

Günter lässt sich erschöpft in den Sand fallen. Es dauert eine Weile, bis ich Antworten auf meine Fragen bekomme.

„Das ist Mr. Taylor“, stellt Günter mir den alten Mann vor. „Er ist der Pächter diese Weide. Er hat unsere Pferde bereits am Samstag gesehen.“

„Ja, es tut mir so leid“, stammelt der Alte, „Ich dachte, sie gehören den Indianern. Es kommt immer wieder vor, dass diese Indianerpferde auf meine Weide springen, müssen Sie wissen.“

„Ich traf ihn heute Morgen. Er hat die Pferde schon am Samstag von seiner Weide über die Straße auf das Reservat getrieben.“

„Ich dachte, das sind Wildpferde. Sie sahen so aus“, merkt der Rancher kleinlaut an.

„Und das Brandzeichen?“, frage ich ihn.

„Ich habe keines gesehen“, rechtfertigt er sich, „ich bin halt auch schon achtzig Jahre alt.“

„Und wie hast du sie auf dem riesigen Reservat so schnell gefunden?“, frage ich Günter.

„Ich weiß auch nicht. Ich war im Dorf. Plötzlich marschierte ich wie vom Magnet angezogen los. Es machte gar keinen Sinn, in dieser Richtung zu suchen und doch, da standen sie!“

Ich rufe Danny an und sage ihm, dass er wieder nach Hause fahren kann.

„Das sind ja gute Nachrichten! Dabei bin ich nur mehr wenige Kilometer von euch entfernt“, antwortet er.

„Noch was: Wie sieht’s denn mit Wasser auf der Etappe nach Cuba aus?“, frage ich.

„Jones Canyon Spring fließt das ganze Jahr. Das ist die einzige verlässliche Quelle bis Cuba“, antwortet er, „ach, kurz nach der Quelle, etwa dreißig Kilometer vor Cuba führt der Weg über einen steilen Hang. Da könnt ihr mit den Pferden nicht durch. Ihr müsst euch einen anderen Weg suchen, wie und wo weiß ich leider auch nicht.“

„Danke. Wir werden schon zurechtkommen“, antworte ich.

„Und passt gut auf die Pferde auf!“

An diesem Abend binden wir drei Pferde an. Nur Rusty ist frei. Heute Nacht wollen wir keine bösen Überraschungen mehr erleben.

Der nächste Tag verläuft ohne besondere Vorkommnisse. Wir finden Jones Canyon Spring und übernachten in seiner Nähe. Am nächsten Tag folgen wir Dannys Rat und verlassen den Trail. Wir reiten entlang einer Stromleitung quer über Weideland nach Norden. Bei den ersten drei Zäunen finden wir Tore und können ohne Schwierigkeiten hindurch. Als wir vor dem vierten Zaun stehen und weit und breit kein Tor zu sehen ist, rastet Günter aus:

„So ein Unfug! Warum sind wir nicht auf dem Trail geblieben!“

„Weil der für Pferde nicht passierbar ist“, antworte ich.

„So ein Blödsinn! Wir kommen überall durch. Du hast dich nur zu schnell verunsichern lassen. Wahrscheinlich hat dieser Danny gar keine Ahnung von Pferden. Wir sollten nicht mehr auf andere hören, die uns mehr verunsichern als helfen.“

„Und was willst du jetzt machen?“

„Wir drehen um“, erklärt Günter bestimmt.

„Was?“ Ich bin entsetzt. Wir sind seit vier Stunden unterwegs. „Und wenn der Weg dann wirklich nicht für Pferde geeignet ist? Überleg dir das nochmals.“

Schweigen. Günter steigt ab und versucht den Zaun nach unten zu drücken. Der Stacheldraht ist neu und gut gespannt.

„Wer weiß, wie viele Zäune noch kommen!“, murrt Günter.

„Wenn wir erst auf der anderen Seite sind, können wir versuchen, zum Trail zurückzufinden. Dort hinten scheint mir der Anstieg auf die Klippe nicht so steil.“

Ohne weiteren Kommentar beginnt Günter mit einer Zange den Draht von den Pfosten zu lösen. Dann drücken wir ihn nach unten und binden die einzelnen Drähte zusammen. Lightfoot lässt sich ohne Zögern über den Draht führen. Azabache geht sogar von selbst darüber. Rusty verweigert zuerst, springt dann aber graziös darüber. Nur Dino weigert sich. Stur wie ein Esel steht er auf der einen Seite und Günter zieht auf der anderen. Ich treibe von hinten. Erfolglos.

„Vor zwei Tagen seid ihr ganz alleine über den Zaun gestiegen!“, schimpft Günter.

Dann steigt er in den Sattel und reitet Dino energisch über den Zaun. Anschließend reparieren wir den Zaun wieder. Über einen flacheren Anstieg reiten wir auf die Klippe. Ein Tor im Zaun erleichtert es uns, die Weide wieder zu verlassen. Günter reitet voran.

„Bingo! Hier ist ein CDT Marker“, ruft er. Wir haben den Trail wiedergefunden und folgen ihm viele Kilometer nach Norden. Noch ein paar Mal müssen wir Zäune öffnen, da wir mit den Pferden die v-förmigen Tore für Wanderer nicht benutzen können. Eine Herde junger Rinder läuft aufgeregt vor uns davon. Kurz bevor wir Highway 197 erreichen, kommt uns ein Fahrzeug entgegen.

„Jetzt gibt's Ärger“, sagt Günter, „Das gefällt denen sicher nicht, dass wir durch ihr Weideland reiten und Zäune öffnen und schließen.“

Das Fahrzeug hält, ein Mann steigt aus und kommt auf uns zu.

„Wenn das nicht Sonjas Team ist!“, ruft er uns zu. „Ich bin

Danny, wir haben telefoniert. Ich dachte, ihr wärt schon längst in Colorado."

„Danny! Und was machst du hier?", frage ich ihn.

„Ich kontrolliere nur den Weg. Schaue nach, ob alles in Ordnung ist."

Leni, die in der Zwischenzeit herumgestreunt ist, kommt winselnd auf mich zugelaufen. Aus ihrem Mund hängen kleine, weiße Röhrchen, wie ein Spitzbart.

„Günter, schau mal, was hat Leni denn da?"

„Oh je. Das tut weh", ruft er und holt seine Zange aus der Tasche. „Halt sie gut fest, sie wird sich wehren."

Es sind die Stacheln eines Stachelschweins, die in ihrem Gaumen stecken. Nur zu zweit können wir Leni von den mit kleinen Widerhaken versehenen Stacheln befreien. Später erklärt mir Günter, wie diese dorthin kommen: Das Stachelschwein rollt sich bei Bedrohung wie ein Igel zu einer Kugel zusammen, so dass nur noch die Stacheln zu sehen sind. Der Hund tritt näher, darauf hat das Schwein nur gewartet. Es wirbelt herum und schlägt dem Angreifer die gesträubten, fünf bis acht Zentimeter langen Schwanzstacheln ins Gesicht, die es sogar zwei bis drei Meter weit schleudern kann! Wutentbrannt fällt der Hund über den Gegner her und beißt in das Nadelkissen.

Wir entfernen einen Stachel nach dem anderen. Bei jedem einzelnen leidet Leni Qualen und dreht und wendet sich unter der Behandlung. Ich muss sie zwischen meinen Knien einspannen und mit beiden Händen festhalten. Leni hatte Glück, sie hat nur etwa fünfzehn Stacheln abgekriegt. Während wir unseren Hund verarzten, sind drei unserer Pferde davongewandert. Nur Dino ist zum Glück noch da. Günter hat ihn an einem Baum festgebunden.

„Passt auf, dass eure Pferde nicht wieder davonlaufen", meint Danny ernsthaft besorgt.

„Keine Angst, so lange Dino noch da ist, gehen die nicht weit weg", antworte ich. Doch die Pferde sind bereits über eine Böschung und außer Sichtweite.

„Vielleicht gehst du sie doch besser holen", fordert Günter mich auf, und ich folge schnell dem Befehl. Wir verabschieden uns von Danny und ziehen weiter.

Die letzten sechs Kilometer nach Cuba müssen wir entlang des Highways reiten. Zum Glück gibt es einen breiten Grünstreifen neben dem Asphalt, nur auf Brücken müssen wir direkt auf der Straße reiten. Nichts macht mir größere Angst, als mit den Pferden im Straßenverkehr unterwegs zu sein. Es sind nicht die Bären, Klapperschlangen oder Wölfe, die ich am meisten fürchte, es sind die Autos. Manche Fahrer brausen rücksichtslos in einem Höllentempo an uns vorbei. Unsere Pferde bleiben ziemlich ruhig, trotzdem liegen unsere Nerven blank. Leni sitzt in meiner Satteltasche, auf der rechten Seite, damit sie nicht dem Verkehr zugewandt ist. Günter führt beide Packpferde als Packstring, der aber immer wieder mal reißt, weil eines der Packpferde, beispielsweise mitten auf einer Kreuzung, einfach stehen bleibt. Günters Geduldsfaden ist ebenfalls am Zerreißen. Die letzten Tage waren anstrengend für ihn, und er leidet unter Schlafmangel. Ich muss endlich lernen, ein Packpferd zu führen, so kann das nicht mehr weitergehen. Ich steige ab, übernehme eines der Packpferde und führe Rusty und Lightfoot am Zügel.

Kurz vor Cuba mündet unsere Straße in den vierspurigen Highway 44. Ihm folgen wir durch den Ort. Nun gibt es keinen Grünstreifen mehr neben der Straße, auch keinen Gehsteig. Wir blockieren die erste Spur. Mein Herz rast, kalter Schweiß rinnt mir von der Stirn. Highway 44 ist eine Hauptverbindung zwischen Grand Junction in Colorado und Albuquerque in New Mexico, und so donnert der Schwerverkehr an uns vorbei. Wusch-wusch zieht ein Sattelschlepper nach dem anderen seine schwere Ladung durch den Ort. Einmal erschrecken meine Pferde, und innerhalb weniger Sekunden finde ich mich in einer Hofeinfahrt wieder. Günter nimmt mir daraufhin wieder das Packpferd ab, und ich steige in den Sattel. Leni harrt tapfer in der Satteltasche aus. Von der anderen Straßenseite winken uns einige Menschen zu. Ein

Beifahrer hält eine Kompaktkamera aus dem Auto und fotografiert uns. Auf dem Foto wird er nur angespannte Gesichter sehen. Eine spanisch sprechende Frau läuft auf die Straße und bietet uns Wasser an. Ein Geschenk des Himmels. Ein Auto hält neben uns. Der Fahrer schreit durch das Fenster: „Wenn das nicht Sonja und ihr Team sind? Dann habt ihr also die Pferde wiedergefunden!"

„Weiß das jetzt schon das ganze Land?", Günter schaut mich fragend an. Nach einer Stunde ist der Alptraum vorbei. Wir biegen in eine Seitengasse ein. Sie führt zur Circle A Ranch. Nicht nur die Ruhe überwältigt uns, auch die veränderte Landschaft. Plötzlich ist alles tiefgrün eingefärbt, kniehohes Gras, blühende Luzerne, dichter grüner Wald, ein Bach. Ein grüner Traum löst die Wüste ab. Nach einer Weile kommt uns ein alter PKW entgegen. Der Fahrer, ein Alt-Hippie mit langen Zöpfen und grauem, langem Bart, streckt den Kopf heraus: „Hey. Wir haben schon gehört, dass ihr kommt. Wollten mal sehen, wie's euch geht."

„Woher wusstet ihr, dass wir kommen?"

„Ein Gast auf der Ranch hat es uns gesagt, keine Ahnung woher er das wusste."

Offensichtlich hat unsere Pferdesuche einiges an Aufmerksamkeit erhalten. Wir sind ortsbekannt wie ein bunter Hund. Die Circle A Ranch ist eine grüne Oase der Ruhe und des Friedens. Nach den anstrengenden letzten Tagen erwartet uns auf der Ranch, die als Gäste- und Jugendhaus geführt wird, ein paradiesischer Zustand. Am meisten freuen wir uns, als wir unsere Pferde auf einer grünen Weide, durch die ein Bächlein fließt, freilassen dürfen. Kenny und Claire, der Hippie und seine Freundin, arbeiten auf der Ranch.

„Wir waren zehn Tage vor euch unterwegs", meint Kenny.

„Wie meinst du das?", frage ich.

„Wir sind auch von Silver City hierher geritten. Wahrscheinlich denselben Weg wie ihr. Jetzt bleiben wir den Sommer über hier und arbeiten auf der Ranch mit", erzählt Kenny.

Claire ist ungefähr einen Kopf kleiner als ich. Ihr langes, dunkles Haar ist zu einem dicken Zopf geflochten. In ihrem Nacken baumelt ein Cowboyhut. Sie hat strahlend grüne Augen und scheint immer in bester Laune zu sein. Sie geht barfuß. Fast immer, aus Prinzip. Claire führt mich in das alte Haus aus Lehmziegeln und zeigt mir die Zimmer. Die meterdicken, kühlen Wände des Hauses strahlen Sicherheit aus, sie wirken solide und stark. Ich fühle mich sofort wohl und geborgen. In einem großen Saal stehen gemütliche Sofas, in eine Wand ist ein offener Kamin aus Stein eingebaut. Die Küche ist groß und bunt. Zwei junge Burschen sind gerade beim Kochen. Im ersten Stock befinden sich die Zimmer. Jedes ist individuell eingerichtet. Richtig hübsch sind sie. Es fällt mir schwer, eine Wahl zu treffen. Die Zimmer erscheinen mir sehr luxuriös. Doch meine Wahrnehmung muss getrübt sein, denn für den Preis von fünfzig Dollar können sie keinen wirklichen Luxus bieten. Was ist schon Luxus? Für uns sind im Moment ein sauberes Bett, eine heiße Dusche und ein kühles Bier der größte Luxus. Ich finde Günter und Kenny im Garten. Günter reicht mir eine Flasche eiskaltes Bier.

„Ich habe mich für die Honeymoon Suite entschieden", teile ich Günter mit.

Er hebt eine Augenbraue und blickt mich fragend an.

„Das einzige Zimmer mit Badewanne", ergänze ich.

Es ist eine dieser alten Badewannen auf Löwenpranken. Mitten im Zimmer steht ein Himmelbett, das unter jeder Bewegung ächzt und krächzt. Auch der Boden knarrt, der Teppich ist alt und fleckig, doch für uns ist es das Paradies. Das ist wohl einer der Gründe, warum wir uns auf diese Reise begeben haben. Indem man über lange Zeit auf die Annehmlichkeiten unserer hoch entwickelten Gesellschaft verzichtet, freiwillig auf dem Boden schläft und sich im kalten Fluss wäscht, lernt man wieder, sich über Kleinigkeiten zu freuen. Man kann mit wenig so rundum zufrieden sein. Es ist unglaublich einfach, einen Weitstreckenwanderer oder -reiter glücklich zu machen. Man gibt ihm oder ihr zum Beispiel einen Apfel und die Augen leuchten wie die eines Kindes in Grönland beim Anblick von Obst im Winter. Voltaire hat einmal gesagt: „Wer seine Wünsche zähmt, ist immer reich." Es würde mich nicht wundern, wäre ihm dieser Gedanke bei einer langen Wanderung gekommen.

Nach der ersten Nacht im Himmelbett ziehen wir ins Zelt um. Wir wollen uns ja nicht zu sehr an Luxus gewöhnen. Eine Freundin aus Wien hat mir eine neue Kontaktlinse besorgt und postlagernd nach Grants geschickt. Durch Grants waren wir vor zehn Tagen geritten. Leider dauerte der Postweg länger. Zwischen Cuba und Grants gibt es kein Verbindung mit öffentlichen Verkehrsmitteln. Ich beschließe, nach Grants zu trampen. Nun sollte mir doch eigentlich der starke Durchzugsverkehr durch Cuba zugute kommen. Frisch geduscht und hübsch angezogen stehe ich am Rand des Highways und halte den Daumen raus. Vier Stunden später stehe ich immer noch in der gleißenden Hitze. Außer einem Fahrer, der mir mitteilte, dass mich hier keiner mitnehmen würde, weil die Menschen viel zu misstrauisch und ängstlich wären, hielt keiner an. Dabei sehe ich nun wirklich nicht zum Fürchten aus! Was würden die Fahrer erst denken, stünde Günter, der mit seinen langen Haaren und seinem Vollbart derzeit wirklich wild aussieht, an der Straße. An einer Tankstelle spreche ich ein Pärchen mit großem Auto an. Sie fahren in die richtige Richtung. Mit meinem hoffnungsvollsten Blick, den ich lange vor dem Spiegel geübt habe, blicke ich sie an. Es bleibt ihnen eigentlich nichts anderes übrig, als mich mitzunehmen. Die beiden sind Musiker. Er spielt Piano, sie ist Schlagzeugerin.

„Welche Musikrichtung spielt ihr?", frage ich sie.

„Ach, wir können alles, Pop, Jazz, Folk", lacht sie, „Jetzt spielen wir nicht mehr viel, aber früher, da hatten wir alles drauf."

„Ella singt auch", erzählt ihr Mann, „Sie ist großartig auf der Bühne."

Nach einer Pause fügt er hinzu: „Ella musste sich vor kurzem einer schweren Operation unterziehen. Sie bekam einen neuen Lungenflügel. Eine neue Niere hat sie auch schon. Jetzt treten wir ein bisschen leiser."

„Ja, wir hatten ein tolles Leben", schwärmt sie.

Es fällt mir schwer, mir diese zierliche, adrett gekleidete Mittfünfzigerin hinter dem Schlagzeug vorzustellen. Bevor sie mich in Grants absetzen, schenken sie mir eine CD mit ihrer Musik. Kurz vor Ladenschluss hole ich meine Kontaktlinse im Postamt Grants ab. Kostbar wie eine Perle in der Auster liegt sie in der Kartonschachtel. Der Rückweg wird einfacher, denn die Postbeamtin kennt einen Rancher aus Farmington, der gerne bereit ist, den Umweg über Cuba zu fahren.

Auf der Cirlce A Ranch erwarten mich Kenny, Claire und Günter. Sie sitzen rund ums Lagerfeuer und grillen Steaks und Fisch. Eine halbleere Kiste Bier steht neben ihnen. Der Alkohol macht Kenny gesprächig.

„Habe ich euch schon die Geschichte erzählt von dem Pferd ...", er lacht, „das wir nicht mehr einfangen konnten?"

„Du meinst an der Quelle Ojo de los Indios?", fragt Claire.

„Ja, genau!"

„Nein, erzähl, die Geschichte kennen sie noch nicht!", fordert ihn Claire auf.

„Ojo de los Indios, dort seid ihr ja auch vorbeigekommen."

„Hmm", pflichte ich ihm bei.

„Wir waren mit fünf Pferden unterwegs. Eine Stute hatte ich erst vor wenigen Tagen geschenkt bekommen. Ich konnte sie noch nicht reiten oder packen, daher lief sie frei mit."

Claire fährt fort: „Bei Ojo de los Indios schlugen wir unser Lager auf. Über Nacht ließen wir alle Pferde frei. Am nächsten Morgen konnten wir die Stute einfach nicht mehr einfangen."

„Wir versuchten sie anzulocken, trieben sie in die Enge, doch zu zweit hatten wir keine Chance. Nicht einmal Claire, die sonst immer einen guten Draht zu den Tieren hat", sagt Kenny. „Was mach ich mit einer Stute, die ich nicht fangen kann? Also ließ ich sie einfach dort."

„Du bist einfach ohne das Pferd weitergeritten?", fragt Günter ungläubig.

„Ja, klar, und das war nicht das erste Mal", lacht Kenny, „Aber die andere Geschichte erzähl ich euch, wenn wir gemeinsam in die San Pedro Park Wildnis reiten. Dann zeige ich euch, wo das war."

„Ein halbes Jahr später habe ich übrigens die Stute wiedergefunden und mitgenommen", fügt er noch hinzu.

Kenny und Claire haben neun Pferde. Sie führen Reittouren in die Umgebung der Ranch durch. Vor allem bei Kindern ist ihr Angebot beliebt.

„Bist du mit Pferden aufgewachsen?", frage ich Claire.

„Nein, gar nicht. Bis ich vor fünf Jahren Kenny kennen lernte, hatte ich nichts mit Pferden zu tun", antwortet sie, „Aber dann bin ich gleich mit Leidenschaft eingestiegen."

Endlich einmal eine Pferdefrau, die nicht schon ihr ganzes Leben auf dem Pferdrücken verbracht hat. Sie ist mir auf Anhieb sympathisch.

„Übrigens, wollt ihr uns morgen zum großen Powwow nach Albuquerque begleiten?", fragt Kenny.

„Ja, genau, da müsst ihr unbedingt mitkommen!", ruft Claire begeistert.

„Na, wenn das so ist, kommen wir gern mit. Was ist das eigentlich, ein Powwow?", frage ich.

„Lasst euch überraschen", antwortet Kenny lächelnd.

Am nächsten Morgen fahren wir zu viert mit Kennys altem Auto nach Albuquerque. Hunderte Fahrzeuge stehen auf dem Parkplatz. Das PIT, das Basketball Stadion, ist aber noch halb leer, als wir es betreten. Unsere Augen müssen sich erst an das Dämmerlicht gewöhnen. Die meisten Plätze sind bereits mit bunten Tüchern und Decken reserviert. Wir gehen einige Stufen hinunter in Richtung Arena und nehmen auf einer der Sitzbänke Platz. Meine Sitznachbarin lächelt mich an, auch sie ist zum ersten Mal nach Albuquerque gekommen, um beim größten Powwow Nordamerikas teilzunehmen. Auch in ihren Adern fließt Indianerblut, ihre Großmutter war vom Stamm der Cherokee. Plötzlich setzt rhythmischer Trommelschlag ein. Von allen vier Seiten betreten festlich geschmückte Indianer die Arena, versammeln sich in der Mitte und beginnen im Kreis zu gehen. Immer mehr Menschen steigen über die Treppen hinunter, der Trommelschlag wird immer lauter und durchdringender, die Tanzfläche immer voller, bis die Tänzer zu einem wogenden bunten Meer verschwimmen, das sich wie ein Schneckenhaus im Kreis dreht. Der Rhythmus zieht auch uns in seinen Bann, zaubert bei über 30 Grad Celsius eine Gänsehaut auf meine Arme und Tränen in meine Augen. Es ist ein überwältigender Moment, als rund 3.000 Menschen zur Musik der Trommeln und dem kraftvollen Gesang traditioneller Lieder in der Arena zu einem bunten Ganzen verschmelzen. Sie tragen farbenfrohe Kleider und kunstvollen Federnschmuck, ihre rotbraune Haut ist aufwändig bemalt. 500 Stämme aus Kanada und den USA sind an diesem Wochenende nach Albuquerque gekommen, um alte Traditionen aufleben zu lassen. Diese einst so kriegerischen Völker treffen sich einmal jährlich, um miteinander zu tanzen, zu singen, alte Freundschaften zu pflegen und neue zu knüpfen. Der Trommelwirbel verstummt und die Zuschauer erheben sich, als die Fahnenträger Einzug halten. Auch die amerikanische Flagge wird hochgehalten, im Gedenken all jener, die gegen die Weißen gekämpft haben, aber auch als Symbol der Zugehörigkeit zu den Vereinigten Staaten.

Es wird vermutet, dass die Herkunft des Powwow von den Kriegstänzen der Ponca und anderer Völker der südlichen Ebene stammt. Heute haben Powwows die wichtige Funktion, ein reiches kulturelles Erbe zu erhalten und die indianische Identität hochleben zu lassen. Alte Traditionen vermischen sich dabei mit modernen Interpretationen. Ein junger Bub trägt schillernde CD-Rohlinge in seinem traditionellen Federnschmuck. Selbst die ganz Kleinen sind dabei. In den Armen ihrer Väter werden sie zur Musik geschaukelt. Schon die Babys sind festlich geschmückt und bemalt. Es hat niemand etwas dagegen, dass wir fotografieren. Wir füllen Speicherkarte um Speicherkarte, denn jedes Kostüm ist anders, ausgefallen und originell.

„Es finden nun verschiedene Tanzwettbewerbe statt", erklärt mir meine Nachbarin, „die Tänzer tanzen miteinander und doch in Konkurrenz zueinander. Die besten, wildesten, ausdrucksstärksten Tänzer werden gekürt."

Zuerst tanzen die Männer. Mit ihrem bunten Federnschmuck drehen sie sich im Kreis, springen hoch, schwingen ihre mit Federn geschmückten Stäbe und bilden ein wildes, kraftvolles Durcheinander.

Dann kommen die Frauen. Sie tanzen langsam, andächtig und grazil. Mit feinen Bewegungen bringen sie die Lederfransen ihrer Kleider zum Schwingen. Die älteren Männer und Frauen werden als „Golden Age Men" und „Golden Age Women" bezeichnet. Den Älteren wird in der indianischen Kultur großer Respekt entgegengebracht. Geradezu entzückend sind die Kinder. Stolz und voll Freude tanzen sie in ihren Federnkostümen, die Gesichter bunt bemalt. Claire singt begeistert mit.

„Sprichst du etwa diese Sprache?", frage ich erstaunt. Sie lacht. „Nein, wenn viele Nationen zusammenkommen, werden statt Worten einheitliche Silben verwendet, so dass alle gemeinsam miteinander singen können", erklärt sie. „Du kannst auch mitsingen!"

Am Abend wird Miss Indian World gewählt. Das Mädchen, das die Jury schließlich kürt, hat wenig mit dem Schönheitsideal der Weißen zu tun. Sie ist weder extrem dürr noch 1,80 Meter groß. Die 23-jährige Nicole Alek'aq Colbert ist hübsch, kein Zweifel, doch Schönheit allein wird hier nicht gekürt. Vielmehr geht es um die Identität mit der indianischen Kultur und das Engagement in der eigenen Gesellschaft. Draußen vor dem Stadion ist eine Konzertbühne aufgebaut. Junge Bands spielen eine interessante Mischung aus traditioneller und moderner Musik. Wir machen es uns gemütlich und bleiben noch bis spät in die Nacht.

Nach zehn Tagen Pause verlassen wir die Cirlce A Ranch wieder. Kenny und Claire begleiten uns einige Stunden. Auf ihrer schwarzen Stute galoppiert Claire vor mir durch die gelbe Blumenwiese. Auf dem Pferd ist sie in ihrem Element. Durch dichten Dschungel, tiefsten Regenwald steigen wir hinauf in die San Pedro Park Wildnis. Links und rechts wuchert die Vegetation. Eine tiefgrüne Augenweide. Unsere Wahrnehmung der Umgebung ist verfälscht. Die Augen haben sich über Wochen an die Gelb- und Brauntöne der Wüste gewöhnt. San Pedro Park ist kein Dschungel, vielmehr sieht es aus wie die Wald- und Wiesenlandschaft im nördlichen Niederösterreich. Tatsächlich, die Landschaft erinnert mich an Zuhause und weckt daher ein starkes Zugehörigkeitsgefühl. Morgen ist mein 35. Geburtstag. Sorgfältig wähle ich den Lagerplatz aus. Wir schlagen das Zelt auf und kochen Kaffee am Feuer.

„Ihr habt genau denselben Topf wie wir!", ruft Claire.

Unser Topf ist außen kohlrabenschwarz. Eine dicke Schicht Ruß hat sich an dem Aluminium festgesetzt. Es ist müßig, ihn zu putzen, denn nach einmaligem Gebrauch sieht er wieder genauso aus.

„Du schuldest uns noch eine Geschichte", fordere ich Kenny auf.

„Wieso? Welche?", fragt er.

„Na die von dem Pferd, das dir hier irgendwo entlaufen ist."

„Ach so, na das war so", beginnt Kenny. Er liebt Geschichten und erzählt sie gerne: „Das war noch lange, bevor ich Claire kennen gelernt habe. Ich hatte eine junge Mustangstute. Ein wunderschönes Pferd. Sie war eines von meinen ersten drei Pferden und ich hatte noch nicht viel Erfahrung mit ihnen."

„Kenny war bereits vierzig, als er sein erstes Pferd kaufte", ergänzt Claire.

„Ich kam also mit allen drei Pferden alleine hierher", erzählt Kenny „Schon nach einer Nacht konnte ich die Stute nicht mehr einfangen. Zehn Tage lang versuchte ich sie einzufangen. Sie lief nicht weit weg, doch sobald ich näher kam, lief sie ein paar Schritte davon. Das war dort drüben."

Er steht auf und zeigt über die Lichtung. Lustig sieht er aus, in dem langen, schweren Mantel und dem Cowboyhut, unter dem seine Zöpfe und der lange, graue Bart hervorstehen.

„Nach zehn Tagen gab ich auf. Es war Ende Oktober, und es begann bereits zu schneien. Im nächsten Frühjahr kam ich wieder hierher. Ich suchte sie. Nach einigen Tagen sah ich sie wirklich an derselben Stelle, an der ich sie im Herbst zuvor verloren hatte. Einige Tage später kam ich mit Freunden wieder. Gemeinsam schafften wir es, wir trieben sie in die Enge und konnten sie einfangen", erzählt er. „Ich hab sie übrigens immer noch! Ist heute eines meiner besten Pferde!", ergänzt er stolz.

Am nächsten Morgen bin ich rundum glücklich. Ich könnte mir keinen schöneren Platz vorstellen, um an meinem Geburtstag zu erwachen. An meinem Geburtstag nehme ich mich besonders wichtig, noch viel wichtiger als sonst. Vergehen die ersten Stunden des Tages, ohne dass mir jemand gratuliert, kann mir das schon die Laune verderben. Günter ist bereits mit Feuermachen beschäftigt. Auch Leni ist erstaunlicherweise schon auf. Auf mein Rufen kommt sie ins Zelt. Um ihren Bauch trägt sie eine große rote Schleife, in der ein gelber Löwenzahn steckt.

„Rosen gibt's hier leider keine", ruft Günter von draußen. „Kaffee am Lagerfeuer oder im Bett?"

„Ich komm raus."

„Gut. Es sind übrigens noch ein paar Gäste gekommen."

Wir lagern am Rand einer großen Wiese, die nach allen Seiten durch dichten, dunklen Nadelwald begrenzt ist. Diese Wiesen nennt man hier Park. Günter deutet auf die andere Seite der Lichtung. Dort grast eine Herde Wapitihirsche. Tautropfen, die sich über Nacht auf dem Gras gebildet haben, steigen in weißen Nebelfetzen langsam empor. San Pedro

Park liegt auf über 3.000 Meter. Die Luft ist kühl und frisch. Günter drückt mir meine blaue Tasse in die Hand. Eine echte Melange: Kaffee mit aufgeschäumter Milch!

Zwei Stunden lang reiten wir abwechselnd über grüne Wiesen und durch Nadelwald. Douglasien und Engelmann-Fichten sind vorherrschend. Auf den Wiesen blühen Unmengen an Blumen. Ich kenne nur die wenigsten von ihnen beim Namen. Nachtkerzen, Indian Paintbrush, Gänseblümchen, Astern, Sonnenhut und Löwenzahn. Immer wieder entdecke ich eine neue Blüte. Ich zähle fünfundzwanzig unterschiedliche Arten und stelle mir vor, dass sie alle nur für mich blühen. Und für Rusty natürlich. Denn er frisst nach wie vor jede kegelförmige Lupinie, die ihm unters Maul kommt. Günter macht mich auf einige Rehe aufmerksam, die am Waldrand grasen. Wie unterschiedlich die Wahrnehmung zwischen Mann und Frau doch ist. Wilde Tiere sieht immer er zuerst, Blumen, Pilze und Beeren entdecke ich früher. Ob das noch mit den uralten Instinkten des Mannes als Jäger und der Frau als Sammlerin zu tun hat? San Pedro Park ist das vierte von fünf Wildnisgebieten, das wir in New Mexico durchqueren. Vor uns liegt noch die Chama River Canyon Wildnis. Das einzig Traurige an San Pedro Park ist, dass man ihn wieder verlassen muss. Bereits nach zwei Stunden führt der Weg wieder bergab, über viele umgefallene Baumstämme, hinab in die Wärme und in die Trockenheit. Auf einer Wiese neben einem Bach bleiben wir über Nacht. Ein schöner Platz und trotzdem nur ein Abklatsch des vorigen. Schon seit dem frühen Nachmittag hängen dunkle Gewitterwolken am Himmel. In unserem Buch steht: „Im Juli und August muss man in den Bergen der Rocky Mountains täglich mit Gewittern rechnen.“ Heute ist der 1. Juli. Pünktlich auf den Tag bricht das erste Sommergewitter über uns herein. Wir verziehen uns ins Zelt und lauschen dem Trommeln der Tropfen. Auf der Wiese springen die Pferde ausgelassen herum und schlagen übermütig aus. Sie freuen sich über den ersten Regen seit Wochen. Nach dem Gewitter dampft die Erde. In Windeseile verziehen sich die Wolken.

Sonnenstrahlen brechen sich in den Regentropfen und lassen die Wiese in Spektralfarben funkeln. Ein Regenbogen überspannt den Himmel in einem vollen Halbkreis von Horizont zu Horizont. Das ganze Schauspiel nur für mich! Zur Feier des Tages kochen wir Käsespätzle und öffnen eine Flasche Rotwein. Ein gelbes Känguru hüpft über die Etikette. Ich setze mich zwischen Günters Beine, glücklich lehne ich mich an seinen Oberkörper. Sein Bart kitzelt mich im Nacken.

„Den schneid ich dir demnächst ab“, drohe ich.

„Nein, das tust du nicht“, protestiert er.

„Doch, während du schläfst.“

Es ist ein Moment in völliger Harmonie und gänzlichem Einklang. Ein Moment, wie es ihn auf einer strapaziösen Reise nicht oft gibt. Der Rotwein macht uns müde, und wir verkriechen uns schon früh in unsere Schlafsäcke.

Nachts weckt mich ein heftiges Gewitter. Blitze zucken hell über den Himmel, lauter Donner lässt die Landschaft erzittern. Ich bin hellwach und liege mit offenen Augen auf dem Rücken. Ich habe keine Ahnung, wie spät es ist, das Gewitter hat mich aus dem Schlaf gerissen. Es ist so dunkel, dass ich keine Konturen erkenne. Nur wenn es blitzt, wird die Innenseite der Zeltplane für einige Sekunden in ein rotes Licht getaucht. Ich lausche den Regentropfen, die lautstark auf das Zeltdach prasseln. Plötzlich fühle ich Günters Atem auf meiner Wange, sein Mund ist nur wenige Zentimeter von meinem entfernt. Trotzdem können meine Augen im Dunkeln nichts erkennen. Dann spüre ich, wie sich sein Körper an mich schmiegt, sein Mund umschließt den meinen.

Am Morgen werden wir von Vogelgezwitscher geweckt. Der Regen der Nacht steigt dampfend unter den ersten Sonnenstrahlen auf. Vor uns liegt ein endlos langer und beschwerlicher Tag mit wildem Ende. Doch noch wissen wir nichts davon und genießen den Morgen. Nach den zehn Tagen Pause in Cuba sind die Pferde wieder frisch und energievoll. Auch Leni ist gut gelaunt. Sie hat ein Stück Knochen gefunden und kämpft übermütig damit. Wir brechen früh auf. Nach wenigen Kilometern erreichen wir Highway 96 und folgen ihm ein kurzes Stück. Doch selbst drei Kilometer auf einem wenig befahrenen Highway bereiten mir Kopfschmerzen. Es ist mir ein Rätsel, warum jemand freiwillig entlang der Straßen reitet, so wie Larry und sein Partner. In Cuba telefonierte Günter mit Gerry und Doretta. Sie erzählten ihm von Larry und seinem Partner Rocky. Larry und seine drei Pferde waren zurzeit Gast bei Gerry und Doretta. Seither geht mir der Gedanke an Larry und Rocky nicht mehr aus dem Kopf. Die beiden Pensionisten wollen in den nächsten Tagen an der mexikanischen Grenze zu ihrem Ritt entlang der Kontinentalen Wasserscheide starten. Ihr Ziel ist es, die kanadische Grenze noch im selben Jahr zu erreichen. Dazu müssen sie täglich etwa fünfzig Kilometer reiten. Sie starten mit sieben Pferden und zwei Begleitfahrzeugen. Ich halte es für schlichtweg unmöglich, auf dem CDT durchschnittlich 50 Kilometer pro Tag mit Pferden zurückzulegen. Dazu ist der Weg einfach zu beschwerlich. Außerdem ist es mir ein Rätsel, warum jemand versuchen sollte, diesen Ritt so schnell wie möglich hinter sich zu bringen, vor allem wenn er Zeit hat, denn Rocky plant weitere Distanzritte für die kommenden Jahre. In meinen Augen misst sich das Glück nicht an der Zahl der zurückgelegten Kilometer, sondern besteht in der immer wieder großen Überraschung über die Wunder, die jeder Tag zu bieten hat. Günter wechselte am Telefon einige Sätze mit Larry. Er erzählt mir später von dem Gespräch:

„Denkst du, wir schaffen es, den gesamten Trail in einem Jahr zu reiten?", fragte Larry.

„Nein", Günter versuchte eine diplomatische Antwort zu finden, „denn es ist viel zu schön."

Betretenes Schweigen auf der anderen Seite.

„Wollt ihr denn entlang des Wanderwegs reiten oder auf Straßen ausweichen?", fragte Günter.

„Ich weiß es nicht. Rocky hat alles genau geplant. Ich glaube, schon mehr auf Straßen", antwortete Larry entschuldigend.

Was für mich schon nach drei Kilometern zum Alptraum wird, soll für die beiden den Großteil ihrer Reise darstellen. Später finde ich in ihrem Online-Tagebuch heraus, dass sie auf Highway 96 an San Pedro Park vorbeigeritten sind, ohne die grüne Oase zu betreten. Sie tun mir leid.

Über eine alte, steile Nebenstraße erreichen wir Mesa del Camino. Schon um 1900 zogen Menschen mit ihren Planwagen über diese Straße aufs Hochplateau. Hinter uns ragt die auffällige Spitze des über 3.000 Meter hohen Cerro Pedernal empor. Wir erreichen eine Wegkreuzung. Die Quelle Fuertes Spring liegt etwa einen Kilometer nach Osten, entlang einer Forststraße. Dummerweise entscheiden wir uns gegen die Quelle und reiten weiter durch lockeren Pinien- und Kiefernwald. Die letzten Tage in San Pedro Park, an denen es Wasser in Hülle und Fülle gab, haben uns übermütig gemacht. Die nächste Wasserquelle, der Wassergraben Canada Camino, ist trocken.

„Schau mal, da sind Fähnchen an den Bäumen“, ruft Günter.

„Das muss unser Weg sein“, antworte ich.

In Cuba telefonierte ich mit Jeff vom National Forest Service in Tres Piedras. Laut unserem Buch führen die letzten 130 Kilometer des CDT in New Mexico entlang des Highway 84, einer vierspurigen und stark befahrenen Hauptverbindung. Ich wollte mich mit dieser Tatsache einfach nicht abfinden und hoffte darauf, dass unser Buch auch in dieser Hinsicht überaltert ist. Auf der New Mexico Karte war mir ein großer, grüner Fleck rechts des Highways aufgefallen, der Carson National Forest. Es muss doch möglich sein, durch diesen Wald zu reiten. Jeff hatte nur gute Nachrichten für uns. Er selbst ist für die Errichtung des CDT durch den Carson Wald verantwortlich. Er schickte uns Ausdrucke des Routenverlaufes.

„Der Trail ist noch nicht überall fertig gestellt. Oft werdet ihr nur rosa Fähnchen finden, mit denen ich den Verlauf gekennzeichnet habe“, erklärte er mir, „Freiwillige werden dann später einen Trail dort errichten.“

Wir folgen den Fähnchen. Sie führen quer durch den Wald. Die unteren Äste der Kiefern strecken sich nach uns aus und zerkratzen unsere Arme und zerreißen meine Hose an mehreren Stellen. Fast jeden Morgen werde ich ab jetzt damit verbringen, die Löcher des Vortages zu flicken. Die Packpferde schrammen durch das Dickicht und brechen dürre Äste ab. Nachdem unsere Karawane hier durchgezogen ist, haben die Arbeiter, die den Trail errichten werden, viel weniger zu tun. Einmal marschiert Azabache einfach über eine etwa drei Meter hohe Fichte und legt sie dabei um. Hinter ihm schnellt der Baum wieder in die Höhe und erschreckt ihn. Irgendwann hören die Fähnchen auf, und wir kämpfen uns bis zu einer Forststraße weiter und folgen ihr. Der Abstieg in den Canyon sollte markiert sein. Er ist es nicht und wir übersehen ihn zunächst und müssen umkehren. Der Weg in den Ojitos Canyon ist steil und das Flussbett in der Schlucht trocken. Der Tag dehnt sich wie ein Strudelteig, zäh und mühsam. In unserem Buch stehen die Koordinaten der Ojitos Quelle. Sie liegt etwa einen Kilometer neben dem Weg. Ohne GPS wäre sie kaum zu finden. Die Quelle hat Wasser, dieses lockt jedoch auch Millionen von Moskitos an, die sofort über die Pferde herfallen.

„Hier können wir nicht bleiben", stelle ich resigniert fest.

„Und jetzt?", fragt Günter.

„Noch sechs Kilometer, dann erreichen wir Rio Chama. Das ist ein breiter Fluss, dort geht vielleicht ein bisschen Wind. Außerdem soll die Landschaft sehr malerisch sein."

Wir haben bereits dreißig Kilometer seit dem Morgen zurückgelegt und die Aussicht auf weitere ein bis zwei Stunden freut uns nicht sehr. Kurz vor dem Fluss versperrt Stacheldraht den Weg. Für Wanderer wurde ein schmales, grünes Eisentor eingebaut. Etwas weiter links ist ein herkömmliches Gatter. Dort wurde ein mobiler Pfosten mit zwei Schlingen an einem fixen Pfosten montiert. Man kann ihn relativ einfach herausziehen und damit den Zaun auf einer Breite von zwei bis drei Metern öffnen.

„Günter. Links ist ein großes Gatter!“, rufe ich ihm zu.

„Das geht schon. Wir können hier durch“, antwortet er und reitet hindurch. Lightfoot geht ohne Probleme durch das Tor, doch Dino, sein Packpferd, bleibt mit dem Seil am Tor hängen und dreht durch. Jedes andere unserer Pferde würde bei Widerstand stehen bleiben oder zurück gehen. Nicht Dino. Er buckelt so lange, bis er das Tor aus der Verankerung reißt. Die Fototasche fliegt in weitem Bogen davon, ein Expander reißt, der Bauchgurt zerfetzt und der Packsattel bricht. Dann kommt er zur Ruhe, steht da wie ein begossener Pudel. Wir haben dem Spektakel sprachlos zugesehen. Jetzt sammeln wir unsere Ausrüstung wieder ein.

„Wenn ich das nächste Mal ein großes Gatter erwähne, dann gehen wir dort durch“, belehre ich Günter, der im Moment alles andere als Kritik verträgt.

„Willst du etwa sagen, dass das meine Schuld ist?“, gibt er schroff zurück.

Ich schweige, denke mir aber: Ja, war ja auch selten dumm. Will nicht wissen, wie er sich aufgeführt hätte, wäre es umgekehrt gewesen.

Die Schönheit, die zahlreiche Fotografen und Maler in den Chama River Canyon lockte und die Georgia O'Keeffe in ihren Bildern verewigte, bleibt uns verborgen. Wir sind müde und gereizt. Die Reparatur der Ausrüstung verschieben wir auf den nächsten Tag. Ich glaube, dass wir unsere Reise mit dem gebrochenen Packsattel ohnehin nicht fortsetzen können.

„Was willst du denn machen?“, fragt mich Günter, „etwa ins nächste Dorf trampen und ihn schweißen lassen?“

„Ja, was denn sonst?“, frage ich zurück.

„Wenn ich jedes Mal, wenn etwas kaputt gegangen ist, bis ins nächste Dorf getrampt wäre, ich wäre immer noch in Argentinien.“

Am nächsten Morgen repariert Günter den Sattel. Von einem Weidezaun holt er sich überschüssigen Draht und wickelt diesen um die gebrochene Schweißnaht. Am Ende umwickelt er den Draht mit Klebeband. Ich flicke meine Hose und den Bauchgurt. Uns beiden brummt der Kopf. Wahrscheinlich haben wir am Vortag zu wenig getrunken. Um zehn Uhr sind wir endlich startbereit. Wir folgen dem Chama River entlang einer Schotterpiste. Azabache läuft frei mit. Hin und wieder kommen uns Autos entgegen. Sie fahren jedoch langsam und bleiben beim Anblick des Packpferdes, das ganz alleine einige hundert Meter hinter uns hertrottet wie ein störrisches Kind, stehen. Azabache geht, ohne mit der Wimper zu zucken, an ihnen vorbei. Ein schmaler Weg führt aus dem Tal hinauf auf das Hochplateau. Eindrucksvoll leuchten die rotgelben Sandsteinklippen der Ghost Ranch im Tal unter uns. Weit hinten schimmert Abiquiu Lake. Ein Adler segelt durch die Lüfte. Wir haben erst wenige Kilometer zurückgelegt, doch am liebsten würden wir hier unser Lager aufschlagen und das Land hinter uns im Spiel der Abenddämmerung betrachten. Täglich wundern wir uns darüber, wie wenige Kilometer wir zurücklegen. Jeder Kilometer auf der Karte fühlt sich in Wirklichkeit doppelt so weit an. Distanzen werden hier draußen völlig anders wahrgenommen. Ein Kilometer ist ein Spaziergang, zwei Kilometer sind ein weiter Weg, zehn Kilometer eine ordentliche Etappe und fünfzig Kilometer liegen fast jenseits der Vorstellungskraft. Unsere Karte behauptet, wir haben erst zwölf Kilometer zurückgelegt. Es fühlt sich an wie mindestens zwanzig.

„Pfeif auf die Kilometer, lass uns hier bleiben", pflichtet mir Günter bei.

In meiner Karte sind fünf Viehtränken im Umkreis von einem Kilometer eingezeichnet: One Tank, Gato Tank, Clavenine Tank, Renchy Tank und Rim Tank. Einer davon muss doch Wasser haben. Doch weit und breit sehen wir keine Kühe, ein schlechtes Zeichen. Viehtanks sind entweder große Tonnen oder Erdlöcher, in denen Regenwasser gesammelt wird. Offensichtlich hat es hier schon länger nicht geregnet, denn alle Erdlöcher sind staubtrocken. Es bleibt uns nichts anderes übrig, als weiterzugehen und zu hoffen. Nach kurzer Zeit scheint es, als ob unser Stoßgebet nach Wasser erhört wurde, allerdings wurde es etwas missverstanden. Innerhalb kürzester Zeit zieht der Himmel mit dunklen Gewitterwolken zu. Der Regen stürzt mit solch plötzlicher Heftigkeit herab, dass wir keine Chance haben, Regensachen anzuziehen. Innerhalb weniger Minuten sind wir bis auf die Haut nass. Hose und Jacke kleben kalt an mir, von meinem Reithelm tropft mir das Wasser auf die Nase. Die Forststraße wird durch den Regen extrem rutschig. Die Pferde schlittern wie Anfänger auf einer Eislaufbahn. Aus Angst steige ich ab. Auch ein Fehler, denn ich versinke im Schlamm. Während dieser Weltuntergangsstimmung begegnet uns ein Auto. Der Fahrer rollt das Fenster herunter.

„Du bist sicher Sonja", begrüßt er mich. So langsam beginne ich, an Verfolgungswahn zu leiden.

„Ja, das bin ich."

„Ich bin Jeff, wir haben telefoniert."

Jeff vom National Forest Service hatte mir die Karten für diese Etappe zur Verfügung gestellt.

„Jeff, großartig, wo finden wir Wasser?"

„Der einzige Tank, der meines Wissens nach Wasser hat, ist Salazar Tank. Etwa vier Kilometer in diese Richtung", erklärt er uns, „Und sonst, alles klar? Jetzt haben wir endlich den erhofften Regen."

„Ja, alles klar. Vielen Dank."

Seine Begeisterung über den Regen kann ich im Moment nicht teilen. Wir folgen der Straße in die Richtung, die er uns gedeutet hat. Etwa zwei Stunden später treffen wir Jeff wieder.

„Ihr seid schon längst am Tank vorbei, ihr hättet euch weiter östlich halten müssen", ruft er und erklärt uns den Weg zurück. „Tut mir leid, wenn ich euch verwirrt habe."

„Kein Problem. Wenigstens regnet es nicht mehr."

„Ja, für heute scheint der Regen vorbei zu sein. Ab jetzt könnt ihr jeden Nachmittag mit Gewittern rechnen."

„Na wundervoll. Vielen Dank noch."

Die Sonne trocknet unsere Kleider. Wenigstens auf die

Sonne kann man sich in New Mexico verlassen. Nach langer Suche querfeldein finden wir endlich den Tank. In einem alten Ölfass wird Regenwasser gesammelt und daraus eine Tränke gespeist. Das Wasser stinkt nach Petroleum. Doch wenigstens haben wir Wasser und den Pferden scheint der Geruch nichts auszumachen. An diesem Abend sehne ich mich nach den grünen Wiesen und Bergen Colorados. Ich träume von den klaren Bächen und Seen, der kühlen und frischen Luft, den gemütlichen Wegen und der spektakulären Aussicht, die die hohen Berge bieten. Meine Harmonie mit dem Land um mich herum ist aus der Balance geraten. Ich habe genug von der schwierigen Wassersituation und ständigen Wegsuche. Ich habe genug von New Mexico. Noch 250 Kilometer trennen uns von Colorado, und ich freue mich darauf, sie hinter mich zu bringen. Dabei liegt einer der für mich schönsten Abschnitte der Reise durch New Mexico noch vor mir.

Am nächsten Tag überqueren wir Highway 84. Auf der anderen Seite der Straße fließt ein Fluss. Frisch, klar und sauber! Ich kann der Versuchung nicht widerstehen, ziehe mich nackt aus und stelle mich in das knöcheltiefe Wasser, um mich zu waschen. Plötzlich zwickt mich ein Flusskrebs in den Zeh, als ob er mir sagen wollte: „Das ist mein Fluss, hier bin ich zu Hause!“ Wir folgen nun den Karten, die Jeff uns geschickt hat. Sie führen uns in den Martinez Canyon. Die Schlucht ist dicht bewachsen, wild, geheimnisvoll. Unser Pfad wird immer schmäler, bald schon greifen die Pflanzen über unseren Köpfen ineinander und bilden ein Dach. Zunächst reiten wir, dann führen wir die Pferde durch einen grünen Tunnel. Wir bahnen uns unseren Weg durch das Unterholz. Günter hat die Säge in der Hand, und wie ein Amazonasindianer mit seinem Buschmesser sägt er den Pfad für uns und die Tiere frei, bis der Dschungel so dicht wird, dass wir nicht mehr durchkommen. Ich führe die Pferde zurück zu einer Lichtung und lasse sie grasen, während Günter einen alternativen Weg sucht. Dino, den ich am Führstrick halte, grast nicht, sondern tänzelt nervös hin und her. Ich versuche ihn zu beruhigen, doch es gelingt mir nicht. Plötzlich reißt er mir den Strick aus der Hand, geht durch und galoppiert den steilen Hang empor. Die anderen drei folgen ihm sofort. Keuchend und schreiend renne ich hinter ihnen her. Zum Glück bleiben sie oben stehen. Der Hang ist so steil, dass ich sie nicht mehr hinunterführen will. Ich rufe, damit Günter ebenfalls herauf klettert.

„Ich weiß nicht, was los war. Sie gingen einfach durch", berichte ich.

„Da unten, etwa hundert Meter von der Stelle entfernt, wo ihr wart, liegt ein toter Hirsch. Er sah noch sehr frisch aus, so als ob gerade noch ein Raubtier daran gefressen hätte. Wahrscheinlich habe ich es aufgeschreckt."

„Ein Raubtier? Was denkst du, welches?"

„Ein Bär oder ein Puma, vielleicht auch ein Rudel Wölfe. Es ist ein ziemlich großer Hirsch. Wenn er nicht alt oder krank war, wäre er keine leichte Beute."

„Ich bin sicher, Dino hat die Anwesenheit des Raubtieres gespürt, deshalb ist er abgehauen", sage ich, „Hast du einen Weg gefunden?"

„Nein, ich werde versuchen, einen Weg freizuschlagen."

„Gut, ich klettere weiter hinauf, vielleicht können wir oben weiter."

Die Klippe, die ich hinaufklettere, führt nur auf eine Insel im Canyon, die auf der anderen Seite wieder abfällt. Doch dort, im anderen Tal, entdecke ich dieselben rosa Fähnchen, denen wir schon einmal gefolgt sind. Auch diesmal führen sie uns durch die Engstelle im Canyon und weiter zu einem Trampelpfad. Die Schlucht ist hier wieder etwas breiter und eine Wiese lädt ein zum Übernachten. Einziges Manko ist, dass es kein Wasser gibt. Dieses holen wir aus einer Pfütze, an der wir vor einer halben Stunde vorbeigeritten sind. Es ist das kleinste Wasservorkommen, das wir bisher genutzt haben und wir müssen es sorgfältig filtern, doch es ist ausreichend.

Abends sitzen wir am Lagerfeuer und betrachten das wilde Grün des Canyons. Auf der Lichtung breitet ein alter Ahorn seine Äste aus. Sein Stamm ist so dick, dass wir ihn zu zweit nicht umfassen können. Kletterpflanzen ranken sich links und rechts an den Sandsteinklippen hoch. Die Kühle und Feuchtigkeit der Schlucht lässt einen dichten Urwald entstehen. Kolibris fliegen durch das Lager. Ihr Flügelschlag klingt wie das Summen überdimensionaler Insekten. Ihr Gefieder schimmert metallisch grün. Manche, wahrscheinlich die Männchen, haben einen roten Fleck auf der Kehle. Sie sind winzig klein, vielleicht zehn Zentimeter groß. Immer wieder bleiben sie scheinbar reglos in der Luft stehen. Ihr Flügelschlag ist so schnell, dass meine Augen ihn nicht wahrnehmen können. Hoch am Himmel fliegt das Pendant dazu. Ein Adler oder Habicht schwingt sich durch die Lüfte. Ich liebe es, große Greifvögel bei ihrem Flug zu beobachten. Anmutig und kraftvoll repräsentieren sie für mich unbegrenzte Freiheit. Würde ich nochmals geboren, ich möchte ein Adler sein.

Vor uns liegt der Carson National Forest, tiefer, dunkler Wald. So hatte Kenny ihn uns beschrieben und dabei versucht, es gruselig klingen zu lassen. Doch der tiefe, dunkle Wald birgt wundervolle Lichtungen voll saftiger, grüner Wiesen. Die Landschaft ist alles andere als spektakulär: sanfte Hügel, Wald und Wiesen. Doch durch sie hindurchzureiten ist der reinste Genuss, eine Erholung für Körper und Seele – wenn man mal von den unzähligen Mücken absieht, die sofort über uns herfallen, wenn wir uns einen Moment lang nicht bewegen. Auf den Weiden grasen Kühe. Dick, rund und glücklich sehen sie aus. Es gibt ausreichend Wasser, in Bächen und Seen. Der Carson Wald erscheint mir wie eine Belohnung für die Strapazen der letzten Wochen durch die Wüsten New Mexicos. In dieser grünen Oase fühle ich mich zu Hause. Die Landschaft spricht Urinstinkte in mir an. Nur so kann ich mir erklären, wie sich das Citygirl in mir zu einem Naturmädel verwandeln kann. Im Laufe der letzten Monate hat sich auch mein Körper an das Leben in der Natur angepasst. Meine zarten Bürohände, die anfangs so oft zu Schaden gekommen sind und die ich deshalb stets in Lederhandschuhen schützen musste, sind nun viel widerstandsfähiger. Ich bin ausdauernder und kräftiger. Seit ich diese Reise begann, war ich nie krank, ich hatte nicht einmal einen Schnupfen. Was nicht heißt, dass mir nichts weh tut. Jeden Abend spüre ich die Anstrengung des Tages in jeder Faser, jedem Muskel, und am Morgen ist mein Körper steif und unbeweglich. Meine Knie schmerzen von den vielen Stunden im Sattel und die Schultern und Hüften vom Schlafen auf dem Boden. Die Veränderung war aber auch gewaltig. Von der Großstadt in die Bergwelt. Vom Büro in die Wildnis. Von der Beraterin zur Abenteurerin. Vom Teammeeting zum Lagerfeuer. Von der Komplexität zur Einfachheit. Wenn das kein guter Tausch war! Eines hat sich nicht verändert: Meine Tage sind anstrengend und ausgefüllt, doch der Unterschied könnte nicht größer sein. Ich genieße das einfache Leben, bei dem jeder Handgriff tatsächlich noch mit der Hand erfolgt. Es ist gerade diese Einfachheit, die ein Besinnen auf das Wesentliche zulässt. Ich bin im Einklang mit mir selbst. Ich bin zufrieden und freue mich an dem, was ich habe, muss mich nicht in Träume und Phantasien von zukünftigen Idealen verkriechen. Eine Erfahrung, die ich auf allen Reisen, so unterschiedlich sie auch sein mochten, gemacht habe: Ich bin auf Reisen mehr ich selbst oder das, was ich gerne in mir sehen möchte, und weniger ein Produkt meiner Umwelt. Zumindest empfinde ich das so.

Wir folgen kleinen Forststraßen und Waldwegen. Die Orientierung ist jedoch nach wie vor nicht leicht. Was nun erschwerend hinzukommt, ist ein Boykott des CDT durch lokale Rancher. Ihnen behagt der Gedanke nicht, dass ein Weitwanderweg quer über ihre Weiden führt. Sie fürchten, dass die Wanderer Abfall hinterlassen oder Weidezäune öffnen und nicht mehr schließen würden. Ihnen gehört das Land nicht. Es ist öffentliches Land, sie haben es nur gepachtet und können somit den CDT nicht verhindern, aber boykottieren. Und das tun sie, indem sie die Markierung, ein kleines dreieckiges Zeichen, das von Jeff an Bäume und Pfähle genagelt wurde, wieder entfernen. Bei der Wegsuche müssen wir nun nicht mehr nach dem Zeichen Ausschau halten, sondern nach drei Nägeln, die in einem gleichseitigen Dreieck in Bäumen stecken, das Einzige, was von der Markierung übrig ist. Damit wird die Navigation zu einem Such- und Ratespiel. Zum ersten Mal auf dieser Reise reite ich nicht Rusty, sondern Azabache. Bisher ritt Günter die drei Pferde abwechselnd, während ich immer das Pferd meines Vertrauens ritt. Rusty trägt somit zum ersten Mal die Packtaschen. Wir folgen rosa Fähnchen durch den Wald. Der Weg ist schmal, oft gerade nur breit genug, dass die Packpferde hindurch passen. An einer Stelle will Rusty seinen eigenen Weg gehen und bleibt zwischen zwei Baumstämmen stecken. Im nächsten Moment wird er in Panik geraten, denke ich. Doch Rusty geht einfach einige Schritte rückwärts und umgeht die Engstelle. Ich bin sehr stolz auf ihn. Als ich später Günter von Rustys intelligentem Verhalten erzähle, glaubt er mir kein Wort.

Während ich durch den dichten Wald reite, fühle ich mich im Einklang mit mir selbst und der Natur um mich, ein starkes Gefühl von Harmonie und Stimmigkeit. Ich bin ein Teil dieser Natur, und sie ist ein Teil von mir. Naturschutz lag mir schon immer am Herzen. Wir können nicht mehr zurück zu den Wurzeln der Menschheit, in die Steinzeit, zur Einheit mit der Wildnis. Doch ich glaube fest daran, dass Ökologie und Fortschritt miteinander vereinbar sind, aber sie müssen Hand in Hand gehen. Die Welt schreitet heute zu schnell voran. Der Einklang mit der Natur ist gestört. Ich wünsche mir von Herzen, dass die Natur eine Chance bekommt, eine Chance, sich in Harmonie mit Fortschritt und Entwicklung zu behaupten. Ich hoffe, dass viele Menschen die Möglichkeit haben, ein ähnliches Erleben des Wunders Natur zu erfahren wie ich, denn erst wenn man die Schönheiten erkennt, sieht man, was man verlieren kann. Ich wünsche mir, dass auch mehrere Generationen nach uns Geschichten über drollige Bärenkinder nicht mit den Worten „Es war einmal ...“ beginnen.

Seit langer Zeit schlagen wir unser Lager wieder einmal

an einem Fluss auf. Verschwenderisch gehen wir mit dem Luxusgut Wasser um. Am Lagerfeuer wärmen wir viele Töpfe Wasser, waschen uns und die Wäsche und kochen ausgiebig. Ich backe Fladenbrot mit getrockneten Tomaten, Knoblauch und Käse. Zwischendurch trotten die Pferde ins Lager, angeführt von Rusty. Auf der Suche nach Futter schnuppern sie in die grünen Boxen, trinken das Wasser aus unseren Schüsseln und stecken ihre großen Köpfe in den Topf, bis ich sie aus meiner Küche vertreibe.

Am Abend verfärbt sich der Himmel feuerrot. Schwarze Gewitterwolken, die sich am Horizont aufbauen, sehen aus wie Rauchschwaden, als ob der Wald in Flammen stünde. Nachts beginnt es zu regnen. Wir lauschen dem Prasseln der Regentropfen und dem Rollen des Donners. Irgendwo röhrt ein Hirsch. Ein anderer antwortet, dann noch einer, ein eigenartiger, metallischer Klang. Wie ein überirdisches Waldkonzert klingt ihr Gesang.

„Mir tun alle Menschen leid, die nicht auf so eine Reise gehen können", sage ich auf dem Rücken liegend mit Blick zur Zeltplane.

Günter sieht mich erstaunt an: „Nein, so darfst du das auch nicht sehen. Nicht jeder will so eine Reise machen."

„Aber gibt's denn was Schöneres?", antworte ich und wende ihm den Kopf zu.

„Es gibt viele Möglichkeiten, ein schönes Leben zu führen. Schau, immer wieder sagen nach dem Vortrag Männer zu mir, ‚Mensch, das, was du machst, möchte ich auch machen, aber ich hab halt Frau und Kinder'."

„Ja, eben, sie sitzen gefesselt an familiäre Verpflichtungen zu Hause."

„Ja, aber", lacht Günter, „wenn sie abends von der Arbeit zurückkommen, fällt ihnen ihr Sohn um den Hals und sagt: Papa, schön, dass du wieder zu Hause bist."

„Hättest du gerne einen Sohn?", frage ich.

„Nein, ich habe mich für das Leben eines Reisenden und Weltenbummlers entschieden. Dieses Leben fordert Kompromisse. Der Verzicht auf Kinder ist halt eben einer davon", antwortet Günter und ich habe das Gefühl, er meint auch, was er sagt. Ich hänge noch meinen Gedanken nach, als Günter schon längst eingeschlafen ist.

Am Morgen erwacht Günter als Erster. Erst als er aus dem Zelt gekrochen ist, schlage ich die Augen auf. Unser Lager liegt auf etwa 3.000 Meter Meereshöhe, nahe der Baumgrenze. Tagsüber ist die Temperatur nun deutlich angenehmer, morgens sogar ein wenig kühl. Kühl genug, dass Leni am Morgen in meinen Schlafsack kriecht und dort bleibt, bis ich sie wecke. „Es gibt Tage, da wünscht' ich, ich wär' mein Hund ..." singe ich mit Reinhard Mey, während ich schnell in meine kalten Kleider schlüpfe und beginne, unsere Sachen zu packen. „...Ich läg' faul auf meinem Kissen und säh' mir mitleidig zu ..." Ich schiebe den Schlafsack, in dem Leni schläft in eine Ecke des Zeltes und rolle schnell die Isomatten auf. „...Wie mich wilde Hektik packt zur Morgenstund' ...". Dann lege ich die Pferdedecken zusammen, die wir auf dem Zeltboden wie einen dicken Teppich ausgebreitet haben, und trage alles nach draußen, inklusive meines Schlafsacks, in dem nach wie vor Leni eingewickelt ist. „...Und verdrossen von dem Schauspiel, legt' ich mich zurück zur Ruh'...". Ich baue das Zelt ab und stopfe Zelt, Isomatten, Pferdefutter, Kleidertasche und Günters Schlafsack in die Packtaschen und fülle Lenis Futterschüssel. „...Denn ich hätte zwei Int'ressen: Erstens Schlafen, zweitens Fressen....". Vierzig Minuten sind vergangen, seit ich aufgestanden bin. Dann erst wecke ich liebevoll den Hund, denn der schläft ja immer noch. Tja, „...Jeden Morgen, da wünscht' ich, ich wär' mein Hund."

Einmal aufgestanden, ist sie noch lange nicht wach. Leni sucht sich zielgerichtet einen Sonnenstrahl, der unser Lager trifft. Selbst wenn es nur ein einziges Fleckchen Sonne zwischen dem Schatten der Bäume gibt, sie findet es. Wenn wir sie suchen, orientieren wir uns ebenfalls an diesen hellen Sonnenflecken in der grünen Wiese. Erst bei Abmarsch wird sie wirklich munter, würde unterwegs jedes Streifenhörnchen jagen, riefe Günter sie nicht streng zurück, und genießt ihre Freiheit. Ist es nicht zu heiß, kann sie problemlos dreißig Kilometer am Tag laufen. Kaum schlagen wir unser Lager auf, ist sie die Erste, die ihr Fressen erhält, sie schlägt sich den Bauch bereits voll, bevor wir noch das Lagerfeuer entfacht haben, rollt sich zusammen und schläft wie ein Baby. Ich habe aufgehört, danach zu fragen, warum der Hund eigentlich dabei ist. Zu unserer Freude, wäre die ehrlichste Antwort.

Wir haben den Eindruck, den Wald ganz für uns alleine zu haben. Seit Tagen haben wir keinen Menschen mehr gesehen. Die Wege, denen wir folgen, sind schmal und oft kaum mehr als eine Andeutung. Die Zivilisation scheint weit weg zu sein, der Wald riesengroß. Als ich aus dem Zelt krieche, sind die Pferde verschwunden. Günter sah sie in die Richtung verschwinden, aus der wir gestern kamen. Er marschiert bereits laut fluchend hinter ihnen her. Eine Stunde später kommt er mit ihnen zurück.

„Sie sind bis zu Murphys Tank zurückgelaufen", ruft er mir zu.

„Warum machen sie das nur?" Ich stelle die Frage, auf die es keine Antwort gibt.

„Ich weiß auch nicht. Das Futter am Bach ist herrlich. Anstatt hier zu grasen, laufen sie über den steinigen Weg zurück, über den sie gestern gar nicht gehen wollten." Günter schüttelt den Kopf. Er ist wütend, die Pferde haben ihn enttäuscht. Aber kann man den Tieren wirklich etwas vorwerfen? Was geht in einem Pferdekopf vor? Am Vorabend las ich einen Artikel des Physikers Stefan Klein. Er titelte „Abschied vom ich." Darin wird behauptet, Menschen hätten keinen freien Willen, sondern würden nur wie Tiere bestimmten Schaltmustern folgen. Eine Aussage, die in mir große Skepsis und so etwas wie Widerwillen hervorrief. In dem Artikel wird behauptet, dass der Wille keine Berge versetzen könnte, Entscheidungsfreiheit Illusion sei. Wenn schon dem Menschen der freie Wille von den heutigen Hirnforschern abgesprochen wird, wie sollen dann erst Pferde bewusste Entscheidungen treffen können? Warum aber sind ihre Schaltmuster so merkwürdig gestrickt, dass sie gutes Futter und Wasser verlassen? Von welch merkwürdigem Instinkt werden sie geleitet?

Während Günter unterwegs war, stattete ich unseren Nachbarn einen Besuch ab. In dem Geröllhang, nur wenige hundert Meter von unserem Lager entfernt, wohnt eine Murmeltierfamilie, drei erwachsene Tiere und zwei Babys. Eines der Großen hält immer an einem Aussichtspunkt Wache, während die anderen ihren jeweiligen Tätigkeiten nachgehen. Ist Gefahr in Verzug, stößt es ein lautes Pfeifen aus, und alle Tiere verschwinden innerhalb von Sekunden in ihren Höhlen, nur die Babys nicht. Die kleinen Würmer bleiben einfach auf ihren Felsen sitzen und lassen sich von der Morgensonne wärmen. Es wundert mich, dass Mutter und Vater Murmeltier nicht besser auf ihre Kleinen aufpassen. Sie können erst wenige Tage alt sein, denn sie bewegen sich noch vorsichtig und langsam. Ich pirsche mich heran und lege mich vor ihnen in der Wiese nieder. Erst im letzten Moment flüchten sie, flitzen blitzschnell in ihre Höhle. Doch sie sind neugierig. Aus ihrem Versteck zwischen großen Felsblöcken strecken sie immer wieder ihren Kopf hervor und schauen mich an. Die kleinen Tierchen haben hellbraunes, buschiges Fell, ein dunkles Gesicht mit einer weißen Maske um die Nase. Nach einer Weile, in der ich regungslos auf dem Boden liege, wagen sich auch die Elterntiere wieder hervor. Einer streckt mutig seinen Kopf aus einem Erdloch und blickt rundum. „Luft rein“, scheint er den anderen zu signalisieren, denn auch die beiden anderen klettern wieder aus ihren Schlupflöchern hervor und laufen nun emsig zwischen den Steinen umher. Murmeltiere wecken tiefe Kindheitserinnerungen in mir. Eine meiner ersten Erinnerungen ist die an ein Murmeltier-Stofftier, das ich als Vierjährige von meiner Tante bekam. Ich nannte es Manki. Ich habe es heute noch. Schon als Kind konnte ich mit Geduld und Begeisterung den Augenblick erwarten, wenn das Murmeltier seinen buschigen Teddybären-Kopf aus seiner Höhle strecken würde.

Wir sind nur noch wenige Kilometer vom Cumbres Pass und somit von der Grenze zu Colorado entfernt. Die letzten Tage haben mich wieder mit New Mexico versöhnt. Unruhe und Rastlosigkeit sind wieder verschwunden, ich bin im Einklang mit mir und meiner Umgebung. Auch der letzte Tag in New Mexico birgt seine Tücken. Die Markierung mit rosa Schleifen hört plötzlich auf, und wir müssen uns quer durch den Wald schlagen und viele kreuz und quer liegende Bäume überklettern. Unsere Pferde werden noch zu richtigen Waldläufern. Azabache weicht Engstellen im Wald zielsicher aus. Dafür schrammt Rusty jeden Baum und wenn ich nicht aufpasse, schrammt auch mein Unterschenkel. Als wir eine Forststraße erreichen, folgen wir ihr und gelangen so über einen Umweg ins Tal. Auf der Straße liegen Kieselsteine. Sie schmerzen Rustys Hufe. Daher steige ich ab und laufe neben ihm her. Da er bei der Gruppe bleibt, führe ich ihn fast nie am Zügel. Der Waldboden links und rechts vom Weg ist weich.

„Komm Kleiner, geh mir nach, dort ist es besser." Ich strecke meine Hände nach hinten, als ob ich ein kleines Kind auffordern würde, sich mir anzuschließen. Rusty läuft hinter mir her. Zickzack führe ich ihn durch den Wald. Er folgt mir auf jeder Schlangenlinie durch die Bäume.

„Bald könnt ihr im Zirkus auftreten", lacht Günter. Irgendwann wird es Rusty dann zu bunt, und er schließt sich wieder seinen Artgenossen an.

Es erscheint mir immer wieder merkwürdig, dass wir zu einem Pass hinuntergehen. Ein Pass ist der niedrigste Punkt, um eine Bergkette zu überwinden. Daher werden Straßen und Wege über Pässe gebaut. Da wir aber der Bergkette folgen, ja auf ihrem Rücken entlangreiten, ist ein Pass für uns immer eine Senke. Immer wieder nieselt es. Ich ertappe mich bei Träumen von der Gemütlichkeit eines Wiener Kaffeehauses. Als wir die Passstraße überqueren, fährt eine Gruppe Motorräder an uns vorbei. Sie fahren rücksichtsvoll, langsam. Trotzdem ist der Lärm ihrer Motoren für mich ohrenbetäubender Krach. Es sind große Maschinen, mit eingebautem Radio. Die Lautstärke der Musik versucht den Lärm der Motoren noch zu übertönen. Meine Ohren sind so eine Geräuschkulisse nicht mehr gewöhnt. Dann sind sie auf der anderen Talseite verschwunden. Dankbar begrüße ich die Stille, die zurückbleibt. Ich bin froh, den Lärm der Zivilisation wieder hinter mir zu lassen und verzichte im Gegenzug gerne auf die Gemütlichkeit. In der Nähe eines Teiches schlagen wir unser Lager auf.

„Morgen muss einer von uns ins nächste Dorf trampen und einkaufen", sagt Günter.

„Mach du das bitte", antworte ich, „Der Proviant und das Pferdefutter sind so schwer."

„Aber da ist doch gar nichts dabei. Da findest du sicher ganz schnell jemanden, der dir hilft, der dich vom Supermarkt direkt wieder hierher bringt."

„Na, wenn das so einfach ist, dann macht es dir ja sicher nichts aus zu fahren", antworte ich lächelnd.

„Na gut", kommt es mürrisch zurück.

Später im Zelt fragt Günter: „Nun sind wir wieder in Colorado. Freust du dich? Bist du froh, dass wir New Mexico hinter uns haben?"

„Ich freue mich auf Colorado, auf die hohen Berge, die Almwiesen, die Flüsse und Bergseen. Aber ich bin auch traurig, dass wir New Mexico nun hinter uns haben. Es war nicht einfach, doch es war schön. Eine Herausforderung. Wir kommen unserem Ziel, der kanadischen Grenze, mit jedem Tag näher. Doch von mir aus könnte die Reise ewig so weitergehen."

„Ewig, wirklich? Fehlt dir gar nichts?"

„Nein, gar nichts", antworte ich und schlafe zufrieden ein.

Am nächsten Tag versucht Günter per Autostopp nach Antonito zu fahren. Wenn man bedenkt, dass mich in Cuba vier Stunden lang niemand mitnehmen wollte, obwohl ich eine „ungefährliche" Frau bin und sauber gekleidet war, dann stehen Günters Chancen wirklich schlecht. Mit langen Haaren, dem struppigen Bart, der fleckigen Jacke und den Jeans sieht er wirklich zum Fürchten aus. Ich jedenfalls würde ihn nicht mitnehmen. So geht es offensichtlich auch den anderen Autofahrern, denn zwei Stunden lang fahren alle an ihm vorbei. Antonito ist die nächstgelegene Ortschaft und trotzdem vierzig Kilometer entfernt, viel zu weit, um zu Fuß zu gehen. Irgendwann sehe ich ihn nicht mehr, jemand muss ihn doch noch mitgenommen haben. Die Moskitos quälen mich. Sie fallen zu tausenden über mich her. Auch unsere Pferde sind völlig zerstochen und das, obwohl wir sie zweimal täglich mit Mückenmittel einsprühen. Immer wieder regnet es. Ich verkrieche mich im Zelt und schlafe fast den ganzen Tag. Mir war gar nicht bewusst, wie erschöpft ich bin. Gegen Abend kommt Günter zurück und bringt Luxus aus der Welt des Shoppings. Für Leni einen Knochen, für die Pferde einen Sack Karotten. Für uns Shrimps, die wir am Lagerfeuer grillen.

„Wie war dein Einkaufstrip?", frage ich Günter.

„Zuerst dachte ich, da nimmt mich nie jemand mit. Ich wollte schon aufgeben, da kam ein Tiertransporter aus einer Seitenstraße", Günter holt seine Kamera hervor und zeigt mir ein Foto des riesigen blauen Trucks.

„Der hat dich mitgenommen? Mit so was wolltest du doch schon immer mal fahren, oder?"

„Oh ja", Günter zeigt mir noch weitere Fotos des Trucks, von vorne, hinten und innen. Er strahlt wie ein Kleinkind vor dem Christbaum.

„Fehlt nur noch, dass er dich fahren ließ."

„In Antonito ging ich in die Bücherei. Dort arbeitet eine alte Frau, sicherlich an die 80 Jahre. Sie war sehr hilfsbereit", erzählt Günter, „Allerdings gab es kein Internet. Antonito ist wohl die einzige Bücherei in den USA ohne Internetzugang. So nahm sie mich mit nach Hause, wo ich das Internet ihres Neffen benutzen durfte. Pferdefutter kann man in Antonito auch nicht kaufen. Sie wollte mich daher zunächst in das fünfzig Kilometer entfernte Alamosa schicken."

„Das ist gut, wie sollst du denn dorthin kommen?"

„Ich erklärte ihr, dass ich kein Auto habe. Da bot sie an,

mir einen Sack Futter, den sie für ihre Kuh zu Hause hat, zu verkaufen.“

„Sie hat eine Kuh?“

„Ja, nur eine. Für die Milch, nehme ich an, wie auch immer. Ihr Neffe musste mich dann hierher zurückbringen. Die alte Frau ließ ihm gar keine andere Wahl. Ich gab ihm Geld fürs Benzin.“

Vom Teich dringt das Quaken der Frösche zu uns herüber. Hin und wieder furzt ein Pferd. Der plötzliche Wechsel auf das grüne Futter bringt ihre Verdauung etwas durcheinander. Sonst ist es still. Wir öffnen den Merlot, gießen den Rotwein in unsere stillosen Becher und stoßen an auf unsere Rückkehr nach Colorado.

Im Herbst des Jahres 1959, als die Tage kürzer wurden und beißender Frost in der Luft lag, wurden in der Nähe der kontinentalen Wasserscheide, in dem Gebiet der heutigen Weminuche Wildnis, fünfunddreißig Schafe von einem großen Raubtier erlegt. Der vermeintliche Übeltäter, ein weiblicher Grizzlybär, wurde daraufhin mithilfe einer Bärenfalle gefangen und erschossen. Es war der letzte von tausenden Grizzlybären, die einst in den Bergen Colorados lebten. Oder war es doch nicht der letzte?

1979 waren zwei Jäger im Gebiet des Navajo Flusses, in der heutigen South San Juan Wildnis, unterwegs. Sie waren mit Pfeil und Bogen ausgerüstet auf der Jagd nach einem Hirsch, als einer der Jäger plötzlich von einem Grizzlybären attackiert wurde. In einem Nahkampf Mensch – Bär gelang es dem Jäger, dem Bären einen Pfeil in die Brust zu jagen. Der Bär starb wenige Minuten später. Er war nun wirklich der letzte Grizzlybär Colorados. Oder war es doch nicht der letzte?

Noch heute geistern Gerüchte und Wunschträume durch die Herzen der Naturliebhaber und Bärenexperten, dass sich die Grizzlybären immer noch irgendwo da draußen, in der South San Juan Wildnis, dem wildesten und abgelegensten

Winkel Colorados, verbergen. Auf 67 Kilometern führt der CDT tief in diese wildeste Wildnis Colorados.

Der Tag beginnt vielversprechend. Die Regenwolken des Vorabends haben sich verzogen und beim Aufbruch zu unserer ersten Etappe durch den Süden Colorados sind wir guter Dinge. Die Pferde trotten nach dem Rasttag gut ausgeruht im schnellen Schritt dahin. Colorado weckt große Erwartungen. Vom Vorjahr wissen wir, dass die Wege gut markiert und instand gehalten sind, die Sonne Colorados verlässlich scheint und trotzdem die Temperatur in der hohen Bergwelt angenehm kühl ist. Rusty rupft immer wieder Gräser vom Wegrand. Ich bin gut gelaunt und großzügig und gebe ihm die Zügel. Wie auf einem Schaukelpferd lasse ich mich wiegen und tragen. Nach wenigen Minuten passieren wir ein Schild: „Trail 813 gesperrt“. Das ist unser Weg.

„Was meinst du?“, ruft Günter mir zu. Ich überhole die beiden Packpferde, die vor mir stehen, hole die Karte aus der Packtasche und sehe nach.

„Wir könnten einen anderen Weg nehmen, aber es wäre ein langer Umweg.“

„Wollen wir es trotz Sperre versuchen?“, fragt Günter.

„Ja, klar, wir lassen uns doch nicht von einem Schild abschrecken!“, stelle ich übermütig fest.

Langsam klettert der Weg empor, schmiegt sich in Serpentinen an den Hang. Aus dem Tal hört man das Tuten der alten Dampflokomotive. Wir machen Pause, um ihr beim Anstieg auf den Pass zuzusehen. Günter holt Erdnüsse aus seiner Satteltasche. Leni legt sich sofort zu seinen Füßen und bettelt mit treuherzigem Blick. Günter tut, als bemerke er sie nicht, wirft ihr aber doch hin und wieder eine Nuss zu. Die Cumbres & Toltec Schmalspurbahn fährt zwischen dem Örtchen Chama in New Mexico und Antonito in Colorado. Wenig hat sich geändert seit 1880, als die erste Lokomotive auf schmaler Spur den Cumbres Pass überquerte. Eine schwarze Rauchwolke zieht durch das Tal. Bis weit hinauf hören wir das gleichmäßige Schnaufen der alten Lok. Wir setzen unseren

Ritt fort. Nach der nächsten Kurve liegt ein Baum quer über dem Weg.

„Deshalb würden sie doch nicht den Weg sperren, oder?“, frage ich Günter.

„Wohl kaum, aber wer weiß“, antwortet er. Bisher war der Weg frei und wir sind immer noch guter Dinge, dass die Sperre uns nicht aufhalten wird. Immer weiter steigen wir hinauf in die zerklüftete, über Jahrtausende von Gletschern geformte Bergwelt. Das Kräftespiel der Eismassen hat schroffe Zinnen und raue Bergrücken in das durch Vulkanausbrüche aufgefaltete Gebirge gefräst. Gletscherseen und Bäche halten die Feuchtigkeit und sorgen für fruchtbare Almlandschaft. Am Wolf Creek erwartet uns das Fiasko. Der letzte Sturm hat die Bäume kreuz und quer geworfen. Wurzeln ragen empor. Meterdicke Stämme wurden auf halber Höhe geknickt wie Zahnstocher. Der Weg ist nicht mehr erkennbar, ein Durchkommen mit Pferden unmöglich.

„Sollen wir umkehren?“, frage ich Günter.

„Nein, wir suchen uns einen Weg“, antwortet er. Nach kurzem Zögern fügt er fragend hinzu: „Denkst du, das ist möglich?“

Ich krame in meiner Satteltasche nach der Karte. Der Weg führt durch den Wald empor bis zu einer Abbruchkante und folgt dieser dann nach Nordwest. Wenn wir uns direkt Richtung Nordwest halten, stoßen wir irgendwann an die Abbruchkante und können dort dem Weg weiter folgen. Vorausgesetzt, es gibt einen Weg.

„Ja, ich denke schon. Ein Stück zurück habe ich einen Trampelpfad gesehen, vielleicht können wir ihm folgen“, antworte ich.

Wir folgen einem Wildwechsel, wahrscheinlich von Rehen oder Hirschen. Doch der Pfad verliert sich, und wir müssen weglos weitergehen. Über eine Schneise im Wald steigen wir nach oben. Das Gelände ist steil und die nasse Wiese rutschig. Noch sitze ich im Sattel, doch mir ist alles andere als wohl in meiner Haut. Immer wieder rutscht Rusty aus, fängt sich aber sofort wieder. „Vier Beine haben mehr Halt als zwei“, rede ich mir selbst gut zu. Irgendwann schließt sich der Wald vor uns.

„Da kommen wir nicht durch“, ruft Günter mir zu. Ich möchte unter keinen Umständen die rutschige Wiese wieder hinunter. Mithilfe eines Lineals und der Karte errechne ich die Koordinaten der Abbruchkante und gebe sie in das GPS ein. „Wir sind nur noch zwei Kilometer vom Weg entfernt“, rufe ich zurück, „Ich bleibe mit den Pferden hier, versuch du, einen Pfad frei zu legen.“

Der Hang ist so steil und rutschig, dass man nur auf allen Vieren vorwärts kommt. Günter klettert weiter und verschwindet im Dickicht. Die Pferde bleiben ruhig stehen und fressen. Durch die Hanglage wachsen ihnen die Gräser direkt ins Maul. Nach wenigen Minuten ist Günter zurück.

„Es ist nur ein kurzes Stück, das schaffen wir schon. Dann wird es wieder besser.“

„Ich kann hier unmöglich ein Pferd führen. Da fürchte ich mich. Ich falle so schon bei jedem zweiten Schritt hin“, klage ich.

„Na, Calimero! Dann nimm einfach die Kamera und mach Fotos. Ich führe Dino, die anderen kommen schon hinterher.“

Günter ist nun schon der zweite Freund, der mir den Spitznamen „Calimero“ gibt. Ich weiß, im Grunde meine Herzens bin ich feig. Auch wenn manche meiner Entscheidungen mutig und außergewöhnlich erscheinen mögen, eigentlich bin ich ein Feigling. Es kommt so gut wie nie vor, dass ich mich überschätze, ich falle auch selten auf die Nase. Ich bin vorsichtig und in meiner Planung eher konservativ. Ich bin nicht risikofreudig. Das scheint vielleicht ein Widerspruch zu meinem derzeitigen Lebensstil zu sein, ist es aber nicht. Unsere Reise birgt wenige Gefahren. Das Risiko ist kalkulierbar. Auch wenn wir eine gesunde Portion Naivität mit im Reisegepäck haben, wissen wir doch sehr gut, was wir tun.

Günter rennt geradezu durch das dichte Unterholz hinauf. Die Pferde folgen ihm Tritt für Tritt. Steile Anstiege bewältigen sie leichter in schnellem Schritt oder mit Sprüngen. Ich schieße ein Foto, dann sind sie bereits außer Sichtweite. Atemlos klettere ich hinter ihnen her und verfluche die Kamera, auf die ich in diesem schwierigen Gelände auch noch aufpassen muss. Wir sind knapp an der Baumgrenze. Nur noch ein paar kleine, verkrüppelte Bäume wachsen zwischen den Felsen, dann gar keine mehr. Aus Gras wird Granit und dann stürzen kahle Klippen vor uns hinunter. Wir stehen an der Abbruchkante. Vor uns fällt das Gelände hunderte Meter senkrecht ab. Die Aussicht ist berauschend. Unter uns liegt ein tiefgrünes Tal. Tannen- und Fichtenwald umschließt leuchtend grüne Wiesen. Erst vor wenigen Wochen ist der letzte Schnee in diesem Tal geschmolzen. Unter der hohen Feuchtigkeit sprießt das Gras, und Bergblumen blühen um die Wette. Auf den Bergspitzen rundum sind noch einzelne Schneefelder zu erkennen. Es ist Mitte Juli. Die South San Juan Berge gehören zu den schneereichsten Ecken Colorados.

Entlang der Kante führt ein Pfad nach Norden. Wir folgen ihm und stoßen wenig später auf ein Schild. Es zeigt in die andere Richtung: „Trail gesperrt" steht dort für entgegenkommende Wanderer. Wir haben es geschafft, vor uns ist der Weg wieder offen. Doch es dauert nicht lange, und wir müssen das erste Schneefeld überqueren. Wir steigen ab. Günter will sein Reitpferd Lightfoot oberhalb des Feldes vorbeiführen. Den Führstrick des Packpferdes Dino hat er um das Sattelhorn geschlungen. Dino geht leicht versetzt, steigt in den Schnee, rutscht aus und wäre fast gestürzt. Einzeln führt Günter nun seine Pferde oberhalb des Schneefeldes vorbei. Azabache nimmt denselben Weg. Rusty, der sich das Manöver lange genug angesehen hat, entscheidet sich für die Abkürzung und läuft quer über das Schneefeld. Es scheint ihm sogar Spaß zu machen. Als hätte er alle Zeit der Welt, bleibt er in der Mitte stehen und frisst Schnee.

Am Nachmittag türmen sich in allen Himmelsrichtungen Gewitterwolken wie riesige Wattebäusche auf. Donnergrollen rollt über den Himmel. In der Ferne zucken Blitze. Doch wir bleiben verschont. Am Waldrand, oberhalb eines smaragdgrünen Sees, schlagen wir unser Lager auf. Abends ist es empfindlich kalt. Das Gute an der Kälte ist, dass sie die Moskitos lähmt. Günter entfacht ein Feuer und stellt Wasser auf, um Tee zu kochen. Wenig später reicht er mir meine dampfende Tasse. Ich umschließe sie mit beiden Händen, um mich zu wärmen. Die Pferde grasen. Leni ist schon längst im Zelt verschwunden und hat sich in einem Schlafsack verkrochen. Später wird sie unzufrieden brummen, wenn wir sie aus dem Schlafsack holen und in Pferdedecken und Jacken einpacken. Immer wieder unternimmt sie nachts Anläufe, zu mir in den Schlafsack zu kriechen. Sie kommt immer zu mir, niemals probiert sie es bei Günter. Nicht, dass sie mich bevorzugen würde, nein, sie ist Opportunistin, mein Schlafsack ist wärmer.

Die Landschaft um uns ist wie ausgewechselt. Plötzlich befinden wir uns wieder im Hochgebirge. Unser Lager ist knapp unterhalb der Baumgrenze. Weiter oben können nur noch Krummholz und Latschen den harschen Witterungen standhalten. Günter macht den Abwasch. Eine angenehme Arbeitsteilung für mich, ich koche, er wäscht ab. Als er fertig ist, setzt er sich für einen Moment zu mir ans Lagerfeuer. Wild sieht er aus, mit seinem langen Bart und den zottigen Haaren passt er wie der Alpöhi in diese Berge. Würde Günter diese Zeilen lesen, er würde heftig protestieren. Daher sollte ich wohl lieber Mountain Man schreiben, ein Bild, mit dem er sich besser identifizieren kann. In gewisser Hinsicht wurde Günter hundertfünfzig Jahre zu spät geboren. Zu gern wäre er einer dieser ersten Fallensteller, Jäger oder Goldschürfer gewesen, die in die Rocky Mountains zogen. Ein Mann wie Kid Carson oder Buffalo Bill. Sie lieferten den Mythos für viele Kinofilme über die Eroberung des Wilden Westens. Ihre Motive waren dieselben, die so manchen Abenteurer noch heute in die Wildnis der Bergwelt führen. Wer heute in den Rocky Mountains unterwegs ist, stolpert immer wieder über die Namen berühmter Bergmänner. Wälder, Berge und Dörfer wurden nach ihnen benannt. Wir blicken entspannt in die

Ferne. Ich könnte ewig so dasitzen. Günter bricht das Schweigen: „Mein Gott, ist die Landschaft schön." Recht hat er.

Ich erwache mit dem ersten Sonnenlicht und krieche aus dem Zelt. Lightfoot wiehert mir freundlich zu. Er ist an dem Hochseil angebunden und weiß, dass nun gleich gewechselt wird. Der Morgen ist kühl, die Luft angenehm frisch. Tautropfen haben sich an den Grashalmen und auf den Tannenzweigen gesammelt. Die Sonne ist noch nicht über den Horizont geklettert. Die hohen Berge ringsum werden sie noch eine weitere Stunde vor uns verbergen. Auf der Suche nach Dino und Rusty klettere ich über einen kleinen Hügel. Nur meine Schritte im feuchten Gras durchbrechen die Stille. Auf den ersten Blick sehe ich nur die Hirsche. Zwölf, vielleicht fünfzehn Wapitis grasen friedlich auf der Wiese zu meinen Füßen. Sie haben mich nicht kommen hören. Mit angehaltenem Atem bleibe ich stehen und beobachte sie. Jetzt erst erkenne ich Rusty und Dino, die mitten unter der Herde grasen, als wären sie Teil von ihr. Nach einigen Minuten zerstöre ich die Stille, ich mache noch einen Schritt, die Köpfe der Wapitis heben sich, ihre Geweihe ragen empor. Aus schwarzen Knopfaugen starren sie mich eine Sekunde lang an. Dann springen sie leichtfüßig und lautlos davon. Unsere Pferde werden einige Schritte in die Fluchtrichtung mitgerissen, bleiben aber sofort stehen, als sie meinen Lockruf hören und kommen sogar auf mich zu. Rusty reibt seine weiche Nase an meiner Hüfte. Jedes Pferd bekommt ein Leckerli, dann müssen sie ihre Freunde an dem Hochseil ablösen.

Gerade als die Sonne unser Lager erreicht, reiten wir los. Unser Weg führt über breite Gebirgsrücken, die sich zwischen den tiefen Canyons erheben. Die Sonne wärmt, und wir fühlen uns wohl in diesem blühenden Hochgebirge. In einer Felsspalte wachsen Rocky-Mountains-Akeleien. Lila, weiß und gelb leuchten die großen Blüten, deren Blätter nach hinten spitz auslaufen. Für mich sehen sie aus wie Orchideen, so kunstvoll. Über uns zieht ein Adler seine Kreise. Ich beobachte seinen schwerelosen Gleitflug, als es vorne einen Tumult gibt.

„Du Wutz!“, schimpft Günter mit Leni. Er ist abgestiegen, und Leni liegt reumütig vor ihm.

„Was ist los?“, frage ich.

„Sie hat dem Schneehuhn ein paar Federn ausgerupft!“, schimpft er weiter, fügt dann aber versöhnend hinzu: „Eigentlich kann sie nichts dafür. Das Huhn ist ihr direkt ins Maul geflogen. Es wusste wohl nicht wohin, der Adler und wir, das war zu viel.“

„Ist das Schneehuhn davongekommen?“

„Ja, hat halt jetzt ein paar Federn weniger.“

Die Schneehühner wechseln gerade ihr Kleid. Im Winter sind ihre Federn strahlend weiß, im Frühjahr wird die Oberseite bunt gesprenkelt: Kopf und Hals, Rücken und Flügel werden graubraun, schwarz, beige und weiß gefleckt. Im Sommer verschwinden dann die weißen Bereiche völlig und Schneehühner sind in ein grau-gesprenkeltes Federkleid gehüllt. Die Tiere verlassen sich auf ihre hervorragende Tarnung. Wenn sich ein Feind nähert, bleiben sie einfach still sitzen und hoffen, nicht entdeckt zu werden. Schon einige Male haben wir Schneehühner aufgeschreckt. Kurz bevor man auf sie tritt, fliegen sie mit lautem Flügelschlag davon, was jedes Mal die Pferde erschreckt.

Ein sanfter Hang führt hinunter zum Trail See. Das sanfte, hügelige, grüne Land und der lange, schmale See erinnern an Schottland. Drei Fischer haben ihre Angeln ausgeworfen und warten darauf, dass die Forellen beißen. Bisher hatten sie kein Glück, berichten sie. Schade, ich hätte ihnen gerne einen Fisch abgekauft. Im nächsten Ort wollen wir eine Angel kaufen. Ich habe noch nie geangelt, möchte es aber lernen. Günter ist weder zum Jäger noch zum Fischer geboren. Mir gefällt die Idee, sich von der Natur zu ernähren. Ich versuche, viel über essbare Pflanzen zu erfahren, die genießbaren Pilze kennen zu lernen und Beeren zu pflücken. Seit vielen Jahren ernähre ich mich vegetarisch. Erst seit meinem Aufenthalt in Kambodscha esse ich wieder Fisch. Ich arbeitete dort mit Menschen, die in schwimmenden Dörfern lebten und sich von Fisch ernährten.

Es wäre unhöflich, ja unmöglich gewesen, den Fisch, den sie mir anboten, abzulehnen. Aber es ist mir wichtig, nur Tiere zu essen, die ich auch selbst töten und zubereiten könnte. Ich möchte kein Reh, keine Kuh, kein Schwein erschießen, daher esse ich sie auch nicht. Bisher hat sich mir die Möglichkeit zum Fischen nicht geboten. Demnächst will ich es aber versuchen. Wir folgen Steinmännchen über eine große Lichtung zur Waldgrenze. Das Hufgetrampel schreckt einen Hirsch auf. In hohen Sprüngen legt er einige Meter zurück und posiert dann vor dem Tannengrün und den schneebedeckten Berggipfeln: Ein Bild wie auf einem alten Ölgemälde. Im nächsten Moment ist er im Wald verschwunden.

Am Himmel bilden sich dunkle Gewitterwolken. Der Untergrund wird immer felsiger, und wir ziehen den Pferden Hufschuhe an. Bei unserem Aufenthalt im Dorf Cuba hat Günter die Riemen, die die Schuhe um den Huf halten, entfernt. Er meinte, sie wären unnötig. Die Schuhe passen millimetergenau und stecken fest an den Hufen. Das stimmte für die 1.000 Kilometer, die wir im staubtrockenen New Mexico zurückgelegt haben. Doch jetzt im feuchten Gras beginnen die Hufschuhe zu rutschen. Ständig verliert eines der Pferde einen Schuh, wir müssen absteigen, zurückgehen, den Schuh holen und wieder anziehen. Ich steige nicht mehr auf, sondern gehe hinter den Pferden her und klaube die Schuhe auf. Nach kurzer Zeit geben wir auf und ziehen den Pferden die Schuhe wieder aus und uns selbst Regensachen an, denn es beginnt zu tröpfeln. Die Abstände zwischen Blitz und Donner sagen uns, dass das Gewitter in unsere Richtung zieht. Wir befinden uns auf einem exponierten Bergrücken und steigen am schnellst möglichen Weg ab. In einem kleinen Wäldchen, am Rande einer geschützten Wiese, schlagen wir unser Lager auf, gerade rechtzeitig vor dem starken Regen. Es ist noch mitten am Nachmittag, doch wir müssen unsere Zeitplanung nach dem Gewitter richten. Gerade während eines Gewitters zeigen sich die Kräfte der Natur. Sie gilt es zu respektieren. Immer wieder werden Wildpferde vom Blitz erschlagen. Auch sie können die Gefahr offensichtlich nicht richtig einschätzen. Wir müssen auf uns und unsere Pferde aufpassen. Eingehüllt in unsere Schlafsäcke trinken wir Kaffee, essen warme Tortillas mit Käse und lauschen dem Donner. Durch einen Spalt im Reißverschluss beobachten wir die Pferde. Azabache und Rusty springen ausgelassen und spielerisch durch das Lager. Sie genießen das kühle Wetter. Auch für sie muss Colorado ein Paradies sein, nach der heißen, kargen Wüste New Mexicos. Der Bach, der nur wenige Meter unterhalb unseres Lagerplatzes vorbeifließt, tost unter den Wassermassen der Schneeschmelze und des Regens.

Am späten Nachmittag hört der Regen auf. Die Wolken haben sich verzogen, und es ist taghell. Vögel zwitschern, selbst das Rauschen des Baches klingt nun sanfter. Wir klettern hinaus und genießen die Ruhe nach dem Sturm. Ich liebe diese Hochgebirgslandschaft, die Mächtigkeit der Gipfel, die Zartheit der Blumen, die Klarheit der Bäche, die Wildheit der Wälder und die Freiheit der Tiere. Wenn ich dieses Wunder der Natur betrachte, kann ich an keinen Zufall der Natur glauben, ich erahne den Plan hinter dieser Perfektion und Schönheit. Auch wenn ich mich sonst nicht mit religiösen Fragen beschäftige und Spiritualität bisher keinen Platz in meinem Leben hatte, hier in den hohen Bergen fühle ich mich Gott nahe. Was immer das auch bedeuten mag. An diesem Abend liege ich noch lange wach und lausche den Geräuschen des Waldes.

Am nächsten Tag steigen wir auf 3.600 Meter empor. Es ist Juli, mitten im Hochsommer, trotzdem liegen riesige Schneefelder vor uns. Die Pferde gehen vorsichtig, aber ohne Probleme darüber. Nur am Rand oder rund um Steine, die aus dem Schnee ragen, besteht Gefahr einzubrechen. Als es einmal leicht bergab durch den Schnee geht, rutscht Rusty und wird immer schneller. Wir kommen jedoch gut unten an. Immer noch habe ich das Gefühl, es macht ihm Spaß, durch den Schnee zu laufen. Leni jedenfalls hat riesige Freude im Schnee. Sie wälzt sich, steckt ihren Kopf hinein, frisst Schnee.

In einem kleinen Wäldchen liegt ein Baumstamm quer über dem Weg. Günter sägt die Äste ab, trotzdem ist es ein hoher Sprung für die Pferde. Wir führen Dino und Lightfoot über den Stamm. Azabache beäugt ihn misstrauisch. „Und hopp!“, fordere ich ihn auf, und er springt darüber. Dasselbe Kommando funktioniert auch bei Rusty. Immer höher führt der Trail ins Gebirge, bis er in einem steilen, abschüssigen, etwa dreihundert Meter breiten Schneefeld verschwindet. Auf der anderen Seite taucht er wieder auf und führt über einen schmalen Gebirgskamm. Günter bleibt stehen und steigt ab. Er versucht einige Schritte über den Schnee zu gehen. Am unteren Ende bricht das Schneefeld in einen steilen Abhang.

„Ich kenne so einige Menschen, die da nicht freiwillig darüber gehen würden“, stelle ich fest.

„Wenn die Pferde da ausrutschen, sind sie weg“, merkt Günter trocken an.

„Ich werde einen Weg in den Schnee graben“, fügt er hinzu, „hol die Säge aus der Packtasche!“

Mithilfe der Säge und unseren Händen graben wir einen horizontalen Weg in die steile Schneefläche. Unsere Pferde bleiben wie angewurzelt stehen und warten. Es ist immer wieder erstaunlich, dass sie in solchen Augenblicken nicht davonlaufen. Einzeln führen wir die Pferde über das Schneefeld. Vorsichtig, Schritt für Schritt, doch sie sind schwindelfrei und gehen, ohne zu zögern oder zu stolpern. Zuerst führen wir Dino, dann Lightfoot, dann Azabache über den Schnee. Rusty folgt als Einziger alleine. Mittlerweile hat es zu regnen begonnen. Feiner Nieselregen prasselt auf den Schnee, der Himmel ist mit dunklen Wolken verhangen. Wo der Schnee sich bereits zurückgezogen hat, strecken kleine Alpenblümchen ihre Köpfe hervor. Glockenblumen, Akeleien, Paintbrush und noch große gelbe und kleine weiße, deren Namen ich nicht kenne. Der Abstieg zum Blue Lake führt durch ein Blumenmeer. Malerisch liegt der Gletschersee zwischen den schroff abfallenden Berghängen. Er lädt nicht zum Baden ein, dazu ist sein Wasser viel zu kalt. Überhaupt ist mein Bedarf nach Wasser mehr als gestillt. Während wir in New Mexico noch für jeden Tropfen dankbar waren, haben wir nun Wasser im Überfluss und in jeder Form. Die Flüsse tosen, sie führen Schmelzwasser. Durch die Schneeschmelze haben sich zusätzlich etliche kleine Rinnsale gebildet. Jetzt gibt es mehr Bäche, als in unserer Karte eingezeichnet sind. Die Wiesen sind feucht und sumpfig. Es regnet nun täglich, oft mehrere Male. Bereits am frühen Nachmittag gibt es das erste Gewitter, was unser Vorankommen verlangsamt, da wir immer wieder Schutz in tieferen Höhenlagen suchen müssen. Die Tage sind zweigeteilt: Der Vormittag bringt strahlend blauen Himmel und sonnige Wärme, die Bergwelt erscheint faszinierend und eindrucksvoll und ich fühle mich in meinem Element. Die Nachmittage hingegen sind wolkenverhangen, dumpfer Donner rollt durchs Gebirge, und ich fühle mich den Elementen ausgeliefert.

Kurz nach dem See führt der Weg über eine imposante Schneewand. Fünf Meter hoch ist der Schnee in einer Rinne angehäuft. Günter reitet einige Male darüber, von rechts nach links und von links nach rechts, und ich versuche die Szene auf einem Foto festzuhalten. Alle Pferde folgen ihm widerspruchslos. Während ich mit der Kamera hantiere, fallen tausende Moskitos über mich her. Beim Abstieg gehen wir zu Fuß und führen die Pferde. Ich gehe voran und führe Dino. Rusty und Azabache folgen alleine. Günter und Lightfoot bilden das Schlusslicht. Wenn möglich, führe ich die Pferde um die Schneefelder herum. Nur Rusty geht stur auf dem Trail weiter, auch wenn er mitten durch den Schnee führt. An einem Hang führe ich Dino unterhalb des Schnees vorbei. Rusty geht geradeaus und bleibt mitten im Schneefeld etwa drei Meter oberhalb von uns stehen.

„Und jetzt, kannst du jetzt alleine wieder runter?“, rufe ich ihm zu.

Rusty sieht sich um, und geht dann im Zickzack durch den Schnee bergab. Ich bin stolz auf ihn.

Der Schnee überdeckt auch die Rinnen kleinerer Bäche. Wir

müssen vorsichtig darüber gehen, um nicht einzubrechen und im Bach zu stehen. Vorsichtig suche ich den besten Weg. Unter einem dieser Schneefelder rauscht ein Bach mit hohem Tempo. Er führt viel Schmelzwasser. Wo der Weg kreuzt, fehlt der Schnee und das Wasser kommt zum Vorschein, um dann wieder in einer Schneehöhle zu verschwinden. Vor meinen Augen verschwindet plötzlich Leni in der Schneehöhle. Ich erstarre vor Schreck, lasse Dinos Führstrick fallen und bin zu keiner Reaktion fähig. Das Schneefeld ist vielleicht fünfzehn Meter lang, dann tritt das Wasser wieder hervor. Ich blicke von oben nach unten.

„Was ....?“, Günter hat mich eingeholt.

„Leni ...“, stammle ich. Er folgt meinem Blick zu der Stelle, wo der reißende Bach im Schnee verschwindet und verstummt. In diesem Moment kommt Leni wieder unter der Kante des Schneefeldes hervor. Sie hat wohl nur einer Fährte nachgeschnüffelt und ist gar nicht ins Wasser gefallen.

„Leni, hierher“, kommandiere ich und drücke sie fest an mich. Die Kleine weiß gar nicht, wie ihr geschieht und sträubt sich vehement gegen meine Umarmung.

Durch Latschen und kleine Fichten führt unser Weg weiter bergab. Hinter einer Biegung schrecken wir einen Habicht auf, der sich mit lautem Flügelschlag in die Lüfte erhebt. Auf dem Boden liegt ein totes Reh, an dem sich der Greifvogel gerade gelabt hat. Eine Wunde klafft offen und blutig auseinander. Unser Weg führt über steile Serpentinen bergab ins Tal des Adams Fork Flusses. In der Ferne ragen die Bergspitzen der Weminuche Wildnis empor. Hinter ihnen liegt Creede, das Ziel dieser Etappe. Wenn alles klappt, werden wir es in acht Tagen erreichen. Eine ziemlich lange Zeit für das bisschen Essen, das wir noch haben. Das ist der Nachteil, wenn man einen Mann einkaufen schickt. Er kauft nicht, was auf der Einkaufsliste steht, lässt sich stattdessen von Sonderangeboten locken und kauft von den wichtigen Dingen zu wenig. So brachte er die doppelte Anzahl an Klopapierrollen, dafür aber nur halb so viele Nüsse. Unser Tagesproviant wurde daher auf einen

Müsliriegel und eine Handvoll Nüsse reduziert. Damit müssen wir vom Frühstück bis zum Abendessen auskommen.

In einem kleinen See spiegelt sich der Himmel. Es ist windstill, das Wasser ist ruhig. Das Blau ist so strahlend, als ob ein Stück Himmel herabgefallen wäre. Nahe dem Ufer steht ein kleines, rotes Einmannzelt. Ein Mann sitzt am Lagerfeuer. Er hat die Schuhe ausgezogen und streckt die Füße in Richtung der wärmenden Flammen. Die Bergschuhe liegen nahe am Feuer. Neben dem Mann sitzt ein großer, schwarzer Hund. Beide haben uns bereits entdeckt und blicken uns entgegen.

„Hey. Ich muss euch irgendwo überholt haben, ohne dass ich es gemerkt habe. Seit Tagen folge ich schon euren Spuren, schön, dass ich euch nun treffe", begrüßt er uns. Leni läuft auf den großen Hund zu, bleibt einige Schritte vor ihm stehen und wedelt mit dem Schwanz. Der schwarze Hund erhebt sich, er ist mindestens doppelt so groß wie Leni, und sie beschnüffeln einander. Das Begrüßungsritual dauert nur wenige Minuten, dann springen die beiden Hunde im Spiel auf und davon. Leni rennt wie verrückt in großen Kreisen rund um den anderen Hund und sogar unter seinem Bauch hindurch. Der kommt mit dem Tempo unserer Hündin nicht mit, bellt und setzt sich schließlich erschöpft hin. Leni will aber spielen, springt den schwarzen Hund freundschaftlich an, beißt ihn ins dicke Fell, und schon kugeln sie über die Wiese.

„Ich bin Gabriel und das ist Lucky", stellt der Wanderer sich und seinen Hund vor, „Entschuldigt, wenn ich sitzen bleibe, aber meine Schuhe sind völlig durchnässt."

„Ich bin Sonja und das ist Günter", sage ich, „was dagegen, wenn wir uns hier neben dir niederlassen?"

„Nein, ganz im Gegenteil. Ich freue mich über Gesellschaft."

Gabriel ist Mitte dreißig, groß und muskulös. Sein Gesicht ist braungebrannt, die Wangen haben eine gesunde, rosa Farbe. Welches Bild er wohl von mir hat? Seit vielen Tagen habe ich mich nicht mehr im Spiegel gesehen.

„Ich hoffe, du hast keine Angst vor Pferden. Sollten sie

nachts zu nahe an dein Zelt kommen, klopf einfach von innen auf die Plane, dann gehen sie wieder weg."

„Alles klar, kein Problem."

Wir stellen das Zelt auf, füttern die Pferde und kochen Abendessen. Aus Mehl, Backpulver, Käse und Wasser mache ich gefüllte Fladenbrote, die wir zu dritt essen. Dann teilen wir eine Tafel Schokolade. Einen Luxus, den ein Weitstreckenwanderer, der den gesamten Proviant für bis zu zehn Tagen auf dem Rücken tragen muss, in der Regel nicht dabei hat.

„Wohin bist du unterwegs?", frage ich Gabriel.

„Ich will diesmal nur bis zum Wolf Creek Pass. Ich werde den CDT auf Etappen gehen. Dieses südlichste Stückchen in Colorado fehlt mir noch."

„Und Lucky, nimmst du ihn immer mit?"

„Nein, gar nicht, es ist eine Ausnahme. Ich stand bereits an der Tür, war fertig zum Gehen, da winselte und bettelte er so sehr, dass ich ihn mitnehmen musste. Normalerweise bleibt er bei meiner Freundin."

„Bist du gerne alleine unterwegs?"

„Ja, absolut. Ich genieße es, ein, zwei Wochen alleine hier draußen zu sein, mein eigenes Tempo zu gehen, mir Zeit zu lassen. Manchmal gehe ich nur wenige Kilometer pro Tag und verbringe Stunden damit, auf einem Stein zu sitzen und die Landschaft zu betrachten. Das geht besser alleine."

„Die Landschaft hier ist fantastisch. Da kann man gut sitzen und schauen ...", pflichte ich ihm bei.

„Ja, sie ist schön. Aber nichts im Vergleich dazu, was noch kommt. Die Weminuche Wildnis ist einfach unglaublich. Sie ist riesig, einfach spektakulär. In welche Richtung du auch blickst, überall ragt Gipfel hinter Gipfeln empor", Gabriels Augen leuchten. „Dort war ich letztes Jahr."

„Es liegt noch ganz schön viel Schnee in den Bergen", sagt Günter und gesellt sich zu uns.

„Ja, und das Schlimmste liegt noch vor uns", erzählt Gabriel, „Ich habe vor einigen Tagen zwei Wanderer getroffen. Sie kamen vom Norden und erzählten von einem Schneefeld, das so steil war, dass sie Angst hatten, darüber zu gehen. Vor allem die Frau hatte einen regelrechten Alptraum davon."

„Ach, so schlimm wird's schon nicht werden", beruhige ich mehr mich selbst als ihn.

„Bist du gestern in das Gewitter geraten?"

Ich deute auf seine nassen Schuhe.

„Ja und wie. Hat mich ziemlich überrascht. Beim ersten Guss habe ich mich noch untergestellt, dann zog ich weiter. Gerade als ich über den Kamm war, begann es wieder zu schütten", berichtet Gabriel.

„Mist. Da hast du aber Pech gehabt."

„Ach, was soll's, so schlimm war's auch wieder nicht, und wenn ich ehrlich bin: ein schlechter Tag in den Bergen ist immer noch besser als ein guter Tag in der Zivilisation."

Gabriel spricht mir aus dem Herzen. Er hat so recht. Selbst der sonnigste und wärmste Tag in der Stadt reicht in seiner Schönheit und Kraft nicht an einen regnerischen, windigen, kalten Tag in den Bergen heran. Nirgends bin ich so glücklich wie hier draußen. Nie fühlt sich meine Seele so wohl in meinem Körper, als wenn ich durch diese Bergwelt wandere. Später, als wir im Zelt liegen und Günter bereits ins Reich der Träume entschlummert ist, sinniere ich über diesen Gedanken. Wenn ich in den Bergen so glücklich bin, warum bleibe ich dann nicht einfach hier? An diesem Abend finde ich keine Antwort auf die Frage. Ich weiß nur, dass ich weiterziehen, mein Zelt noch an vielen neuen Orten aufschlagen will, dass ich reisen möchte, entdecken und erleben, dass es zu früh ist, um sesshaft zu werden. Ich möchte auch immer wieder zurückkehren, zu meiner Familie und meinen Freunden, in die Zivilisation, die ich nach einer Phase der Ablehnung und des Unverständnisses, des Infragestellens und des Widerspruchs schlussendlich doch wieder schätzen lerne, insbesondere die Schönheit der Kultur, der Musik, des Theaters. Es dauert eine Weile, doch ich weiß, es kommt der Tag, an dem ich ins Café Sperl gehen werde, eine Melange bestelle und mich auch in Wien wieder pudelwohl fühlen werde. Es ist das Wechselspiel zwischen kultureller und intellektueller Herausforderung in der Zivilisation und dem Erleben der Natur, das mich reizt.

Am nächsten Morgen zieht mich die Routine der täglichen Abläufe wieder ganz in ihren Bann. Aufwachen, aus dem Schlafsack krabbeln, Zelt abbauen, Packtaschen füllen, Kaffee trinken, frühstücken, Pferde satteln, packen und aufbrechen. Das Leben ist einfach und geregelt. Das Unterwegssein, ob nun im Sattel oder zu Fuß, geschieht ganz von alleine. Meistens kommt man gar nicht zum Denken. Man befindet sich fast in einem Zustand meditativer Versenkung. Man ist unterwegs und hat alle Sinne auf maximale Aufnahmefähigkeit gerichtet. Der Verstand begleitet den restlichen Körper, befindet sich aber in einem Gleichgewicht der Ruhe. Man ruht in sich, ist dabei aber hellwach. Früh am Morgen steigen wir in Serpentinen wieder hinauf ins Hochgebirge. Gabriel schläft noch, er will den Tag gemütlich beginnen. Ein exponierter Kamm bietet Blicke aus der Vogelperspektive in die breiten, ausufernden Täler. Schneefelder wechseln mit Blumenwiesen. Der 3.900 Meter hohe Summit Peak strahlt in der Morgensonne, als wir an seinem Osthang vorbeireiten. Die Pferde gehen trittsicher im Schnee, und wir vertrauen ihnen, bis wir vor einem Schneefeld stehen, das alle anderen an Steilheit bei weitem übertrifft.

„Das muss das Schneefeld sein, von dem Gabriel erzählt hat", rufe ich Günter zu.

Er nickt: „Da kommen wir nicht drüber."

Das Schneefeld beginnt unmittelbar unterhalb einiger Klippen und reicht weit hinunter ins Tal. Am oberen Ende, knapp unter den Felsen, kann man Trittspuren ausmachen. Dort führt normalerweise der Weg. Schon zu Fuß wäre es ratsam, einen Eispickel dabei zu haben, um in dem steilen Schneebrett Halt zu finden, mit Pferden darüber zu gehen wäre glatter Wahnsinn.

„Ich gehe hinauf, vielleicht können wir das Schneefeld oberhalb umgehen", sage ich, gehe einige hundert Meter zurück und steige auf den Gipfel hinauf. Doch oberhalb führt kein

Weg vorbei. Es ist zwar möglich, über einen leichten Anstieg hinaufzuklettern, aber auf der anderen Seite fällt der Berg steil ab. „Wir müssen unterhalb vorbei“, sage ich zu Günter. In der Zwischenzeit ist Gabriel eingetroffen. „Ich probier’s über das Schneefeld. Zu Fuß sollte ich es schaffen“, meint er. Wir beobachten ihn, wie er vorsichtig, Schritt für Schritt die Füße in den Schnee stampft, den Oberkörper zum Hang gedreht und die Fingerspitzen im Schnee eingegraben, um sicheren Halt zu finden. Im weglosen Gelände steigen wir steil ab. Ich führe Lightfoot und bin nahe dran, mal wieder zu rufen: „Ich kann das nicht!“ Doch ich kann Günter in dieser Situation nicht mit vier Pferden alleine lassen. Ich führe Lightfoot fünf Schritte in eine Richtung, dann lasse ich ihn auf dem Stand wenden, und führe ihn fünf Schritte in die andere Richtung. So kämpfen wir uns in Stemmbögen nach unten, wie ein schlechter Schifahrer, der unabsichtlich auf einer schwarzen Piste gelandet ist. Rusty und Azabache folgen Schritt für Schritt. Sie machen jede Spitzkehre tadellos mit. Ich bin stolz auf sie – und auf mich.

Bereits gegen Mittag ziehen wieder Gewitterwolken auf, und wir sehen zu, dass wir vorankommen. Viel zu rasch ziehen wir vorbei an den schneegefleckten Bergen, den tiefen grünen Tälern und den farbenprächtigen Blumenwiesen. Mitten auf einer dieser Wiesen kommt es zum Eklat: Leni erlegt ein Schneehuhn. Sie erwischt ein Kücken, das reglos auf dem Weg sitzt. Die Taktik der Schneehühner ist es, auf ihre Tarnung zu vertrauen. Sie bewegen sich keinen Millimeter, selbst wenn sie direkt auf dem Weg sitzen. Günter ist vor Wut und Ärger den Tränen nahe. Selten habe ich ihn so emotional erlebt. Ihm tun das tote Kücken und die Henne leid, die aufgeregt flattert und unsere Aufmerksamkeit von ihrem zweiten Kücken ablenken will.

Leni darf nicht jagen, unter keinen Umständen, nicht einmal, wenn ihr das Kücken regelrecht in den Mund fliegt. Er schimpft und bestraft sie und führt sie fortan für den Rest des Tages an der Leine, was bedeutet, dass er selbst zu Fuß gehen muss. Doch er ist keinem Argument zugänglich. Leni darf nicht jagen und damit basta.

Erst ein herrlicher Lagerplatz am Iron Creek stimmt ihn wieder versöhnlich. Das Gewitter zieht vorbei und hinterlässt einen milden Abend. Wir lagern nahe dem Elwood Pass und der Passstraße. Am frühen Abend kommt ein Wanderer auf einer Tagswanderung vorbei.

„Das sieht nach einem schönen Lagerplatz aus!", ruft er uns von weitem zu, „Woher kommt ihr, wohin geht ihr?"

„Trink eine Tasse Tee mit uns, dann erzählen wir dir unsere Geschichte!", rufe ich zurück.

Er ist ein guter Zuhörer, unterbricht nicht, bis ich zu Ende erzählt habe und stellt auch dann nur wenige Fragen. Irgendwann während meiner Erzählung beginnen seine Augen zu leuchten, es ist wie ein Feuer, das plötzlich zu lodern beginnt.

„Ich wollte schon immer eine Reise machen wie ihr. Vielleicht nicht so lange und nicht so weit. Aber doch meine ganz eigene Reise", er verfällt wieder in Schweigen, hängt seinen Gedanken nach, „Ich arbeite seit dreißig Jahren im selben Job. Vielleicht sollte ich es jetzt machen. Wer weiß, ob ich in meiner Pension noch fit genug bin."

Seine Stirn legt sich in nachdenkliche Falten. Er lehnt sich zurück und blickt in den Sonnenuntergang. „Ob ich das wohl kann?"

„Wenn du es wirklich willst, dann kannst du es auch", bestärkt ihn Günter, „Träume sind dazu da, dass man sie lebt."

Der Mann greift in seine Jackentasche und holt einen Sack Knuspermüsli hervor.

„Das ist für euch. Selbstgemacht."

„Vielen Dank! Dürfen wir das wirklich annehmen?", frage ich aus reiner Höflichkeit und denke nicht einen Moment daran, das Säckchen wieder zurückzugeben.

„Ich wüsste keine bessere Verwendung dafür, als es euch zu schenken."

Mit diesen Worten erhebt er sich und macht sich auf den Weg. Günter setzt sich neben mich und gemeinsam knabbern wir Nüsse, Beeren und Haferflocken in Honig geröstet. Das schönste Geschenk, das man uns machen konnte. Rusty kommt ins Lager, legt sich gemütlich hin und schließt die Augen. Ich setze mich neben ihn, kuschle mich an seinen warmen Hals und bin überglücklich.

„Du bist wohl noch nie neben einem Pferd gelegen!", lacht Günter über meinen glückseligen Gesichtsausdruck. „Manchmal bist du wie ein kleines Kind!"

Ist es nicht etwas Wundervolles, sich wie ein kleines Kind vom Augenblick verzaubern zu lassen? Vor kurzem habe ich einen Essay von Moritz Schlick gelesen. Er schreibt zum Thema „Vom Sinn des Lebens", dass „Tätigkeiten, die nicht auf einen Zweck hin gerichtet sind, sondern reinen Selbstzweck haben, den Sinn des Lebens ausmachen". Er nennt es „Spiel" in einem weiten, philosophischen Sinn. Ich habe mir in den letzten Monaten immer wieder Gedanken darüber gemacht, welchen Zweck unsere Reise hat. Habe mich gefragt, welchen gesellschaftlichen Beitrag ich leiste und hatte ein schlechtes Gewissen, weil ich keinen Beitrag erkennen kann. Moritz Schlick gab mir eine Antwort auf diese Frage: Unsere Reise hat keinen Zweck. Aber sie hat Sinn. Ich mache diese Reise um der Reise willen. Abends versuche ich, Günter diesen Gedankengang nahe zu bringen. Zunächst stöhnt er über die philosophischen Abhandlungen, die ihn am Schlafen hindern, dann aber leuchten seine Augen verständnisvoll auf.

„Ja und die Leni", meint er dann, „die hat's ja voll drauf. Die ist nämlich völlig zwecklos."

Laut einer Legende liegt zwischen Elwood Pass und Wolf Creek Pass ein Goldschatz. Es war Ende des 18. Jahrhunderts, als eine französische Expedition eine reichhaltige Goldader in diesem Gebiet entdeckte. Zwischen zehn und dreißig Millionen Dollar sollen ihre Funde wert sein. Dreihundert

Mann war die Expedition stark, doch der Großteil der Männer fiel Krankheit, Unternährung und Überfällen der Indianer zum Opfer. Nur siebzehn überlebten. Sie vergruben ihren Schatz und flohen in Richtung Osten. Zwei Männer überlebten die Flucht. Sie kamen nie mehr zurück, um ihren Schatz zu suchen. Noch heute, zweihundert Jahre später, kommen Menschen auf der Suche nach dem Gold in die Bergwelt, die mit klingenden Namen wie Treasure Mountain, Treasure Pass, Treasure Falls und Treasure Creek lockt.

Für uns sind die letzten fünfundzwanzig Kilometer bis zum Wolf Creek Pass alles andere als eine Schatzsuche. Dabei beginnt der Tag eigentlich nicht schlecht. Bereits um acht Uhr sitzen wir im Sattel und reiten über sanfte Wiesen. Hinter uns strahlen die hohen Bergspitzen, die wir in den letzten Tagen durchquert haben, in der Morgensonne. Manche Erfahrungen muss man selbst machen, um daraus zu lernen. Manche könnte man sich aber auch sparen, wie zum Beispiel die folgende: Man sollte nicht auf einem Pferd sitzen, das vorwärts geht und gleichzeitig nach hinten schauen. Wenn Rusty nach all den Monaten etwas noch nicht gelernt hat, dann ist es die Tatsache, dass er mit Reiter und Packtaschen breiter ist als ohne. Während ich voller Begeisterung die Berge hinter uns bestaune, geht er nur millimeterweit an einem Baumstamm vorbei und rammt mir einen abstehenden Ast in den Oberschenkel. Das Pferd geht trotz des Widerstands stur weiter, ich reagiere viel zu spät und breche den Ast mit dem Bein ab.

„Au, verdammt noch mal." Zu gerne würde ich auf irgendjemanden oder etwas schimpfen. Doch die Erkenntnis kommt schnell: Ich bin selbst schuld. Ein blauer Fleck, eine Schramme, sonst nichts, nicht einmal meine Hose ist zerrissen. „Zähne zusammenbeißen und weiter...", rede ich mir gut zu.

Das Spannende am CDT gegenüber etwa dem Pacific Crest oder dem Appalachian Trail ist, dass er erst zu siebzig Prozent fertig gestellt ist. Heute ist wieder so ein Tag, an dem wir hauptsächlich mit der Wegsuche beschäftigt sind. Wir klettern steile Abhänge hinunter, um uns im nächsten Moment wieder hinaufzukämpfen, folgen dann mehr einer Spur als einem Weg, die sich auch prompt wieder verläuft, gehen zurück, folgen einem anderen Pfad, bis wir endlich wieder auf einem deutlichen Trail unterwegs sind. Immer wieder müssen wir Geröllfelder überqueren. Kurze Passagen über Geröll können die Pferde auch ohne Schuhe gehen, wenn auch nicht gern. Rusty scheint die härtesten Hufe zu haben, denn er geht ohne Zögern über Stein und Felsen. Azabache hingegen bleibt vor einem Geröllfeld stehen, schaut bergauf und bergab, wie ein Fußgänger an einer Kreuzung, und nicht selten entdeckt er einen alternativen Weg, der zwar dreimal so lang ist und hinauf und hinunter führt, dafür aber nicht über Geröll. Azabache nimmt jeden Umweg in Kauf, wenn dieser auf weicher Wiese verläuft. In meinem Oberschenkel hat mittlerweile ein pochender Schmerz eingesetzt. Der Muskel schwillt an und hindert mich daran, das Bein abzubiegen. Über Serpentinen führt der Weg durch Wald. Zwei Wanderer machen Mittagspause mitten auf dem Weg.

„Sollen wir weggehen? Werden die Pferde erschrecken?", ruft uns einer der Wanderer zu und springt auf.

„Jetzt nicht mehr", denke ich und sage: „Nein, nein, kein Problem. Lasst euch nicht stören."

Sie sehen uns besorgt an: „Auf dem Trail vor euch liegen viele umgestürzte Bäume. Ihr werdet es schwer haben durchzukommen."

„Ach, das schaffen wir schon. Wo wir herkommen, gab es auch viel Windbruch", entgegne ich. Es ist immer wieder schwer, Informationen, die man unterwegs bekommt, richtig einzuschätzen. Viele Menschen sind zu ängstlich und negativ. Man kann sich die Idee zu einer Reise sehr schnell ausreden lassen, wenn man all den Bedenken anderer glaubt. Das ist mit fast jeder Idee so, zumindest in der österreichischen Mentalität. Dieser entspricht es nämlich, zunächst zu zweifeln, Argumente vorzubringen, warum etwas nicht möglich ist, und jede Idee bereits in ihrem jungen, zerbrechlichen Anfangsstadium wieder abzutöten. Wanderer auf dem Weg fallen da in eine andere Kategorie. Sie sind selbst unterwegs und haben es gewagt, das gewohnte Umfeld zu verlassen. Sie sind möglicherweise bereits 3.000 Kilometer von der kanadischen Grenze bis hierher gewandert und wissen, was ein böser Windbruch ist und was nur ein paar umgefallene Bäume sind. Trotzdem schieben wir die Warnung beiseite, hauptsächlich deshalb, weil wir sie nicht hören wollen. Wir sind nur noch fünfundzwanzig Kilometer von Wolf Creek Pass und somit von der Bundesstraße und einem Kiosk entfernt, an dem wir vorhaben, Burger, Pommes und Eis zu essen, und das noch heute Abend. Der Weg vor uns ist schmal und führt an einem dicht bewaldeten Hang entlang. Er windet sich in unzähligen Kurven um die Kuppen und Rinnen des Hanges. Aus unserem Buch weiß ich, dass es auf diesem Abschnitt bis zum Pass kein Wasser gibt. Hinter der ersten Kurve liegt ein Baum quer über den Weg. Günter packt die Säge aus, schneidet die Äste ab, der Stamm selbst ist zu dick, die Pferde müssen springen. Eines nach dem anderen führen wir über das Hindernis. Eine Kurve weiter liegt der nächste Baum. Diesmal sind mehrere Stämme übereinander gefallen und bilden eine Barriere. Wir müssen die Pferde steil am Waldhang hinauf und um das Hindernis herum führen. Das Pochen in meinem Schenkel wird immer stärker. Das letzte Pferd ist noch nicht wieder auf dem Pfad, da höre ich Günter laut fluchen. Es ist unschwer zu erraten – auch nach der nächsten Kurve liegt ein Baum. Wir sind nur fünfundzwanzig Kilometer von einer Asphaltstraße entfernt und befinden uns nicht in einem Wildnisgebiet, sondern im National Forest, wo es dem Forest Service durchaus gestattet wäre, Motorsägen zum Räumen der Wege einzusetzen. Aus Wut und schmerzhafter Verzweiflung schimpfe ich stundenlang auf den Forest Service. Ich habe auch lang genug Zeit dafür, denn wir kommen mit einer Geschwindigkeit von einem Kilometer pro Stunde voran. Wenn ich könnte, würde ich uns am liebsten von hier wegbeamen wie Scotty. Mein Bein schmerzt, und ich mache mir Sorgen um die Pferde, die immer wieder waghalsige Sprünge machen müssen. Für einige Stunden zweifle ich an der Sinnhaftigkeit unseres Unternehmens. Plötzlich taucht etwa einhundert Meter unter uns ein See auf, Alberta Park.

„Bitte, lass uns da runtergehen. Ich kann nicht mehr, und ich mag nicht mehr", bettle ich.

Günter ist einverstanden, und wir steigen quer durch den Wald ab. Ich führe Lightfoot. Jeder Schritt nach unten lässt einen stechenden Schmerz durch mein Bein fahren. „Kleiner, du musst das alleine machen", bitte ich Lightfoot und nehme ihm den Führstrick ab. Tränen des Schmerzes kullern über meine Wangen. Er scheint mich zu verstehen und folgt selbstständig den anderen Pferden nach unten. Ich humple hinterher. Unten angekommen lasse ich mich erschöpft auf die Wiese fallen.

„Ruh dich aus, ich bau das Lager alleine auf", tröstet mich Günter und reicht mir eine Tafel Schokolade zum Trost. In tiefstem Mitleid mit mir selbst esse ich sie ganz alleine auf. Kaum steht das Zelt, fängt es an zu regnen. Auch der Himmel weint mit mir. Ich liege im Schlafsack und mag mich nicht mehr bewegen. Wie sehr man hier draußen doch auf seinen Körper angewiesen ist, wie wichtig es ist, dass man sich auf ihn verlassen kann. Gesundheit bekommt einen ganz neuen Stellenwert. Mutlos falle ich in einen tiefen Schlaf.

Manchmal entschädigt das Schicksal sofort. Am nächsten Morgen scheint die Sonne und taucht die Landschaft rund um uns in warmes, goldgelbes Licht. Erst jetzt fällt mir die Schönheit dieses Platzes auf. Unser Zelt steht am Rand eines kleinen, tiefblauen Sees, auf dem einzigen Fleckchen Wiese, das mit hohem Gras und Sumpfpflanzen bewachsen ist. Auf dem restlichen Ufer steht dunkler Tannenwald. Die Sonne klettert am gegenüberliegenden Ufer empor, ihre ersten Strahlen erreichen uns früh morgens. Mein Bein schmerzt, doch der Sonnenschein wirkt wie Medizin. Wir beschließen, nicht zum Trail zurückzugehen, sondern uns direkt über Schipisten und Wartungsstraßen zum Wolf Creek Pass durchzuschlagen.

Schon von weitem können wir das Dröhnen des Verkehrs auf dem vierspurigen Highway hören. Von einem Kiosk fehlt allerdings jede Spur. Günter ist enttäuscht. Er hatte sich auf Hamburger und Pommes gefreut. Ein Walmart Truck parkt auf der Passhöhe. Einen kurzen Gedanken verschwende ich an die Dinge in seinem Laderaum. Einige Pkws haben ebenfalls auf dem Pass gehalten, die Fahrer vertreten sich die Beine und sehen uns mit offenen Mündern nach.

Vor rund hundert Jahren wurde die schmale Passstraße errichtet und nach dem Fallensteller Bill Wolf benannt. Auf der einspurigen, steilen Straße war die Begegnung mit einem entgegenkommenden Fahrzeug ein Akt der Diplomatie. Heute führen vier Spuren über den Pass. Ein Schild kündigt eine „runaway-truck ramp" – eine Rampe für außer Kontrolle geratene LKWs – in einem Kilometer an. Ich will mir keine Situation vorstellen, in der man sie nutzen müsste. Als wir die Straße überqueren, geraten wir mitten unter eine Gruppe Motorradfahrer, die langsam vor und hinter uns vorbeifahren. Die Pferde bleiben wie durch ein Wunder völlig entspannt. Auf der anderen Seite steigt unser Weg hinauf ins Hochgebirge. Die Landschaft, die sich vor meinen Augen langsam verändert, zieht mich ganz in ihren Bann. Alle Sinne sind geschärft, es gibt keinen Raum für Zweifel. Vor Aufbruch zu dieser Reise nahm ich mir vor, mich unterwegs mit philosophischen Fragestellungen auseinanderzusetzen. Ich stellte mir vor, dass ich unendlich viel Zeit zum Nachdenken hätte. Doch je mehr ich nachdenke, desto bewusster wird mir, dass es gerade das Im-Moment-Leben ist, das den Reiz der Reise ausmacht. Auf der Reise lebt man nicht von Tag zu Tag, sondern ausschließlich in der Gegenwart. Man macht keine Pläne. Um das, was morgen kommt, kümmert man sich am nächsten Tag. Wie sind doch die Tiere zu beneiden. Sie leben immer im Moment. Leni freut sich über einen wärmenden Sonnenstrahl am Morgen und kann diesen genießen, ohne zum Himmel hinaufzublicken und bereits vor dem sich ankündigenden Regen zu erschauern. Könnten wir uns doch auch im selben, naiven Maß über den Augenblick freuen. Oberhalb eines türkisfarbigen Bergsees schlagen wir an einem rauschenden Bach unser Lager auf. Es ist ein perfekter Abend an einem perfekten Platz. Das Gewitter des Tages hat sich irgendwo andershin verirrt, und selbst die Moskitos scheinen diesen Fleck Paradies noch nicht entdeckt zu haben. Von unserem Lagerplatz aus haben wir Blick auf den Trail auf der anderen Seite des Sees.

„Schau mal, was da kommt!", ruft Günter und deutet in Richtung Trail. Er holt das Fernglas aus der Tasche. „Ich kann sieben Pferde erkennen. Der erste Reiter führt zwei Packpferde, dann folgt eine Reiterin. Sie zieht ein Pferd hinter sich her, auf dem ein Kind sitzt. Dahinter folgt noch ein Reiter mit Packpferd."

„Denkst du, die kommen zu uns?", frage ich.

„Schaut so aus."

Es ist das erste Mal, dass wir Reitern mit Packpferden begegnen. Aufgeregt sehen wir der Begegnung entgegen. Es bleiben uns nur wenige Minuten, um zwei Hochseile zu spannen und unsere vier Pferde festzubinden.

„Hi, wir dachten, wir schauen mal vorbei", begrüßt uns die junge, blonde Frau und schenkt uns ein strahlendes Lächeln. Im Sattel vor ihr sitzt ein etwa dreijähriges Mädchen. Die Frau führt ein Handpferd, auf dem ein zweites Mädchen, ein Engel mit goldblonden Locken, sitzt. Ich schätze es auf etwa fünf Jahre. Die Frau und die beiden Mädchen tragen Lederhosen mit Fransen, karierte Hemden und Cowboyhüte. Bei ihrem Anblick fasse ich einen Entschluss: Ab jetzt werde ich auch keinen Reithelm mehr tragen. Bisher erschien es mir ganz vernünftig, dass wenigstens einer von uns beiden auf seinen Kopf aufpasst, jetzt habe ich genug davon.

„Wohin seid ihr unterwegs?", fragt Günter.

„Ach, nur bis zum Archuleta See. Wir sind fast da, nur noch zwei Kilometer. Wir bleiben nur ein paar Tage zum Fischen und Genießen", erzählt die Reiterin.

Die beiden Männer haben links und rechts von ihr Aufstellung genommen. Auch sie tragen Lederhosen, blaue Hemden und Cowboyhüte. Günter plaudert mit ihnen über die Packtaschen und Packsättel, dann verabschieden sie sich, und ihre kleine Karawane zieht weiter. Während ich ihnen nachblicke, geht mir ein Gedanke durch den Kopf: Was für ein Geschenk dieser Eltern an ihre Kinder, sie so früh in diese Wildnis zu führen! Spielplatz Natur! Was für glückliche Kinder! Sie lernen, im Einklang mit der Natur zu leben, entdecken spielerisch ihre Schönheit und ihren Wert. In meinem Kopf kann ich die Kritiker hören, wie sie vor den Gefahren warnen, die den Kindern da draußen in der Wildnis lauern, als wäre die Natur ein feindliches Milieu, dem man die Kinder ausliefert. Ich schätze die Gefahren, denen diese Kinder in der Wildnis begegnen könnten, wesentlich geringer ein, - selbst ohne Reithelm - als, um nur ein Beispiel zu nennen, die Gefahr stundenlanger Fernsehberieselung, der Kinder heute schon in sehr jungen Jahren ausgesetzt sind.

Ich kehre langsam zurück aus dem Reich der Träume. Im Halbschlaf, die Augen noch geschlossen, lausche ich den Geräuschen, die von draußen hereindringen. Dem Knistern von Holz im Lagerfeuer, dem gierigen Rupfen der Grashalme durch zwei Pferdemäuler, direkt neben dem Zelt, dem Gezwitscher der Strandläufer, Fliegenschnäpper und Schwalben, dem gleichmäßigen Atem Lenis, die direkt neben mir in Günters Schlafsack liegt. Zaghaft öffne ich die Augen. Das fahle Licht des Morgens. Ich schließe die Augen wieder und strecke mich behaglich aus. Leni hat die Bewegung bemerkt und brummt unwillig. Der Duft von frischem Kaffee lockt mich nach draußen. Am Himmel sind ein paar Schäfchenwolken rosarot gefärbt und kündigen den Sonnenaufgang an. Beim Frühstückskaffee klettern die ersten Sonnenstrahlen langsam den Berghang hinunter und tauchen unser Lager in warmes, gelbes Licht.

Um acht Uhr sitzen wir im Sattel und reiten Richtung Norden, hinauf auf den 3.800 Meter hohen Mt. Hope, den Berg der Hoffnung. Wie immer plagt mich das schlechte Gewissen, während mich mein Pferd Meter um Meter hinaufträgt. Es ist ein unglaublicher Luxus, die Aussicht während eines Aufstieges genießen zu können, ohne außer Atem zu kommen, den Blick in die Ferne schweifen zu lassen, während das Pferd die Trittwahl übernimmt. Dankbar streichle ich über Rustys Hals. „Brav, Kleiner, du machst das großartig." Es ist, als ob ich mit jedem Atemzug Energie, Freude und Glück tanken würde. Die Pferde sind gut trainiert und ausgeruht und bewältigen den Anstieg mühelos. Sie gehen barhuf. In den letzten Wochen hat sich ihr Huf wieder zu einem Naturhuf entwickelt. Nur in Ausnahmefällen müssen wir ihnen noch Schuhe anziehen.

Drei Stunden nach Aufbruch haben wir den exponierten Aufstieg auf Mt. Hope bereits hinter uns und beginnen den Abstieg über den Sawtooth Trail, den Sägezahnweg, nach Creede. Wir sind guter Dinge. Vielleicht können wir noch am selben Abend Creede erreichen. Ich freue mich auf ein Wiedersehen mit Rhonda und David, auf ihr gemütliches Heim, Rhondas fantastisches Essen, aber vor allem auf ihre Gesellschaft. Es fühlt sich an, als ob wir nach Hause reiten würden. In steilen Serpentinen wandern wir über Blumenwiesen hinab zur Baumgrenze. Im Wald liegen einige Baumstämme kreuz und quer über dem Weg. Günter führt unsere Karawane zielsicher an den Hindernissen vorbei. Eine Gabe, für die ich ihn bewundere. Ich selbst stehe vor den Barrikaden, schaue links und rechts und kann im Dickicht des Waldes keine Möglichkeit erkennen, durchzukommen. Günter hingegen hat eine unglaublich schnelle Auffassungsgabe und einen Orientierungssinn, als hätte er eine Kompassnadel eingebaut, als würde auch ihn die magnetische Kraft des Nordpols unweigerlich anziehen. Vielleicht ist das der Grund dafür, dass er Richtung Norden reitet? Je weiter wir uns durch den Wald voranarbeiten, desto schlimmer wird es. Der Weg ist unter all den umgestürzten Bäumen nicht mehr sichtbar. „Das ist verrückt. Da kommen wir nie durch", stelle ich resigniert fest.

„Zum Teufel mit dem Wald", schimpft Günter, „Dieser Weg hat schon lange keinen Sägezahn mehr gesehen!"

„Ich will nicht zurück. Nicht nach dem, was schon hinter uns liegt", sage ich.

„Wir gehen auch nicht zurück. Obwohl das, was vor uns liegt, noch viel schlimmer ist."

Ich hole die Karte hervor.

„Wir haben noch nicht mal ein Drittel des Waldes hinter uns. Aber es wird flacher, vielleicht sind da nicht so viele Bäume umgefallen."

Wir kämpfen uns weiter durch, führen die Packpferde, lassen die Reitpferde frei laufen. Immer wieder stoße ich mich an den Ästen und hole mir einige Schrammen an Armen und Beinen. Dieser Wald ist bereits für einen Menschen zu Fuß eine Herausforderung, für Pferde mit Packtaschen ist es fast unmöglich durchzukommen. Günter sägt einen Weg frei. Wie ein Amazonasindianer mit seiner Machete sägt er Äste in allen Richtungen ab, damit die Pferde springen können. In dem Dickicht des Waldbodens ist es auch wichtig, sicherzustellen, dass sie auf der anderen Seite eines Hindernisses gefahrlos landen können. Meter um Meter kriechen wir voran. Wenn es nicht so sinnlos wäre, würde ich mich am liebsten auf einen der Baumstämme setzen und weinen. Alleine würde ich verzweifeln, so aber treibe ich Lightfoot vor mir her und rede Azabache, dessen Führstrick ich in der Hand habe, gut zu. Günter führt Dino, und Rusty folgt selbstständig zum Schluss. Was müssen sie sich von uns denken, dass wir sie durch diesen Wirrwarr an Bäumen, Stämmen und Ästen führen? Sie beklagen sich nicht und springen tapfer über jeden Stamm. Ich bin stolz auf sie. Als sich der Wald vor uns zu einer Lichtung auftut, satteln wir ab und gönnen uns allen eine Pause. Binnen Minuten schwirren Unmengen schwarzer Fliegen um uns. Sie stechen zwar nicht, versuchen aber, in alle Körperöffnungen zu kriechen. Die Fliegen nerven auch die Pferde, deren Schweife wild umherpeitschen. Vor uns wird das Gelände flacher.

„Ich hoffe, ab jetzt wird es besser“, sage ich.

Günter betrachtet den Weg vor uns und meint: „Sieht gut aus. Vielleicht ist der Weg ab jetzt geräumt.“

Wir satteln die Pferde, verstauen das Gepäck auf den Packpferden und reiten guter Hoffnung los. Zehn Minuten später schreit Günter: „Herrgott Sakrament, das darf doch nicht wahr sein!“

Ich brauche nicht nachzufragen, um zu wissen, dass der Weg vor uns nicht frei ist. Eine weitere Stunde kämpfen wir uns durch und legen in dieser Zeit vielleicht einen Kilometer zurück.

„Günter, das hat keinen Sinn. Lass uns hier bleiben. Ich bereite das Lager vor und du gehst weiter und räumst den Weg frei“, sage ich und deute auf eine kleine Wiese. Günter überlegt kurz und stimmt mir dann zu.

Zu zweit haben wir das Lager innerhalb kürzester Zeit aufgebaut, alleine dauert es ewig. Es mag an der Erschöpfung liegen, dass jeder Handgriff dreimal so lange dauert wie sonst. Unser Lagerplatz ist alles andere als idyllisch. Es ist ein dunkles Loch im Wald, gerade groß genug, dass Gras darauf wächst. Tausende schwarzer Fliegen fallen auch hier über uns her. Wie ein schwarzer Teppich lassen sie sich auf den Pferdedecken nieder. Ein Bach fließt in der Nähe vorbei. Um zum Wasser zu gelangen, muss ich eine steile Böschung hinabklettern. Ich koche Makkaroni mit Käse, das schnellste, einfachste und langweiligste Fertiggericht auf unserem Speiseplan. An diesem Abend schmeckt es herrlich. Unsere Vorräte sind fast zu Ende, selbst vom Klopapier ist nur noch eine halbe Rolle übrig. Das Pferdefutter ist bereits aus. Als die Pferde abends ins Lager kommen, um ihr Futter abzuholen, füttere ich ihnen die restlichen Haferflocken, unser Frühstück für morgen. Die Pferde sind von Mücken und Pferdefliegen zerstochen. Immer wieder erschlage ich mit einem Schlag bis zu drei dicke Fliegen auf dem Pferdehals. Azabache ist am ärmsten dran, denn die Fliegen werden von seinem schwarzen Fell angezogen. Er kommt auf mich zu und hält mir seinen Hals hin, damit ich die Fliegen erschlage. Ich reibe alle Pferde mit Mückenmittel ein, doch es hilft nur kurze Zeit, denn die Pferde mögen die Feuchtigkeit nicht und wälzen sich in der Wiese. Sobald ich kann, verkrieche ich mich im Zelt und lausche dem Summen der Fliegen, die zwischen Innen- und Außenzelt gefangen sind. Auch ich fühle mich gefangen im Wirrwarr des Waldes. Rusty steckt seinen großen Kopf neugierig durch die Zelttür ins Vorzelt. Leni knurrt ihn böse an. „Keine Angst, Leni, der kommt schon nicht rein", beruhige ich sie und tätschle Rustys Nase. Günter kehrt drei Stunden später zurück.

„In einer Stunde haben wir morgen das Schlimmste hinter uns", berichtet er, „ich habe das erste Stück des Weges frei gelegt, dann bin ich auf Hufspuren gestoßen, ab dort kann es nicht mehr so schlimm sein."

„Günter, warum tun wir uns das eigentlich an?"

„Das frage ich mich manchmal auch", seufzt er und fällt Sekunden später in tiefen Schlaf. Ich träume schon, bevor ich noch schlafe, es sind Träume von einer heißen Dusche, gutem Essen, einem sauberen Bett, einfach von ein bisschen Luxus der Zivilisation.

Dank Günters Vorarbeit kommen wir am nächsten Morgen schneller voran. Auch die Pferde werden immer routinierter. Azabache sucht sich seinen eigenen Weg und kommt erstaunlicherweise immer durch, sogar mit Packtaschen. Ich bin unendlich erleichtert, als wir auf die Hufspuren stoßen. Frische Sägespuren beweisen, dass der Weg ab hier geräumt wurde. Nur die Fliegen sind weiterhin eine Plage für uns und die Pferde. Alle Arten von Fliegen sind vertreten: kleine und große schwarze und Stechmücken. Nichts kann mich dermaßen aus der Fassung bringen wie ein Schwarm Mücken. Sie nehmen mir jede Freude, und es fällt mir schwer, die Landschaft zu würdigen, die durchaus beachtenswert wäre. Wir reiten durch ein grünes Tal, das zu beiden Seiten von steilen, bewaldeten Hängen begrenzt wird. Rechts unter uns rauscht ein Bach. Über den Roaring Fork Trail gelangen wir zum Deep Creek und folgen ihm durch einen märchenhaften Wald, bis wir gegen Abend endlich in das Dörfchen Creede gelangen. Vor knapp einem Jahr kamen wir von Norden hierher. Damals wussten wir nicht, was uns erwartet und waren wie immer, wenn wir in ein Dorf reiten, nervös und aufgeregt. Diesmal begleitet uns reine Vorfreude, als wir beim Haus unserer Freunde vorreiten.

„Herzlich willkommen", begrüßt uns David überschwänglich. „Ihr könnt die Pferde gerne runter auf die Weide bringen und dann kommt ins Haus, Rhonda hat für euch gekocht."

Was für eine Begrüßung! Wir satteln ab und führen die Pferde auf die Weide.

„Ich habe thailändisches Shrimps-Curry für euch", begrüßt uns Rhonda, „und eine große Schüssel Salat. Ich dachte mir, ihr freut euch sicher auf frisches Gemüse." Rhonda weiß aus eigener Erfahrung, was man sich nach Wochen in der Wildnis wünscht. Die beiden haben selbst schon viele Wochen mit ihren Pferden in den Bergen Colorados verbracht.

Erschöpft lassen wir uns im Haus auf das gemütliche Sofa vor dem offenen Kamin fallen. Leni gerät beim Wiedersehen mit Rhonda geradezu in einen Freudentaumel. Auch sie mag das große Haus, in dem es so viel zu entdecken gibt. David ist Jäger und jedes erdenkliche Tier ist ausgestopft und auf ewig haltbar gemacht in dem Haus vertreten. Eine Mischung aus naturhistorischem Museum und Gruselkabinett. Auf der Galerie hebt ein Grizzlybär seine Vorderpranken gefährlich in die Höhe, neben ihm liegt auf einem Felsen ein Schwarzbär, ein Luchs fängt gerade ein Schneehuhn, das vor ihm aufflattert, ein Elch, mehrere Hirsche, Antilopen, ein Wildschwein und Rehe strecken ihre Köpfe aus der Wand, ein Wolf heult den Mond an und ein Puma streckt sich gemütlich auf einem Ast oberhalb der Küche aus. Mich begeistert die Schneeziege, die auf einem Felsen in etwa drei Metern Höhe schwebt. Mit ihrem dichten, weißen Fell sieht sie aus wie ein Schneeschaf. Leni ist besonders von dem Fuchs angetan. Vergangenes Jahr forderte sie ihn immer wieder zum Spielen auf, legte sich schwanzwedelnd vor ihm auf den Boden, bellte ihn an und wollte ihn, weil er so überhaupt nicht reagierte, schließlich beißen. Auch diesmal versucht sie es kurz, doch als das wilde Tier keine Reaktion zeigt, gibt sie auf und rollt sich auf Davids Schoß zusammen. Als wir zum ersten Mal bei Rhonda und David zu Gast waren, führte uns Rhonda durchs Haus. Sie betrachtete die ausgestopften Tiere mit gemischten Gefühlen.

„Bei unserem ersten Rendezvous brachte ich meinen Hund mit, einen schwarzen Labrador“, sagte sie, „ich konnte gar nicht so schnell schauen, da hatte der Hund bereits den Fuchs zerlegt und griff gerade den Wolf an.“ Sie lachte: „Ich saß also da und nähte dem Fuchs wieder seine Ohren an und dachte, das war's. David wird mich nie wieder einladen.“

„Als Jahre später mein Hund starb, wollte David ihn auch ausstopfen lassen“, erzählte sie weiter, „Ich kann nur hoffen, dass ich nicht vor ihm sterbe.“

Zum ersten Mal seit Wochen haben wir Gelegenheit, mit der Welt in Kontakt zu treten. Wir telefonieren mit unseren Familien und Freunden. Rhonda stellt mir ihren Computer zu Verfügung. Auf Rockys Homepage lese ich über seinen und Larrys Ritt entlang des Continental Divide Trails. Ich bin gespannt, wie es den beiden ergangen ist und ob sie uns mittlerweile eingeholt haben. Es wäre interessant, ihnen zu begegnen. Und tatsächlich, der letzte Eintrag auf ihrer Web-Seite titelt „Colorado“. Sie sind etwa vier Wochen nach uns gestartet. Jetzt haben sie uns bereits eingeholt. Wenn sie weiterhin so schnell vorankommen, ist ihr Ziel, Kanada noch in diesem Jahr zu erreichen, vielleicht doch realistisch. Ich lese den letzten Eintrag. Nein, nicht sie haben uns eingeholt, sondern nur Rocky. Larry ist mit drei Pferden gestartet, doch zwei dieser Pferde sind „bereits aus dem Rennen“, wie Rocky schreibt. Cochise, der 21 Jahre alte Wallach, auf den Larry so stolz war, kann die großen Distanzen von über dreißig Kilometer pro Tag nicht mithalten und Dakota leidet unter zwei wunden Stellen auf dem Rücken. So hat sich Larry nun, nach nur vier Wochen unterwegs, auf die Suche nach neuen

Pferden begeben. Wie sehr sich doch ihre Philosophie dieser Reise von unserer unterscheidet! Ein Pferd ist doch kein Auto, das man austauscht, wenn es nicht mehr funktioniert! Sie tun mir leid, denn ich denke, sie versäumen das Wesentliche. Seinem eigenen Körper eine große physische Leistung abzuverlangen und den Weg von Mexiko nach Kanada in einem Jahr wandern zu wollen, ist eine Sache. Diese Leistung einem Pferd abzuverlangen, ist eine andere. Eine Reise mit Pferden muss immer die Balance halten zwischen dem tief verwurzelten Ehrgeiz des Menschen, Höchstleistungen zu vollbringen, und dem Wunsch, eine solche Reise auch für die Tiere zu einem schönen Erlebnis werden zu lassen. Unseren Mustangs ein Stückchen Freiheit zurückzugeben, ist für mich eine der schönsten Seiten dieser Reise. Statt nach Bestzeit zu streben, haben wir Zeit, uns in die Seele der umgebenden Landschaft hineinzufühlen.

Meinst du, David würde mir das Fischen beibringen?", frage ich Rhonda.

„Und ob, das macht er sicher gern!", antwortet sie. „Wie wär's, wenn wir ein paar Tage gemeinsam durch die Weminuche Wildnis reiten?"

„Das wäre großartig!", antworte ich.

Drei Tage nach unserer Ankunft in Creede brechen wir wieder auf. Rhonda und David begleiten uns. Mit sieben Pferden, vier Reit- und drei Packpferden, ziehen wir durch das Tal des Squaw Creeks in Richtung Squaw Pass. Laut einer Legende entdeckte ein Hauptmann der U.S. Kavallerie im Jahr 1852 einen Fluss voller Gold. Er und seine Männer waren auf dem Weg nach Kalifornien. Er setzte seinen Weg fort, kehrte jedoch später zurück, um den Schatz zu heben. Doch als er zurückkehrte, konnte er den Fluss nicht mehr wiederfinden. Noch heute kann man in klaren Mondscheinnächten eine Gestalt in Uniform auf einem hellen Pferd rund um den Squaw Pass spuken sehen.

Die Weminuche Wildnis ist mit 2.000 Quadratkilometern das größte Wildnisgebiet Colorados. Mit einer durchschnittlichen Höhe von rund 3.000 Metern liegt das gesamte Gebiet im hochalpinen Bereich. Die Gipfel des Eolus, des Sunlight und des Windom ragen über 4.000 Meter in die Höhe. Am Squaw Lake schlagen wir unser Lager auf. Beim Blick in Rhondas Proviantboxen fühlen wir uns wie Asketen. Die beiden haben alles eingepackt, was das Herz begehrt. Es gibt Steaks, Pasta, Salat, Rotwein in Stielgläsern aus Plastik, die man am Stiel zum Verpacken auseinandernehmen kann, Whisky und Soda, Schokolade und Kuchen.

David lacht über unsere erstaunten Gesichter: „Wir lassen es uns gerne gut gehen. Außerdem sind wir nie so lange unterwegs wie ihr, da können wir mehr Luxus einpacken."

„Und wenn ihr mal über eine Woche unterwegs seid?", frage ich.

„Dann nehmen wir ein weiteres Packpferd mit. Wozu haben wir denn so viele Pferde", antwortet er lachend.

David und ich gehen fischen. Ich bin aufgeregt. Es ist eine Rechnung, die ich seit langem mit mir offen habe. Seit ich wieder Fisch esse, tue ich das mit dem Argument, dass ich ihn selbst fangen und töten könnte. Das muss ich mir nun beweisen. Es ist ein merkwürdiges Gefühl, eine Mischung aus Mut und Angst. David zeigt mir, wie man den Wurm auf den Haken spießt. Der Wurm tut mir leid und David lacht herzlich über meinen Gesichtsausdruck. Dann erklärt er mir, wie man die Angel auswirft. Man holt über Kopf Schwung, hält dabei mit einem Finger die Angelschnur und lässt sie genau in dem Moment aus, in dem die Angelrute über dem Kopf nach vorne schwingt. Ich folge seinen Anweisungen genau, trotzdem fällt der Köder nur etwa zwei Meter vor mir in den See. Zwei Fische stürzen sich darauf, kämpfen darum, wer an den Haken darf.

„Die werfen sich dir ja geradezu freiwillig vor die Füße!", lacht David. Es scheint ihm tatsächlich großen Spaß zu machen, mir das Angeln beizubringen. Mit einem Ruck ziehe ich an der Angelrute, um den Haken im Maul des Fisches zu verankern. Dann hole ich die Schnur ein. Es ist ein grauenvoller Anblick, den Fisch zappeln zu sehen. Ich halte das glitschige Tier mit beiden Händen fest, während David mit einer Art Zange den Haken aus dem Maul entfernt. Dann erschlage ich den Fisch mit einem Stein. Blut klebt an meinen Händen. Der Fisch zuckt noch immer. „Der ist tot, das sind nur die Nerven“, beruhigt mich David. Ich habe nie darüber nachgedacht, dass Fische bluten. Fünf Forellen angle ich aus dem See. Wunderschön sehen sie aus. Olivgrün und braun schimmern ihre Schuppen, mit hellgelben Tupfen. Im Geiste bedanke ich mich bei ihnen, wie das die Indianer machen. In dem Moment erscheint es mir das einzig Richtige zu sein. Dann schneide ich ihnen den Bauch auf, entferne die Eingeweide und wasche das Blut aus dem Rückgrat. Voller Zweifel und Stolz kehre ich zum Lagerfeuer zurück. Es fällt mir nicht leicht, die Fische zu töten. Doch wenn ich sie essen will, gehört das dazu. Das ist der Lauf der Dinge. Wenn ich dem Fisch nicht mehr den Kopf abschneiden will, muss ich aufhören, ihn essen zu wollen. Töten, aber mit Respekt. Schon seit einiger Zeit frage ich jeden Fischer, mit dem ich ins Gespräch komme, nach der sanftesten Weise, einen Fisch zu töten. Die meisten schauen mich voll Erstaunen an. Ein junger Bursche berichtete mir von der, seiner Meinung nach, einfachsten Methode. „Du leerst einfach Whisky in seine Kiemen, dann erstickt er“, meinte er. Günter traut seinen Augen nicht, als ich mit den fünf Fischen ankomme. Wir grillen sie am Lagerfeuer. Mit großer Ehrfurcht esse ich meinen ersten selbstgefangenen Fisch. Leni bekommt die Köpfe. Es dauert einige Minuten, bis sie vorsichtig beginnt, den ersten Fischkopf zu zerlegen. Dann frisst sie alle komplett auf.

Der Abend ist herrlich. Keine Moskitos quälen uns, der Himmel ist sternenklar. Ich beschließe, im Freien zu schlafen, und lege meine Matte und den Schlafsack zwischen den Bäumen auf. Hunderte Nächte habe ich bereits im Zelt verbracht, doch fast nie unter freiem Himmel geschlafen.

„Wenn du meinst", Günter zuckt die Achseln, „aber pass auf, dass nachts kein Pferd auf dich tritt."

Ich liege auf dem Rücken mit Blick zu den Sternen und lausche den Geräuschen im Wald. Ein Reh schleicht in einigen Metern Entfernung vorbei. Seine grünen Augen leuchten im Licht meiner Taschenlampe. Schon den ganzen Abend umstreiften Rehe unser Lager, wahrscheinlich sind sie auf der Suche nach Salz. Salz ist für die Tiere lebenswichtig, aber schwer zu finden. Unsere vier Pferde sind frei. Da Rhonda ihre Pferde angebunden hat, bleiben unsere ebenfalls beim Lager. Jetzt schlafen sie rund ums Zelt, wie Leibwächter. Ich habe mir einen geschützten Schlafplatz zwischen den Bäumen gesucht. Pferde sehen auch im Dunklen gut, ich vertraue darauf. Die Luft ist frisch. Es duftet nach Wald. Ein leichter Wind streift über mein Gesicht, ich ziehe den Kopf in den Schlafsack wie eine Schnecke, die sich in ihr Haus zurückzieht, und falle in einen tiefen, traumlosen Schlaf.

Am nächsten Morgen werde ich von den Geräuschen des erwachenden Waldes geweckt: dem Gezwitscher der Vögel, dem Schrei eines Adlers, dem Knacken der Äste im Gebüsch. Neugierig öffne ich die Augen. Ein Eichkätzchen klettert neben mir auf einen Baumstamm, bleibt auf einem Ast sitzen und blickt mich erstaunt an. Zwischen seinen Pfoten hält es eine Haselnuss und nagt daran. Ich beobachte, wie das fahle erste Licht des Tages langsam an Kraft gewinnt. Dann steigt die Sonne über die Bergkuppe und spiegelt sich im See. Am Ufer stehen die Pferde und fressen das hohe Schilfgras. Ausnahmsweise stehe ich vor Günter auf, hole Feuerholz und entfache das Feuer. Im See fülle ich den Topf mit Wasser und stelle ihn zum Kochen auf. Sobald das Wasser kocht, schütte ich Kaffee hinein, lasse ihn noch einmal aufkochen und stelle den Topf beiseite. Der Kaffeesud setzt sich im Topf ab. Das ist Cowboy-Kaffee. Ich fühle mich wie berauscht von den neuen Erfahrungen und bin dankbar für die Zeit alleine am Feuer. Nach all den Wochen unterwegs habe ich das Gefühl, immer mehr eins zu werden mit der Natur um mich herum.

Rusty kommt auf mich zu und reibt seine weichen Lippen an meiner Hosentasche auf der Suche nach Leckerli. Ich kraule seinen Hals und lasse meine Hände durch seine feuerrote Mähne gleiten. Was für ein schönes Pferd! Ich weiß, dieser Gedanke ist ziemlich subjektiv, die meisten Menschen, denen wir begegnen, finden Dino am schönsten. Doch was bedeutet schon Schönheit bei einem Pferd. Für mich ist ein Pferd schön, wenn es gutmütig und zutraulich ist und ich mich auf das Pferd verlassen kann, wenn es gesund und widerstandsfähig ist. Temperamentvoll und ausdrucksstark braucht es hingegen nicht zu sein.

Langsam kommt Leben in unser Lager. Der Duft von frischem Kaffee hat nun auch meine Begleiter geweckt.

„Ich glaube, ab jetzt schläfst du immer draußen", scherzt Günter und schenkt sich eine Tasse Kaffee ein. Auch Rhonda und David gesellen sich zu uns.

Wir lassen uns Zeit und brechen erst spät das Lager ab. Auf immer kleineren Wegen steigen wir weit über die Baumgrenze hinauf ins Hochgebirge.

„Das ist die Rio Grande Pyramide", erklärt Rhonda und deutet auf einen markanten Gipfel, „Und etwas unterhalb öffnet sich das Fenster zum Pazifik!" Das Fenster ist ein rechteckiger Einschnitt in dem Kamm der kontinentalen Wasserscheide. Die Almwiesen stehen in voller Blüte. Eine Farbenpracht breitet sich zu unseren Füßen aus. In den Seen spiegelt sich der Himmel. Ein Fluss ergießt sich über eine Kante und formt einen malerischen kleinen Wasserfall. Über eine windige Passhöhe erreichen wir Flint Lake. An einem nahen Tümpel schlagen wir das Lager auf. Die Berge spiegeln sich im Wasser. Rhonda und ich gehen im See schwimmen. Das Wasser ist eiskalt. Entschlossen kraule ich in die Mitte des Sees hinaus. Kleine Fische streifen um meine Beine. Später fange ich drei Fische aus dem See. Das Fischen hat noch immer abschreckende Seiten, gleichzeitig bin ich fasziniert davon, das eigene Essen zu fangen. Die Unmittelbarkeit vom See auf den Teller lässt mir die Verletzlichkeit des Lebens bewusst werden. Abends streifen Rehe durch unser Lager. Ihnen fehlt jegliche natürliche Scheu. Sie lecken an den Töpfen, die noch am Rand des erloschenen Lagerfeuers stehen. Ich verbringe eine weitere Nacht im Freien. Ich fühle mich eins mit der Natur, als ob ich mit dem Zelt die letzte schützende Hülle abgeworfen hätte. Günter schüttelt amüsiert den Kopf über so viel Dramatik. Tief im Schlafsack verkrochen beobachte ich, wie der Kontrast zwischen dem Hell des Himmels und dem Dunkel der Bäume immer mehr verschwindet, bis plötzlich der Himmel dunkler ist als die Bäume, die als Silhouetten hervortreten. Nie kann ich den Moment fassen, in dem der Wechsel geschieht.

Am Morgen wache ich früh auf. Die Sterne verblassen, und ein zarter Schimmer erhellt den Horizont. In der Morgendämmerung hält die Natur ihren Atem an. Für einen Moment scheint die Erde still zu stehen, es ist nicht mehr Nacht und noch nicht Tag. Dann erscheinen die ersten Sonnenstrahlen über dem Horizont. Mit dem Licht gewinnt die Landschaft an Konturen und die Tierwelt erwacht.

David schlägt vor, einen Abstecher nach Silverton, einem kleinen Nest in den Bergen, zu machen. Wir kommen gegen Mittag ins Dorf, das ausgestorben da liegt. Es ist ein hübsches Dorf, die Fassaden der Häuser sind bunt bemalt, die Hauptstraße gleicht einer Westernkulisse. In einem Café kaufen wir uns einen großen Becher Eis. Die Pferde binden wir an den Säulen der Arkaden fest. Eine alte Personenwaage steht vor dem Süßwarengeschäft, wie eine Ermahnung, daneben eine alte Dampflokomotive, auf der Kinder nach Einwurf einer Münze schaukeln können. Es ist die Dampflokomotive, der Silverton seine Existenz verdankt. Nicht das Kinderspielzeug natürlich, sondern die Durango & Silverton Schmalspurbahn. 1882 kam die erste Dampflokomotive nach Silverton. Von Anfang an war die Zugfahrt durch die einzigartige Landschaft dieser Bergwelt ein Magnet für Fahrgäste aus der Großstadt Denver, doch ihr Hauptzweck galt dem Abtransport von Gold und Silber aus den San Juan Bergen. Erze im Wert von über dreihundert Millionen Dollar wurden mit Hilfe dieser Bahnlinie transportiert. Die Durango & Silverton Schmalspurbahn gehörte zur Denver & Rio Grande Western Railroad, einer der ältesten Bahngesellschaften in den USA.

Pünktlich um 13 Uhr wird das kleine Bergbaudörfchen aus dem Tiefschlaf gerissen. Der Zug aus Durango ist eingetroffen. Aus den gelb gestrichenen offenen Wagons steigen hunderte Touristen und fallen über den Ort her wie Ameisen über ein Stück Zucker. Eisgeschäfte und Kaffeehäuser öffnen ihre Pforten, flinke Kellner warten in den Restaurants, ein Fotograf lockt mit historischen Fotos - sofort und günstig - und Souvenirläden bieten Sammlerstücke und Ramsch. Drei Stunden dauert das Spektakel, dann fährt der Zug wieder ab, und Silverton versinkt erneut im Tiefschlaf.

Auch wir ziehen uns zurück in den Schutz der Berge. Noch einen Tag verbringen wir im Hochgebirge. Kleine Tümpel liegen wie blaue Farbtupfer in der grünen Wiese, zwischen grauen, alten Bergriesen. Die Blüten des Indian Paintbrushs leuchten feuerrot, blau-violetter Rittersporn wächst wie Unkraut, die Blüten des Kreuzkrautes haben den Zenit ihres kurzen Lebens bereits hinter sich und lassen die dunkelgelben Blütenblätter in herbstlicher Schönheit hängen. Unterwegs begegnen uns zwei junge Wildnis-Ranger. Beide tragen große Rucksäcke. Einer hat ein etwa zwei Meter langes Sägeblatt in der Hand. Ich schätze sie auf Ende zwanzig. Kräftig und hübsch sehen sie aus, ein willkommener Anblick in den Bergen. Ihre Aufgabe ist es, die Wege frei zu räumen und Abfall einzusammeln. Da wir in der Wildnis sind, dürfen keine Motorsägen eingesetzt werden.

„Wir bleiben neun Tage hier, erledigen so viel wie möglich, machen dann ein paar Tage Pause im Tal und kommen wieder hierher zurück“, erzählt einer der Burschen. Strahlend grüne Augen leuchten mich aus seinem vollbärtigen Gesicht an. Ob sich auch Frauen als Wildnis-Ranger bewerben dürfen? Das wäre schon ein Job, der mir Spaß machen würde.

Heute führe ich das erste Mal, seit wir unterwegs sind, ein

Packpferd. Ich denke, es ist an der Zeit, dass ich auch diese Aufgabe lerne. Günter blickt mich misstrauisch an: „Bist du sicher? Du weißt, dass du das nicht musst. Du führst dein Packpferd sehr gut mit der Stimme."

„Ja, aber es kann nicht sein, dass ich quer durch die USA reite und immer noch kein Packpferd führen kann. Das glaubt mir doch kein Mensch, dass Azabache über 5.000 Kilometer wie ein Hund nebenher läuft."

„Aber so ist es."

„Trotzdem, das glaubt keiner. Gib mir jetzt bitte den Führstrick."

Ich nehme die Zügel in die linke und den Führstrick in die rechte Hand.

„Pass nur auf, dass Rusty den Führstrick nicht unter seinen Schweif bekommt. Sonst hast du ein Rodeo", warnt mich Günter. Doch Rusty verhält sich so, als ob wir schon seit tausenden Kilometern ein Packpferd hinter uns herführten. Nur im Tempo müssen sich die beiden Pferde erst angleichen. Rusty marschiert flott los, während Azabache langsam hinterher gondeln will und mir fast den Arm ausreißt. Bleibt Azabache plötzlich stehen, lasse ich den Strick fallen, muss absteigen, ihn wieder aufnehmen, wieder aufsteigen und weiterreiten. Davon abgesehen funktioniert alles ziemlich problemlos. Ich wachse geradezu über mich hinaus, solche Quantensprünge macht mein Selbstvertrauen.

Am frühen Nachmittag ziehen Gewitterwolken auf. Während des Abstiegs entlang des Ute Creek Tales prasseln Hagelkörner auf uns herab. In einem Wäldchen suchen wir Zuflucht. Leni zittert vor Kälte, und Günter steckt sie vorne in seine Jacke. Nur ihr Köpfchen sieht noch oben heraus. Sie schließt die Augen und schläft sofort ein.

„Schau mal, Rusty zittert auch", sage ich und versuche scherzhaft Rustys Nüstern mit meiner Jacke zu umschließen. Ich spüre seinen warmen Atem an meinem Bauch. Er lässt es entspannt mit sich geschehen und schließt die Augen.

„Der bekommt nur keine Luft in deiner Jacke. Gleich wird

er blau anlaufen", foppt mich David. Aus meiner Satteltasche hole ich eine Karotte und biete sie Rusty an. Er riecht daran, beißt dann ein winziges Stückchen, nicht größer als mein kleiner Fingernagel, davon ab und verschmäht den Rest. Der Hagel geht in Regen über. Wir gehen am Waldrand weiter. Immer wieder zucken Blitze vom Himmel herab und schlagen vor und hinter uns im breiten Tal ein. So nahe waren wir einem Gewitter noch nie. Ich dränge darauf, rasch einen sicheren Lagerplatz zu suchen. Im strömenden Regen stellen wir die Zelte auf. Der Regen ist ausdauernd, stundenlang fällt Wasser vom Himmel, wie Tränentropfen rollen sie entlang der Zeltplane. Am Ufer des Baches wachsen wilde Erdbeeren. Ich pflücke eine Handvoll. Der Regen fällt mir ins Gesicht. Im Vergleich zu den kultivierten Erdbeeren, die man im Supermarkt zu kaufen bekommt, verursachen diese kleinen Dinger eine Geschmacksexplosion am Gaumen. Als der Regen endlich aufhört, zieht dichter Nebel durchs Tal und verhüllt nach und nach die Berge. Nur ihre Spitzen schweben wie dunkle Silhouetten am Himmel. Die Landschaft ist in ein blaues Licht getaucht. Es ist ruhig, das Prasseln des Regens ist vorbei, nur noch vereinzelt fallen Tropfen von den Bäumen.

Am nächsten Morgen fällt uns das Aufstehen schwer. Wir wollen nicht in die nassen Sachen, außerdem nieselt es schon wieder. Kein aufmunternder Anblick am Morgen. Doch wir sind nur etwa fünfzehn Kilometer von Creede entfernt. Davids Familie wird am Abend zu Besuch kommen, wir müssen daher zurück. In Regensachen zu reiten oder zu wandern macht einfach keinen Spaß. Das Knistern des steifen Nylongewebes und das unentwegte Prasseln der Regentropfen auf das synthetische Material haben etwas zutiefst Entmutigendes. Unser Weg hat sich in einen Wasserlauf verwandelt. Am späten Vormittag hört der Regen endlich auf. Wir reiten auf einem schmalen Pfad, links steigen die Felsen senkrecht in die Höhe, rechts geht es steil bergab. An einer besonders spektakulären Stelle rufe ich: „Bleib mal kurz stehen, ich mach ein Foto von dir!"

„Bist du verrückt! Ich denke nicht mal im Traum daran, hier stehen zu bleiben“, ruft Günter zurück und treibt sein Pferd schnell über die Engstelle. Die letzten Kilometer führen durch lichten Espenwald. Endlich kommt die Sonne wieder hervor und lässt die Blätter hellgrün leuchten. Als wir in Creede ankommen, erwartet uns Davids große Familie bereits. Besonders zwei Frauen ziehen meine Aufmerksamkeit auf sich. Davids Mutter und seine Tochter. Er hatte mir erzählt, dass seine Tochter bereits als junges Mädchen mit ihm auf die Jagd ging. Heute ist sie mit dem Gewehr so zielsicher wie ihr Vater. Unbewusst habe ich ein Bild von dieser jagenden Tochter entwickelt, das nun so überhaupt nichts mit der Realität zu tun hat. Vor mir steht eine 24-jährige Blondine, schlank und hübsch und mit perfektem Make-up im Gesicht. Dieses Können muss sie von ihrer Großmutter haben, denn am nächsten Morgen treffe ich die 80-jährige am Frühstückstisch, wo sie ihren runden Tischspiegel aufgestellt hat und gerade ihre Wimpern tuscht.

„Wie macht man das, dass man in ihrem Alter noch so jung aussieht?“, frage ich mit ehrlichem Staunen.

„Ach, Kind, weißt du, mein ganzes Leben war eine große Party. Ich habe gelebt und geliebt und gefeiert. Das hält jung!“, lacht die Alte. „Dazwischen wäre ich ein paar Mal fast gestorben. Zum Beispiel damals, als ich auf dem Kreuzfahrtschiff echten russischen Kaviar aß und dieser einen allergischen Anfall auslöste.“

„Wo leben Sie jetzt?“, frage ich sie.

„Als ich meinen vierten Mann geheiratet habe, hat er mich gefragt: ‚Liebling, wo möchtest du leben?‘ Und ich antwortete: ‚Wie wär's mit Mexiko?‘ Und dort wohnen wir jetzt in einem kleinen Dorf auf einer schönen Hacienda.“

Davids Familie ist großartig. Die drei Tage, die wir zusammen verbringen, werden auch für uns zu einem Fest. Doch am Ende steht der Abschied. Rhonda hat Tränen in den Augen, als sie mich umarmt. Ich wende mich schnell ab, um meine nicht zu zeigen. Es ist das Los der Reisenden. Die Tränen des

Abschieds sind der Preis, den wir Reisende zahlen müssen, um unserer Sehnsucht zu folgen. Es ist die Sehnsucht der Nomaden, die wir vor Jahrtausenden noch waren. „Es lockt uns, dem Wegweiser von Sonne, Mond und Wind zu folgen, der uns dorthin führt, wo zartgrüne Gräser sich in leichter Brise neigen, wo klares Wasser koboldgleich über glitzernde Felsen hüpft und der Duft der Erde an das Paradies erinnert, das wir verloren glaubten", schrieb Kurt Tucholsky bereits vor hundert Jahren, und ich empfinde es auch heute noch so.

Pat, unsere Freundin aus Red Feather Lakes, die mich zu Beginn der Reise sosehr ermutig hatte aufzubrechen, ist erneut vom Pferd gefallen und hat sich vier Rippen gebrochen. Diese Nachricht erreicht uns am Tag des Aufbruchs von Creede. Ich möchte sie besuchen und ihr ein bisschen von dem Mut zurückgeben, mit dem sie mich zu Beginn der Reise so reich beschenkt hatte. Sie wollte uns in den nächsten Wochen einige Tage begleiten und hatte sich sehr darauf gefreut.

Seit Wochen spielen wir mit dem Gedanken, unseren vorjährigen Ritt durch Colorado zu wiederholen. Es ist ein verlockender Gedanke. Für mich ist der Weg das Wichtigste, je langsamer wir vorankommen, desto besser. Es ist mir nicht wichtig, irgendwo anzukommen, außer bei mir selbst. Denn dorthin führt mich jede Reise. Ich entdecke ein Stückchen mehr von meiner eigenen Persönlichkeit, von dem, was ich in Wahrheit bin, befreit von Maskerade, Zwängen und Konventionen. Günter teilt diese Empfindungen mit mir, gleichzeitig ist es ihm aber auch wichtig, ein Ziel vor Augen zu haben, das die Richtung weist und dem er folgen kann. Nach langem Überlegen beschließen wir, die Reise dort fortzusetzen, wo sie begonnen hat: am nördlichen Ende des Rocky Mountain Nationalparks. David hilft uns beim Transport der Pferde. Unser Weg führt nahe an Red Feather Lakes vorbei, daher besuchen wir Pat. Sie wirkt traurig, auch wenn sie versucht, es uns nicht zu zeigen. Noch nie habe ich sie so mutlos gesehen.

„Sie ist traurig wegen des Pferdes", erklärt Dick, Pats Mann, leise hinter ihrem Rücken, „sie ist überzeugt, er sei der beste Mustang, den sie jemals hatte."

Gabriele erzählt uns, dass dieser Mustang Pat schon mehrere Male abgeworfen hat. Er ist störrisch und unberechenbar. Pat kommt nicht mit ihm zurecht und das ist merkwürdig. Seit Jahrzehnten arbeitet Pat mit Pferden, die traumatische Erlebnisse hatten oder aus anderen Gründen schwierig sind. Über die Jahre hat sie ein fantastisches Gespür für die Tiere entwickelt.

„Was ist los mit diesem Pferd?", frage ich sie.

„Es erblindet." Die Antwort kommt überraschend, „Wir wissen es jetzt mit Sicherheit. Das ist der Grund für sein Verhalten. Niemand wird ihn jemals reiten können, dabei ist er so ein wundervolles Pferd", sagt Pat, und Tränen glänzen in ihren Augen.

„Pat liebt ihn, weil er so zuverlässig und sicher im Gelände ist", ergänzt Dick, „Mit ihren künstlichen Hüftgelenken ist sie nicht mehr so gut zu Fuß, doch mit diesem Pferd konnte sie überall hin, auch steil bergauf und bergab."

„Er wird bei uns ein gutes Zuhause haben", sagt Pat.

Ich bin mit dem Wunsch gekommen, ihr Mut zu geben, doch ich scheitere. Beim Abschied spüre ich dasselbe Gefühl von Traurigkeit und Zerbrechlichkeit.

„Wisst ihr eigentlich, dass genau in diesen Tagen das Rodeo in Cheyenne stattfindet?", fragt uns Gabriele beim Abendessen, „Es ist das größte Rodeo in den Vereinigten Staaten. Wollt ihr euch das nicht ansehen? In der Zwischenzeit könnt ihr gerne die Pferde und Leni bei mir lassen."

Wir blicken David fragend an.

„Ich war auch noch nie dort. Von mir aus können wir gerne einen Tag nach Cheyenne fahren", schlägt er vor.

Ich bin skeptisch und neugierig zu gleich. Das Rodeo ist untrennbar mit der amerikanischen Kultur verbunden, es gehört zu den beliebtesten Sportarten und wird von mehr

Zuschauern verfolgt als Football-Spiele. Besonders in Wyoming, wo sogar ein Cowboy auf einem buckelnden Pferd die Nummernschilder der Autos ziert, finden im Sommer in jedem noch so kleinen Dorf am Wochenende Rodeos statt. In den größeren Städten werden Rodeos der Weltklasse abgehalten, an denen hunderte Reiter teilnehmen. Die Frontier Days in Cheyenne, auch „The Daddy of 'em all" genannt, gehört zu den weltweit größten Rodeo-Veranstaltungen. Nun bin ich zwar kein Freund von Großveranstaltungen und habe Bedenken, mich in die Massen der Zuschauer dieses Events zu mischen, trotzdem bin ich neugierig, was den Amerikaner so am Rodeo fasziniert. Cheyenne liegt nur etwa eine Autostunde nördlich von Red Feather. Rund um das Rodeogelände findet ein Jahrmarkt statt: Zuckerwatte und Hot Dogs, Souvenirläden und Karussells und viele, zu viele Menschen. Wir betreten die Arena. Zum Glück hat David Platzkarten im Schatten gekauft, denn es ist drückend heiß.

Kaum haben wir weit oben auf der Zuschauertribüne Platz genommen, werden wir auch schon in den Bann des Geschehens gezogen. Schlag auf Schlag, in einem Tempo, dem man kaum folgen kann, findet ein Ereignis nach dem anderen statt. Der Bullen-Reiter ist gerade vom Stier gestürzt und wird nun von den rettenden Clowns abgeschirmt, schon reitet auf der anderen Seite der Arena ein Cowboy im schnellen Galopp hinter einem Stier her, stürzt vom Pferd auf den Stier, packt ihn bei den Hörnern und versucht, ihn zu Boden zu reißen. Kaum ist der Stier überwältigt, schon startet ein Cowboy auf einem Wildpferd. Ohne Sattel versucht er, sich acht Sekunden lang auf dem wilden, buckelnden Pferd zu halten. Fast gleichzeitig starten aus der anderen Ecke der Arena zwei Reiter und versuchen, mit Lassos einen jungen Stier einzufangen. Die Geschwindigkeit des Spektakels ist überwältigend, wir werden schon beim Zusehen atemlos. Vor allem das Bullenreiten sieht brutal aus, für Reiter und Tier. Um den Bauch des Bullen ist ein Seil geschlungen. Dieses Seil ist auch um eine Hand des Reiters gewickelt, die andere Hand streckt er in die Luft, sie darf nichts berühren. Das Bullenreiten gilt als die gefährlichste Disziplin. Nach nur wenigen Sekunden – im Idealfall mindestens acht – landet jeder Reiter meist unsanft und in hohem Bogen im Sand. Der Bulle ist schnell und wendig. Er schnellt herum und versucht den Reiter zu attackieren. Jetzt kommt der Clown ins Spiel. Seine Aufgabe ist es, den Reiter zu beschützen, nachdem dieser abgeworfen wurde, indem er die Aufmerksamkeit des Bullen auf sich zieht und damit ein alternatives Ziel darstellt. Außerdem ist er zur Unterhaltung des Publikums in den Pausen da. Die Rodeo Clowns sind die ungekrönten Helden des Sports. Sie müssen schnell und wendig sein und das Verhalten des Bullen so weit wie möglich vorhersagen können. Ihr Job ist gefährlich. Immer wieder werden Rodeo Clowns schwer verletzt und sogar getötet. Meistens arbeiten zwei Clowns als Team und schützen sich so gegenseitig. Manchmal kommt auch ein dritter Clown ins Spiel. Dieser hat ein großes, leeres Fass zur Verfügung, in dem er sich vor dem Bullen verstecken kann. Der berühmteste Clown ist Flint Rasmussen. Achtmal hintereinander wurde er zum Rodeo Clown des Jahres gewählt.

Neben den Clowns spielen zwei Cowboys beim Wildpferdreiten eine besondere Rolle: Sie helfen dem Wildpferd-Reiter aus dem Sattel. Eine nicht ganz leichte und vor allem nicht ungefährliche Aufgabe. Einen Reiter in vollem Galopp auf das eigene Pferd aufzunehmen erfordert blitzschnelle Reaktion. Die Cowboys sind eins mit ihrem Pferd, arbeiten als perfektes Team. Sie brauchen viel reiterliches Geschick und vor allem sehr unerschrockene Pferde.

„Warum nur will jemand freiwillig einen wilden Stier reiten?“, frage ich kopfschüttelnd.

„Das ist die Leidenschaft der Cowboys, außerdem kann man als erfolgreicher Rodeoheld viel Geld und Prestige gewinnen“, erklärt mir David, „Doch die Anforderungen an die Rodeo-Cowboys sind nicht zu unterschätzen. Hinter jedem 8-Sekunden-Ritt verstecken sich endlose Stunden Training und viele Stunden auf der Autobahn. Ein professioneller Cowboy ist durchschnittlich zweihundert Tage im Jahr unterwegs und nimmt an hundert Rodeos teil, um seinen Lebensunterhalt bestreiten zu können."

Für mich bleibt das Rodeo unbegreiflich. Es gibt auch viele Kritiker. Auf der einen Seite natürlich Tierschützer, die das Rodeo gleich dem spanischen Stierkampf als Misshandlung der Tiere verurteilen, andererseits wird das hohe Verletzungsrisiko sowohl bei Mensch als auch bei den Tieren kritisiert.

Die Frontier Days sind für ihr hohes Tempo berühmt. Vierzig Bullenritte und siebzig Ritte auf Wildpferden finden täglich während des neuntägigen Events statt. In den kurzen Unterbrechungen wird das Publikum von Akrobaten zu Pferd unterhalten. Was hier an reiterischem Können dargeboten wird, ist wirklich faszinierend. Uns überfordert bereits das Zusehen und so treten wir nach wenigen Stunden mit Kopfschmerzen von dem Trubel den Rückzug an. Am Abend treffen wir wieder in Red Feather ein. Dort erwartet uns Barbara. Sie ist vor wenigen Tagen auf dem Flughafen Denver gelandet. Barbara hatte Günter auf seinem Ritt von Ecuador bis Mexiko begleitet und wird sich uns für einige Wochen anschließen. Wir treffen sie in Gabrieles Strohhaus. Ich freue mich, sie wiederzusehen, doch gleichzeitig blicke ich der Zeit zu dritt nicht ohne Zweifel entgegen. Wie wird das werden, mit der Ex-Freundin zu dritt unterwegs zu sein? Mit einem mulmigen Gefühl in meinem Bauch setzen wir die Fahrt fort. David steuert Truck und Trailer sicher über die Landstraßen. Das Radio spielt einen Country-Song. Das letzte Stück des Weges führt über unasphaltierte Straßen, vorbei an idyllischen Ranches, die friedlich in dem breiten, fruchtbaren Tal schlafen. Rinder grasen auf riesigen Weiden, an den Ufern der Bäche stehen Pappeln, deren Blätter im Wind flattern. Kein Wölkchen trübt den Himmel. David setzt uns am Rand der Mount Zirkle Wildnis im Norden Colorados ab. Ab hier können wir dem CDT nun weiter nach Norden folgen.

Die Mount Zirkle Wildnis gehört zu den ersten Wildnisgebieten der USA. Sie wurde im Jahre 1964 unter Schutz gestellt und umfasst heute eine Fläche von 650 Quadratkilometer. Voll Freude blicke ich unserem Ritt durch die Wildnis entgegen. Über fünfzehn 3.000er liegen in dem Gebiet, Mt. Zirkel überragt mit 3.712 Metern alle anderen Gipfel.

Als David sich verabschiedet und davonfährt, wird mir ganz leicht im Kopf. Wir sind wieder unterwegs. Die Bande zur Zivilisation sind für einige Zeit wieder durchtrennt.

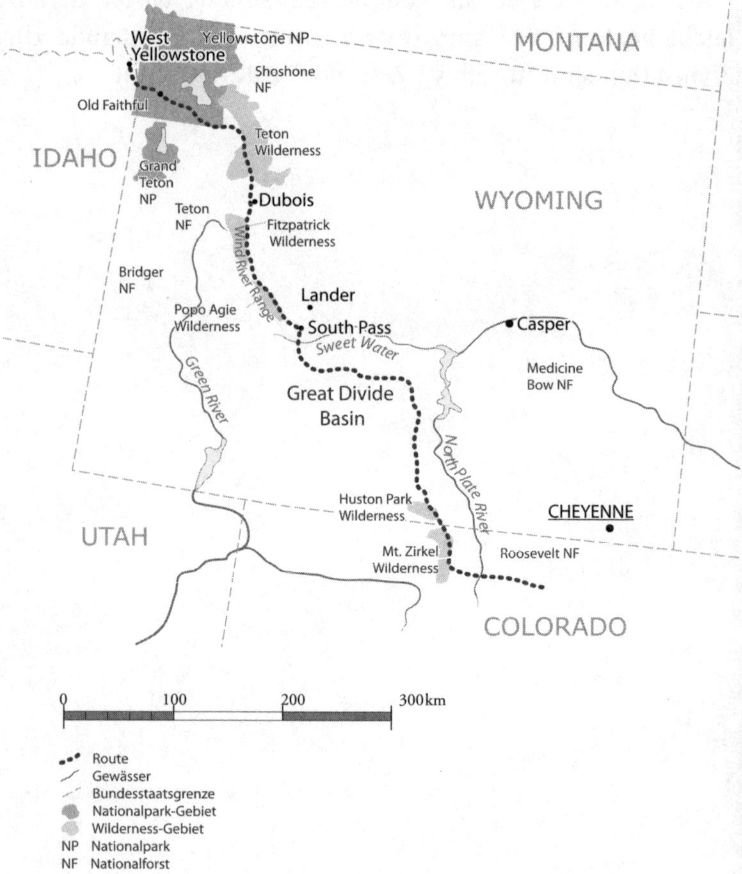
West Yellowstone
Yellowstone NP
MONTANA
Shoshone NF
Old Faithful
Teton Wilderness
IDAHO
Grand Teton NP
Dubois
WYOMING
Teton NF
Fitzpatrick Wilderness
Wind River Range
Bridger NF
Lander
Popo Agie Wilderness
South Pass
Casper
Sweet Water
Medicine Bow NF
Green River
Great Divide Basin
North Plate River
Huston Park Wilderness
CHEYENNE
UTAH
Mt. Zirkel Wilderness
Roosevelt NF
COLORADO
0
100
200
300km
Route
Gewässer
Bundesstaatsgrenze
Nationalpark-Gebiet
Wilderness-Gebiet
NP Nationalpark
NF Nationalforst

Teil Vier

Unterwegs in Wyoming

Seit drei Tagen sind wir unterwegs in der Mount Zirkel Wildnis. Sanft, fast unmerklich ändert sich die Landschaft. Die Berge sind rund, die Täler weite, offene Flächen, wie mit einem breiten Besen zwischen die Bergrücken gefegt. Vor Millionen Jahren wurden die V-förmigen Flusstäler durch Gletscher zu einem runden U geformt. Auf 3.500 Metern Meereshöhe fühlen wir uns dem Himmel nahe. In dieser Höhe wachsen keine Bäume mehr. Nur verkrüppelte Kiefern, von den Amerikanern merkwürdigerweise mit dem deutschen Wort „Krummholz“ bezeichnet, trotzen Wind und Wetter. Die Sonne steht tief am Himmel. Ihr horizontales Licht vergoldet das Weitwinkelpanorama vor uns. Die Pferde werfen lange Schatten gegen Osten. Wie im Gleichschritt trotten sie über die Hochebene. Seit vielen Stunden reiten wir schweigend dahin, horchen dem Wind und den Vögeln zu. Es ist ein großes, archaisches Gefühl von Freiheit, das aus meinem Bauch aufsteigt, die ganz elementare Freiheit des Menschen unter dem Himmel. Es ist einer jener Augenblicke, in denen mich die Großartigkeit der Natur für alles Leid der Welt entschädigt. Ich kann mich nicht sattsehen an dieser urgewaltigen Schöpfung der Erde. Auf den Bergen fühle ich mich frei, dem Himmel nah, während ich unten in engen Tälern in eine abgeschlossene Welt eintauchen muss.

Abrupt endet die Hochebene, vor uns führt der Weg hinhab in ein grünes Tal, begleitet vom Rauschen des Elk Rivers, der sich über Felsen und Klippen hinabstürzt. Ich steige ab und gehe voran, Rustys Zügel locker in meiner Hand. Über Serpentinen klettern wir bergab, kreuzen Schuttfelder und Wiesen. Auf weichem Boden tauchen wir schließlich in den Wald ein. Aus heiterem Himmel bleibt Rusty stehen und schaut mich auffordernd an.

„Was ist denn los?", frage ich ihn. Dann erst bemerke ich, dass wir den Rest der Gruppe abgehängt haben.

„Du meinst, wir sollten warten?"

Könnte er sprechen, würde er „ja" sagen, also warten wir, bis kurze Zeit später Günter und hinter ihm Dino auftauchen; dann geht Rusty bereitwillig weiter. Schon oft habe ich mich auf dieser Reise über ihn geärgert, weil er nicht tat, was ich von ihm wollte. Wollte ich von der Gruppe wegreiten, so wollte er dort bleiben. Wollte ich, dass er stehen bleibt, so ging er weiter. Wollte ich aber, dass er vorangeht, so wollte er fressen. Harmonisch ist es zwischen uns nur dann, wenn wir beide zufällig dasselbe wollen. Zum Glück ist das die meiste Zeit über der Fall. Ist man 24 Stunden des Tages mit einem Tier zusammen, entwickelt man eine intensive Beziehung. Und schön langsam fange ich an, Rusty zu verstehen. Doch ich bin erst am Anfang meiner Lehrzeit. In Wahrheit verhalten sich Pferde immer so, wie sie es für richtig halten. Pferde sehen das Leben mit anderen Augen als wir. Immer wieder bleibt Rusty beispielsweise mit geblähten Nüstern und weit aufgerissenen Augen stehen, atmet heftig und starrt einen Stein an. Einen Stein! Einen stinknormalen Stein! Ich versuche zu verstehen, was in seinem Kopf vorgeht. In meiner Phantasie lasse ich den Stein zum Leben erwachen, sehe den Puma in Angriffsstellung, die Riesenschnecke, den zottigen Hund. Was mag dieser Stein für ihn sein?

„Komm, Rusty, es ist doch nur ein Stein."

Er vertraut mir und ich verlange nichts von ihm, was ihm Angst macht. Ich nehme seinen Herdentrieb als Stärke, die ihn zuverlässig bei der Gruppe hält, und ich zwinge ihn nicht, sich von der Gruppe zu entfernen. Wozu auch, wir sind doch ein Team.

Ein schriller Pfiff durchbricht die Stille. Es ist das Kommando zum Wechseln. Wir sind nun zu dritt unterwegs, einer muss zu Fuß gehen. Gerne überlasse ich Barbara mein Pferd und mache mich per pedes auf den Weg. Ich mag den Perspektivenwechsel, bin den kleinen Blumen, Schmetterlingen und Kriechtieren am Wegesrand gerne nahe. Am Rand eines Moors schlagen wir unser Lager auf. Zu dritt teilen wir uns ein Zelt. Geschlichtet wie Sardinen liegen wir nebeneinander. Leni, immer auf ihren Vorteil bedacht, schläft bei Barbara. Ihr Schlafsack ist wärmer als meiner. Da soll noch mal jemand sagen, Hunde sind treuherzige Seelen! Vielleicht müsste ihr überhaupt mal jemand sagen, dass sie ein Hund ist! Ein Wachhund sogar, dessen Platz vor dem Zelt ist und nicht in den Tiefen eines Schlafsacks. Was haben wir uns da nur herangezogen?

Wir schlafen unruhig. Dreht sich einer um, müssen die anderen die Bewegung mitmachen. Außerdem stört uns das Bimmeln der Glocken. Barbara hat kleine Kuhglocken mitgebracht, die wir jetzt nachts den beiden frei laufenden Pferden umhängen. Wenn Günter sie in der Nacht nahe am Zelt hört, steht er auf, bindet die beiden frei laufenden Pferde ans Hochseil und lässt die beiden anderen frei. So muss er sie nachts nicht mehr suchen gehen. Außerdem hoffen wir, dass die Glocken auch die Bären vom Lager fernhalten.

Am Morgen bin ich unausgeschlafen und verärgert. Es war mein ausgesprochener Wunsch, zu dritt mit zwei Zelten zu reisen. Mein Wunsch wurde der Rücksichtnahme auf das Packpferd geopfert. Meine schlechte Laune ist ansteckend, wir schweigen uns an. Silbergraue Nebelschwaden hängen über dem Moor, zerreißen in Fetzen und finden sich neu zusammen. In der Mitte stehen zwei Reiher und stoßen ihre Schnäbel ins Wasser auf der Suche nach einem Fisch.

„Kanadareiher", flüstert mir Barbara ins Ohr, „sehen aus wie unsere Graureiher. Im Winter fliegen sie nach Zentralamerika." Da fällt mir wieder ein, dass Barbara Biologin ist, und ich freue mich über ihre Gesellschaft.

An unserem letzten Tag in Colorado lernen wir noch einmal die dramatische Kraft der Zerstörung und Wiedergeburt der Natur kennen. 1997 tobte ein Sturm über die kontinentale Wasserscheide. Auf einer Fläche von 380 Quadratkilometern fielen Millionen von Bäumen dem Windbruch zum Opfer. Eine

Käferepidemie folgte und 2002 wütete ein Waldbrand in dem Gebiet. Noch heute ragen viele verkohlte Baumstämme wie Zahnstocher in die Höhe. Der Forest Service hat große Teile des Wegs wieder freigeräumt, und dort, wo Baumstämme quer liegen, finden wir einen Weg um das Hindernis.

Das Überschreiten der Grenze nach Wyoming ist unspektakulär. Wanderer erzählten uns, dass sie jedes Mal, wenn sie einen neuen Bundesstaat betreten, das stolze Gefühl empfinden, etwas Großartiges geschafft zu haben. Alles, was ich fühle, ist sentimentale Traurigkeit darüber, dass New Mexico und Colorado nun bereits hinter uns liegen. Wyoming sehe ich mit gemischten Gefühlen entgegen. Man nennt diesen Bundesstaat auch das Land der Cowboys. Ich stelle mir das Land der Cowboys flach vor: weites Grasland, darauf eine überdimensionale Rinderherde, trocken, baumlos und leer.

„Mach doch die Augen auf", rufe ich mich selbst aus meinem Tagtraum zurück. Wir reiten durch intakten Nadelwald, den Medicine Bow National Forest, dunkel und dicht. Es duftet würzig nach Tannen- und Fichtennadeln. Der Wald umschließt die Huston Park Wildnis. Wie schon in San Pedro Park in New Mexico steht das Wort „Park" für große, wiesenartig bewachsene Lichtungen. Anfang August nimmt das Gras langsam einen zarten Gelbton an. Der Sommer in den Bergen ist kurz, er verneigt sich bereits vor dem herankommenden Herbst. Wir unternehmen einen Abstecher in das Örtchen Banff, auf der Suche nach einer ersten Berührung mit den Menschen Wyomings. Banff liegt mitten in der Steppe, Büffelgras und wilder Salbei wuchern rund um das Dorf. Ich kann meine Phantasie nicht von dem Bild europäischer Dörfer lösen, wo sich Häuser und Höfe natürlich gewachsen um eine kleine Kirche scharen. Gegenüber der Kirche liegt das Wirtshaus, dazwischen der Hauptplatz mit einem Brunnen, an dessen Rand eine Eiche steht. So ist es kein Wunder, dass ich jedes Mal wieder enttäuscht bin von der Einförmigkeit amerikanischer Dörfer: schachbrettartig, übersichtlich und den natürlichen Gegebenheiten nur dort geradezu feindselig

Rechnung tragend, wo jene – wie ein Flusslauf oder eine Felswand – sich nicht dem Schachbrett unterwerfen lassen. Zwei Straßen kreuzen sich im Ort. Eine verläuft Nord-Süd, die andere Ost-West, schnurgerade und endlos. An der Kreuzung steht eine Tankstelle. Selbst sie teilt die Monotonie der Landschaft. Laut Ortsschild leben 63 Menschen in Banff, ich frage mich nur, wo sie alle sind. Auf der Suche nach Leben gehe ich in den kleinen Tante-Emma-Laden. Ich liebe diese kleinen Gemischtwarenläden, denn sie sind immer für eine Überraschung gut. Manche sind gut sortiert und locken mit unerwarteter Vielfalt an Produkten, andere sind so ärmlich, dass ich überlege, etwas dort zu lassen. Ich bin neugierig auf die Menschen, die mir in dem Laden begegnen: freundliche, neugierige, schrullige, lustige oder trübsinnige. In diesem Fall treffe ich eine Deutsche. Sie sitzt hinter der Kasse und verlangt in deutschem Dialekt die fünf Dollar von mir, die ich ihr für Milch und Brot schulde. Die Überraschung ist gelungen. Nun ist Banff wirklich nicht der Ort, in dem man eine deutsche Auswanderin erwarten würde. Christine kam vor über dreißig Jahren mit einem amerikanischen Soldaten nach Banff. Und offensichtlich liebt sie ihn, denn sie blieb. Die blonden Locken und blauen Augen lassen noch heute die Schönheit der damals Zwanzigjährigen erahnen. Was muss sie empfunden haben, als der US-Soldat sie als junges Mädchen aus Deutschland in die neue Welt mitnahm? Mit welchen Wünschen und Träumen ist sie aufgebrochen und was dachte sie, als sie sich in Banff wiederfand? Ich versage an dieser Stelle, denn ich stelle keine der Fragen, die mir durch den Kopf gehen, sondern nehme meine Einkäufe und wir ziehen weiter.

Die Landschaft Wyomings begrüßt uns freundlich und nimmt uns sanft in sich auf. Tagelang reiten wir auf alten Forstwegen gemütlich durch Wald und über Wiesen, geleitet von Steinmännchen und CDT-Zeichen. Wir haben die hohen Berge hinter uns gelassen, die höchsten Berge auf unserem Weg nach Kanada bereits überschritten und nähern uns langsam der großen Beckenlandschaft im Süden Wyomings.

Bei unserem letzten Stopp in Red Feather erstand ich ein Buch über essbare Wildpflanzen Nordamerikas. Seit Beginn der Reise bin ich von dem Gedanken fasziniert, mich von der Natur zu ernähren: Pilze und Beeren pflücken, Fische fangen, aber auch Wurzeln und Gräser, Kräuter und Blätter in unseren Speiseplan aufzunehmen. Günter warf nur einen Blick auf das mit zahlreichen Abbildungen illustrierte Buch und stellte fest: „Viel zu schwer. Statt dem Buch nehmen wir lieber zwei Kilogramm Reis mit, da haben wir mehr davon." Ich unterstelle ihm eine ganz andere Motivation. In New Mexico wachsen alle erdenklichen Arten von stacheligen, borstigen Disteln. Sie sind ein Leckerbissen für Pferde. Es ist erstaunlich, wie Pferde mit ihren weichen Lippen die Blüten der Disteln pflücken, den süßen Innenteil fressen und manchmal sogar die äußeren Blätter wieder ausspucken. Scheinbar fraßen Gaucho und Rebelde keine Disteln, denn eines Tages kam Günter zu mir und erzählte mit entsetztem Blick: „Rusty hat gerade eine Distel gefressen!"

„Warum nicht?", fragte ich und erklärte: „Pferde fressen Disteln. Übrigens sind Disteln auch für den Menschen genießbar."

Mehr wollte Günter darüber nie erfahren. Auch nicht über Löwenzahn- oder Brennnesselsalat oder Weideröschentee. Seit Tagen schon fällt mir eine weiß blühende Pflanze mit gefiederten, grünen Blättern auf. Ich könnte schwören, sie wächst im Kräutergarten meiner Mutter.

„Barbara, kennst du diese Pflanze?", frage ich.

Barbara reitet Azabache, ich spaziere neben ihr her.

„Kannst du mir mal einige Blätter heraufreichen?", antwortet sie.

Ich breche eine Handvoll ab. Sie riechen würzig, wie es sich für Kräuter gehört. Ich kaue an einem Blatt, Barbara ebenfalls. „Das ist Kerbel", erklärt sie, „Ganz sicher. Das ist ein Kraut, das können wir in die Suppe geben."

Das Blatt, an dem ich kaue, schmeckt vor allem bitter.

„Na, vielleicht warten wir mal lieber ab, ob uns von dem

einen Blatt nicht schlecht wird, so wie man das bei Pilzen macht, die man nicht kennt", sage ich lachend, und wir vergessen das Kraut wieder. Wie nah ich dabei an der Wahrheit liege, finde ich erst viel später heraus.

Wochen später sitze ich in einer Bibliothek und entdecke zufällig dasselbe Buch über essbare Pflanzen, das ich bei Gabriele zurücklassen musste. Mich trifft fast der Schlag, als ich die weiß blühende Pflanze darin entdecke. Sie steht nicht in einer der vier Rubriken „Frühling, Sommer, Herbst oder Winter", in die das Buch gegliedert ist, sondern ganz hinten unter „Giftpflanzen". Die Pflanze, deren Blätter wir so gutgläubig gekaut haben, trägt den Namen Wasserschierling.

„Sämtliche Pflanzenbestandteile des Wasserschierlings sind stark giftig, insbesondere die durch Luftkammern schwimmfähigen Knollen", steht in dem Ratgeber geschrieben und weiter: „Nach Verzehr bereits geringer Mengen kann der Tod infolge Atemlähmung eintreten."

Nach fünf Tagen durch den Medicine Bow National Forest lassen wir den Wald hinter uns. Vor uns liegt eine Landschaft von elementarer Einfachheit. Die Verschiedenartigkeit der Gebirgszonen, die Abbrüche, die steilen Pässe, die plötzlich auftauchenden Täler glätten sich zu einer beruhigenden Horizontalen. Kilometerweit erstrecken sich weite, baumlose Flächen. Der buckelige, rissige Wüstenboden ist mit wildem Salbei bewachsen. Wilder Salbei ist nicht giftig, aber trotzdem eher ungenießbar, genauso wie wild wachsender Wacholder. Langsam lerne ich dazu. Die weite Ebene vor uns ist das Great Divide Basin. Es ist geologisch einzigartig. Wir stehen auf dem Bridger Pass. Vor uns teilt sich die kontinentale Wasserscheide in zwei Arme und umschließt ein etwa 10.000 Quadratkilometer großes Becken, das keinen Abfluss – weder zum Atlantik noch zum Pazifik – hat. Es ist ein trockenes, unfruchtbares und fast unbewohntes Gebiet. Die Landschaft wirkt herb und ausgedörrt und doch steckt eine raue Schönheit in dieser Wüste.

„Oh mein Gott. Müssen wir da wirklich durch?" Zu behaupten, ich würde mich auf das, was vor uns liegt, freuen, wäre eine maßlose Übertreibung. Günter hingegen ist verzaubert. Das ist die Kulisse der John-Wayne-Filme. Hier sagen sich Fuchs und Hase Gute Nacht.

Barbara hat viel mehr Erfahrung mit Pferden als ich. Das trifft sich gut, weil es an der Zeit ist, dass unsere Pferde etwas Neues lernen. Aus Mangel an Bäumen müssen wir sie nun an Sträuchern festbinden oder an einem Holzpflock, der in die Erde getrieben wird. Seit Tagen trainieren wir diese Anbindetechnik jeden Abend mit Dino und Lightfoot, den beiden Anführern. Vorteil dieser Methode ist, dass auch die angebundenen Pferde grasen können. Der Nachteil jedoch ist, dass sie sich leicht im Seil verheddern und verletzen können, wenn sie nicht gelernt haben, ruhig zu bleiben. Günters argentinische Pferde lernten diese Methode in all den Jahren nicht. Zunächst waren sie zu schreckhaft und gerieten bei jeder Berührung mit dem Seil in Panik, später hingegen waren sie bereits so sehr an Günter gebunden, dass sie auch ohne Seil über Nacht beim Zelt blieben.

Ein Pferd, das mit einem langen Seil vom Halfter zum Boden angebundenen ist, kann sich selbst in paradoxe Situationen bringen, wenn es beispielsweise den Strick um sein Hinterteil wickelt und sich somit selbst fesselt. Der Zug auf das Halfter kommt dann von hinten, wird aber mit jedem Schritt zurück nur noch verstärkt. Die Lösung des Problems ist, nach vorne zu gehen, doch das ist für das Pferd nicht logisch. An einem Trainingstag stand Dino über eine Stunde so gefangen.

„Er muss es selbst herausfinden, sonst lernt er es nie. Immerhin gerät er nicht in Panik. Ich finde, er macht das sehr gut", erklärte Barbara und blieb ruhig neben dem Pferd stehen.

„Aber schau doch, wie er da steht!", rief Günter. Dino hatte den Kopf nach unten und die Hinterbeine nach vorne gezogen. Er hatte sich selbst eingeschnürt wie ein Paket. „So schaut doch kein Boss aus! Die anderen verlieren noch jeden Respekt vor ihm!"

Vorsichtig löste Günter das Pferd aus seinen Verwicklungen. Dino und Lightfoot werden nun jede Nacht auf diese Weise angebunden.

Der jährliche Niederschlag im Divide Basin beträgt weniger als zwanzig Zentimeter. Das bedeutet, dass wir unsere Wasserversorgung wieder sehr sorgfältig planen müssen. Doch große Teile des Beckens werden als Weideland genutzt, daher finden wir in regelmäßigen Intervallen Viehtränken, die aus Brunnen gespeist werden. Wir reiten einem Horizont entgegen, der so unendlich ist wie das Meer. Himmel und Erde treffen sich in immer gleicher Entfernung. Wir folgen zweispurigen Pisten. Hin und wieder führen uns CDT-Markierungen auf Metallpfählen quer über den trockenen und rissigen Boden. Manchmal durchbricht eine Ölpumpe die Horizontale. Gleichmäßig bewegt sie sich auf und ab und fördert das schwarze Gold empor. Erdöl scheint das Einzige zu sein, was der moderne Mensch in dieser Kargheit sucht.

Die Leere der Landschaft gibt den Gedanken und Gefühlen Raum. Ich fühle eine Annäherung, eine Idee davon, was der Mensch auf langen Reisen durch die Wüste sucht. Die Landschaft Colorados, mit ihrem Reichtum an Abwechslung und ihrer Heiterkeit entspricht so schnell den Wünschen des Menschen nach Nähe zur Natur. Sie nimmt ihn auf und beschenkt ihn. Die Wüste existiert nur für sich selbst. Sie gibt sich keine Mühe zu dienen. Sie ist groß und unbarmherzig. Klein und gering wie Käfer kriechen wir durch den Sand. Ich entdecke immer mehr Leben in dieser Öde. Sogar Sonnenblumen, sogenannte Prärie-Sonnenblumen, blühen im Sand. Sie sind nicht die einzigen Blümchen, die auf dem Wüstenboden wachsen. Es blühen Kakteen, in Rot und Gelb. Hinter einem Salbeistrauch flitzt ein Hase vom Hufgetrampel aufgeschreckt davon und hinterlässt unverwechselbare Spuren im Sand. Später entdecken wir eine Kurzhorn-Krötenechse auf einem Stein. Sie ist etwa fünfzehn Zentimeter lang, hat einen flachen, breiten Körper und eine sehr kurze, stumpfe Schnauze mit einem breiten Maul. Der gesamte Körper ist von

Stacheln bedeckt. Ihre Tarnung ist perfekt. Leni steht etwa fünfzig Zentimeter von ihr entfernt und sieht sie nicht. Die Echse fängt die letzten Sonnenstrahlen des Tages ein, bevor sie sich für die Nacht eingräbt. Die Wüste ist lange nicht so karg wie sie auf den ersten Blick wirkt. Trotzdem bleibt sie mir ein Rätsel. Schon nach drei Tagen sehne ich mich nach Bäumen, nach ihrem Schatten, dem Geruch des Laubs. In der Ferne kann ich drei Tiere erkennen, die grasend ihre weißen Hinterteile hochstrecken. Ich hole mein Fernglas aus der Satteltasche. Seit einigen Wochen kann ich nun endlich, auf dem Pferd sitzend, Dinge aus der Satteltasche nehmen und wieder verstauen. Sogar die Wanderkarte breite ich unter Günters sorgenvollem Blick ohne Zögern auf Rustys Hals aus. Hinter Günters angstvollem Blick steht seine Erinnerung an den panischen und buckelnden Rebelde. Er denkt dabei an die Karte, die weit durch die Luft flog, und an die eigene unsanfte Landung und die stundenlange Verfolgung des Pferdes. Doch Rusty bleibt entspannt. Durch das Fernglas erkenne ich die Tiere. Es sind Pronghorns, auch Gabelböcke genannt. Ihr Fell ist am Rücken braun, am Bauch weiß. Auf der Vorderseite von Hals und Mund haben sie weiße Bänder und im Gesicht eine schwarze Zeichnung. Das Männchen trägt prächtige schwarze Hörner, deren obere Enden nach innen gebogen sind. Sie sehen wunderschön und urzeitlich aus, wie Geschöpfe aus einer anderen Zeit. Wir kommen näher und ich kann sie mit freiem Auge erkennen. Schon aber bemerken auch sie uns, flüchten in vollem Tempo und sind binnen Sekunden außer Sichtweite.

Abends stellen wir das Zelt auf, um unsere Sättel und Decken sicher zu lagern, doch wir schlafen im Freien. Regen wäre in dieser Wüstenlandschaft keine Gefahr, sondern eine Erlösung, doch keine Wolke trübt den Sternenhimmel. Außerdem haben wir so genug Platz zu dritt in dieser großen, weiten Wüste. Die einzige Schwierigkeit, die Günter und Barbara jeden Abend aufs Neue klären müssen, ist, wie weit sie von uns entfernt liegen soll.

„Rück noch zwei Meter weiter weg, du bist zu nah", ruft Günter ihr scherzhaft zu.

„Nein, dann fürchte ich mich", ruft sie zurück.

„Schau, der große Wagen", sage ich. Günter und ich liegen im Schlafsack und starren fasziniert nach oben.

„Und dort ist der Polarstern", sagt Günter.

Für mich haben die Sterne etwas Allgemeingültiges, Verbindendes. Egal wo ich auf dieser nördlichen Halbkugel bin, es sind dieselben Sterne, die auf uns herabblicken. Irgendwo da oben, auf einem kleinen Asteroiden, lebt Saint-Exupérys kleiner Prinz. Mit dem Gedanken an die Zeichnung von dem Schaf, das in der Kiste steckt, schlafe ich ein.

Gegen sechs Uhr Früh werden wir vom Tageslicht geweckt. Wir stecken die Nase aus dem Schlafsack und erleben die herrlichste Morgendämmerung. Ein roter Streifen kündigt die aufgehende Sonne an. Dann schiebt sie sich Millimeter um Millimeter über den Rand des Horizonts und wird schließlich zu einem Kreis über dem weiten Land. Sie taucht Gräser und Sträucher in ihr warmes Licht. Alles flammt in Rosa, Orange und Rot. Zu keiner Stunde ist das Relief der Landschaft so ausgeprägt wie unter dem ersten Sonnenlicht. Jeder kaum merkliche Hügel wirft lange Schatten. Die Wüste erwacht, allein für uns. Ich spaziere ein Stück hinaus in diesen Sonnenaufgang. Im Sand entdecke ich die Spuren eines Kojoten und folge ihnen. Auf der Suche nach etwas Essbarem, vielleicht Käfer-Larven oder Echsen, hat er in regelmäßigen Abständen Löcher in den Sand gegraben. Von einem Hügel aus erspähe ich ihn schließlich. Seine Nase schnüffelt im Sand, seine Vorderpfoten graben. Er wittert mich sofort, ergreift die Flucht und ist verschwunden, bevor ich einen nächsten Gedanken fassen kann. Auf einem Hügel weit weg sehe ich ihn noch einmal, immer noch in voller Geschwindigkeit davonjagend. Ein Kojote, der in diesem Land in Schussweite stehen bleibt, macht das kein zweites Mal. Ich mache mich auf den Weg zurück ins Lager. Ein leichter Wind verbläst bereits die Spuren des Kojoten. Barbara bereitet gerade das Frühstück und

Günter schwingt sich in den Sattel. Das ist merkwürdig. Normalerweise lassen wir die Pferde bis zur letzten Minute grasen. Doch Günter, auf Dinos Rücken, galoppiert davon.

„Was zum ...“, ich blicke ihm ratlos nach. In weiter Ferne sehe ich zwei dunkle Flecken, die sich immer weiter entfernen. Günter galoppierte in ihre Richtung. Ein Blick zurück zum Lager, wo Barbara nun Rustys Führstrick festhält, zeigt, dass Azabache und Lightfoot verschwunden sind. Eine halbe Stunde später kommt Günter mit den beiden Ausreißern zurück. „Ich glaube, Azabache erinnert sich...“, meinte er.

„Meinst du? Kann das sein?“, frage ich skeptisch.

„Er lief schnurstracks Richtung Norden und zog Lightfoot hinter sich her“, berichtet Günter, „Zum Glück war dort vorne ein Weidezaun, der hat ihn aufgehalten. Ich nahm Lightfoot als Handpferd und führte ihn zurück. Azabache lief weiterhin aufgeregt am Zaun auf und ab, dann kam er schließlich doch mit zurück.“

Ich kraule Azabaches Stirn und streichle über seinen Hals.

„Hm, Kleiner, wolltest du nach Hause?“ Der Gedanke macht mich melancholisch. Das ist Azabaches Heimat. Hier wurde er geboren, machte seine ersten wackeligen Schritte unter den Augen der wachsamen Mutterstute, hier verbrachte er die ersten Jahre seines Pferdelebens, wuchs in einer Herde auf, wurde beschützt und spielte mit seinen Artgenossen, bis eines Tages ein Helikopter kam, der in niedriger Flughöhe die Wildpferde vor sich her trieb. Zwei „Judaspferde“ wurden eingesetzt, trainiert darauf, die anderen in die Falle zu führen. In enge Koralle gepfercht, getrennt vom Schutz der Herde, wurden sie aussortiert. Die einen kamen zurück in die Freiheit, die anderen ins Auffanglager nach Rock Springs, wie Flüchtlinge, die keiner haben will. Azabache war unter ihnen, wahrscheinlich weil er so schön und jung war, weil man für ein Pferd wie ihn einen Besitzer finden kann. Nach einigen Wochen in Rock Springs wurden sie wieder verladen und verteilt. Azabache kam nach Canon City, ins Gefängnis. Dort wurde er gezähmt, lernte den Menschen als seinen Freund und nicht Feind kennen. Ich hatte mich darauf gefreut, mit unseren Pferden durch ihre Heimat zu reiten, doch nun macht es mich traurig. Können wir unseren Pferden ein besseres Leben bieten, als sie es hier in der trockenen Steppe des Great Divide Beckens gehabt hätten?

Wir folgen einer zweispurigen Piste, als wir am Horizont einen Planwagen entdecken, der sich uns von Osten nähert. Zwei Kaltblüter ziehen den Wagen.

„Günter! Schau, lass uns Hallo sagen!“

Ich bin überzeugt, dass in dem Wagen Reisende wie wir sitzen, Abenteurer, die eine alternative Fortbewegungsvariante gewählt haben. Wir reiten zu dem Fuhrwerk hinüber. Ein Schornstein ragt oben aus dem Wagen. Neben dem Kutscher hängt dekorativ ein Besen. Der Wagen zieht einen grünen Anhänger aus Holz. Was darauf geladen ist, kann ich nicht erkennen. Vom Kutschbock blicken uns schwarze Augen schüchtern aus einem dunkelhäutigen Gesicht an.

„Hallo! Wohin des Weges?“, fragt Günter auf Englisch.

Der Kutscher schaut ihn ängstlich an. Die Plane wird beiseite geschoben und ein zweiter Mann kommt zum Vorschein. Sie sind ärmlich gekleidet. Günter schaltet schneller als ich.

„Hola! De dónde están?“, fragt er sie auf Spanisch nach ihrer Herkunft.

„De Peru“, kommt prompt die Antwort. Vom Rest des Gespräches verstehe ich nur Wortfetzen. Die beiden Männer arbeiten als Schafhirten. Sie treiben die Tiere von einer Weide auf die nächste. Der Ältere der beiden deutet nach Osten. Jetzt kann auch ich die weißen Punkte als Schafe erkennen. Drei Jahre dürfen sie legal im Land bleiben, dann gehen sie zurück zu ihren Familien. Ihr Patron zahlt ihnen 600 Dollar im Monat und stellt ihnen diesen Planwagen und die Pferde zur Verfügung.

Den Großteil des Geldes schicken sie nach Hause zu ihren Familien. Hier brauchen sie nicht viel zum Leben. In dieser

Wüste haben sie ohnehin keine Gelegenheit, es auszugeben.

Ich hatte gedacht, nur Abenteurer würden so reisen. Jetzt beschämt mich der Gedanke. Wir sind hier draußen, weil wir es uns ausgesucht haben, weil wir das Reisen und das Abenteuer lieben. Diese Männer sind hier, weil es ihre einzige Chance ist, zu ein bisschen Geld zu kommen. Sie haben Frauen und Kinder in Peru zurückgelassen, in der Hoffnung, in drei Jahren zu ihnen zurückzukehren.

An diesem Abend dürfen wir uns über eine weitere Begegnung der besonderen Art freuen. Ein langer Tag liegt hinter uns. Seit acht Stunden sitzen wir im Sattel und scheinen dem Horizont um keinen Millimeter näher zu kommen. Wir schleichen durch dieses riesige Becken. Ein fieser Wind pfeift und bläst uns den Sand ins Gesicht. Ich bin an dem Punkt angelangt, wo ich für jeden zurückgelegten Kilometer dankbar bin. Die Trockenheit und der ständige Wind, der ungehindert über das Becken fegt, lassen meine Lippen aufspringen. Meine Haare stehen von Sand und Dreck geformt struppig in alle Richtungen. Ich bin müde und ausgelaugt. Was um alles in der Welt suche ich eigentlich hier? Was habe ich hier verloren, warum sitze ich nicht zu Hause im Wohnzimmer und trinke ein Glas Wein? Aber die Belohnung folgt nur eine Stunde später.

Die Abendsonne taucht die Prärie in warmes, weiches Licht. Sie schmeichelt den Farben der Wüste, lässt sie in Rot und Ockergelb leuchten. Auf einem Hügel weit vor uns grast eine Herde Wildpferde, vierzig, vielleicht fünfzig Tiere, ein warmes Farbengemisch von schwarz über grau und braun bis weiß. Ihre stolze Anmut kontrastiert mit der Kargheit und Monotonie des Landes. In sicherer Entfernung bleiben wir stehen und steigen ab. Wir wollen Dino nicht in die Nähe der Stuten bringen, er würde sich sicherlich mit dem Hengst anlegen. Barbara bleibt bei unseren Pferden. Lautlos schlendern Günter und ich auf die große Herde zu. Wir bewegen uns in Schlangenlinien, nähern uns so unauffällig wie möglich, um die Pferde nicht zu erschrecken. Es sind muskulöse, kraftvolle

Tiere mit wilden Mähnen und feurigen Augen. Wie auf ein lautloses Kommando heben die Pferde ihre Köpfe und starren uns an. Einige Minuten verharren sie reglos, beobachten uns aus wachsamen Augen. Die Fohlen sind neugierig, werden aber von ihren Müttern zurückgedrängt. Ein Hengst trabt einige Schritte nach vorne, posiert vor den Stuten, bereit, seinen Harem gegen jede Bedrohung zu verteidigen. Seine starken Brustmuskeln sind angespannt, die Nüstern gebläht, die schwarzen Augen funkeln. Ich hebe meine Kamera und fokussiere. Da gibt der Hengst das Zeichen zur Flucht. In Sekundenschnelle verschwindet die große Herde unter dem Donnern der Hufe in der Weite der Prärie, nichts hinterlassend als eine Staubwolke und ein Gefühl von grenzenloser Freiheit.

Am nächsten Tag erreichen wir South Pass City, den Nachbarort von Atlantic City. Denkt man bei dem Wort „City" an Metropolen, irrt man gewaltig. In unserem Buch werden folgende Einwohnerzahlen angegeben: Atlantic City: eine Handvoll, South Pass City: weniger als Atlantic City. South Pass stellt das nördliche Ende des Great Divide Beckens dar. Rund dreihundert Kilometer Wüste liegen hinter uns. Kurz vor dem Dorf entdecken wir ein lauschiges Plätzchen in einem Espenhain. Ein Bächlein rauscht. Meine Sehnsucht nach Bäumen wird gestillt. Ich liege in ihrem duftenden Schatten und betrachte das Blätterwerk über mir. Gesprenkeltes Licht zeichnet Muster auf dem Waldboden. Ich genieße die Gesellschaft der Bäume. Ihre mächtigen Stämme, die seit hunderten Jahren fest verankert stehen, schenken mir Ruhe und Geborgenheit. Auch im hektischen Leben der Großstadt suche ich immer wieder die Gesellschaft der Bäume, sie sind ein Ankerpunkt, ein herrlicher Kontrast zur Schnelllebigkeit unserer Zeit. Auch ich fühle mich, wie so viele Menschen in der Großstadt, entkoppelt von der Natur und suche immer wieder ihre Nähe. Bei Sonnenuntergang nehmen wir ein Bad im Fluss. In der Dunkelheit schimmern tausende Sterne durch das Blätterdach über uns.

Da sich meine Kenntnisse über die Nahrungsquellen der Natur noch nicht weiter entwickelt haben, müssen wir Proviant besorgen. In Atlantic City gibt es wie erwartet keinen Supermarkt, denn das Mercantile, der Gemischtwarenladen, ist heute eine Cowboybar. Auch nicht schlecht, denken wir und gehen frühstücken. Wir öffnen die Tür. An der Theke und an den Tischen sitzen nur Männer, Cowboys mit wettergegerbten Gesichtern und großen, hellen Hüten. Sie tragen bronzefarbene Lederhosen und Wildlederstiefel mit eingearbeiteten grünen und roten Ornamenten. Wieder einmal glauben wir im Kino zu sein, während wir Eier und Toast verschlingen. In der hundert Jahre alten Bar kann man die Vergangenheit spüren. An den Wänden hängen alte Schwarz-Weiß-Fotos, die die Bergbaugeschichte des Ortes porträtieren. Einige Scheite brennen knisternd im offenen Kamin. Es ist Sommer. Sie dienen der Romantik, nicht der Wärme. Ich versuche ein Gespräch mit dem Kellner zu beginnen, doch er ist wortkarg, und selbst die wenigen Worte kommen mit einem unverständlichen Akzent. Lehmstraßen führen durch den Ort. Die Häuser sind aus Holz oder Stein. Die Zeit scheint stehen geblieben zu sein, nur die Menschen fehlen. Schließlich finden wir doch noch einen Gesprächspartner, einen alten Mann, der vor seiner Hütte auf einer Bank sitzt und die Morgensonne genießt. Er erzählt uns aus der guten alten Zeit, Geschichten, die auch er von seinem Vater und Großvater gehört hat.

„Früher lebten tausende Menschen in Atlantic City. Sie kamen wegen dem Gold“, erzählt er, „Im 19. Jahrhundert ging es wild her. Es gab mehr Bars und Saloons als Kirchen, sogar der Sheriff führte ein Bordell!“

Wir haben Mühe, den Alten zu verstehen, doch zu dritt reimen wir uns die Geschichte zusammen. Sein Großvater war unter den ersten Pionieren, die nach Atlantic City kamen. Sein Vater und auch er setzten die Tradition fort und arbeiteten im Bergbau. 1983 wurde die letzte Mine geschlossen, zurück blieb ein klaffendes Loch, das heute mit Wasser gefüllt ist.

Im Mercantile fragen wir nach einer Mitfahrgelegenheit nach Lander, der nächsten Stadt mit Einkaufsmöglichkeit. Unser Wunsch wird vom Kellner in den Saloon gerufen und einer der Gäste erklärt sich bereit, Günter und mich mitzunehmen. Barbara bleibt bei den Pferden. James, unser dickbäuchiger, gemütlicher Fahrer, erzählt uns von einem alten Mann namens Bill. Er sei bereits über achtzig Jahre, lebe in Lander und sei ebenfalls den CDT geritten. Wir erhalten seine Adresse und nachdem wir die Einkäufe erledigt haben, machen wir uns auf, ihn zu besuchen. Immer wieder haben wir in den USA die Erfahrung gemacht, dass Gäste, die plötzlich vor der Türe stehen, ohne Bedenken willkommen geheißen werden. Anders, als ich es von zu Hause kenne, ist es nicht notwendig, Besuche lange vorher anzukündigen. Und so stehen wir unangemeldet vor dem kleinen Häuschen am Ortsrand und klopfen an die Türe. Gleich hinter dem Haus beginnen die Felder. Koppeln deuten darauf hin, dass im Stall Pferde stehen. Die kleine Ranch sieht sehr gepflegt aus. Ein alter, großer, hagerer Mann öffnet und bittet uns nach kurzer Erklärung und Vorstellung überschwänglich in sein Heim.

„Ihr seid heute meine Gäste. Ich werde für euch kochen!", lädt er uns ein. Im Wohnzimmer begrüßt uns seine Frau, Bettie-Sue.

„Ich weiß, wonach ihr euch noch mehr sehnt als nach Bills Essen", erklärt sie, „Wie wär's mit einer heißen Dusche?"

Es ist herrlich, das heiße Wasser über den Körper rinnen zu lassen. Die Dusche, denke ich, war die beste Erfindung des Menschen. Erfrischt und sauber setzen wir uns an den Kaffeetisch und bitten Bill, von seiner Reise zu erzählen.

„Vor drei Jahren sind Bettie-Sue und ich gemeinsam durch New Mexico geritten. Es war herrlich! Wir haben wundervolle Menschen kennen gelernt", erzählt er, „Vergangenen Sommer sind wir dann ein Stück des CDTs durch Wyoming geritten. Ich habe noch nicht entschieden, was wir nächsten Sommer machen wollen."

„Bill kann sich nie entscheiden, ob er lieber reiten oder Heu machen will", unterbricht ihn Bettie-Sue.

„Ja, Heu mach ich einfach für mein Leben gern", pflichtet er ihr bei.

„Er sollte sich halt entscheiden, so viele Jahre hat er nun auch nicht mehr vor sich", erklärt uns Bettie-Sue. Während Bill und Günter nach draußen gehen, um die Heumaschinen zu besichtigen, helfe ich Bettie-Sue, Pekan-Nüsse zu schälen.

„Das ist für meine Tochter, die kommt morgen zu Besuch und sie liebt Pekan Pies", erzählt sie mir. Ich bin neugierig, ob sie schon immer eine Pferdefrau war.

„Nein, gar nicht", lacht sie, „Bill und ich haben uns erst vor fünfzehn Jahren kennen gelernt. Wir hatten beide unsere Ehepartner verloren und jetzt haben wir uns eben zusammengefunden. Mit Pferden hatte ich bis dahin nichts am Hut." Sie legt ihren Nussknacker beiseite und beugt sich zu mir: „Weißt du, was ich geliebt habe? Mit dem Motorrad durch die Sanddünen zu fahren! Jedes Wochenende waren wir unterwegs. Ich war eine richtige Motorradbraut!", flüstert sie mir stolz zu.

Abends lässt Bill es sich nicht nehmen, für uns zu kochen. Es gibt Garnelen, die besten, die ich jemals gegessen habe. Bei jedem Bissen plagt mich das schlechte Gewissen. Barbara sitzt jetzt noch immer ungeduscht bei Fertigreis oder Nudeln.

Der Abschied ist herzlich. Vielleicht treffen wir uns nächstes Jahr am Trail? Bettie-Sue führt uns zurück zu unserem Lager. Wir erzählen Barbara lieber nichts von den Shrimps. Aber am Abend leeren wir gemeinsam eine Flasche Rotwein, die zweitbeste Erfindung des Menschen!

„Während ihr weg wart, kam ein Stier ins Lager", erzählt Barbara.

„Ein Stier?"

„Ja, offensichtlich hat ihn die Gesellschaft der Pferde angelockt. Er war allein und er war frei. Zunächst hörte ich nur ein dumpfes Geräusch oberhalb des Wäldchens. Dann hörte ich, wie etwas Großes durch das Unterholz auf unser Lager zukam“, berichtet sie, in der Erinnerung lodert die Angst in ihren Augen auf. „Noch dazu haben wir ein rotes Zelt!“ Doch der Stier zeigte kein weiteres Interesse an Zelt und Pferden und verzog sich wieder.

„Mit so einer Bestie habt ihr mich allein gelassen“, scherzt Barbara.

Eine Schotterstraße führt uns am nächsten Tag durch weites, offenes Grasland und vorbei an kleinen Espen- und Kiefernwäldern ins Nachbardorf South Pass City. Gemächlich reiten wir über einen Hügel hinab in das ehemalige Bergbaudorf. Nicht viel hat sich hier verändert seit dem Jahre 1861, als Mark Twain in einer Postkutsche durch South Pass City fuhr. Er beschreibt seinen ersten Eindruck von South Pass City in seinem Buch „Roughing It“: „South Pass City besteht aus vier Blockhütten, eine davon erst im Aufbau, und der Gentleman, der alle diese besitzt, ist das Oberhaupt der zehn Einwohner diese Ortes.“ Doch dann wurde Gold in der Nähe gefunden. Die Erzader erhielt den klingenden Namen „Des Bergarbeiters Wonne“ und innerhalb weniger Jahre explodierte die Einwohnerzahl auf 3.000 Menschen. South Pass City war somit die größte Siedlung Wyomings. Ein Großteil der Gebäude steht noch heute und wir begeben uns auf eine Zeitreise durch den Ort. Es gab sechs Gemischtwarenhändler, zwei Brauereien, sieben Hufschmiede, fünf Hotels und dutzende Saloons und sogenannte „Sport-Häuser“, denn Frauen waren in dieser von Männern dominierten Gesellschaft entweder Hausfrau, Wäscherin oder Prostituierte. Die alte Dame im Informationsbüro erzählt mir voll Stolz, dass Ende des 19. Jahrhunderts hier in South Pass City die Frauenrechtsbewegung ihren Ursprung genommen hat und dass hier das erste Stimmrecht für Frauen erkämpft wurde. „Viele Männer waren natürlich dagegen“, erklärt sie uns, „der Richter zum Beispiel trat aus Protest zurück. Und was geschah? Er wurde durch eine Frau ersetzt! Esther Horbart Morris war die erste Richterin Amerikas.“

Ein Ort, der 1861 im Westen der USA bereits existierte, gilt heute als historisch. South Pass jedoch ist geradezu ein geschichtlicher Knotenpunkt. Zunächst waren es Indianer, die den Büffelherden folgend die kontinentale Wasserscheide über diesen breiten, sanften Pass überquerten. Zu Beginn des 19. Jahrhunderts rollten dann die ersten Planwagen über den Pass. Ich kann leicht nachvollziehen, warum die Siedler gerade diese Strecke über den South Pass wählten, die sich in den nächsten Jahren zur wichtigsten Route in den Westen entwickeln würde. Nördlich davon ragen die schroffen Bergspitzen der Wind River Range bedrohlich und unüberwindbar empor, im Süden klafft das breite, trockene Great Divide Becken. South Pass jedoch ist nicht viel mehr als ein mit Büffelgras und wildem Salbei bewachsener Hügel am Weg. Auf der Suche nach dem Glück zogen Mitte des 19. Jahrhunderts Goldsucher über den South Pass auf dem Weg nach Kalifornien, wo der Goldrausch in voller Blüte war. Auch der Oregon Trail führte über diesen Pass. Rund 350.000 Pioniere zogen zu Fuß oder in Planwagen durch die Steppen, Wüsten und Berge, um neue Regionen im Pazifischen Nordwesten zu besiedeln. South Pass war eine wichtige Station auf ihrem Weg, es war der Scheitelpunkt, denn auf der anderen Seite des Passes floss das Wasser bereits Richtung Pazifik. Auch Buffalo Bill kam hier vorbei, in seiner Rolle als Postbote zu Pferd, denn hier war auch eine Station des legendären Pony Express. Ich war überrascht zu hören, dass sein Dienst bereits nach einem Jahr von einer transkontinentalen Telegrafenleitung abgelöst wurde. Ich muss an einen Satz denken, den ich bei Henry Thoreau gelesen habe und der, obwohl bereits Mitte des 19. Jahrhunderts zu Papier gebracht, auf einfachste und treffendste Weise die Idee der Globalisierung in Frage stellt. Er schrieb: „Wir sind in größter Hast, einen Telegraphen von Maine nach Texas zu installieren, aber es kann sein, dass Maine und Texas einander nichts Wichtiges mitzuteilen haben." Ich will mich nicht in die Ecke der Globalisierungsgegner drängen, doch so manche Auswüchse der modernen Technologie, der Vernetzung und Verlagerung von Produktion und sozialen und ökologischen Problemen in andere Gegenden dieser Erde hätten wir uns durchaus ersparen können. Manche Information ist bereits veraltet, bevor sie ihre Reise überhaupt antritt und so manches Gut ist es definitiv nicht wert, überhaupt transportiert zu werden.

In einem kleinen Gemischtwarenladen werden heute Souvenirs und Süßigkeiten an Touristen verkauft. Eine rundliche Frau tritt auf die Schwelle ihrer Tür und ruft uns zu: „Wohin des Weges?"

„Nach Kanada!"

„Nach Kanada? Wollt ihr vielleicht vorher noch ein Eis?"

Auf mein heftiges Nicken verschwindet sie und kommt wenig später mit dreimal Eis am Stiel zurück. Leni liebt Eis am Stiel. Falls ich es noch nicht erwähnt habe, unser Hund ist etwas verzogen. Natürlich bekommt sie nicht das ganze Eis, sie darf nur den letzten Rest von dem Holzstäbchen lecken. Das tut sie dafür mit Hingabe und geschlossenen Augen. Der entsetzte Gesichtsausdruck der Verkäuferin verwandelt sich in schallendes Lachen und Leni wirft ihr einen beleidigten Blick zu.

Am Horizont ragen die mächtigen Gipfel der Wind River Range auf. Man kann ihre Silhouette schon aus 150 Kilometern Entfernung sehen. In frühen Zeiten war dieses Gebirge den Indianern vorbehalten, die zur Jagd in die Berge kamen. Für die Weißen, die mit ihren Wagen über South Pass rollten, stellte es einen verbotenen, mystischen Ort dar. In den Granitgipfeln liegen 150 Gletscher verborgen und speichern die Geheimnisse einer tausende Jahre alten Zeit. Auch sie schmelzen, schrumpfen unter dem Einfluss der globalen Erwärmung. Es waren Gletscher, die diese Berge, die U-förmigen Täler und Kessel, die unzähligen Seen und Klippen formten. Die Wind River Range ist die Heimat vieler wilder Tiere. Während Grizzlybären nur hin und wieder vorbeikommen, leben zahlreiche Schwarzbären in den Wäldern. Außerdem kann man Dickhornschafen, Elchen, Wapitis, Mauleselhirschen und Kojoten, Pfeifhasen und Murmeltieren begegnen. Seit Wochen freue ich mich auf dieses Gebiet. Die Berge scheinen zum Greifen nahe und doch sind sie noch einige Tagesritte entfernt. Noch reiten wir querfeldein über trockene, aufgesprungene Erde, geleitet von gelegentlichen CDT-Zeichen auf Metallpfeilern. Die meisten davon liegen gut versteckt auf dem Boden. Sie wurden vom starken Wind, der uns rücksichtslos ins Gesicht bläst, umgeworfen. Einige stelle ich wieder auf, nur damit sie wenig später vom nächsten Windstoß wieder umgelegt werden. Was die Orientierung betrifft, verlassen wir uns mehr auf unser Gespür als auf Karte und Markierung. Die Landschaft ist ein Ausläufer des großen Beckens. Noch immer dominiert die Wüste, nur hin und wieder, dort, wo manchmal Wasser fließt, stehen einige Espen und Pappeln in kleinen Gruppen zusammengedrängt.

Am späten Nachmittag treffen wir auf ein Bächlein, den East Sweetwater Creek. Wir folgen dem kleinen Rinnsal flussabwärts und gelangen zu einer grünen Oase. Nie hätte ich zu hoffen gewagt, in dieser trockenen Landschaft einen so idyllischen Lagerplatz zu finden, doch das Wasser hat die Landschaft verwandelt. Kniehohes Gras und frische Kräuter bilden einen geschlossenen grünen Teppich links und rechts des Baches, ein kleines Wäldchen schützt vor dem Wind. Flussabwärts verengt sich das Tal zu einem tiefen Canyon, der von rosafarbenen Granitblöcken begrenzt wird. Die Eigenart des Landstrichs zupft an der Phantasie und verzaubert mich. Es ist die Entbehrung, die den Genuss verstärkt, die das Grün um mich so üppig, so bombastisch und schwülstig erscheinen lässt. Die Natur drängt sich auf, Himbeerranken greifen nach mir und rufen: „Probier mich doch, ich bin so süß." Und sie schmecken tatsächlich verführerisch.

Wir strecken uns im hohen Gras aus und lassen die Seele baumeln. „Nichts ist dem Menschen unerträglicher als völlige Untätigkeit", sagte der französische Philosoph Blaise Pascal. Ich wette, er ist nie nach drei Wochen in der Wüste im hohen Gras gelegen. Und doch hat er recht, und ich nehme mich nicht aus. Selten empfinde ist das Nichtstun tatsächlich als Genuss. Auch ich befand mich jahrelang im Hamsterrad unserer Gesellschaft, im permanenten Leerlauf der Aktivität. Stillstand und Leere sind schwer auszuhalten. Der Mönch in seiner Klause ist ein Bild aus längst vergangenen Tagen. Ich nehme unsere Welt als übererregt und hyperaktiv wahr. Ich kenne diese Faszination der Herausforderung und auch Überforderung, die zu einem Zustand der Überwachheit und hohen Erregung führt. Etwas, das man in Zeitmanagementseminaren als positiven Stress bezeichnet: „Positiver Stress spornt Sie zu Höchstleistungen an und wirkt sich belebend auf Sie aus." Und doch ist dieses Überventilieren in all seiner Faszination auch ein Leben auf der Flucht. Auf dieser Reise finde ich meine Balance. Nicht nur, dass ich es zulassen kann, dass nichts passiert, ich schöpfe Kraft aus der Ruhe und Stille. Vielleicht vollbringen wir keine Höchstleistungen, das war aber auch nie unser Ziel.

„Essen ist fertig!" Barbaras Ruf reißt mich aus meinen Gedanken. Es ist schön, zu dritt unterwegs zu sein, denn die Tätigkeiten rund ums Lager verteilen sich nun auf drei. Einzig Günter ist ein wenig genervt davon, dass Barbara und ich immer einer Meinung sind und meist anderer als er. Das ist das Risiko, wenn ein Mann mit zwei Frauen unterwegs ist. Außerdem hört er nicht auf, sich darüber zu wundern, wie viel zwei Frauen einander zu sagen haben.

Am nächsten Tag beginnt die Landschaft ihren schleichenden Wandel. Kaum merklich vollzieht sich die Veränderung von der Wüste zum Gebirge. Immer öfter passieren wir Espenhaine. Einzelne Kiefern mischen sich unter die Laubbäume. Granitfelsen liegen wie die Bauklötze eines Riesen in der noch immer von wildem Salbei dominierten Landschaft. Eine Herde Pronghorns springt vor uns davon. Im Sand entdecken wir Spuren eines großen Vogels. Sie sind größer als die Abdrücke der Fasane und wilden Truthähne, die das Getrampel der Hufe immer wieder aufschreckt und die aufgebracht davonlaufen. Langsam werden die Abstände zwischen den Espenhainen kürzer, bis wir schließlich von Wald umringt sind. Der Boden ist weich und die Pferde trotten zufrieden dahin. Auch sie sind glücklich über den Schatten und die kühlere Luft. Singend jubeln wir darüber, die Wüste hinter uns gelassen zu haben. Am Ende einer Lichtung markiert ein Holzschild den Eingang zur Bridger Wildnis.

„Das war's dann. Wir lagern hier", erklärt Günter, steigt ab und bindet sein Pferd an einem Baum fest.

„Warum? Es ist doch noch gar nicht spät!", entgegne ich.

„Dann schau mal den Weg vor dir an."

Direkt hinter dem Schild „Bridger Wilderness" fängt das Chaos an. Baumstämme liegen kreuz und quer, als ob jemand sie übereinander geworfen hätte. Einen kurzen Moment denke ich, jemand wollte den Wanderern einen bösen Streich spielen und hat den Eingang blockiert, doch das Chaos ist zu mächtig, als dass es aus Jux und Schabernack entstanden sein könnte. Glücklicherweise befinden wir uns auf einem idealen Lagerplatz. Ich höre einen Bach rauschen und auf der Lichtung wächst ausreichend Futter für die Pferde. Am Waldrand stellen wir das Zelt auf. Während Günter und Barbara sich um Pferde und Abendessen kümmern, folge ich dem Weg. Nachdem ich die erste Barriere an Bäumen überwunden habe, ist der Weg wieder erkennbar. Über eine Strecke von etwa fünf Kilometern liegen nur hin und wieder Bäume im Weg, die jedoch übersprungen oder umgangen werden könnten. Dann lichtet sich der Wald und vor mir liegt das Resultat eines Waldbrandes, der erst vor wenigen Jahren gewütet hat. Wie Streichhölzer stehen verkohlte Baumleichen in die Höhe. Es ist vollkommen still. Kein Windhauch bringt Blätter zum Rascheln, kein Vogel zwitschert. Der Wald vor mir wirkt bedrohlich. Jederzeit, ohne Ankündigung, könnten die Baumstämme umfallen. Mit mulmigem Gefühl im Bauch gehe ich weiter, klettere über verkohlte Äste und Stämme, die über dem Weg liegen, bis ich an eine Stelle komme, wo etwa zehn Bäume ineinander gefallen und wie Mikado aufgetürmt liegen. Sie bilden eine etwa drei Meter hohe Barrikade. Auf dem durch den Waldbrand fruchtbaren Boden treiben

Der Spotted Lake ist ein idyllischer Bergsee in der Weminuche Wildnis. Die Weminuche ist das größte Wildnisgebiet Colorados.

Die Bergwelt Colorados gehört zu den faszinierendsten der Welt. Auf rund 4 000 Meter Seehöhe bietet sich ein fantastischer Ausblick.

Selbst Mitte Juli müssen wir in den South San Juan Bergen noch große Schneefelder auf unserem Weg überqueren.

Mit den Händen graben wir einen Trampelpfad in das steile Schneefeld, damit wir die Pferde sicher darüber führen können.

Die Sinterterrassen bei Mammoth Hot Springs im Yellowstone Nationalpark entstanden durch heiße Quellen, deren Wasser über die Terrassen fließt.

Unterwegs in der Weminuche Wildnis, der größten Wildnis Colorados.

Majestätisch erheben sich die 4 000 Meter hohen Tetons im Grand Teton Nationalpark. Die Berggipfel ziehen nicht nur Extrembergsteiger und Kletterer in ihren Bann.

Anfangs hatte Leni noch Respekt vor den Pferden, doch schnell fasste sie Mut.

Sonja auf ihrem „Lieblingspferd“ Rusty.

Idyllischer Lagerplatz am Fuße der Chinesischen Mauer in der Bob Marshall Wildnis.

Das Wichtigste beim Bepacken der Pferde ist, dass die beiden Packtaschen gleich schwer sind.

Unter Bäumen suchen wir Schutz vor dem Regen. Leni hat ein besonders trockenes und warmes Plätzchen gefunden.

South Pass City war einst die größte Siedlung Wyomings. Heute ist das Dorf ein Museum.

Die mächtigen Gipfel der Wind River Range in Wyoming wurden über Millionen von Jahren durch Gletscher geformt.

Unsere Karawane spiegelt sich in dem ruhigen Wasser eines Tümpels in der Weminuche Wildnis.

Die Wind River Range in Wyoming gehört mit über 1 000 Kilometern an Wanderwegen zu den beliebtesten Wandergebieten des Westens.

Versteckt in dieser Tasche reiste Leni als blinder Passagier durch den Yellowstone Nationalpark.

Über steile Pfade reiten wir durch das Gebirge. Ohne Hufeisen gehen unsere Pferde auch auf Steinen und Felsen trittsicher.

Unzählige glasklare Seen liegen eingebettet zwischen den Bergen. Sie sind ein Paradies für Fischer.

Beim Aufstieg auf den Two Ocean Pass werden wir von Hagel und Schnee überrascht.

Vorbei am Summit Lake reiten wir durch die höchsten Berge Wyomings.

Herbststimmung in der Teton Wildnis in Wyoming.

Es gibt kein besseres Essen als frischen Fisch, am offenen Lagerfeuer gebraten. Mithilfe eines alten Grillrosts können wir in mehreren Töpfen gleichzeitig kochen.

Wir reiten entlang des Green Rivers vorbei am malerischen Flat Top Mountain in Wyoming.

Ein herbstlich umrahmter Wasserfall an der Grenze zwischen Idaho und Montana.

Wie eine Wand aus Eis wirken die vom ersten Schnee des Jahres bedeckten Felswände oberhalb der noch herbstlich gefärbten alpinen Hänge.

Die Mule Ranch diente einst als Ort der Erholung für Maultiere, die beim Bergbau eingesetzt wurden.

Der Maultierhirsch – auch Großohrhirsch genannt – ist ein im Westen Nordamerikas weitverbreiteter Hirsch.

bereits junge Nadelbäume aus und bilden links und rechts des Weges ein undurchdringliches Gestrüpp. An dieser Stelle kehre ich um. Ich weiß nicht, wie ich selbst über die Barriere klettern soll, mit den Pferden erscheint es mir aussichtslos. Gäbe es keinen anderen Weg, und müssten wir den Weg hier freiräumen, wir wären sicherlich drei Tage beschäftigt. Doch es gibt eine Alternative, wenn auch keine attraktive, so doch eine sichere.

Ein Umweg von etwa dreißig Kilometern führt uns am nächsten Tag zurück in eine von Gras bewachsene Hügellandschaft. Wir folgen einer Schotterstraße zur Big Sandy Lodge und somit einem anderen Eingang in die Wildnis. Die Landschaft ist weiträumig, baumlos, schlicht, als hätte der Wind sie zu urtümlicher Einfachheit zurechtgeschliffen. Alle Einzelheiten und alles Beiwerk sind weggeblasen worden, und zurück bleibt nur das Wesentliche in zwei Farben: dem Gelb des Grases und dem heißen, flirrenden Blau des Himmels. Hin und wieder wird die Steppe durch einen Sumpf unterbrochen, in dem die Pferde im Morast versinken, aber kein Wasser finden. Schnurgerade schneidet die Straße durch die Landschaft, die in der Mittagshitze flimmert. Im Laufe des Tages ändert sich die Landschaft dramatisch. Fast unbemerkt tauchen die ersten Espen auf und durchbrechen die Weite des Salbeis. Die Straße wird kurviger, als sie langsam ansteigend hinauf in den dichter werdenden Espen- und Kiefernwald führt. Schmetterlinge tanzen in der Luft und landen auf farbenfrohen Blüten am Straßenrand. Über eine große Lichtung erreichen wir die Lodge. Ein junger Koch blinzelt uns aus strahlend grünen Augen entgegen.

„Kann ich was für euch tun?“, fragt er freundlich.

Wir fragen nach Kaffee und bekommen außerdem noch drei große Stücke Karottenkuchen mit herrlicher Buttercreme. Die Lodge liegt direkt am Eingang zur Bridger Wildnis. Sechs kleine Blockhütten werden an Touristen vermietet. Auch Reittouren in die Wind River Range werden angeboten. Der

Chef-Wrangler, ein alternder, blonder Cowboy, begrüßt uns und gibt uns Tipps für den Weg über die Berge vor uns. Er hat wenig Ahnung, kennt nur das Gebiet im Umkreis von zwei Stunden, sagt dafür aber alles dreimal. Bevor wir weiterreiten, gehen Barbara und ich in dem kleinen See unterhalb der Lodge schwimmen. Wrangler und Koch machen große Augen.

Wir folgen dem Fremont Trail weiter bergan. Der nach einem der ersten Entdecker der Bergwelt des Westens benannte Trail ist viel begangen und gut instand gehalten. Der weiche Waldboden gibt federnd unter der Last der Hufe nach. Der erste Eindruck der Wind River Range ist wie ein Traum. Im Osten ragen die Gipfel der Wasserscheide empor. Es sind wilde, schroffe Zinken. Sie stehen in starkem Kontrast zu den sanften Wiesen und Bergseen, die uns umgeben. Fish Creek Park, eine Wiese, die sich über zwei Kilometer in nord-südlicher Richtung ausdehnt, lädt uns ein, die Nacht zu bleiben. Granitfelsen liegen in der Landschaft verstreut, wie Spielsteine von Trollen, Zeugen einer Zeit, in der andere Mächte herrschten. Es ist Mitte August und die Abende werden auf rund 3.000 Meter Höhe zunehmend kühler. Während die Mittagssonne noch sommerlich wärmt, sinkt die Temperatur nachts in Richtung Gefrierpunkt. Der Sonnenuntergang taucht die Bergspitzen in kitschiges rotes Licht. Sie spiegeln sich in den unzähligen Seen, wie Farbtupfer in der im Dunkel versinkenden Landschaft. Hinter dem Wald geht der Vollmond auf und verbreitet sein silbernes Licht. Unsere grasenden Pferde schleppen kalte Mondschatten hinter sich her. Irgendwo heult ein Kojote und verstummt wieder. Zwei Kanadagänse ziehen über den Himmel. Einen Augenblick lang sind das Prasseln des Feuers und der wispernde Flügelschlag der Gänse die einzigen Geräusche in dieser leeren Welt. Wie jeden Abend gehe ich zu den Pferden und nehme mir ein bisschen Zeit für jedes, flüstere ihnen ein paar lobende Worte ins Ohr, streiche über ihren Hals, kraule ihre Stirn und füttere ihnen ein Betthupferl, bevor ich mich ins Zelt verkrieche. Ein langer Tag liegt hinter uns. Es tut gut, die schweren Schuhe und schmutzigen Hosen auszuziehen und sich tief hineinzukuscheln in den warmen Schlafsack. Leni hat ihn vorgewärmt. Jetzt muss sie auf ihren Platz und scheint gar nicht glücklich darüber zu sein. „Das ist unfair", steht in ihren Hundeaugen geschrieben. Im Schlafsack liegend kann ich jeden Muskel meines Körpers spüren. Eine angenehme Müdigkeit macht sich breit, das leise Pfeifen des Windes wiegt mich langsam in Schlaf. Dann beginnen sie zu heulen, die Kojoten, und erinnern daran, dass in dieser Bergwelt auch wilde Tiere ihr Zuhause haben.

Über Nacht ist es Herbst geworden. In den Bergen der Wind River Range ist der erste Schnee gefallen, die Wiese ist mit Raureif überzogen. Aus den Nüstern der Pferde kringelt sich ihr Atem wie Rauchfahnen empor. Wir lassen uns Zeit an diesem kalten Morgen, an dem dunkle Wolken tief am Himmel hängen. Es sind nun nicht mehr die Gewitterwolken, vor denen wir uns in Acht nehmen müssen, sondern die silbergrauen dichten Wolken, die Schnee verkünden. Erst ein Kaffee am Lagerfeuer bringt etwas Schwung in unsere kalten Glieder. Leni kommt aus dem Zelt gelaufen, stellt fest, dass es nass und kalt ist und verschwindet sofort wieder. Eine Gruppe Wanderer zieht etwas unterhalb unseres Lagerplatzes schnellen Schrittes vorbei. Auch sie haben Packtiere. Acht Ziegen und ein Bock tragen Packsättel und Packtaschen. Ohne Führstricke folgen sie den Menschen. Beim Packen unserer Pferde stellen wir einen Riss im Packsattel fest, den Günter mit Draht provisorisch reparieren muss. Erst spät am Vormittag brechen wir auf.

Das Gebirge der Wind River Range ist geologisch gesehen sehr alt. Über die Jahrtausende wurden die weicheren Gesteinsschichten abgetragen, zurück blieb harter, abgerundeter Granit. Der löchrige Fels lockt zahlreiche Kletterer. Auch ich blicke lustvoll die Felswände empor und es juckt in meinen Fingern. Den ganzen Tag lang reiten wir über von Gletschern geformte und mit Felsblöcken bestreute Wiesen, in denen glasklare Seen wie blaue Farbtupfer eingebettet liegen, ein paradiesisches Weitwinkelpanorama nach dem anderen. Etwas Magisches liegt in dieser uralten Landschaft, etwas Mystisches in den mit Moos bewachsenen Granitfelsen. Wir fühlen uns verzaubert. Der Kontrast zwischen den sanften Wiesen, den fischreichen Flüssen und Seen, dem schützenden Wald, der nur einen kurzen Abstieg entfernt beginnt und den schroffen, grauen Granitriesen ist etwas ganz Besonderes. Die Landschaft hat nicht die Extreme und Exponiertheit der Bergwelt Colorados, sie wirkt harmonischer und sanfter und ist wie geschaffen für das Reisen mit Pferden. Kein Wunder, dass uns gerade hier andere Reiter begegnen. Ein Pack-String mit sechzehn Pferden kommt uns entgegen. Man reitet aneinander vorbei und grüßt freundlich. Die Wolken haben sich verzogen und ein dunkelblauer Herbsthimmel spannt sich über uns. Die scharfen Kanten des Tempel Peaks ragen im Osten empor. Auf einer dieser riesigen weiten Wiesen machen wir Pause und lassen die Pferde zehn Minuten grasen. Wir essen Nüsse und Trockenfrüchte, unser wenig abwechslungsreicher, aber sehr nährstoffreicher Tagesproviant. Mittlerweile lockt das Rascheln des Säckchens mit den Nüssen nicht nur Leni, sondern auch die Pferde. Ich habe mich gemütlich auf einem der runden Felshügel ausgestreckt. Kaum nehme ich eine Nuss in die Hand, schon werde ich von Leni und Rusty belagert. Nun ist so ein kleiner Hund, der einem bettelnd sehr nahe kommt, ja noch erträglich, aber Rustys große Nase suchend auf meinem Bauch zu spüren ist einfach zu viel. „Geh doch zu Günter, vielleicht gibt dir der was", schimpfe ich und Rusty, als ob er verstehen würde, versucht sein Glück eben dort. Das Pferd, das noch immer keine Karotten frisst, liebt Erdnüsse und Müsliriegel.

Der Sheep Creek, ein kleiner Bach, kreuzt unseren Weg und die Pferde springen munter darüber hinweg. Im selben Moment hören wir zum ersten Mal das Blöken. Zwei, drei Kurven weiter entdecken wir hunderte Schafe, die sich auf einer Halbinsel im Raid Lake drängen. In der Vergangenheit kam es hier zu einer blutigen Auseinandersetzung zwischen

Schafhirten und Rinderzüchtern, bei der tausende Schafe getötet wurden.

Etwas später kommen wir an einer Gruppe Reiter vorbei, die am Rand des Weges picknickt. Ich erkenne den blonden Wrangler der Big Sandy Lodge. Er führt eine Gruppe Touristen auf einem Tagesritt in die Berge. Einige Höflichkeitsfloskeln, dann reiten wir weiter. Wenige Minuten später höre ich jemanden hinter uns rufen. Der Wrangler hat sich in seinen Sattel geschwungen und trabt auf uns zu. Haben wir etwas vergessen? Hut? Handschuhe? Nein, ich habe alles.

„Euer Hund ...", ruft der Wrangler.

Tatsächlich! Keinem von uns war aufgefallen, dass wir unseren Hund verloren haben. Leni, die von den Tagesausflüglern Leckerbissen gefüttert bekam, ist einfach dort geblieben. Ich gehe zurück, um sie zu holen.

„Leni?" Sofort läuft sie auf mich zu, schaut mich treuherzig und schwanzwedelnd an. Dann blickt sie noch einmal sehnsüchtig zurück, zu den Schinkensandwichs und Fleischbällchen und folgt mir schließlich doch. Oberhalb des Pipestone Lakes schlagen wir unser Lager auf. Wir müssen uns mit dem Absatteln der Pferde beeilen, denn sie wollen sich sofort im weichen Gras wälzen. Kaum habe ich Lightfoots Sattel von seinem Rücken gehoben, geht er an Ort und Stelle in die Knie und beginnt sich genüsslich zu rollen. Die anderen tun es ihm gleich.

Barbara und ich gehen im See schwimmen. Das Wasser ist eiskalt, wir sind hellwach. Einige Moskitos nutzen die Gelegenheit, meine Haut an Stellen zu stechen, die sonst immer von Kleidung bedeckt sind. Dann versuche ich mein Glück beim Fischen. Ich suche mir einen Platz im Schatten und hantiere lange mit Angelschnur, Haken und Wurm, bis ich endlich die Angel auswerfen kann. Prompt verfängt sich der Haken unter einem Stein im See. Ich will nicht schon wieder ins Wasser und reiße wütend die Schnur ab, knote einen neuen Haken an die Schnur, spieße den Köder auf und werfe erneut aus. Binnen Sekunden beißt die erste Forelle.

Mit einem Ruck ziehe ich sie aus dem Wasser und betrachte mit einer Mischung aus Stolz und Ekel den zappelnden Fisch. Ich hole noch zwei weitere Forellen aus dem See, dann kehre ich zurück ins Lager. In diesen fischreichen Seen ist Angeln leicht. Am Rückweg pflücke ich Johannisbeeren und Heidelbeeren. Auch Himbeeren wachsen, doch sie sind jetzt, Mitte August, noch nicht reif. Abends sitzen wir rund ums Feuer, essen gegrillten Fisch und trinken Tee. Leni hat mittlerweile an den Fischköpfen Geschmack gefunden und verputzt sie restlos. Dann rollt sie sich auf meinem Schoß ein und fällt in Tiefschlaf. Ich lehne mich zurück, betrachte die Pferde, die im Dämmerlicht des Tages zufrieden grasen und beschließe, dass es sich hier ganz gut leben lassen würde.

Am Morgen ist das Zelt mit Raureif überzogen. Diesmal trödeln wir nicht, wir freuen uns auf einen weiteren Tag im Hochgebirge und in weniger als zwei Stunden sitzen wir bereits im Sattel. Durch Fichten und Tannenwald beginnen wir den Anstieg auf den 3.200 Meter hohen Hat Pass. Barbara übernimmt die erste Etappe zu Fuß, ich reite Lightfoot. Er ist unser größtes Pferd, umso mehr muss ich Acht geben, mich unter den herunterhängenden Zweigen zu ducken. Günter versucht, die Hindernisse zu umgehen, ich bleibe lieber auf dem Weg und ducke mich unter den Ästen hindurch. Oft muss ich meinen Oberkörper ganz auf Lightfoots Hals legen, dabei streichle ich ihn liebevoll und flüstere lobende Worte in sein Ohr.

Je höher wir steigen, umso kleiner und knorriger werden die Bäume. Nur mehr einzelne vom Wind geformte Zirbel-Kiefern und krumme Fichten begleiten uns. Sie wachsen horizontal, ein Zeichen für die starken Stürme, denen sie ausgesetzt sind. Auf der Wiese blühen Veilchen und zierliche, violette Götterblumen. Sie erinnern mich an Alpenveilchen. Über steile Serpentinen erreichen wir Hat Pass, den ersten von zahlreichen Pässen, die wir in den nächsten Stunden überwinden wollen. Da wir zu dritt sind, muss nun immer einer zu Fuß gehen und sich den Ausblick, mit dem man oben belohnt wird, redlich verdienen. Doch sobald man auf der Passhöhe ankommt, lässt die Aussicht jede noch so große Anstrengung vergessen. Im Osten thront North Fork Peak, seine Flanke fällt über fünfhundert Meter steil ab. Das mächtige Schuttfeld endet in einem stillen Gletschersee, in dem sich zart die Umrisse des Berges spiegeln. Vor uns liegt massiv und unüberwindbar der Bergkamm der Kontinentalen Wasserscheide. Und tatsächlich führt kein Weg über diese Berge nach Osten. Der Abstieg ist sanfter, Murmeltiere kündigen pfeifend unsere Ankunft an, auf einem Stein sitzt ein Pika, ein Pfeifhase. Mit seinen kleinen runden Ohren und den kurzen Pfoten hat er wenig Ähnlichkeit mit einem Hasen. Als wir näher kommen, verschwindet er zwischen den Felsen der Geröllhalde. Noch einige Male steigen wir an diesem Tag über die Baumgrenze hinauf in luftige Höhen, bis wir endlich auf dem letzten Pass des Tages angekommen sind. Vor uns liegt das Baldy Mountain Basin, dahinter das Pole Creek Tal und am Horizont die bizarren Gipfel der Wind River Range. Ein fantastischer Anblick. Die Abendsonne taucht die Berggipfel in gelbrotes Licht, sie spiegeln sich in den unzähligen kleinen Seen zu ihren Füßen wie ein buntes Mosaik. Es ist windstill, ein lauer Abend. Kurz vor Sonnenuntergang klettere ich auf einen der vielen Granitfelsen. In der Stille beobachte ich das langsam verblassende Licht auf den Bergen vor mir. Neben mir sitzt Leni und teilt die Minuten des Genusses mit mir.

Als ich zum Lager zurückkomme, sind Günter und Barbara damit beschäftigt, die Futtersäcke mit unseren langen Seilen über einen hohen Felsen hinabzulassen.

„Was macht ihr da?"

„Wir verstauen das Futter bärensicher", erklärt Barbara, „Wenn wir die Säcke auf halbe Höhe hinablassen, kann sie der Bär weder von unten noch von oben erreichen."

„So ein Mist", flucht Günter, „das Seil ist zu lange, wir müssen sie nochmals heraufziehen."

„Na, wenn ihr meint", sage ich. Dankbar dafür, dass Barbara ihm hilft, lasse ich sie eben werken.

Es ist richtig, dass in diesem Gebiet schon mal hin und wieder ein Grizzlybär vorbeigekommen ist, doch die Gefahr ist gering. Andererseits ist es ein gutes Training, denn in zwei oder drei Wochen reiten wir durch die Teton Wildnis und den Yellowstone Nationalpark, dort müssen wir jegliches Futter und Essen bärensicher verstauen. Wenn Günter das jetzt bereits mit Barbara übt, bleibt mir sicher viel Ärger erspart, denke ich und mache es mir im Zelt gemütlich, wo Leni bereits in meinem Schlafsack liegt. Ich blättere in meinem Reisetagebuch. Auf die erste Seite habe ich einige Sätze notiert, die Stefan Zweig über das Reisen schrieb.

„Reise soll Verschwendung sein, Hingabe der Ordnung an den Zufall, des Täglichen an das Außerordentliche ...", schrieb er und weiter: „Retten wir uns dies kleine Geviert Abenteuer in unserer allzu geordneten Welt, lassen wir uns nicht reisen als Frachtgut praktischer Agenturen, sondern reisen wir weiter nach Altväterart, aus eigenem Willen, eigenem Ziele entgegen: denn nur so wird jede Reise eine Entdeckung nicht nur der äußeren, sondern auch unserer eigenen inneren Welt." Ist unsere Reise eine Reise im Zweig'schen Sinn? Je mehr und je öfter ich reise, desto langsamer bin ich unterwegs. Früher reiste ich mit Zügen, Bussen oder dem Fahrrad und Günter mit seinem Motorrad. Beide erkannten wir, dass diese Reisegeschwindigkeit für uns zu schnell war. Seele und Geist kamen nicht mit. Man fährt vorbei, man sieht und betrachtet, aber man erlebt nicht, man ist nicht wirklich an Ort und Stelle, sondern immer auf der Durchreise. Reisen bedeutet auch innehalten, stehen bleiben, Zeit schenken, den Dingen um mich herum und mir selbst. Zeit wird in unserer Welt mehr und mehr zum kostbarsten Gut. Doch ein Gelehrter, ich glaube es war der römische Philosoph Seneca, hat einmal gesagt: „Es ist nicht wenig Zeit, die wir zur Verfügung haben, sondern es ist viel Zeit, die wir nicht nutzen."

Zeit zu nutzen, bedeutet nicht, viele Dinge unterzubringen, sondern zuerst den wichtigen Dingen im Leben Platz zu geben. Auf dieser Reise spielt Zeit keine Rolle und das ist fantastisch.

Wir wollen den Weg spüren, sehen und riechen, der Weg und das Ziel sind uns gleich viel wert. Es ist eine Reise, bei der Seele und Geist nicht verloren gehen. Fast möchte ich dafür plädieren, niemand sollte schneller irgendwohin gelangen wollen als er dorthin gehen kann. Der Rhythmus des Menschen ist sein Schritt, der Gang seine individuelle Reisegeschwindigkeit. „In der Langsamkeit liegt die Erlebnisdichte", erklärte mir Günter eines Abends. Wie Recht er doch hat.

Am nächsten Tag steigen wir zunächst hinab ins Tal. Vor uns thront Mount Lester, an seiner westlichen Flanke liegt Lester Pass, der höchste Punkt des CDT. in Wyoming. Pole Creek kreuzt unseren Weg. Ein Wanderer ist soeben barfuß durch das kniehohe Wasser gewatet. Seine Schuhe baumeln über der Schulter. Uns bringen die Pferde trocken ans andere Ufer.

Da wir zu dritt sind, muss einer warten. Günter und Barbara reiten zuerst durch den Fluss. Barbara steigt ab und Günter bringt mir ihr Reitpferd wieder zurück, damit auch ich trocken über den Fluss komme. Der Wanderer sieht neidvoll zu. Vielleicht denkt er auch bereits an den steilen Anstieg auf den 3.400 Meter hohen Lester Pass, bei dem er seinen schweren Rucksack selbst tragen muss. Mit Pferden zu reisen ist manchmal anstrengend, man kann sie abends nicht an einen Baum lehnen wie ein Fahrrad, muss ihre Launen und Dummheiten ertragen, dafür aber tragen sie unser Gepäck und den Proviant und uns selbst auf die höchsten Gipfel und Pässe und singend nehmen wir den steilen Anstieg in Angriff. Doch die Tiere sind für uns viel mehr als nur Lastenträger. Sie sind unsere Weggefährten.

Wenn man so intensiv, Tag und Nacht, mit einem Tier zusammen ist, dann entsteht eine emotionale Bindung. Tiere zeigen dir, ob sie dich mögen. Und wenn sie dich nicht mögen, zeigen sie es dir auch. Bei Tieren weiß man, woran man ist. Dafür tragen wir Verantwortung für sie. Wir müssen dafür sorgen, dass sie immer ausreichend Futter und Wasser erhalten. Es ist ein Geben und ein Nehmen.

Auf den letzten Metern müssen wir ein Schneefeld überqueren, doch jetzt, Mitte August, stellt es kein großes Hindernis mehr dar. War die Aussicht bisher fantastisch, so ist sie nun spektakulär. Im Norden ragen schroffe Felsspitzen empor, in deren Ritzen und Spalten auch im August noch alte Schneereste liegen. Unten breitet sich ein grünes Becken aus, gesprenkelt von Granitfelsen und kleinen Tümpeln, dahinter liegt ein Bergkamm nach dem anderen bis zum Horizont. Etwa zehn Mal überqueren wir die Passhöhe, denn Barbara fotografiert. Man darf nicht denken, dass gute Fotos einfach so im Vorbeigehen passieren, immerhin sollen zwei Reiter, vier Pferde und ein Hund gut darauf aussehen, und einer macht immer gerade einen Blödsinn. Mal ist es Azabache, der einfach woanders hingeht als die anderen Pferde, dann wieder Lightfoot, der sich hinter Dino versteckt, dann reißt Rusty ein Büschel Gras ab und die Halme stehen links und rechts aus seinem Maul wie Schnurrbarthaare.

„Lächeln! Ihr müsst lächeln", ruft uns Barbara zu.

Leni ist die Erste, der es zu bunt wird, und sie legt sich einfach in die Sonne und beobachtet das Geschehen. Irgendwann ist Barbara schließlich mit dem Ergebnis zufrieden und wir steigen hinab ins Tal. Die Landschaft ist so schön, dass wir die Reise durch die Wind River Range hinauszögern wollen. So schlagen wir am nächsten namenlosen Fluss unser Lager auf. Das Wasser ist erstaunlich warm und ein Becken lädt zum Schwimmen ein. Auch die Pferde gehen baden. Einer nach dem anderen rollen sie sich im Wasser. Nur Rusty nicht, wie Günter ist auch er wasserscheu. Rusty wird von seinen Freunden in Ruhe gelassen, Günter nicht und so gibt er schließlich unserem Drängen nach und springt ebenfalls in den Fluss.

„Wann kommen wir eigentlich wieder in einen Ort?", fragt Barbara.

„Hm, schwer zu sagen. Wenn wir uns weiterhin so viel Zeit lassen, dann vielleicht in zwei oder drei Wochen", antworte ich.

„Was? Aber mein Flieger geht schon in zehn Tagen!", ruft sie entsetzt.

„Ach, macht doch nichts, bleibst halt einfach länger", sagt Günter.

„Aber ich kann nicht! Meine Yogaschüler warten auf mich und mein Freund und überhaupt!", protestiert sie.

„Sie werden's schon merken, wenn du nicht da bist. So eine Reise kann man eben nicht so genau planen", sagt Günter.

Barbara macht ein so verzweifeltes Gesicht, dass ich sie nicht länger in die Irre führen will.

„Mach dir keine Sorgen, unser Proviant reicht höchstens noch für fünf Tage", erkläre ich.

„Und da soll ich mir keine Sorgen machen!", ruft sie empört, „Das wird ja immer schöner."

Damit bringt sie mich zu einem herzhaften Lachen. Als ich wieder sprechen kann, erkläre ich ihr: „Was ich eigentlich sagen wollte, ist, dass wir einen Abstecher nach Dubois machen werden. Dort können wir Proviant einkaufen und du kannst dir eine Mitfahrtgelegenheit nach Denver suchen."

„Ach so, und wie lange brauchen wir bis Dubois?"

„Etwa vier bis fünf Tage."

In der Zwischenzeit sind die Pferde flussabwärts gewandert. Ich folge ihnen und hole sie bei dem Lager von zwei Fischern ein. Die Pferde schnuppern gerade am Zelt und an den Rucksäcken. Die beiden Männer, wahrscheinlich Vater und Sohn, stehen erstaunt daneben und sehen zu.

„Entschuldigung, das sind unsere Pferde!", rufe ich ihnen zu.

„Kein Problem. Die sind aber gar nicht schüchtern, oder?", antwortet der Ältere etwas skeptisch. Die beiden, sie sind tatsächlich Vater und Sohn, kommen jedes Jahr in diese Gegend zum Fischen. Ich erzähle ihnen von unserer Reise.

„Darf ich ein Foto von dir und den Pferden machen?", fragt mich der Vater, „Das glaubt mir sonst zu Hause keiner!"

Wir verabschieden uns und ich bringe die Pferde zurück in unser Lager. Günter macht gerade Popcorn. Wie ein kleines

Kind freut er sich über das Bersten der Maiskörner unter der Hitze des Feuers. Popcorn ist ein herrliches Essen am Lagerfeuer, man sollte nur einen Topf mit Deckel haben. Anschließend ziehen wir Futter und Essen wieder an einem Baum hoch. Dass es bereits stockdunkel ist, macht die Sache nicht leichter. Zu dritt kämpfen wir gegen das schwere Gewicht der Säcke. Als sie endlich in drei Meter Höhe hängen, bricht ein Ast und das Futter sackt nach unten und hängt nur noch zwei Meter über dem Boden. „Ach was soll's, der Versuch zählt", sage ich zu Günter. Ich hoffe, der Grizzlybär sieht das auch so.

Am Morgen hängen Nebelschwaden über dem Fluss. Ein Reh steht am Waldrand. Die Bergspitzen des Fremont Peaks leuchten in der Sonne. Obwohl Gannett Peak einige Meter höher ist, wirkt Fremont wie der König der Rocky Mountains Wyomings. Es ist unser letzter Tag im Hochgebirge der Wind River Range. Noch einmal reiten wir über alpine Blumenwiesen, vorbei an Bergseen und flatternden Schmetterlingen. Meine Wahrnehmung der Landschaft hat sich im Vergleich zum Vorjahr verändert. Während letztes Jahr meine Aufmerksamkeit der Navigation, den alltagspraktischen Notwendigkeiten und den Tieren galt, achte ich heuer auf die Besonderheiten des Gebiets. Ich interessiere mich für die Blumen und Pflanzen, für das Gestein und die Geschichte der Bergwelt. Ich bin auf einer Entdeckungsreise, bei der ich die Natur mit neuen Augen sehe. Vorbei am Summit Lake reiten wir zum Ende des Hochplateaus. Tief unter uns liegt das Tal des Green Rivers. Wehmütig blicke ich zurück zu den hohen Bergen, die mir zum Abschied winken. Dann steigen wir aus dem Sattel und führen die Pferde über steile Serpentinen hinab ins Tal. Unsere Karawane zieht sich in die Länge, so dass sich Günter oft bereits eine Serpentine weiter, in gerader Linie unter mir befindet. Nur Dino wird geführt, die anderen folgen alleine. Barbara und ich gehen am Schluss. Immer wieder bleiben wir stehen und sie erklärt mir die Pflanzen am Weg. Himmelsleiter, Hornkräuter, Polsternelke, ... ich versuche mir die

Namen einzuprägen, doch es ist hoffnungslos, es sind einfach zu viele. Barbara will mich auch noch die Namen der Vögel lehren. Doch das halte ich für völlig aussichtslos. Je tiefer wir steigen, desto wärmer und grüner wird es. Der Weg ist geschmückt mit Himbeeren und Johannisbeeren, die mit stacheligen Armen nach uns greifen. Hier, in den tieferen Lagen, sind die Beeren reif und süß. Der Fluss ist smaragdgrün und eiskalt. Ich strecke meine nackten Füße hinein, doch schon nach einer Minute spüre ich meine Zehen nicht mehr. Das Tal ist dicht bewachsen, nur hin und wieder öffnet es sich zu einer Lichtung. Auf einer dieser großen Wiesen bleiben wir. Der Fluss liegt wie eine Schlange im Gras. In unserem Rücken erhebt sich majestätisch der rechteckige Felsturm des Squaretop Mountains. Es ist ein schöner Platz.

„Lass uns morgen einen Ruhetag hier verbringen", schlage ich vor.

„Oh ja, es ist wunderschön und ich bräuchte auch mal einen Tag Pause", schließt sich Barbara meinem Wunsch an.

„Nein, kommt nicht in Frage, wir reiten weiter", stellt Günter trocken fest.

Daraufhin bekomme ich einen Wutanfall, der mich selbst überrascht. Wie ein Zuschauer beobachte ich mich voll Erstaunen, wie ich tobe und schreie und meinen Hut zu Boden schmeiße. Diese Seite kannte ich noch nicht an mir. Auf einer Reise lernt man sich selbst besser kennen, heißt es, und so betrachte ich die Szene als interessanten Einblick in die Abgründe meines Selbst. Günter sieht das weniger analytisch.

„Wenn du dich so aufführst, kannst du nicht mehr mit mir reisen", stellt er traurig fest.

„Willst du mich etwa nach Hause schicken?", fordere ich ihn provokant heraus.

„Ja, es bleibt mir ja nichts anderes übrig", antwortet er.

Normalerweise endet so ein Gespräch darin, dass wir uns den Rest des Abends anschweigen. Doch Barbara lacht.

„Ach, das hast du bei mir auch schon versucht. Wie oft wolltest du mich schon nach Hause schicken!", ruft sie.

„Wirklich? Aber du bist nie gegangen."

„Warum auch? Ich kann doch nicht wegen jeder Kleinigkeit nach Hause fahren. Außerdem hast du es schon Minuten später wieder vergessen."

„Willst du etwa sagen, das da ist eine Kleinigkeit?", fragt er und deutet auf mich. Barbara schüttelt lachend den Kopf. Ich sitze trotzig im Gras und höre dem Gespräch zu, als Günter zu mir herüberkommt und mich umarmt. Spielerisch boxe ich zurück. Gemeinsam rollen wir über die Wiese, Leni bellt und springt um uns herum. Mir ist nicht klar, ob sie mich verteidigen oder mitspielen will.

Wir bleiben auch am nächsten Tag, liegen faul in der Sonne und lesen. Ich versuche mein Glück beim Fischen, doch sie beißen nicht. Wahrscheinlich sind alle Fische in dem eiskalten Wasser bereits erfroren. Am späten Nachmittag marschiert ein einsamer Wanderer durch das Tal. Unsere Pferde und Leni laufen ihm hinterher, wie dem Rattenfänger von Hameln. Auch ich laufe auf ihn zu.

„Entschuldige, ich hoffe, unsere Tiere haben dich nicht erschreckt!", rufe ich schon von weitem. Ein kleiner, weißhaariger Mann mit gepflegtem weißem Bart und kariertem Hemd, mit kleinem Rucksack und einem Wanderstock dreht sich erstaunt zu mir um. Seine kurzen Hosen zeigen die strammen Waden eines Weitstreckenwanderers. Grüne Augen leuchten aus dem braun gebrannten Gesicht. Er strahlt etwas Sympathisches, Anziehendes aus und ich verstehe, warum ihm die Tiere gefolgt sind.

„Nein, keine Sorge, ich dachte nur, sie würden mit mir mitkommen, und das wäre schlecht. Ich wandere nämlich entlang des CDT", erzählt er nicht ohne Stolz.

„Tatsächlich! Wir auch, nur in die andere Richtung", entgegne ich, „Es ist schon spät, willst du nicht vielleicht dein Lager hier bei uns aufschlagen?"

Er blickt auf die Uhr, überlegt, streckt mir dann die Hand entgegen. „Sehr gerne, mein Name ist übrigens Charly. Eigentlich gehe ich immer bis 20 Uhr, aber heute kann ich ja mal eine Ausnahme machen." Es wird ein langer, geselliger Abend am Lagerfeuer. Wir trinken Tee und essen Fladenbrote mit Knoblauch. Leni hat es sich auf Charlys Beinen bequem gemacht. Sie nutzt jede Gelegenheit, von Fremden Streicheleinheiten und Leckereien zu erbetteln. Dabei blickt sie mich vorwurfsvoll an, als ob sie sagen wollte: „Schau, wie gut es mir geht. Hier werde ich stundenlang gestreichelt. So lieb bist du nie zu mir."

„Ich habe mir noch nie überlegt, mit Packtieren zu reisen. Meine Frau wandert gerne, doch sie mag keinen schweren Rucksack tragen", sagt Charly.

„Vielleicht ein Esel? Ich hätte gerne einen Esel als Packtier", erzähle ich.

„Überleg dir das gut!", ruft Charly, „Ich arbeite in den Sommerferien immer in einem Pfadfinderlager. Eines Sommers fand ein Projekt statt, bei dem die Kinder mit einem Esel wandern sollten. Doch der Esel war so störrisch, dass die Kinder regelmäßig die Geduld verloren. Das ging sogar so weit, dass eine Gruppe Kinder und ihre zwei Betreuer den Esel über eine Klippe in die Schlucht warfen."

„Das gibt's doch nicht!"

„Doch, leider. Das war damals eine echte Katastrophe und gar nicht so lustig."

Charly arbeitet außerdem für das internationale Programm Leave no Trace, dessen Ziel es ist, Umweltschäden durch Wandern, Camping, Mountainbiken, Reiten, Schifahren und andere Sportarten zu vermeiden.

„Charly, ich hätte noch eine Frage", sage ich zögerlich, „Wir wollen durch den Yellowstone Nationalpark reiten, doch wir haben einen Hund und wie du weißt, sind Hunde im Nationalpark verboten. Was würdest du tun? Sind viele Menschen unterwegs? Kontrollieren Aufseher den Weg?"

„Ich würde Leni mitnehmen", meint er nach kurzem Überlegen, „Fragt nicht vorher nach Erlaubnis, sondern bittet um Verzeihung, wenn es notwendig ist." Doch er erzählt uns auch, dass die Ranger im Nationalpark streng sind und schon so manchen Wanderer, der gegen die Regeln verstoßen hat, hinauseskortiert hatten.

Es ist bereits stockdunkel, als Charly seine Hängematte montiert und sein Gepäck bärensicher verstaut. Voll Respekt sehen wir ihm dabei zu. Sein System ist nicht weniger aufwändig, aber umso wirkungsvoller. Er verwendet zwei Bäume, zwischen denen das Essen mit Hilfe zweier Seile hochgezogen wird. Ein idealer Baum zum Hochziehen des Proviants hat einen starken Ast in etwa vier Metern Höhe, der frei ist von Zweigen, Nadeln oder Blättern, so dass man das Seil leicht darüberwerfen kann. Die Fichten und Kiefern dieses Waldes haben den Nachteil, dass sie kaum Äste auf den unteren vier bis fünf Metern ihres Stammes haben. Als Günter abends versucht, das Essen hochzuziehen, wählt er einen toten Baum, der sich in anderen Bäumen verfangen hatte und diagonal nach oben steht. Der tote Baum scheint zunächst eine praktische Alternative. Wir ziehen das Futter hoch, es ist etwa auf halber Höhe, da fällt der Baum um und wir müssen nochmals von vorne beginnen. Charly ist Purist. Sein Rucksack wiegt weniger als fünfzehn Kilogramm und enthält Proviant für eine Strecke von 200 Kilometern. Er schläft in einer überdachten Hängematte, verwendet einen halben Schafsack und hat nur die Kleidung bei sich, die er trägt. Sein Proviant besteht aus selbstgemachtem, gefriergetrocknetem Essen und einer Tortilla pro Tag. Günter, der beim letzten Einkauf darauf bestand, mindestens vier Tortillas pro Person und Tag einzupacken, ist entsetzt. Tortillas sind zu unserem wichtigsten Gut geworden. Kaum haben wir am Abend unsere Pferde abgepackt, schon kümmert sich einer um das Lagerfeuer und wenige Minuten später liegen bereits die mexikanischen Mehl-Fladen in der Pfanne. Wir füllen sie mit Kraut, Käse, Knoblauch und scharfen Gewürzen. Dazu gibt es fast immer Kaffee.

„Morgen kommt ihr an einem Campingplatz vorbei“, sagt Charly, „ich habe dort etwas Proviant zurückgelassen. Wenn ihr wollt, könnt ihr ihn abholen.“

Im Zelt liegt Leni bereits in unserer Kleidertasche. Das ist ihr neuer Schlafplatz. Irgendwie hat sie mehr Ähnlichkeit mit einer Katze als mit einem Hund.

Als wir am nächsten Morgen mit dem ersten Tageslicht erwachen, ist Charly bereits abmarschbereit. Frühstücken wird er unterwegs, jetzt will er erst mal gehen und die kühlen Morgenstunden genießen. Zwei Stunden später sind auch wir unterwegs. Laut meinem Tagebuch ist heute Samstag – sollte ich mich nicht verzählt haben. Am Ende des Green-River-Tales liegt der Campingplatz. Eine Schotterstraße verbindet ihn mit dem Rest der Welt. Über diese gelangen Wochenendausflügler bequem in das Tal. Man erkennt sie sofort an den kühlschrankgroßen Aufbauten auf ihren Rücken. Selbst große Männer werden noch von ihren Rucksäcken überragt. Trotzdem baumeln Isomatten, Schlafsäcke und sogar Campingsessel außen an den Rucksäcken. Die Träger dieser Aufbauten schauen gequält. Zielgerichtet setzen sie einen Fuß vor den anderen, immer darauf bedacht, das Gleichgewicht unter der Last nicht zu verlieren. Sie sind fit und stark - müssen sie ja auch sein, sonst würden sie unter den fünfundzwanzig Kilogramm, die sie für zwei Tage gepackt haben, zusammenbrechen. Was für ein Kontrast zu Charly, der mit seinem Tagesrucksäckchen zwei Wochen unterwegs ist. Jedenfalls staunen wir über die Wanderer, die uns begegnen, genauso sehr wie sie über uns. Vor allem Azabache, der mal wieder frei mitläuft, erregt Aufmerksamkeit. Ich höre, wie ein Mädchen ihrem Freund zuraunt: „Schau mal, so ein gut erzogenes Pferd!" Ein Vater erklärt seinem Sohn fachmännisch: „Das braucht viel gutes Training, damit ein Pferd so brav mitläuft." Wenn die wüssten! Alles, was es braucht, ist ein starker Herdentrieb! Eine Brücke führt über den Fluss zum Campingplatz. Barbara läuft hinüber und kommt wenig später mit Charlys Proviant zurück.

„Und die gehören ganz alleine mir!", ruft sie und schwenkt ein Päckchen Tortillas.

„Oh nein, das ist gemein!", ruft Günter zurück.

Nach dem Campingplatz ändert sich die Landschaft. Das Grün des Flusstales weicht dem Gelb-Rot einer herbstlichen Steppenlandschaft. Ein altes Farmhaus liegt verlassen in der Weide. Busch- und Baumgrüppchen setzen Akzente im Gelände, weit hinten beginnt dichter Nadelwald. Vögel kurven durch die Luft, als übten sie für die nächste Flugschau. Ein Reiher schreitet bedächtig durchs Gras. Über einen kleinen Hügel gelangen wir in das Tal des Roaring Fork. Am Waldrand begegnet uns ein Wanderer. Auch er trägt einen kleinen, praktischen Rucksack ohne baumelnden Schnickschnack. Auch er ist ein Weitstreckenwanderer. Er stammt aus England. Mitte Juni war er an der kanadischen Grenze gestartet. Sein Ziel: Mexiko, und das noch dieses Jahr. Zwölf Stunden wandert er dafür täglich, mittags gönnt er sich eine halbe Stunde Pause. Er berichtet von Grizzlybärspuren entlang des Snake-River-Tals am Eingang zu Yellowstone.

„Freiwillig würde ich dort nicht nochmals durchgehen!", erzählt er, „Die Spuren sind riesig und es waren viele."

Begegnet ist er keinem.

„Gott sei Dank!"

Von den zwei Monaten intensiven Wanderns, die hinter ihm liegen, ist er dünn und hager geworden. Ein Grizzlybär hätte nicht viel von ihm gehabt. Mütterlicher Instinkt regt sich in mir. Ich möchte diesem Menschen etwas zu essen geben und biete ihm einen Müsliriegel an, doch er lehnt ab. Ich bilde mir ein, einen kleinen Funken Neid in seinen Augen aufflackern zu sehen, als ich von unseren entspannten Tagen, den langen Abenden am Lagerfeuer und dem wenig ehrgeizigen Ziel, Kanada im nächsten Jahr zu erreichen, berichte.

Abends entreiße ich dem Roaring Fork vier Forellen, die wir in der Pfanne braten. Noch nie hat mir Fisch so gut geschmeckt wie der, den ich selbst gefangen habe. Erstmals gelingt es Günter, eine solide Bärenfalle zu bauen. Wir haben uns angewöhnt, von einer „Bärenfalle" zu sprechen, denn die ersten Konstruktionen hatten eher das Potential gehabt, einen Bären zu erschlagen als ihn von unseren Vorräten fernzuhalten. Unser Appetit ist in den letzten Tagen enorm gewachsen. Wir essen nun regelmäßig zwei Hauptgerichte als Abendessen. Ohne Schwierigkeiten verdrücken wir 250 Gramm Nudeln pro Person und zusätzlich eine Schale Reis. Auch Leni frisst immer mehr je länger wir unterwegs sind. Nur die Ration der Pferde wird von Tag zu Tag weniger. Sie erhalten am meisten in den ersten Tagen und dann täglich ein paar Körner weniger, bis es am letzten Tag nur noch eine Handvoll ist. Als Notration haben wir immer einen Sack Haferflocken mit dabei. Sie sind leicht und praktisch, denn jeder in unserem Team isst sie, egal ob der Hund, die Pferde oder wir Menschen. Nur Günter mag keine Haferflocken und verzieht immer das Gesicht, wenn es sonst nichts mehr zu essen gibt.

Die letzten zwei Tagesetappen nach Dubois führen durch eintönige und flache Landschaft. Wir erreichen die Union Pass Road und folgen ihr über dreißig Kilometer hinab in das Dorf. Als uns ein leerer Pferdetrailer überholt, ist die Versuchung groß, ihn anzuhalten. Doch bevor wir einen klaren Gedanken fassen können, ist er vorbeigebraust. So erreichen wir zwei Tage später im letzten Licht des Tages das kleine Dörfchen Dubois. Wir reiten entlang der Hauptstraße zum Branding Iron Inn. Charly gab uns den Tipp. Wie immer, wenn wir entlang stark befahrener Straßen reiten müssen, sind unsere Nerven angespannt. Doch die Pferde verhalten sich ruhig, nur einmal, als sich Rusty vor einem überdimensionalen Schaf erschreckt, gibt es einen kleinen Tumult. Das etwa drei Meter große Tier aus Bronze markiert den Eingang des Dickhornschaf-Zentrums.

Als wir die Autohaus-Tankstellen-Reihenhaussiedlungs-Tristesse des Vororts hinter uns gelassen haben, zeigt sich der Ortskern von Dubois von seiner netten Seite. Ein Kaffeehaus, ein Motel, der Waschsalon und ein kleiner Supermarkt liegen in Fußnähe zueinander. Für uns ist das ein großer Luxus. Wie alle amerikanischen Dörfer versammeln sich auch die Häuser

Dubois entlang zweier im rechten Winkel zueinander verlaufender Straßen. Dabei drängen sie sich nicht wie die Häuser im Ortskern europäischer Dörfer dicht aneinander, sondern nehmen ausufernd viel Platz ein. Schön ist das nicht, aber praktisch für Autofahrer, denn Parkplätze gibt es vor jedem Haus und Fußgänger sind sowieso eine Seltenheit. Das Branding Iron Inn nimmt uns wohlwollend auf. Hinter dem Haus sind die Pferdekorrale. Wie auch die Zimmer sind sie etwas schäbig und wir müssen erst einige Nägel, die gefährlich aus dem Holz stehen, entfernen. Doch unsere Pferde sind genauso wenig anspruchsvoll wie wir. Nur fressen wollen sie und ich mache mich auf die Suche nach Heu. Wir sind auf dem Land, es ist August, doch Heu ist aufgrund der jahrelangen Dürre, die in der Region herrscht, eine Mangelware. Schließlich gelingt es mir doch, einen alten Rancher zu überreden, mir einen Ballen zu verkaufen.

Das Beste an den Zimmern im Branding Iron Inn ist die Größe der Betten. Zwei Queen Size Betten, in denen man diagonal schlafen kann, stehen auf dem alten, mit Brand- und Kaffeeflecken übersäten Teppich. Eines muss man den Amerikanern lassen, sie denken einfach in anderen Dimensionen. Wahrscheinlich liegt das an der Landschaft, an der Weite und Offenheit des Landes. Landschaften in Europa sind im Vergleich dazu detailverliebt, verspielt, abwechslungsreich, kleinräumig, vielfältig. Sie bringen Menschen hervor, die präzise und genau sind, sich fürs Detail interessieren. Der Amerikaner im Gegensatz dazu hat nichts übrig für kleine Finessen. Es sind die großen Dinge, die ihn interessieren. Er denkt in anderen Maßstäben, was leicht in einem finanziellen Desaster enden kann. Doch selbst das spielt keine Rolle. Amerika ist das Land der unbegrenzten Möglichkeiten. Auch heute noch, oder besonders heute, wo das Land, in dem noch vor fünfzig Jahren Rassentrennung herrschte, einen Schwarzen zum Präsidenten gewählt hat.

Während ich unter der Dusche stehe, schaltet Günter den Fernseher ein und zappt von einem Programm zum nächsten.

Es macht mich wahnsinnig. Sobald er ins Bad geht, werde ich den Stecker aus der Dose ziehen, vielleicht merkt er es nicht und denkt, der Apparat wäre kaputt.

Abends findet in der Bar ein Square Dance statt. Die Cowboys entlang der Theke sind fein herausgeputzt. Ihre spitzen Lederstiefel glänzen, die Fransen der Wildlederwesten schwingen im Takt der Musik, braungebrannte Gesichter blicken uns unter Cowboyhüten entgegen. Doch egal wie viel Mühe sie sich auch mit ihrem Outfit gaben, die Girls stellen sie in den Schatten. Sie tragen knielange bunte Lederkleider oder Röcke und Blusen und hochhackige Stiefel. Um den Hals und die Arme und in den Ohren glänzt Gold. Auch sie tragen Cowboyhüte, aus denen lange Haare fließen. Der Tanz findet im Saal statt. Ein uraltes Pärchen kassiert drei Dollar Eintritt und wünscht uns viel Vergnügen. Sie wirken, als würden sie bereits seit siebzig Jahren hier stehen. Die Musik kommt knisternd aus einer Anlage, die ein altes Grammophon sein könnte. Jeweils vier Paare stehen in Quadraten im Saal und blicken einander an. Ein Tanzlehrer gibt unverständliche Kommandos, worauf sich alle Tänzer in Bewegung setzen und der Square Dance sich innerhalb kürzester Zeit in Chaos verwandelt. Mit einer Flasche Bier in der Hand haben wir am Rand des Parketts Platz genommen und verfolgen gespannt das Schauspiel. Langsam kommen die Tänzer in Schwung. Die tanzenden Frauen sind deutlich älter als die Männer, dafür beherrschen sie die Schritte wesentlich besser. Ich habe wohl zu großes Interesse gezeigt, denn einer der Tänzer fordert mich auf, mit ihm zu tanzen. Mit Bergschuhen stapfe ich über die Tanzfläche. Vier Schritte vor, eine Vierteldrehung nach rechts, vier Schritte vor, dann zurück und wieder drehen, in die dargebotene Armbeuge einhängen und wild im Kreis hüpfen, loslassen, zurückgehen, drehen, ... nach wenigen Minuten weiß ich nicht mehr, was ich tun soll und wer mein Tanzpartner ist. Ich gehe im Getümmel der Tänzer verloren und rette mich wieder auf meinen Zuschauerplatz. Später entdecke ich meinen Tanzpartner, er hat eine neue Tänzerin gefunden. Gegen Mitternacht spazieren wir zurück zum Motel. Ein Mann in Anzug und mit Melone spielt auf der Straße Klavier. Es ist ein altes Piano, das vor seinem Geschäft steht. Er spielt die alte Jazz-Melodie „All of me". Wir bleiben stehen und hören zu. Musik gehört zu den wenigen Dingen, die ich auf der Reise vermisse. Als er aufhört zu spielen, applaudieren wir. Er dreht sich um und zieht den Hut vor uns. Ein glückseliges Lächeln in seinem Gesicht, lädt er uns ein, am nächsten Tag in seinen Laden zu kommen. Er möchte uns etwas zeigen.

Am nächsten Morgen gehe ich zum Zahnarzt. Man empfängt mich freundlich und setzt mich auf den weißen Stuhl im sterilen, weißen Behandlungszimmer. Ich bin frisch geduscht und trage frisch gewaschene Kleidung. Doch im Kontrast zu dem Weiß der Ordination fühle ich mich unglaublich dreckig. Minutenlang starre ich meine Hände an. Obwohl ich sie gebürstet habe, befindet sich immer noch Dreck unter den Fingernägeln und in den Hautrillen. Ich könnte einen Fingerabdruck zu Papier bringen, ohne vorher in die Tinte zu greifen. Meine Haare sind, obwohl frisch gewaschen, struppig. Auch die grauen Haare müssten mal wieder überfärbt werden. Mein T-Shirt hat Flecken und Löcher. Die helle Hose sieht noch schlimmer aus. Ein junger Zahnarzt untersucht mich und tut meine Zahnschmerzen als Phantomschmerzen ab. Bevor er mich für geheilt erklärt und entlässt, flirtet er mit mir.

„Ich habe eine Hütte am Brooks Lake, dort fahre ich heute Abend mit einem Freund hin. Es ist nichts Besonders, nur eine Blockhütte mit offenem Kamin und Bootssteg. Hättest du Lust? Magst du mitkommen?"

Ich bin so verblüfft, dass ich keine Antwort herausbringe.

„Du kannst es dir ja noch überlegen, ich bin bis 17 Uhr in der Praxis", strahlt er mich mit seinem Zahnarztlächeln an und begleitet mich zur Tür.

Draußen wartet Barbara.

„Der Zahnarzt wollte mit mir anbandeln", erzähle ich ihr,

immer noch erstaunt davon, dass sich ein Mann für mich in diesem Zustand interessiert, „Er hat mich in seine Blockhütte eingeladen."

„Und? Hast du zugesagt? Kann ich auch mitkommen?"

„Nein, bist du verrückt. Ich bin doch schon vergeben", antworte ich schnell und etwas zögernd: „Schade allerdings, der war schon süß."

Beim Rückweg zum Motel kommen wir an einem kleinen Sportgeschäft vorbei. Ich kaufe mir eine neue Hose und werfe die zerrissene, fleckige, die ich trage, weg. Das ist das erste Kleidungsstück, das ich mir seit eineinhalb Jahren gekauft habe. Günter bemerkt ohnehin nicht, dass ich etwas Neues anhabe.

Am Nachmittag gehen wir in den Laden des Piano Spielers. Sein Name ist Monte. Auch jetzt lächelt er beständig, es scheint, er kann gar nicht anders. Im Laden gibt es allerhand Souvenirs für Touristen. Die Vitrinen in der Mitte präsentieren Schmuck aus Perlen und Glas, an den Wänden hängen Taschen, Tücher und Federschmuck. Monte führt uns in das Nachbarzimmer. Dort stehen seine Kunstwerke. Monte schnitzt kunstvolle Tierfiguren in Elchgeweihe.

„Wie bist du auf diese Idee gekommen?", frage ich ihn.

„Ach, das entstand mehr aus der Not heraus", erzählt er, „als Kind habe ich stunden- und tagelang die Wälder der Umgebung durchstreift und dabei jedes Geweih eingesammelt, das ich nur finden konnte. Als sich die Geweihberge in unserer Einfahrt zu hoch auftürmten, forderte meine Mutter mich auf, etwas Sinnvolles damit zu machen. So begann ich zu schnitzen."

National Geografic war hier, um ihn zu portraitieren. An der Wand hängen die Fotos von ihm bei der Arbeit. Auch wir sind neugierig und verabreden uns mit Monte um sieben Uhr am nächsten Morgen in seiner Werkstatt.

Als wir am nächsten Tag die Halle erreichen, ist Monte bereits bei der Arbeit. Er trägt Arbeitshosen und eine Schutzbrille.

„Das Elchgeweih ist so hart wie Elfenbein", erklärt er uns, „Man braucht spezielle Bohrer."

Ich blättere in seinem Skizzenbuch. Zeichnungen von einem Büffel aus verschiedenen Perspektiven, ein Indianer bei der Jagd mit gespanntem Pfeil und Bogen - schon die Skizzen sind kleine Kunstwerke.

„Ich bin ein guter Beobachter. Oft wandere ich alleine durch die Wälder und Berge um Dubois und schaue stundenlang den Tieren zu. Da prägen sich auch kleine Details ein", erklärt er uns.

Also bringt die Naturlandschaft Amerikas doch auch die Liebe fürs Detail hervor.

In Dubois müssen wir uns von Barbara verabschieden. Unsere Zimmernachbarn im Motel haben sich bereit erklärt, sie nach Denver mitzunehmen. Obwohl ich der Reise zu dritt zunächst sehr skeptisch entgegengesehen habe, habe ich mich nun sehr an ihre Gesellschaft gewöhnt und lasse sie nur ungern gehen. Anfangs hatte ich außerdem die stille Befürchtung, dass auch ihr die Reise durch die USA so gut gefallen könnte, dass sie gar nicht mehr heimfahren würde. Im Vergleich zu den Strapazen, mit denen Günter und sie in Mittelamerika konfrontiert waren, den Insekten, der Hitze, den tropischen Krankheiten, muss ihr die Reise durch die grüne Berglandschaft doch wie ein Spaziergang erscheinen. Doch sie zerstreut lachend meine Befürchtungen:

„Aber nein, ganz und gar nicht. In Mittelamerika haben wir jeden Abend Menschen getroffen, wir konnten uns etwa jeden zweiten Tag duschen und täglich Proviant einkaufen. Wir waren auf Wegen unterwegs, die auch andere Menschen benutzten. Ihr habt hier mit ganz anderen Herausforderungen zu kämpfen. Was mich allerdings in Mittelamerika begeistert hat, waren die Begegnungen mit den Menschen. Davon habt ihr hier viel weniger und das tut mir leid für euch."

Mir tut es gar nicht leid. Je länger ich im menschenleeren Gebiet unterwegs bin, umso mehr werde ich zur Einzelgängerin, umso geringer wird das Bedürfnis, Menschen zu sehen, umso erschreckender finde ich große Menschenansammlungen oder Plätze, an denen Menschen auf engem Raum zusammenkommen. Das stellt mich jetzt zwar in keinem sehr guten Licht dar, aber da kann ich auch nichts machen. Unsere Freunde denken, dass Günter aufgrund seiner Reisen zum Einzelgänger wird. Das stimmt jedoch gar nicht. Er kehrt an einem Samstag zurück in sein Heimatdorf und spielt am Sonntag mit seinen Freunden Fußball und trinkt anschließend Bier und ist sofort wieder Teil von ihnen. Ich bin es, die sich nach jeder Rückkehr von einer Reise eine Woche lang einschließt, nicht mehr als ein oder zwei Menschen am Tag treffen will und Gruppen von mehr als drei Personen als unerträgliche Masse empfindet.

Barbara steigt zu dem jungen Pärchen ins Auto, winkt noch einmal durch die Heckscheibe, dann düsen sie davon, Richtung Denver, wo sie sich noch zwei Tage in die Großstadt stürzen und einkaufen will. Was für eine unerträgliche Vorstellung!

Wir statten dem Forest Service Büro einen Besuch ab. Ich erkundige mich nach Wegen, auf denen wir Yellowstone Nationalpark umgehen könnten. Der Ranger schüttelt nur den Kopf.

„Seit dem großen Feuer von 1988 wurden diese Wege nicht mehr geräumt. Tut euch das nicht an, da kommt ihr nicht durch", erklärt er uns und fragt: „Warum wollt ihr nicht durch den Nationalpark reiten? Der ist wunderschön und die Wege werden gut instand gehalten."

„Wegen dem Hund", ich deute auf Leni, die neben mir auf dem Boden liegt, „Hunde sind doch im Park verboten."

Er zuckt mit den Schultern und sagt lachend: „Malt sie doch einfach schwarz-weiß an wie ein Stinktier, und sagt, sie gehört nicht zu euch!"

„Lass es uns versuchen", fordere ich Günter auf.

„Ich weiß nicht, und wenn sie uns erwischen? Außerdem wird es gute Gründe geben, warum man keinen Hund dabei haben soll."

„Ja, klar, genau dieselben guten Gründe, warum man keinen Hund im Wildnisgebiet und im Wald dabei haben soll. Weil sie wilde Tiere aufschrecken oder gar jagen könnten. Weil sie Unruhe stiften, weil sie sich mit einem Wolf vermählen oder einem Kojoten zum Opfer fallen könnten“, führe ich aus, „Wir passen einfach gut auf sie auf und verstecken sie.“

Günter ist nach wie vor skeptisch. Nur sehr ungern verstößt er gegen Regeln. Man sollte kaum glauben, dass ein Abenteurer wie er so viel Wert darauf legt, ordnungskonform zu agieren. Als ich mich für alles verantwortlich erkläre, stimmt er meinem Plan zu. Wir werden Leni in einer Schachtel verstecken, die wir auf dem Packpferd montieren. Vom Pizzaladen besorge ich mir eine große Schachtel und einen runden Pizzakarton, der mit Luftlöchern versehen als Deckel dienen soll. Theoretisch sollte unser Plan funktionieren. Praktisch wird sich das in wenigen Tagen zeigen, wenn wir die Grenze zum Park passieren.

Wir verlassen Dubois Richtung Brooks Lake. Es wird zunehmend herbstlicher. Die Blätter der kleinen Büsche und Sträucher verfärben sich rot und gelb, die Luft ist klar und es weht ein kühler Wind. Harmlose Schäfchenwolken ziehen über den dunkelblauen Himmel. Ausgeruht und vollgefressen trotten die Pferde gleichmäßig dahin. Obwohl ich mittlerweile alle vier Pferde reiten kann, bevorzuge ich doch eindeutig Rusty. Mit ihm verbindet mich ein unsichtbares Band, oder wie Barbara es formulierte, Rusty ist so verzogen, dass er nur mir gehorcht. Nachdem ich ihn mit einer einzigartigen Mischung aus Englischem Reitstil und Westernreitweise reite, kann das sogar stimmen. Rusty ist niemals faul, immer trottet er flotten Schrittes dahin, nie muss ich ihn treiben. Er hört auf meine Wortkommandos. Als Kind wurde mir in den Dressurreitstunden eingetrichtert, dass das Pferd allein auf Zügel und Schenkelhilfe hören muss, Wortkommandos waren verboten. Umso mehr Freude habe ich jetzt daran, mit meinem Pferd zu reden. Auch wenn das reittechnisch nicht korrekt sein dürfte, es macht Spaß und funktioniert.

Unser Weg führt am Ufer des Upper Brook Lakes, der zwischen herbstlich gelben Wiesen eingebettet liegt, vorbei. Über den Bear Cup Pass gelangen wir zu einem Bächlein und folgen diesem flussabwärts. Im Gegensatz zu den Pferden sind wir müde und faul. Zu lange lief gestern Abend der Fernseher, den Günter innerhalb weniger Sekunden reparierte, indem er den Stecker wieder einsteckte. Zu dumm, dass ich mit einem Techniker unterwegs bin! Wir betreten die Teton Wildnis. Dieses zweitausend Quadratkilometer große Gebiet liegt inmitten des Yellowstone Ökosystems. Im Norden grenzt der Yellowstone Nationalpark an die Wildnis, im Osten die Washakie Wildnis und im Westen der Grand Teton Nationalpark. Im Süden liegt die Jedediah Smith Wildnis und die Gros Ventre Wildnis. Alles in allem ist es ein riesiges Naturschutzgebiet. Und so ist es kein Wunder, dass hier viele wilde Tiere ihr Zuhause haben: Grizzlybären, Wölfe und Bisons wandern über die weiten Wiesen und durchstreifen die Wälder. Weißkopf-Seeadler, Steinadler und Habichte schwingen sich durch die Lüfte, Kojoten, Biber, Marder, Luchse, Stachelschweine, Otter und Nerze leben das ganze Jahr über in den Wäldern dieser Wildnis, im Sommer gesellen sich außerdem Trompeterschwäne, Kraniche, Enten, Gänse, Falken und Singvögel hinzu. Die Teton Wildnis ist wie ein großer Tiergarten voller wilder Tiere und wir sind mitten unter ihnen.

Als wir am Lagerplatz die Pferde abpacken, fallen sie wieder an Ort und Stelle um und wälzen sich. Da dies zu einer Regelmäßigkeit wurde, packen wir die Pferde genau an der Stelle ab, an der wir später das Zelt aufstellen wollen, damit sie das Gras bereits flach wälzen. Allerdings muss man auch berücksichtigen, dass Pferde zwar im Gehen äpfeln, aber nicht pinkeln können. Das Erste, was sie daher machen, wenn man stehen bleibt und absteigt, ist pinkeln. Wenn man das alles bedenkt, lässt man sie zunächst weit vom Zeltplatz entfernt Wasser lassen und führt sie dann zu der gewünschten Stelle und packt sie ab, damit sie sich rollen.

Später kommen Rusty und Lightfoot zu mir in die Küche. Nicht nur, um mein Wasser zu trinken, nein, Lightfoot bedeckt anschließend alles Umliegende mit seinem grasgrünen Sabber. Ich schimpfe und jage sie aus dem Lager. Zwei der Eier, die ich in einer der Boxen oben verstaut hatte, sind zerbrochen und haben sich über die Schachteln und Plastikbehälter ergossen. Ich will sie nicht verschwenden und schlage zwei Fliegen mit einer Klappe, in dem ich die Behälter Leni zum Abschlecken gebe, bevor ich sie wasche. Anschließend setze ich Leni noch in die leere Box, damit sie auch den letzten Rest ableckt. Manchmal muss ich mich schon selber wundern, wie weit die hygienischen Ansprüche auf so einer Reise absinken können! Nachts schläft Leni nun in ihrem Jäckchen, das Günters Mutter ihr genäht hat. Es ist braun-grau und nicht schwarz-weiß und sie sieht mehr aus wie eine Schildkröte als ein Stinktier. In einem Baum entdeckt Günter einen Flaschenzug, den jemand vergessen hat. Er eignet sich ideal zum Hochziehen des Proviants. Durch die Kraftübertragung können wir nun sogar eine Box und die Futtersäcke problemlos hochziehen. Unsere Bärenfalle wird immer professioneller.

Am nächsten Morgen wollen wir nicht aufstehen. Günter hatte alle Pferde freigelassen und schon seit geraumer Zeit hören wir kein Bimmeln mehr. Meine Schultern schmerzen. Es muss vom Schlafen auf dem harten Boden kommen, denn am Morgen sind die Schmerzen besonders schlimm. Ich kann die Arme nicht über Schulterhöhe heben und die Finger sind taub und lassen sich nicht zu einer Faust schließen. Ich fühle mich steinalt. Jeden Morgen muss ich mich wie eine Schildkröte drei Stunden in die Sonne stellen, bevor ich mich wieder bewegen kann. Schließlich gehe ich los, um die Pferde zu suchen, kehre aber bereits nach zehn Minuten entmutigt zurück. Ich habe keine Spuren gefunden. So ist es doch Günter, der sie suchen muss. Nach eineinhalb Stunden kehrt er mit ihnen zurück. Sie waren auf einen Hügel gestiegen, wahrscheinlich wollten sie die schöne Aussicht genießen. Doch

Günter ist nicht zum Scherzen aufgelegt. Wie immer ärgert er sich darüber, dass die Pferde davongelaufen waren.

Die Sonne steht bereits hoch am Himmel, als wir aufbrechen. Ein langer und steiler Abstieg bringt uns zum Buffalo River. Das Ufer ist dicht bewaldet, in der warmen Mittagssonne wirkt es fast tropisch. Wieder versuche ich mein Glück beim Fischen, aber ohne Erfolg. Zwei Stunden stehe ich am Ufer und genieße die Sonne, doch kein Fisch beißt an. Das mag aber auch daran liegen, dass meine Würmer verendet sind. Obwohl ich sie wie Haustiere gepflegt und mit Mehl gefüttert habe, sind sie tot, wahrscheinlich erfroren. Rhonda erklärte mir, dass man den echten Fischer daran erkennt, dass er seine Würmer mit in den Schlafsack nimmt. Ich werde wohl nie eine echte Fischerin werden.

Gegen Abend ziehen dichte Wolken auf, dann fängt es an zu schütten. Wir übernachten auf dem Turpin Meadow Campground. Das erste Mal auf der ganzen Reise befinden wir uns auf einem angelegten Campingplatz. Da steht er, der Luxus der Nation auf vier Rädern. Unser Zelt wirkt verloren neben den großen Wohnmobilen und RVs, den Recreation Vehicles. An einem Wohnmobil hängt ein Anhänger mit einem Boot. Wir befinden uns mitten im Gebirge, das Boot wirkt hier genauso verloren wir unser Zelt. Für die Pferde stehen Korrale bereit. Das stellt uns erneut vor das Problem der Heusuche. Am anderen Ende des Platzes befinden sich die Korrale der Outfitter. Jagdausflüge in die Teton Wildnis sind heiß begehrt. Wer aus einem anderen Bundesstaat stammt, muss sich einem Outfitter – einem Ausstatter – anvertrauen. So ist das Gesetz. Neben den Korralen liegen meterhoch Heuballen aufeinander gestapelt. Doch kein Mensch ist anwesend, der uns einen Heuballen verkaufen könnte. Wir warten und sehen uns um. Etwa fünfzig Pferde und Maultiere sind in den Korralen zusammengepfercht. Sie scheinen gut miteinander auszukommen, da sie auf so engem Raum friedlich zusammenleben können. Die Jagd ist in den USA ein großes Geschäft. Allein die Lizenz zum Outfitter kostet über 100.000 Dollar und sie ist schwer zu bekommen. Jäger sind andererseits bereit, sehr viel Geld zu bezahlen, um einen Trophäen-Hirsch oder Elch zu schießen. Dabei dient die Jagd dem Schutz der Tiere. Denn gäbe es kein finanzielles Interesse an den Tieren, man würde lange nicht so viel Geld in ihren Schutz investieren. Jeder Mann und jede Frau kann im Westen der USA jagen. Man braucht keinen Waffenschein und die Lizenz dafür, einen Hirsch im eigenen Bundesstaat zu schießen, ist erschwinglich. Wir haben viele Familien kennen gelernt, die das ganze Jahr von dem Fleisch leben, das sie während der Jagdsaison erlegt haben. Ich glaube, dass wir es dem Jagdtrieb des Menschen zu verdanken haben, dass es Tiere wie Elche, Hirsche oder Dickhornschafe überhaupt noch gibt und dass ihr Bestand genau kontrolliert und überwacht wird. Wildpferde im Gegensatz dazu stellen keine Jagdtrophäe dar. Das Interesse, Wildpferde zu schützen, liegt alleine bei den Pferdeliebhabern. Es ist verboten, Wildpferde zu töten und zum Marktpreis an ein Schlachthaus zu verkaufen. Außerdem wurde das letzte Schlachthaus für Pferde in den USA wegen der Zustände, die dort herrschten, im Jahr 2007 geschlossen und das Problem nach Mexiko und Kanada verlagert. Dass die Tiere nun über viel größere Strecken transportiert werden müssen, wurde dabei nicht weiter berücksichtigt. Am späten Abend kommt ein junger Bursche, um nach den Pferden zu sehen.

„Wie viel Heu braucht ihr denn?", fragt er mich.

„Ein bis zwei Ballen", antworte ich.

„Tatsächlich?"

Er lacht und zeigt auf die Ballen, die etwa fünfhundert Kilogramm Heu umfassen: „Ich verkaufe euch gerne so viel, wie ihr für vier Pferde für heute Abend und morgen Früh braucht. Ist dir das recht?"

„Ja, danke!", gebe ich kleinlaut zurück. Mit seinem Pickup bringt er das Heu zu den Pferden. Es regnet immer noch, ein feiner, trostloser Regen. Die Pferde stehen im aufgeweichten Schlamm. Sie sind dreckig und nass und sehen traurig aus. Mir wird bewusst, wie sehr uns das Wetter bisher verwöhnt hat.

Seit Beginn der Reise hat es nur selten geregnet. Einer unserer Campingnachbarn begrüßt mich. Wir unterhalten uns kurz, dann will er mir einen Fisch zum Abendessen schenken. Sie hätten ohnehin zu viel und wollen morgen wieder Fischen gehen. Ich begleite ihn in sein Wohnmobil. Das ist kein Auto, das ist ein Haus. Wohnzimmer, Küche, Schlafzimmer, Dusche und WC, dazu alle für den Amerikaner lebensnotwendigen Elektrogeräte wie Mikrowelle und Fernseher. Das Wohnmobil ist etwa zehn Meter lang, an seinem Ende hängt auch das Boot. Sie brauchen es zum Fischen am Jackson Lake. Jedes Jahr verbringen sie das Labour-Day-Wochenende hier. Er schenkt uns vier große Forellen, eigentlich genug für zwei Tage, doch sie schmecken so gut, dass wir alles aufessen. Immer wieder treffen wir Menschen, die uns einfach etwas Gutes tun wollen und uns etwas schenken. Diese Hilfsbereitschaft und Gastfreundschaft ist für mich so überwältigend, dass ich es gar nicht begreife.

Am nächsten Morgen hängen die Wolken immer noch tief und vermischen sich mit den Nebelschwaden, die aufsteigen. Der junge Bursche von gestern und sein Partner sind wieder da. Sie verladen Ausrüstungsgegenstände auf die Maultiere. Eine ältere Frau steht daneben und kontrolliert die Arbeit. Sie erklärt mir, dass sie gerade dabei sind, ein Jagdlager im Gebirge einzurichten. Vierzehn Tage ist das Team mit dem Aufbau beschäftigt. Zwanzig Maultiere tragen täglich Ausrüstung hinauf: Schlafzelte, Kochzelte, Kocher, Vorräte, Pferdefutter usw. In zwei Wochen beginnt die Jagdsaison und dauert bis Ende November.

Erste, schüchterne Sonnenstrahlen kündigen doch noch einen schönen Tag an. Wir bauen unser Lager ab und satteln die Pferde. In diesem Moment zieht der Packstring des Outfitters vorbei. Die Frau winkt uns freundlich zu. Sie führt zehn Maultiere, einer der jungen Burschen führt den zweiten Packstring mit ebenfalls zehn Tieren. War ich eben noch stolz darauf, dass ich ein Handpferd führen kann, erscheint es mir jetzt geradezu lächerlich.

Der Regen der letzten Tage hat den Weg in eine Schlammgrube verwandelt. Immer wieder verschwindet der Pfad im Morast. Große Pfützen stehen auf dem Weg. Wenige Meter vom Campingplatz entfernt entdecken wir Grizzlybärspuren. Ich steige ab, um sie mit meinem eigenen Fußabdruck zu vergleichen. Die Spuren sind riesig. Allein der Abdruck der Zehen ist Furcht einflößend. Wieder im Sattel bin ich unruhig. Der feuchte Untergrund, auf dem auch die Pferde immer wieder ausrutschen und die Spuren des großen Bären machen mich nervös. Als wir den Wald hinter uns lassen, verbreitert sich der Weg. Zwölf Furchen führen nebeneinander durch die feuchte Wiese. Es ist der Pferdehighway, von dem Charly gesprochen hatte. Die starke Nutzung der Trails durch die Outfitter und ihre Pferde hat deutliche Spuren hinterlassen. Plötzlich sind wir auch nicht mehr alleine unterwegs. Wir begegnen etlichen Packstrings mit bis zu zwanzig Tieren und einer Gruppe Ranger zu Pferd, die uns darauf hinweisen, dass Azabache in der Teton Wildnis nicht frei laufen darf. Wir nehmen die Information zur Kenntnis, ändern aber nichts. Azabache folgt den anderen Pferden, als wäre er angebunden. Wozu soll ich ihn dann festbinden? Die Sonnenstrahlen, die uns morgens so lockten, haben sich wieder versteckt. Es nieselt. Ich versuche, im Sattel warm zu bleiben, denn in der Schlammgrube des Weges will ich nicht zu Fuß gehen. Als wir in die Nähe des Two Ocean Passes kommen, geht der Regen in Schneefall über. Der kalte Wind treibt uns die Schneeflocken ins Gesicht. Ein Schild zeigt uns den Weg zum Parting of the Waters. An dieser Stelle passiert etwas geologisch Einzigartiges. Ich nehme eine Handvoll Blätter und werfe sie in den Bach vor mir.

„Was machst du da?“, fragt Günter erstaunt.

„Ich will wissen, ob sie in den Atlantik oder den Pazifik schwimmen“, antworte ich.

Der Bach teilt sich in zwei Arme, einer tritt den langen Weg zum Atlantik an, der andere fließt in den Pazifik. Augenscheinlicher kann einem die kontinentale Wasserscheide nicht vorgeführt werden. Die Blätter verfangen sich am Ufer, noch bevor sie zu einer Entscheidung gezwungen werden. Ich nehme einen kleinen Zweig und werfe diesen ins Wasser. Er treibt langsam an der Oberfläche, bleibt an einem Stein hängen, wird weiter geschwemmt und treibt Richtung Atlantik.

„Na, ob der kleine Zweig die lange Strecke schaffen wird?", fragt Günter.

Ich stelle mir seine Reise vor, entlang des Platte Rivers über die weiten Ebenen Nebraskas bis zum Missouri, weiter nach St. Louis, wo er von den Wassern des Mississippi aufgenommen wird und durch Arkansas und Louisiana fließt und schließlich bei New Orleans in den Atlantik gespült wird.

„Komm, lass uns weiterreiten", reißt Günter mich aus meinen Tagträumen. Der starke Wind hat ein Loch in die Wolkendecke gerissen und die Sonne kommt hervor. Vor uns liegt ein 3.000 Meter hoher Pass. Vielleicht ist das Sonnenloch lange genug? Doch bereits auf halbem Weg zur Passhöhe beginnt es zu hageln. Donner grollt über die Berge. Innerhalb kürzester Zeit liegen Hagelkörner wie Schnee auf meinem Hut und meiner Jacke und in Rustys Mähne. Der Wind peitscht uns die Eiskörner ins Gesicht. Sie schmerzen auf der Haut. Ich ziehe den Hut tief ins Gesicht und vertraue Rusty die Wegsuche an. Der Weg ist rutschig. In steilen Serpentinen gehen wir bergan.

„Nimm die Füße aus den Steigbügeln, damit du abspringen kannst, wenn dein Pferd stürzt!", ruft Günter mir zu.

Schon öfter haben mir Reiter erzählt, dass sie in gefährlichen Situationen abgesprungen sind. Nie konnte ich mir vorstellen, wie das gehen soll. In welche Richtung springe ich und wohin das Pferd? Beide haben wir die Tendenz, nach oben zu flüchten. Wie kann ich verhindern, dass das Pferd auf mich fällt?

„Rusty, ho!" Mir ist das zu gefährlich. Ich steige ab und gehe zu Fuß, das heißt ich lasse mich von Rusty am Schweif nach oben ziehen. Die Passhöhe ist eingeschneit, doch die Sonne kommt wieder hervor und taucht die Landschaft in ihr freundliches Licht. Der Schnee erzählt Geschichten von all den Tieren, die in der letzten Stunde vorbeikamen. Wieder sehen wir die Abdrücke der riesigen Pranken eines Grizzlybären im Schnee, quer dazu verlaufen die Spuren eines Waschbären. Rehe, Hirsche und Hasen haben ihre markanten Abdrücke hinterlassen. Eine Fährte ist neu für uns. Es sind die Spuren der weichen Tatzen eines Pumas. Auf der anderen Seite des Passes ist noch mehr Schnee gefallen. Veilchen strecken ihre violetten Blumenköpfchen aus dem Schnee hervor. Auch sie wirken wie vom Wintereinbruch überrascht. Vor acht Wochen hatten wir in den South San Juan Bergen mit den alten Schneefeldern des letzten Winters zu kämpfen, jetzt fällt bereits Neuschnee. Der Sommer in den Bergen ist so kurz wie eine Sternschnuppe. Auf einem Gegenhang entdecken wir einen Bären. „Ein Schwarzbär", raunt mir Günter zu. Dann brüllt er ein lautes „Hey" in Richtung Bären. Dieser hebt seinen Kopf und starrt uns an. Er tut aber nicht, was ich von ihm am meisten erwartet hätte, er läuft nicht davon.

Abends geht der Schnee in Regen über. Seit einigen Tagen stellen wir das Zelt weit vom Kochplatz entfernt auf. Wegen der Grizzlybären können wir auch bei Regen nicht im Vorzelt kochen. Kein Essensgeruch darf ins Zelt. Alles, was duftet, also auch Seife oder Zahnpasta, wird hochgezogen. Früh verkriechen wir uns im Zelt. Rhythmisch prasseln die Tropfen gegen die Plane. Im Hintergrund rauscht ein Bach. Wir lauschen auf Geräusche, die Grizzlybär- und Pumaspuren noch in frischer Erinnerung. Einige Äste knacken, vorsichtig schaue ich nach draußen. Doch es ist nur ein Reh, das wie selbstverständlich durch unser Lager spaziert. Bei Einbruch der Dunkelheit zieht Nebel auf und hüllt die Berghänge ein. Er senkt sich von oben herab, nimmt zuerst den Blick auf die Gipfel und erreicht schließlich die Wälder und Wiesen. Ein gespenstisches Grau hüllt die Landschaft ein, lässt Bäume und Sträucher wie durchsichtige Geister im Nebel erscheinen. Wir lagern am Tor des Yellowstone Nationalparks. Die strengen Regeln des Parks zwingen uns, noch eine Nacht außerhalb des Parks zu verbringen. In Dubois rief ich beim Parkservice an. Ich hatte damit gerechnet, auf große Schwierigkeiten zu stoßen und zunächst schienen sich meine Befürchtungen auch zu bewahrheiten.

„Mit Pferden durch den Nationalpark? Keine Ahnung, da kenn ich mich nicht aus, da müssen sie meine Chefin fragen." Der junge Rancher am Telefon war mit meinem Anliegen überfordert und bat mich, am nächsten Tag nochmals anzurufen. Am nächsten Morgen hatte ich Glück. Ich telefonierte mit Mary, der Chef-Rancherin.

„Kein Problem, wann wollen Sie denn durch den Park reiten?", fragte sie freundlich. Ich war sprachlos. Ich hatte mich bereits mit dem Gedanken abgefunden, dass wir den Nationalpark umgehen müssten oder dass es zumindest höchst kompliziert werden würde, mit den Pferden hindurchzureiten. Im Rocky Mountain Nationalpark in Colorado zum Beispiel dürfen Pferde nicht grasen, man muss Heu-Pellets für die Tiere mitbringen. Ohne Versorgungsfahrzeug ist das fast unmöglich. Doch im Yellowstone Nationalpark sind wir willkommen – auch mit vier Pferden. Ich folgte Charlys Rat und erwähnte den Hund nicht. Telefonisch bekam ich ein Backcountry Permit und konnte Campingplätze für einen festgelegten Zeitraum reservieren. Im Nationalpark darf man nur an bestimmten Plätzen und an vorher festgelegten Tagen campieren. Wir sind bereits drei Tage verspätet und unser Zeitplan im Park sieht Tagesetappen von rund dreißig Kilometern vor. In fünf Tagen sollten wir den Park durchqueren. Wir beschließen, uns von dem Regelwerk nicht unter Druck setzen zu lassen.

Yellowstone! Trotz aller Vorschriften ist der Nationalpark ein Juwel auf unserer Reise, so einzigartig und kostbar. Yellowstone, allein das Wort weckt Fantasien von spuckenden Geysiren und brodelnden Schlammbecken, wilden Büffelherden, Wölfen und Grizzlybären. Vor 150 Jahren entdeckte John Colter, ein Fallensteller und Mountain Man, auf einem seiner

Streifzüge in die nördliche Wildnis spuckende, heiße Quellen und blubbernde Schlammbecken. Zurück in der Zivilisation wurde seinen Berichten aber kein Glauben geschenkt, sie wurden als Phantastereien abgetan. Es dauerte noch viele Jahre, bis das Gebiet im Nordwesten Wyomings erforscht wurde. Die damaligen Entdecker erkannten den Naturschatz, der hier verborgen lag, und forderten seinen Schutz. 1872 erklärte Präsident Ulysses S. Grant Yellowstone zum ersten Nationalpark der USA. Wie fortschrittlich der Gedanke des Umweltschutzes damals war! Der erste Nationalpark in Deutschland, der Nationalpark Bayrischer Wald, wurde erst 100 Jahre später gegründet, der erste Nationalpark Österreichs, der Nationalpark Hohe Tauern, wurde sogar erst 1981 ins Leben gerufen.

Der Ursprung der geheimnisvollen Landschaft war ein Vulkanausbruch, der hier vor rund 640.000 Jahren stattgefunden hat. Der heutige Yellowstone Nationalpark liegt zu weiten Teilen in der damals entstandenen Caldera, über der Magmakammer, die in über acht Kilometern Tiefe liegt. Diese Magmakammer, die das von Bergen herabfließende und in der porösen Lava versickernde Wasser erwärmt, ist die Ursache für die vulkanogenen Aktivitäten. In heißen Quellen, Geysiren oder blubbernden Schlammlöchern tritt das versickerte Wasser wieder an die Erdoberfläche. Zehntausend heiße Quellen und über dreihundert Geysire liegen im Yellowstone Gebiet.

Am Morgen ist die Welt in ein Kleid aus weißem Raureif gehüllt. In den Gräsern und auf den Blättern funkeln die Kristalle, die die Sonne schnell in kleine Wassertropfen verwandelt. Wie Stillleben bleiben sie auf den Blättern liegen. Es ist eiskalt und wir brauchen sehr lange, um in Schwung zu kommen. Nach einem halben Kilometer begrüßt uns ein Holzschild mit leuchtend gelber Aufschrift: „Entering Yellowstone Nationalpark, Enjoy the Backcountry“. An diesem wenig frequentierten Eingangspunkt zum Park verlangt niemand Eintritt von uns. Wir reiten an einem kleinen verlassenen Kontrollhäuschen vorbei und betreten Yellowstone. Im Gepäck haben wir einen blinden Passagier. Er sitzt in einer Kartonbox auf unserem Packpferd Dino und ist unglücklich. Es dauerte lange, bis wir Leni in der Box verstaut hatten. Der durchlöcherte Pizzaboden wurde als Deckel festgebunden. Nach wenigen Metern dreht Dino durch, weil etwas sich auf seinem Rücken bewegt. Nun erlebt Leni ihr erstes Rodeo. Wir können es nach wenigen Sekunden beenden, holen Leni aus der Schachtel und beruhigen Hund und Pferd. Wir polstern die Schachtel mit einem Schlafsack aus, damit Dino Lenis Bewegungen nicht spürt. Nervös reiten wir weiter. Leni winselt herzzerreißend. Ich reite hinter Dino und rufe Leni beruhigende Worte zu. Nach wenigen Metern schaut plötzlich ihr Kopf durch die Pizzaschachtel. Wie eine Maus hat sie ein großes Loch genagt. Wie ein Erdhörnchen aus einem Erdloch blickt sie sich um.

„Das darf doch nicht wahr sein ...!“ Günter wird langsam ungeduldig. Er nimmt seine Jacke und wirft sie über Lenis Kopf. „Sollen wir etwa so fünf Tage unterwegs sein?“ Ich bin ebenfalls angespannt, denn ich führe Azabache als Packpferd, der immer wieder stur wie ein Esel stehen bleibt, keinen Schritt mehr vorwärts gehen will und mich fast aus dem Sattel zieht. Lasse ich den Führstrick fallen, muss ich absteigen, Azabache holen, der mittlerweile ins Grünzeug verschwunden ist, und wieder aufsteigen. Diese Prozedur haben wir in den letzten dreißig Minuten etwa fünf Mal wiederholt. So macht das keinen Spaß!

„Ich nehme Leni zu mir“, schlage ich vor, „Ich stopfe sie vorne in meine Jacke, dann sieht sie auch keiner. Dafür tauschen wir Packpferde.“

Leni ist zwar immer noch nicht glücklich über die Lösung, denn sie will laufen, doch es funktioniert einigermaßen. Allerdings kann ich sie nicht komplett verstecken, ihr Kopf schaut noch heraus.

„Zieh meinen Regenponcho an“, meint Günter, „Unter dem kannst du sie verbergen.“

Ich werfe das blaue Nylon über. Zum Glück spielt der

Himmel mit. Er ist mit dichten Wolken bedeckt. „Solange mich niemand anspricht und Leni ihn anbellt, wird das funktionieren."

Wir reiten entlang des Snake River Tals. Jenes Tal, in dem der Wanderer aus England unzählige Grizzlybärspuren gesehen hat. Jetzt zeugt nichts mehr davon, dass diese Riesen des Waldes hier durchgezogen sind. Der letzte Regen hat die Spuren weggewaschen. Die Luft ist deutlich kühler, der Winter kündigt sich an. Die Landschaft verfärbt sich. Die Blätter haben rote und gelbe Ränder, das grüne Gras ist gelb geworden, kleine lila Blüten trotzen dem Winter, Löwenzahn-Pusteblumen zerstauben unter den Hufen der Pferde, ihr Blütenstaub fliegt in alle Richtungen. Im Gras stehen Pflanzen, die mich an Pfeifenputzer erinnern. Sie haben einen braunen Kopf mit langem, dünnem Stiel und grünen Blättern. Es ist kalt. Doch wenn die Sonne hervorkommt, hat sie noch immer eine herrlich wärmende Kraft. Heuschrecken und Grillen zirpen und springen und fliegen durch die Gegend.

Sämtliche Berghänge sind dem Feuer von 1988 zum Opfer gefallen. In jeder Richtung, soweit das Auge reicht, steht verbrannter Zahnstocherwald, grotesk und doch in seiner Unordnung wieder schön. Viele Baumstämme sind bereits umgefallen. Immer wieder fallen neue. Der Wald erinnert an Mikado, bei dem jemand gerade die Stäbe ausgeworfen hat, die nun kreuz und quer und übereinander auf dem Tisch liegen, bereit zum Spielbeginn. Nur dass hier keiner die Stäbe, die Baumstämme, aus dem Gewirr zieht.

Genau zwanzig Jahre ist das Feuer her. Viele Stämme stehen noch immer senkrecht und ragen zu schwarzer Kohle verbrannt gegen den Himmel. Auf dem Waldboden wetteifern die Pflanzen um das Licht. Erst wenige kleine Nadelbäume sind nachgewachsen und haben eine Höhe von zwei bis drei Metern erreicht. Doch der Waldboden ist dicht bewachsen. Sträucher, Gräser und Schachtelhalme konkurrieren miteinander. Dazwischen blühen Glockenblumen und andere

Herbstblumen in lila und weiß. Rosa blühende Lupinen haben ihre Blüten verloren und ein fragiles Skelett langer Stäbe zurückgelassen, eine rosa Farbenpracht.

Waldbrände sind Teil des biologischen Systems. Sie sind ein natürlicher Bestandteil in der Dynamik der Natur. Die häufigste Ursache eines natürlichen Waldbrandes ist ein Blitzschlag. Manche Bäume, wie die Küstenkiefer, brauchen sogar Waldbrände zur Fortpflanzung. Die Zapfen der Bäume öffnen sich erst bei sehr hoher Temperatur. Nachdem alle konkurrierenden Pflanzen verbrannt sind, können die Samen ungestört in der nährstoffreichen Ascheschicht keimen. Auch andere Bäume, wie Espen und Weiden, haben nach einem Waldbrand größere Chancen sich auszubreiten. Waldbrände verhindern, dass sich Schädlinge zu stark ausbreiten und sie vernichten totes Material. Der Park besteht seit über einhundert Jahren und genauso lange diskutiert man, welches Feuermanagement das Richtige wäre. Ging man zunächst davon aus, dass Waldbrände soweit wie möglich verhindert werden sollten, begann man in der Mitte des letzten Jahrhunderts, kontrollierte Feuer zuzulassen und ab den 70er Jahren beschloss die Nationalparkverwaltung, nicht mehr in den Verlauf natürlicher Waldbrände einzugreifen, bis dann im Jahr 1988 die Situation außer Kontrolle geriet. Die Bilder des Flammeninfernos gingen um die Welt. Sieben Brandherde werden für die Katastrophe verantwortlich gemacht. Nicht alle entstanden auf natürliche Weise. Dreitausend Quadratkilometer Wald standen in Flammen, etwa ein Drittel des Parks. 25.000 Feuerwehrleute waren im Einsatz.

Eine Biegung im Weg gibt den Blick frei auf die Berge vor uns und auf noch mehr vom Waldbrand gezeichnete Hänge. Die nährstoffreiche Asche bringt den Waldboden zum Blühen, ein herbstlich buntes Treiben.

Wie gerne bin ich doch hier draußen in der Natur, weit weg von der Zivilisation, vom Stress und Lärm der Stadt, den vielen Menschen. Als es vor zwei Tagen am Morgen regnete und kalt war – kein angenehmes Wetter, um aus dem Schlafsack zu kriechen und mit klammen Fingern und kalten Füßen die Sachen zusammenzupacken –, stellte ich mir die Wiener Mariahilfer Straße an einem Samstagvormittag in der Vorweihnachtszeit vor. Ich konnte die Menschenmassen förmlich spüren, den Lärm und die Rastlosigkeit, mit der die Menschen umherhetzen, um die letzten Weihnachtsgeschenke einzukaufen. Im Nu war ich dankbar dafür, hier zu sein, hier im Regen, hier in der Kälte, hier in dieser Ruhe und Einsamkeit. Wie wenige Flecken gibt es noch auf dieser Welt, die wir so belassen haben, wie wir sie vorgefunden haben? In Europa sind es nur mehr die Randzonen, die unwegsamen Gebiete, die Ecken, in denen ohnehin keiner leben will oder kann. Wir haben die Natur dem Fortschritt geopfert, haben die naturnahe Lebensweise eingetauscht gegen die Konsumgesellschaft. Und was bedeutet die Konsumgesellschaft? Nichts anderes, als dass jeder über seine Bedürfnisse hinaus konsumiert. Dass wir uns und unseren Status in der Gesellschaft über den Konsum definieren. Wir produzieren in Masse, dafür aber kurzlebig und für den Abfalleimer. Produkte sind nicht mehr dazu da, einen Bedarf zu befriedigen, sondern mittels Werbung werden Bedürfnisse überhaupt erst generiert. Wir leben in einer Überflussgesellschaft oder Wohlstandsgesellschaft. Man könnte sie aber auch Wegwerfgesellschaft nennen.

Das kurze Gastspiel der Sonne ist wieder vorbei. Der Himmel hat sich in ein graues Kleid gehüllt. Es ist kalt. Ich sitze auf dem Pferd und habe zwei Pullover, Schiunterwäsche, Handschuhe und Haube und meine Jacke an, trotzdem sind meine Finger eisig und wir haben noch nicht einmal die Hälfte der heutigen Etappe hinter uns. Der grotesk-pittoreske Wald sieht plötzlich nur noch kahl und leer aus. Seit Stunden sind wir unterwegs und seit dem Morgen noch keinem Menschen begegnet.

„Ich lasse Leni jetzt laufen!“, rufe ich Günter zu.

„Nimm sie aber an die Leine. Und wenn jemand kommt, versteckt ihr euch.“

So eine Hundeschmuggelaktion kann richtig spannend

sein. Günter reitet vorne, sollte jemand kommen, würde er mir ein Zeichen geben, und Leni und ich würden im Gebüsch verschwinden. Das zumindest ist der Plan, der allerdings optimistischerweise davon ausgeht, dass es immer ein Gebüsch gibt, hinter dem man verschwinden kann und dass Leni sich dort still und leise verhält.

Auf der anderen Seite einer großen Lichtung entdecken wir einen Wolf. Tiere im Nationalpark sind an den Menschen gewöhnt. Sie wissen, dass der Mensch keine Gefahr für sie darstellt. So kann man in Yellowstone bereits beim Vorbeifahren durch die Windschutzscheibe wilde Büffelherden, Elche und Hirsche sehen. Ihr Auftritt sorgt regelmäßig für Verkehrsstaus im Park. Je nachdem, wie die Lenker ihre Fahrzeuge abgestellt haben, kann man bereits erkennen, um welches Tier es sich handelt. Sind die Fahrzeuge ordentlich am Straßenrand abgestellt, handelt es sich höchstwahrscheinlich um eine der relativ häufig auftretenden Büffelherden oder einen Wapiti-Bullen. Stehen die Autos jedoch kreuz und quer auf der Fahrbahn, dann muss es sich um einen Bären oder einen Wolf handeln, denn die Begegnung mit einem Wolf ist auch im Nationalpark etwas Besonderes. Lange bevor der erste Europäer den Westen der USA entdeckte, durchstreiften Wolfsrudel die Wälder von Alaska bis Mexiko. Für die ersten Siedler galten sie als gefährliche Raubtiere und wurden gejagt. Im Jahr 1926 war auch der letzte Wolf in Yellowstone dem Menschen zum Opfer gefallen. Über Jahrzehnte gab es keine Wölfe mehr im Nationalpark. In diesem Zeitraum lernten die Naturwissenschaftler jedoch die Bedeutung des Wolfes zum Erhalt des Gleichgewichtes des natürlichen Ökosystems besser kennen. Im Jahr 1995 kamen die ersten vierzehn Wölfe zurück nach Yellowstone. Sie kamen aus Alberta, Kanada. Ende letzten Jahres war ihr Bestand auf 171 Wölfe angestiegen. Durch das Fernglas beobachte ich den Wolf. Leichtfüßig läuft er über die Wiese. Immer wieder bleibt er stehen und schnüffelt wie ein Hund auf dem Boden. Er scheint ein Einzelgänger zu sein, zumindest kann ich keinen zweiten entdecken. Nach einer

Weile bleibt er am Waldrand sitzen und beobachtet die Wiese. Ich glaube, seinen Blick aufzufangen, doch wir sind zu weit weg, um ihn aus der Ruhe zu bringen.

Kurz vor Einbruch der Dämmerung erreichen wir den Campingplatz. Ein kleines Schild markiert den Pfad dorthin. Er liegt versteckt am Ufer eines Flusses, etwas abseits des Weges. Die Park-Ranger haben darauf geachtet, dass das Übernachten im Hinterland des Parks zu einer echten Wildniserfahrung wird. Am Ufer wächst wilde Pfefferminze. Ich pflücke einige Blätter, um Tee zu kochen. Meine Hände duften herrlich nach Minze.

In etwa drei Metern Höhe ist zwischen zwei alten Bäumen ein Stamm quer angebracht. Über diesen lässt sich der Proviant leichter hochziehen. Die Bäume ächzen unter der unwillkommenen Last. Auch für das Lagerfeuer wurde bereits ein Steinkreis angelegt. Etwa zweihundert Meter entfernt lädt eine flache Stelle zum Schlafen ein. Es ist eine willkommene Abwechslung, dass wir unseren Lagerplatz nicht selbst suchen müssen. Die Pferde streifen durch das hohe Gras. Auch sie sind mit dem schönen Lagerplatz zufrieden.

Nachts fallen Regentropfen auf das Zelt. Sonst hören wir nur das Bimmeln der Glocken um den Hals der Pferde.

„Was meinst du, wie würden sie auf eine Herde Bisons reagieren?“, frage ich Günter.

„Keine Ahnung, erschrecken und davonlaufen, nehme ich an.“

„Dann möchte ich lieber keinem begegnen.“

Von einem früheren Besuch in Yellowstone kann ich mich noch gut an diese eindrucksvollen Tiere erinnern. Wie Geschöpfe aus der Urzeit sehen sie aus, mit ihren riesigen dreieckigen Köpfen, dem dichten, wuscheligen Fell auf Kopf und Buckel. Es sind fantastische Tiere und ihnen von Angesicht zu Angesicht gegenüberzustehen ist ein besonderes Erlebnis. Trotzdem möchte ich ihnen mit den Pferden lieber nicht begegnen.

Um sechs Uhr läutet der Wecker meiner Armbanduhr. Es

ist noch stockdunkel und ich drehe mich sofort wieder auf die andere Seite. Günter jedoch steht auf und kocht Kaffee. Draußen ist es ungemütlich. Dichte Wolken hängen am Himmel, Raureif liegt auf Gras und Sträuchern. Es ist feucht und kalt. An so einem Morgen wird nicht viel gesprochen. Jeder hängt seinen Gedanken nach. Dunkelheit und Kälte machen uns wortkarg. Jeder Handgriff ist Routine, hunderte Male wiederholt. Schon lange müssen wir die Pferde zum Packen und Satteln nicht mehr festbinden, sie bleiben ruhig stehen. Die Wochen unterwegs haben uns zu einem guten Team verschmelzen lassen. Jeder kennt seine Rolle, auch die Tiere. Es ist das harmonische Miteinander, das sich jeder Pferdereisende wünscht, das aber erst nach vielen Wochen eintritt. Erst dann, wenn Mensch und Pferd einander bedingungslos vertrauen, wenn man die Körpersprache des anderen bis zur Perfektion gelernt hat, wenn man aus dem leisesten Zucken der Pferdeohren Unsicherheit ablesen und diese mit einem ruhigen Wort außer Kraft setzen kann, erst dann wird die Pferdereise zum wahren Genuss. Seit einigen Wochen laufen die Pferde, wenn sie sich erschrecken, nicht mehr davon, sondern auf uns zu. Sie suchen Schutz bei uns.

Gegen acht Uhr verlassen wir unseren Lagerplatz. Wir reiten durch dichten Jungwald. Jetzt bin ich hellwach und singe aus voller Brust, um die Grizzlybären zu verscheuchen, die sicher in dem dichten Gebüsch auf uns lauern. Günter legt an Tempo zu, wahrscheinlich will er mehr Abstand zwischen sich und meinen Gesang bringen. Die Pferde tragen nun auch tagsüber Kuhglocken. Wie eine klingelnde und singende Weihnachtskutsche ziehen wir durchs Land. Eine große, graue Eule wird durch die Glocken unserer Pferde aufgeschreckt und fliegt über uns hinweg. Sie landet auf einem Ast und dreht ihren Kopf um 180 Grad, um in alle Richtungen zu blicken. Noch nie habe ich eine Eule in freier Wildbahn gesehen. Die Begegnung fasziniert mich. Ihr graues Gefieder lässt sie uralt und weise aussehen.

Gegen Mittag erreichen wir Heart Lake. Einige Sonnenstrahlen finden ihren Weg durch ein Loch in der Wolkendecke und tauchen die Wiesen rund um den See in ihr warmes, gelbes Licht. Zwei Graureiher sonnen sich an einem Zufluss. Kurz vor dem See haben wir Leni in der Box versteckt, denn in unserer Karte ist ein Forsthaus am See eingezeichnet. Doch das schöne, alte Holzhaus ist verlassen und Leni darf ihr Versteck wieder verlassen. Ich nehme sie zu mir in den Sattel und werfe wieder den Regenponcho über sie. Auf der anderen Seite des Sees sehe ich Rauch aufsteigen. „Ein Waldbrand!“ Der Gedanke ist naheliegend, doch falsch. Die Rauchsäule ist zu klein und verändert sich auch nicht.

„Dann muss es sich wohl um ein Lagerfeuer handeln“, ist meine nächste logische Erklärung. Erst als wir näher kommen erkenne ich, dass nicht Rauch, sondern Dampf aufsteigt. Ich hatte schon wieder völlig verdrängt, dass Yellowstone in erster Linie für seine geo-thermischen Gebiete bekannt ist. Es brodelt und spuckt und zeigt sich in schillernden Farben und keine Absperrung, kein „Betreten Verboten“ Schild trennt uns von diesem Naturwunder, das wir wie die ersten Entdecker erleben dürfen. Am Nachmittag begegnen uns drei Wanderer. Freundlich grüßend reiten wir an ihnen vorbei. Leni bleibt unentdeckt unter dem Regenponcho. Nach fünf Stunden erreichen wir die erste Straße im Park, die wir überqueren müssen. Schon eine halbe Stunde, bevor wir die Straße erreichen, hören wir die Motorgeräusche der vorbeifahrenden Fahrzeuge. Wie störend und laut der Verkehr doch ist.

Als wir die Straße überqueren, kommt uns ein Einsatzfahrzeug des Parkservices entgegen. Mein Herz schlägt schneller, ich halte die Luft an. Leni ist immer noch unter meinem Poncho verborgen. Der Ranger winkt mir durch die Fensterscheibe freundlich zu, ich winke zurück und er fährt vorbei. Noch einmal haben wir Glück gehabt, hier hätte die Reise durch den Park zu Ende sein können. Bis zum Abend treffen wir keinen Menschen mehr, dafür einige Rehe. Bei unserem Anblick verharren sie ruhig und beobachten uns neugierig. Schreckhaft sind sie nicht. Die Pferde scheinen die Rehe gar nicht wahrzunehmen oder sie sind ihnen egal. Unser Weg führt durch den Abfluss des Shoshone Lakes. Der Fluss ist etliche Meter breit, aber nicht mehr als knietief. Trotzdem ist es bei der kühlen Temperatur angenehm, trockenen Fußes hindurchzureiten. Leni schwimmt ohne zu zögern durch den Fluss. Am anderen Ufer angekommen wälzt sie sich im Gras, um sich trockenzureiben. Der nächste für uns reservierte Lagerplatz liegt geschützt im Wald am Ufer des Sees. Ein Graureiher fliegt mit breitem Flügelschlag davon. Diesmal ist es Günter, der sich von dem Platz angezogen fühlt.

„Lass uns morgen einfach hier bleiben", schlägt er vor.

„Wir haben den Platz zwar nur für eine Nacht reserviert, aber ich bin auch dafür. Lass uns einen Tag hier bleiben."

Auch auf einer Reise gilt es als Luxus, an manchem Morgen nicht aufstehen zu müssen. Günter hat bereits die Pferde gewechselt und ist wieder eingeschlafen. Ich liege wach im Zelt und lausche den Geräuschen des Waldes. Ein schrilles, metallisches Pfeifen dringt durch die Bäume. Es ist der Lockruf der Wapitis. Später schimpft ein Eichkätzchen mit lautem Krächzen und Quietschen, ein einsamer Vogel singt sein Lied und mich wieder in den Schlaf. Erst spät kriechen wir steif und verschlafen aus dem Zelt. Am Vormittag spaziere ich entlang eines Zuflusses des Sees. Leni begleitet mich, während Günter mit der Hufpflege der Pferde beschäftigt ist. Aus einer Quelle am Hang sprudelt reichlich Wasser in den Fluss und versperrt mir den Weg. Mühsam klettere ich oberhalb vorbei und entdecke Heidelbeersträucher mit herbstlich rotem Laub und dunkelblauen, süßen Beeren. Auch Leni schmecken die Beeren. Zunächst füttere ich sie ihr aus der Hand, dann zeige ich ihr die Beeren am Strauch und sie pflückt sie selbst. Sie macht dabei die Augen zu, wie beim größten Genuss. Kein einziger Fisch ist in dem klaren Wasser des Flusses zu sehen. Ein dichtes Gewirr von Sträuchern versperrt mir schließlich den Weg und zwingt mich zum Umkehren. Schon von weitem höre ich Stimmen und verstecke Leni schnell im Zelt.

„Drei Fischer teilen sich heute Nacht den Lagerplatz mit uns. Das heißt, eigentlich haben sie die Erlaubnis, heute Nacht hier zu campieren, doch sie haben nichts dagegen, wenn wir bleiben", empfängt mich Günter.

„Hast du ihnen schon von Leni erzählt?"

„Nein, kannst du das bitte machen?"

Drei große, breit gebaute Männer liegen verstreut im Lager herum. Als ich mich nähere, bewegen sie nur die Augen. Sie sehen ziemlich zerstört aus. Ich koche Kaffee und biete ihnen auch welchen an, doch sie lehnen ab.

„Ich möchte euch ein Geheimnis verraten und euch bitten, es nicht weiterzuerzählen", beginne ich, „Wir haben einen Hund in den Park eingeschmuggelt. Er liegt jetzt im Zelt."

Als Antwort erhalte ich ein erstauntes Grunzen. Und einer der drei hebt sogar den Kopf.

„Ganz schön mutig", meint er, „Die Ranger im Park werden richtig sauer, wenn sie einen Hund erwischen."

Ich bin mir noch nicht sicher, was die drei selbst davon halten und hole Leni aus dem Zelt. Ihr Anblick hat bisher noch jedes Herz erwärmt und es funktioniert auch mit den Fischern. Schwanzwedelnd begrüßt sie jeden und leckt ihnen freundschaftlich die Hände. Der größte der drei Männer stellt sich als James Nicholson vor. „Ich habe früher selbst im Park gearbeitet", erzählt er, „für uns ist der Hund kein Problem, aber lasst euch besser nicht erwischen."

Ich bin über die unerwartete Gesellschaft für den Abend nicht sehr glücklich. Lieber hätte ich die Einsamkeit und Ruhe dieses idyllischen Platzes alleine genossen. Auf einer Pferdedecke mache ich es mir am Rand einer Lichtung gemütlich, um zu meditieren. Große Wolken ziehen über den Himmel und verdecken immer wieder die wärmende Sonne. Ein Grashüpfer nimmt auf meiner Decke Platz und labt sich an dem Pferdeschweiß. Er ist braun-gelb und grün gemustert, hat zwei Paar normale Beine und die eigenartig nach hinten gebogenen Sprungbeine. Neben seinem Maul befinden sich zwei Fühler, mit denen er die Decke abtastet. Plötzlich bekommt er Gesellschaft von einem zweiten, kleineren Grashüpfer, doch der Einzelgänger freut sich über die Gesellschaft genauso wenig wie ich, springt in weitem Bogen davon und verschwindet im hohen Gras. Was für ein Luxus ist doch die Stille, die klare saubere Luft, das frische Wasser, die Ruhe der Natur. Schon lange beschäftigt mich der Gedanke nicht mehr, wie weit die nächste Zivilisation und damit die nächste Hilfe im Notfall entfernt sind. Je weiter, desto besser. Ich mache mir keine Gedanken mehr darüber, was passieren könnte, sondern vertraue darauf, dass wir – was immer auch passiert – in der Lage sein werden, damit umzugehen.

Am nächsten Tag reiten wir am Shoshone Geysir Basin vorbei. Pferde müssen einen Umweg rund um das geo-thermische Becken machen und so gehe ich zu Fuß zu den Geysiren und Schlammbecken, um zu fotografieren. Günter bleibt bei den Pferden. Wir lassen sie nie alleine angebunden, denn es kann immer vorkommen, dass sie sich im Seil verheddern. Das Becken gilt als leicht zu erreichende Attraktion im Hinterland und zieht einige Tageswanderer an. Ein junges Pärchen kommt mir im Eiltempo entgegen. Er schreitet schnellen Schrittes voran, sie hetzt hinter ihm her. Kurze Zeit später treffe ich vier Burschen. Auch sie marschieren rasch durch die Landschaft, ohne einen Blick nach links oder rechts zu vergeuden. Dabei gehen wir durch eine höllisch schöne Landschaft. Es dampft und spuckt und kocht und sprudelt. Heiße Quellen und Schlammtöpfe, um die sich Sinter abgelagert hat, liegen links und rechts des Weges. Bakterien und Algen färben das Wasser hellgelb über orange bis dunkelgrün. Aus den Fumarolen tritt heißer Dampf. In den Schlammtöpfen brodelt Schlamm in grauer, rosa und roter Farbe. Blaue Libellen sonnen sich auf dem Weg. Ich frage mich, wohin die Wanderer eilen, wenn doch die Attraktion hier vor unseren Füßen liegt?

Unser Lagerplatz an diesem Abend bietet einen seltenen Luxus. Wieder lagern wir an einem Fluss. Dieser hat jedoch besondere Qualitäten: eine heiße Quelle sprudelt ins Wasser und vermischt sich mit dem kalten Flusswasser. Wenn man das Wasser an einer bestimmten Stelle entnimmt, hat es Badewannentemperatur! Wir verwenden unsere Kochtöpfe und übergießen uns gegenseitig mit dem warmen Wasser – was für ein Luxus, den die Wildnis hier bietet! Anschließend sitzen wir am Flussufer, strecken unsere Füße ins warme Wasser und beobachten, wie der Sonnenuntergang den Himmel feuerrot einfärbt. Die Bäume werfen lange Schatten auf das hohe, trockene Gras der weiten Wiese, durch die ein kleiner Bach mäandert. Grillen zirpen. Ein Abend wie in der Savanne.

Der vierte Tag in Nationalpark bringt eine Herausforderung, der wir schon seit einiger Zeit mit Bangen entgegensehen. Wir müssen an Old Faithful und dem riesigen Geysir-Bassin, das ihn umgibt, vorbei. Heute ist Lenis großer Tag. Dafür haben wir seit drei Tagen geübt. Jetzt muss sie in die Box und sich ruhig verhalten. Auch die Pferde müssen mitspielen. Günter reitet Lightfoot und führt Dino, ich reite Rusty und führe Azabache. An so einem Tag erfolgt die Wahl des Reitpferdes nicht zufällig. Lightfoot ist der Verlässlichste von allen, er ist am wenigsten schreckhaft. Ich reite in unsicheren Situationen immer Rusty, weil ich mich auf ihm am wohlsten fühle. Leni wimmert und winselt in ihrer Box. Immer wieder steigt Günter vom Pferd und sieht nach ihr. Als Abdeckung haben wir nun den Grillrost über die Schachtel gelegt. Leni stemmt sich mit aller Kraft dagegen. Irgendwann gibt sie auf und liegt erschöpft in der Box, als hätte sie mit allem abgeschlossen und sich ihrem Schicksal ergeben. Günter und ich sind beide ausgesprochen nervös. Das Gefühl der Anspannung ist mit dem vor einer großen Prüfung vergleichbar. Doch wir versuchen, ruhig und freundlich im Umgang miteinander und mit den Tieren zu bleiben.

Wir kommen von oben, reiten einen Hang hinab und sehen so schon von Weitem die großen, alten Gebäude des Old Faithful Inn, den Parkplatz, auf dem hunderte Fahrzeuge abgestellt sind und die in regelmäßigen Intervallen aufsteigende Fontäne des Geysirs. Am Telefon hatte Mary, die Rancherin gemeint, wir müssten uns irgendwie durchschlagen, denn auf der Straße dürften wir nicht reiten, abseits der Wege auch nicht und durch das Geysir-Becken schon gar nicht. Später erfahren wir, dass es nur eine legale Möglichkeit gibt, Pferde über diese vier, fünf Kilometer des Continental Divide Trails zu bringen: in einem Trailer. Wir entscheiden uns dafür, uns zunächst abseits der Wege durchzuschlagen und dann einem Radweg zu folgen, der am Daisy Geysir Bassin vorbeiführt. Vorsichtig reiten wir über die Wiesen neben der Straße und versuchen zu den geo-thermischen Gebieten Abstand zu halten. Als wir die Straße überqueren müssen, warten wir lange, bis der Strom an Fahrzeugen abreißt, so dass wir hinüberkönnen. Holzstege führen über das Daisy Geysir Becken. Die Hufe der Pferde klacken laut auf den Latten. Die vielen Menschen in ihren sauberen, weißen T-Shirts und Shorts und mit ihren Fotoapparaten kommen mir vor wie aus der Waschmittelwerbung. Bei unserem Anblick schwenken sie die Kameras von den Geysiren in unsere Richtung. Die Pferde verhalten sich erstaunlich ruhig. Wahrscheinlich sind auch sie von den Eindrücken einfach überwältigt. Rusty beäugt misstrauisch einen spuckenden Geysir. Er reißt die Augen weit auf und stellt die Ohren nach vorne.

„Ist schon gut, es ist nur ein Geysir“, erkläre ich ihm lachend. Unsere Pferde bekommen schon ein außergewöhnliches Programm geboten! Problematischer ist, dass er durstig ist und zu jeder Wasserquelle drängt. Nur unter Einforderung höchster Disziplin kann ich ihn davon abhalten, aus den Geysirbecken zu trinken. Über eine Stunde reiten wir an all den Sehenswürdigkeiten des Parks vorbei. Wir haben es fast geschafft, da stehen wir vor einem Schild „Nur für Fußgänger“. Dahinter führen schmale Holzstege über das Bisquit Bassin. Dutzende Touristen gehen über die Weganlage. Der Steg ist links und rechts von einem Geländer begrenzt, gerade breit genug, dass die Packpferde hindurchpassen würden, doch zu schmal, dass wir an Fußgängern vorbeireiten könnten.

„Das darf doch nicht wahr sein. Und jetzt? Warum hast

du uns hierher geführt?", Günters Geduldsfaden ist gerissen. Die Anspannung des Tages zeigt sich nun. Auch mir ist zum Heulen. Gerade noch rechtzeitig, bevor wir uns streiten, entdecken wir einen Alternativweg für Pferde. Es versetzt uns in Festtagsstimmung, als wir den Trail zum Summit Lake einschlagen und die Zivilisation in ihren weißen Turnschuhen wieder hinter uns lassen. Endlich können wir Leni wieder aus der Box lassen und dankbar, wie nur Hunde es sein können, begrüßt sie uns herzlich. Zehn monotone Kilometer durch abgebrannten Wald bringen uns zum Summit Lake. Er liegt malerisch zwischen dunkelgrünen Nadelbäumen und weißen Brandleichen, die wie Speere in den Himmel zeigen und sich im Licht der Abendsonne goldgelb färben. Wir satteln einige hundert Meter vom Ufer entfernt ab. Die Pferde sind durstig, seit Stunden sind wir an keiner Quelle mehr vorbeigekommen. Rusty marschiert sofort los.

„Dieser Wünschelrutengänger! Er führt sie wieder zum Wasser", ruft Günter. Tatsächlich hat Rusty ein sehr gutes Gespür für Wasser. Schon oft hat er ein Rinnsal entdeckt, das uns sonst verborgen geblieben wäre. Die Pferde spazieren am Seeufer entlang und fressen das hohe grüne Schilfgras, das in Maulhöhe wächst. Azabache springt ausgelassen durch das hohe Gras. Selbst Lightfoot, der sonst immer sehr besonnen und überlegt wirkt, tobt übermütig am Seeufer entlang.

Ein lebhafter Wind treibt uns schon früh ins Zelt. Donnergrollen rollt über den Himmel, Blitze zucken und schlagen im See ein.

„Ist es nicht verrückt, jetzt waren wir fünf Tage im Nationalpark unterwegs, an vier davon trafen wir insgesamt fünf Menschen und am fünften Tag gleich hunderte!", stellt Günter fest.

„98% der Besucher verhalten sich eben so, als wären sie durch eine unsichtbare Kette an ihr Auto gefesselt", antworte ich, „Wir hätten es übrigens noch schlimmer erwischen können. Ich habe gelesen, dass in den Sommermonaten stündlich rund 3.000 Besucher den Ausbruch von Old Faithful bestaunen. Doch kaum jemand betritt das Hinterland des Nationalparks. Wie schade für all diese Besucher, doch was für ein Glück für uns."

Draußen führen Gewitter und Wind ein fantastisches Schauspiel auf. Die grünen Baumwipfel biegen sich unter den Böen, in den vom Feuer verwüsteten Wäldern knarren und ächzen die toten Baumstämme gefährlich. Hin und wieder fällt eine Baumleiche mit großem Getöse um. Um unser Lager stehen dunkelgrüne, gesunde Fichten. Zumindest hoffe ich, dass sie gesund sind. Seit einigen Jahren wütet ein Borkenkäfer in den Wäldern der Rocky Mountains. Unter seinem Befall verwandeln sich die immergrünen Fichten und Tannen in herbstliche Braun- und Rottöne. Riesige Gebiete sterben unter dem Befall des Käfers ab. Vor allem der Klimawandel, aber auch die sehr restriktive Feuerpolitik der letzten Jahrzehnte förderten seine Verbreitung. Jetzt sorgt er für viel totes Material im Wald und erhöht somit die Gefahr eines Waldbrands und insbesondere die Gefahr eines großflächigen Feuers.

Auch am nächsten Morgen führt unser Weg durch riesige Gebiete abgebrannten Waldes. Hier hat das Feuer erst vor wenigen Jahren gewütet. Die Landschaft ist kahl. Außer gelbem, trockenem Gras wächst hier noch nichts. Vor dem Hintergrund der dunkelgrauen Wolken wirken die schwarzen Brandleichen, die wie Zahnstocher in die Höhe stehen, karg und unheimlich. Es ist totenstill. Kein Vogel zwitschert in diesem toten Wald. Mit viel Aufwand wurde der Trail freigeräumt. Im weichen Erdboden sind keine Fußspuren zu sehen, und so darf Leni frei laufen. Springlebendig tobt sie umher und feiert ihre wieder erlangte Freiheit. Ein kalter Wind pfeift durch die Bäume und droht, die kahlen Stämme umzuwerfen. Stundenlang marschieren wir neben den Pferden her. Es ist kalt und das Gehen hält uns warm. An der Grenze zu Idaho haben CDT-Wanderer ein kleines Kunstwerk geschaffen. Mit Steinen haben sie eine Grenzlinie und rechts davon die Buchstaben WY für Wyoming, links davon ID für Idaho gelegt. Wieder haben wir einen Bundesstaat durchquert. Ein Grund zum Feiern? Nein, im Gegenteil. Unsere Reise durch Wyoming war einmalig. Kein anderer Bundesstaat erschien mir bisher so abwechslungsreich wie Wyoming. Ich kam mit wenigen Erwartungen, denn ich stellte mir Wyoming als das Land der flachen Prärie vor. Doch das Land der Cowboys hatte viel mehr zu bieten als nur Steppe. Die Begegnung mit den Wildpferden im Great Divide Bassin, die fantastische Bergwelt der Wind River Range und dann noch einen Nationalpark als krönenden Abschluss. Es ist kein Bundesstaat, bei dem ich froh bin, ihn hinter mir zu lassen. Ich könnte sofort wieder zurückreiten und alles nochmals erleben.

Wir kommen nach Idaho, einem Land, von dem ich nichts weiß, als dass es für seine Kartoffeln berühmt ist. Auch nicht gerade ein Land, von dem man viel erwarten würde.

Außerhalb des Parks erkennt man deutlich die Spuren einer aktiven Forstwirtschaft. Der Jungwald ist frei von umgefallenen Baumstämmen, und breite Forststraßen führen kreuz und quer durch den Wald. Der Ritt entlang einer dieser Straßen gleicht einer Schatzsuche. Wir reiten nebeneinander und entdecken abwechselnd Schätze, die jemand verloren hat, wie zum Beispiel eine Digitalkamera und ein Taschenmesser. Ständig muss einer von uns beiden absteigen und die Fundsachen aufklauben. Viel wichtiger als diese kleinen Geschenke unterwegs wäre es allerdings, Wasser zu finden. Alle Flussläufe, an denen wir in den letzten Stunden vorbeikamen, waren trocken, wahrscheinlich auch ein Resultat des Waldbrandes. In den vergangenen Wochen wurden wir mit Wasser im Überfluss verwöhnt und so haben wir auch keinen Wasservorrat dabei. Ich leide bereits unter Kopfschmerzen und Schwindelanfällen aufgrund des Wassermangels. An einem neuerlichen Grenzschild zwischen Idaho und Montana begegnen uns ein älterer Mann und eine Frau auf vierrädrigen Geländemotorrädern.

„Wie weit ist es noch bis zum Fluss?“, rufe ich ihnen zu.

„Höchstens noch einen Kilometer", ruft er zurück.

Erleichtert gehen wir weiter. Nach zehn Minuten erreichen wir den Fluss. Das Flussbett ist trocken.

„Das darf doch nicht wahr sein!", schimpfe ich, „Der hätte uns doch auch sagen können, dass der Fluss trocken ist!"

„Das sieht der doch im Vorbeifahren gar nicht", stellt Günter fest.

Der Fluss war meine letzte Hoffnung auf Wasser an diesem Abend. Das Touristendörfchen West Yellowstone liegt noch etwa zwanzig Kilometer entfernt, zu weit, um es an diesem Abend noch zu erreichen. Auf der Karte ist kein weiterer Fluss eingezeichnet. Ich beginne mich mit dem Gedanken an ein „Trocken-Lager" anzufreunden. Kein Wasser, kein Essen, kein Kaffee am Morgen. Auch keine Möglichkeit, sich zu waschen, obwohl das meine geringste Sorge ist. Ich mache mir Sorgen um die Tiere, vor allem um Leni. Schon jetzt hängt ihr die Zunge aus dem Maul und unter den Augen bilden sich Falten. Langsam geht der Tag zu Ende. Die Sonne ist schon längst hinter den Bäumen verschwunden. Die Dämmerung beginnt. Ich ärgere mich darüber, dass wir so leichtsinnig waren und keinen Wasservorrat bei uns haben. Nicht mal mehr einen Tropfen Wasser! Wir folgen einer monotonen Forststraße. Als wir um eine Kurve biegen, höre ich plötzlich das Plätschern eines Flusses. Rusty, Leni und ich stürzen sofort in Richtung Wasser.

„Günter, ein Fluss, ein richtiger Fluss!"

Vor Freude springe ich übermütig auf und ab. Aus einem Seitental fließt nicht nur ein kleines Rinnsal, sondern ein drei Meter breiter Fluss voll mit klarem, kaltem Wasser. Seit New Mexico habe ich mich über den Anblick von Wasser nicht mehr so gefreut. Die Böschung ist hoch und die Pferde haben Schwierigkeiten zu trinken. Rusty zögert nicht lange und springt mit den Vorderbeinen ins Wasser. Leni landet ebenfalls im Fluss und säuft im Schwimmen. Am Flussufer schlagen wir unser Lager auf. Obwohl wir literweise Wasser in unsere dehydrierten Körper schütten, fühlen wir uns völlig gerädert. Es ist bereits stockdunkel, als ein Fahrzeug die Forststraße entlangfährt und anhält. Der Fahrer steigt aus. Leni, die bereits tief und fest im Zelt geschlafen hatte, stürzt heraus, schießt wie ein Pfeil auf den Mann zu und bellt ihn wütend an. Günter und ich begrüßen den Mann und ich nehme die wütende Leni in den Arm. Es ist ein Jäger. Er sah im Vorbeifahren unsere Pferde im Scheinwerferlicht und wollte nachsehen, ob diese entlaufen sind. Er wohnt in West Yellowstone.

„Wir wollen morgen nach West Yellowstone reiten. Weißt du vielleicht einen Platz für unsere Pferde?", fragt Günter.

„Hm, vielleicht die Diamond P Ranch. Sie befindet sich ein Stückchen außerhalb des Ortes. Wenn ihr dorthin reitet, richtet Tom, dem Besitzer, einen schönen Gruß von mir aus", sagt er zu Günter, dann wendet er seinen Blick mir zu und lacht: „Was ist das denn? Ist sie wieder eingeschlafen?"

Tatsächlich schlummert unser Wachhund wieder friedlich in meinen Armen.

„Leni, schämst du dich nicht!", ruft Günter.

Es ist unser letzter Abend im Zelt. In Montana liegt die Crow Indian Reservation. Wir haben eine Einladung, das heißt, unsere Pferde haben eine Einladung erhalten, den Winter auf dem Reservat zu verbringen. West Yellowstone wird für diesen Herbst der Endpunkt unserer Reise sein. Günter freut sich bereits auf den Winter in Deutschland, in dem er wieder auf Vortragstournee gehen wird. Er freut sich, seine Familie und Freunde wiederzusehen. Mich aber zieht es hinaus. Ich möchte am liebsten gar nicht aufhören. Es fällt mir schwer, mich von dem einfachen Leben in der Natur, von der Reise mit unseren Pferden zu verabschieden. In diesem Moment gibt es nichts, was mich nach Hause zieht. Kein Funken Heimweh ruht in meinem Herzen, der ein Feuer der Sehnsucht nach zu Hause entfachen könnte. Das liegt nicht daran, dass ich mich zu Hause nicht wohl fühle, sondern dass ich mit dem Leben auf dieser Reise so rundum zufrieden bin. Ich liege lange wach an diesem letzten Abend. Leise bimmeln die

Glocken um die Hälse der Pferde. Sie werden mir fehlen. Die letzten Kilometer zur Diamond P Ranch führen entlang des Highways. Es ist nicht viel Verkehr, doch ich empfinde jedes Auto, jeden Truck als ungeheure Lärmlawine, die über uns hinwegrollt. Warum nur hat der Mensch das Auto erfunden? Landschaften, Dörfer und Städte müssen sich ihm unterordnen. Das Auto dominiert die Flächengestaltung. In Städten denke ich mir oft, dass diese nicht für den Menschen, sondern für das Auto gestaltet wurden. Riesige Flächen werden für Parkplätze zubetoniert, Straßen liegen wie ein Spinnennetz über den Dörfern und der Verkehr rollt laut und stinkend hindurch. Warum haben wir die Frage der Mobilität bis heute nicht besser gelöst? Wir fliegen zum Mond, haben das Internet erfunden, und kaum eine Industrie hat im Verlauf der Geschichte mehr Innovationen hervorgebracht als die Rüstungsindustrie, aber wir fahren immer noch mit der Erfindung Automobil vom Ende des 19. Jahrhunderts durch die Gegend. Verändert haben sich hauptsächlich das Aussehen der Fahrzeuge und die technischen Spielereien. Doch das nehme ich den Wissenschaftlern und Ingenieuren einfach nicht ab, dass es für die Mobilität des 21. Jahrhunderts keine bessere Lösung gibt. Vor allem, wenn man den hohen Bedarf an Mobilität berücksichtigt. Allein in Österreich hat sich der Pkw-Bestand seit den 60er Jahren mehr als verzehnfacht. Was für eine Auswirkung auf die Umwelt!

Ein großer Torbogen markiert die Einfahrt zur Diamond P Ranch. Eine Gruppe Touristen macht sich gerade fertig zum Ausritt. Ein junger Bursch zeigt ihnen, wie sie richtig in den Sattel steigen. Dazu sollen sie zunächst auf ein Holzpodest klettern, um sich von diesem bequem in den Sattel zu hieven. Absteigen ist während des einstündigen Ritts nicht erlaubt. Gegen ein Entgelt sind unsere Pferde für die Nacht willkommen. Wir lassen sie auf einer großen Weide frei, wo sie sich sofort ausgiebig wälzen.

Es fällt mir schwer, mich mit der Zivilisation anzufreunden. Das Touristendörfchen West Yellowstone, das seine Existenz alleine dem Nationalpark zu verdanken hat, empfinde ich selbst jetzt in der Nachsaison als hektisch und laut. Dabei ist es objektiv betrachtet ein verschlafenes Nest. Für ein Zimmer, das selbst in unseren anspruchslosen Augen schäbig ist, zahlen wir achtzig Dollar. Es ist nicht viel mehr als ein dunkler Bretterverschlag, in den jemand zwei Betten gestellt hat. Leni jagt aufgeregt im Zimmer umher, wahrscheinlich wittert sie Mäuse oder Ratten. Doch wir müssen uns duschen und unsere Kleidung waschen, um wieder zivilisationstauglich zu werden. Im Internetcafé nehmen wir wieder Kontakt mit Freunden und Familie auf. Außerdem lese ich nach, wie es Larry und Rocky auf ihrem Ritt entlang des CDT weiter ergangen ist. Am 15. September hat Rocky die kanadische Grenze erreicht, nur drei Monate nach seinem Aufbruch in New Mexico. Larry muss die Reise wohl irgendwo in Colorado abgebrochen haben, denn bei allen Tagebucheinträgen nach dem 25. Juli ist er nicht mehr mit dabei.

Das erste Mal seit vielen Wochen lesen wir Zeitung und informieren uns darüber, was in der Welt vor sich geht. Alle Welt spricht von einer Finanz- und Wirtschaftskrise. Wir telefonieren mit Freunden hier in den USA, sie sind von der aktuellen Wirtschaftslage sehr verunsichert, manche haben sogar Existenzängste. Eine Freundin erzählte uns, dass sie ihr ganzes Geld von der Bank abgehoben und im Garten vergraben hat. Das Vertrauen in die Finanzwelt ist stark angeschlagen. Man spricht von einer bevorstehenden Rezession. Erst die Wahl von Präsident Obama in einigen Monaten wird wieder Hoffnung bringen. Sollten auch wir uns Sorgen machen? Kurzfristig berührt mich die Welle der Panik, die von unseren Freunden ausgeht. Doch dann besinne ich mich. Ich habe in den letzten zwei Jahren gelernt, sehr genügsam zu leben. Meine Bedürfnisse sind so leicht zufriedenzustellen. Gib mir ein Stück Wildnis, zwei Pferde und einen Menschen, mit dem ich teilen kann.

Am nächsten Tag mieten wir ein Fahrzeug und einen Trailer und bringen unsere Pferde in das dreihundert Kilometer entfernte Pryor in der Crow Indian Reservation. Die Fahrt über den 3.300 Meter hohen Beartooth Pass ist beeindruckend. Die Straße schlängelt sich in Serpentinen durch alpine Tundra und vorbei an Schneefeldern vom vergangenen und von diesem Jahr. Es ist eiskalt in dieser Höhe und zum ersten Mal bin ich mit dem Gedanken zufrieden, dass wir die Reise für diese Saison beenden.

Das Indianerdorf liegt mitten in der Steppe. Sanfte, gelbe Hügel, auf denen malerisch Heuballen wie Spielsteine am Brett verstreut liegen, umgeben den Ort. Pryor besteht aus einer Handvoll Häusern, einer Bar, einer Tankstelle und einer Schule. Es liegt im Tiefschlaf, kein Mensch ist zu sehen. Wir finden Larrys Haus am Ende einer Schotterstraße auf einem kleinen Hügel. Larry, etwa 60 Jahre alt und mit freundlichem, rundem Gesicht, begrüßt uns mit Kaffee und Kuchen.

„Bist du denn nun ein Crow Indianer", frage ich vorsichtig, und bin mir nicht sicher, ob das Wort „Indian" gerade politisch korrekt ist, oder ob ich „Native American" oder „First Nations People" sagen müsste.

„Ja, das bin ich", antwortet er stolz, „Ich bin ein Indianer, und für mich ist das auch kein Schimpfwort."

Ich bitte ihn, etwas in seiner Sprache zu sagen und bin von der exotischen Sprachmelodie fasziniert.

Draußen spielt Leni mit einer jungen schwarzen Katze. Immer wieder klettert die Katze auf den Holzzaun und Leni springt aufgeregt umher und bettelt, dass sie wieder runterkommt. Dann versteckt sich die Katze unter eine Plastikplane. Leni läuft rund um die Plane und winselt. Das Versteckspiel ist ihr nicht geheuer. Nach einiger Zeit kriecht die Katze wieder hervor und spielt weiter. Hund und Katze rollen in freundschaftlichem Getümmel auf der Wiese herum.

Am Nachmittag nehmen wir Abschied von den Pferden. Es ist ein wunderschöner Platz, an dem wir sie freilassen. Eine Weide, so groß, dass wir den Zaun, der sie auf den anderen drei Seiten begrenzt, nicht sehen können. Das Gras steht kniehoch und es ist unendlich still. Keine Straße weit und breit. Sie werden sich hier sehr wohl fühlen. Und als ob er meinen Gedanken bestätigen will, rollt Rusty sich genüsslich im Gras. Ob sie uns vermissen werden?

„Wohl kaum, Tiere sind nicht sentimental“, stellt Günter nüchtern fest und legt mir den Arm um die Schulter.

„Und, gar keine Tränen zum Abschied?“, fordert Günter mich fragend auf. Das ist gemein, denn im Gegensatz zu den Tieren bin ich sehr wohl sentimental. Eine Abschiedsträne kullert über meine Wange und landet auf meinem Stiefel. Ich sehe ihr beim Trocknen zu, während sich die Pferde ganz langsam, Schritt für Schritt, immer weiter von uns entfernen.

Wenige Tage später fliegen wir nach Europa. Im Flugzeug nach Frankfurt versuche ich meine Gedanken zu ordnen und wieder zur Ruhe zu kommen. Kurz zuvor, am Flughafen, war ich völlig überwältigt gewesen von dem Getümmel und den Menschenmassen. Staunend lauschte ich den Geschäftsleuten, die ihren Mitarbeitern am Telefon die letzten Anweisungen gaben, bevor sie das Flugzeug betraten. Wie auf einem Förderband wurde ich vom Check-in durch die Passkontrolle zum Boarding und ins Flugzeug transportiert. Alles läuft automatisch ab, als müsste ich selbst nichts dazu tun.

Ich blättere im Board Magazin. Die absurdesten Dinge werden dort zum Kauf angeboten, wie der Terrassenheizer mit MP3-Player-Dockingstation. Ich nehme an, man muss nicht erst von einer langen Reise durch die Wildnis kommen, um den „revolutionären Terrassenstrahler mit atmosphärischer LED-Beleuchtung“ sehr merkwürdig zu finden? Aber auch der letzte Schrei der Mode oder der Kosmetik und die neuesten Trends am Automobilmarkt erfahre ich aus dem Magazin. Ich sehe all dies aus großer Distanz, wie durch einen Nebelschleier und kann nichts damit anfangen. Schon jetzt vermisse ich die einsamen, ruhigen Abende am Lagerfeuer und die frische Luft. Am Flughafen war mir aufgefallen, wie verpestet doch die Luft mit Parfüms, Essensgerüchen und dem sterilen Gestank von Putzmitteln ist.

Ich bin nicht gerade groß gewachsen, doch diese Flugzeugsitze sind selbst für mich zu eng. Was gäbe ich im Augenblick dafür, mich im Zelt auszustrecken, in meinen Schlafsack zu kriechen und alleine zu sein. Günter schläft friedlich neben mir. Ich bin froh, ihn getroffen zu haben, denn die Partnerschaft mit ihm macht vieles erst möglich. Er ist ein Partner, der mitzieht, der Mut und keine Karriere im Kopf hat. Er ist ein Mann, mit dem man Träume leben kann.

Auch Leni schläft, hoffentlich, unten im Cargo Raum. Durch das Fenster des Boarding-Bereichs sahen wir, wie eine Palette Hundeboxen in den Bauch des Flugzeuges geladen wurde. Lenis Box stand neben einer großen Dogge. Noch etwa zehn weitere Boxen mit Hunden und Katzen standen daneben und waren eng miteinander verschnürt. Irgendwann hatte ich einmal gehört, dass nur zwei Hunde im Cargo Raum eines Flugzeuges mitgenommen werden dürfen. Ich war immer davon ausgegangen, dass diese weit voneinander getrennt verstaut würden. Aber zwölf Hunde in ihren Boxen zusammenzuschnüren! Arme Leni. Oder sollte ich eher mit der Dogge Mitleid haben? Denn Leni ist zwar klein, fühlt sich aber groß. Als typischer Terrier zählen hier nicht die Tatsachen, es geht nicht darum, stark zu sein, sondern sich stark zu fühlen.

Wie intensiv waren die letzten Monate. Jeder Tag war anders, es gab keine Routine, keine verplante Zeit. Oft wussten wir morgens nicht, wo wir abends unser Zelt aufschlagen würden. Doch gerade diese Freiheit und Flexibilität machen die Tage so ausgefüllt und spannend. Früher war mein Terminkalender voll. Jeder Tag, jeder Abend war verplant. Heute frage ich mich, wo blieb da Zeit zum Leben? Nicht, dass Routinen schlecht wären. Sie sind bequem und geben Sicherheit. Man muss sich nicht ständig neu erfinden, nichts hinterfragen, wenig entscheiden. In kritischen Situationen kann man sich an Routinen festhalten, wie am Stahlseil im Klettersteig. Trotzdem bin ich froh, dass ich diese hinter mir gelassen habe und nun wirklich tue, was ich will.

In Frankfurt nehme ich Abschied von Günter und Leni

und steige in den Zug nach Wien. Der Zug ist halbleer, es ist angenehm still und ich genieße die Fahrt. Der Blick aus dem Fenster fällt auf eine nebelverhangene Landschaft. Ich träume von einer Blockhütte, mit wohlig warmem Holzfeuer, einer Tasse Tee und einem Schreibtisch. Ich möchte schreiben, all die Erlebnisse der letzten Monate zu Papier bringen. Die Landschaft, die an mir vorbeizieht, ist trostlos, grau in grau. Blass und farblos sieht sie aus. Der Nebel verhüllt den Blick in die Ferne. Der Schaffner spricht deutsch mit österreichischem Dialekt. Ich beginne, mich auf zu Hause zu freuen.

Neben mir sitzt eine junge Frau. Sie ist Schauspielerin, am Beginn ihrer Karriere. Sie fährt zu einem Engagement nach Wien. Sie wird in einem Kindertheaterstück spielen: Pettersson und Findus. Sie ist Prillan, das Huhn. Ich verspreche, zu einer Vorstellung zu kommen.

„Ist aber für Kinder ab vier Jahren", gibt sie zu bedenken.

„Na, dann bin ich dort ja ganz richtig!"

Als ich von meiner Reise erzähle, beginnen ihre Augen zu leuchten.

„Das muss ich meinem Freund erzählen", sagt sie immer wieder voll ungläubigem Staunen. Sie stellt mir viele Fragen, das macht das Erzählen leicht. In späteren Gesprächen fällt es mir schwer, von der Reise zu berichten. Nur selten findet sich die Ruhe und Zeit dafür. Ich bin es nicht mehr gewohnt, mehrere Dinge gleichzeitig zu machen. Ich möchte meine Aufmerksamkeit fokussieren, ein Gespräch mit zwei oder drei Menschen zur selben Zeit überfordert mich bereits. Das tut mir leid, denn ich würde gerne mehr Menschen dazu inspirieren, einen Schritt hinauszuwagen, weg von der Zivilisation, hinein in eine andere Welt, in der man sich noch spüren kann.

Die Schauspielerin Josepha ist die Erste, der ich von meiner Reise erzähle. Das Gespräch bleibt mir in angenehmer Erinnerung.

„Welche philosophischen Gedanken gehen dir während der Reise durch den Kopf?", fragt sie, doch darauf habe ich keine

Antwort. Später wird mir bewusst, dass es nicht unterwegs ist, wo ich nachdenklich werde, sondern bei der erneuten Konfrontation mit unserer Gesellschaft.

Zunächst empfinde ich die Stadt als unerträglich. Sie ist laut, dreckig und hektisch. Ich stehe an einer Straßenecke und beobachte fasziniert und voll Erstaunen die Verkehrslawine, die mit ungeheurem Tempo – tatsächlich liegt die Durchschnittsgeschwindigkeit wohl bei dreißig bis vierzig Kilometern pro Stunde – vorbeirollt. In den vergangenen Monaten habe ich mich mit einer durchschnittlichen Geschwindigkeit von vier Kilometern pro Stunde bewegt. Das Tempo der Autos ist immerhin zehnmal so schnell. Es wird gehupt und geschimpft. Ein Fahrer versucht zu überholen und sich in die Kolonne zu drängeln, ein anderer will das nicht zulassen.

„Heast Depperta schaust du net!", schreit der Fahrer aus seinem Fenster. Sein Atem kringelt sich in der Kälte. Ich freue mich. Wie schön ist doch das Wienerische.

An mir vorbei hetzen Menschen mit Einkaufstaschen in der Hand und Handys am Ohr zielstrebig durch die Stadt. Es ist Vorweihnachtszeit in Wien. Viele Menschen scheinen so weit weg zu sein, so weit weg von sich selbst. Eine Mutter schimpft ihr Kind, das sich auf dem Bahnsteig auf den Boden legen will. Auch angreifen darf es nichts, denn alles ist schmutzig. Immer wieder wundere ich mich, dass wir die Städte dermaßen zubetonieren, dass keine Berührung mit der Natur mehr möglich ist. Wo schaut denn noch ein Stückchen Erde aus dem Asphalt hervor?

Kurz entschlossen flüchte ich in ein Kaffeehaus. Hier ist sie zu Hause, die Wiener Gemütlichkeit. Unfreundlich und arrogant, wie er sein muss, um authentisch zu sein, serviert mir der Ober eine Melange. Ein Mann spielt am Piano. Die Musik hüllt mich ein, lässt mich in dem weichen Sofa versinken. Heimkommen ist wie eine Achterbahnfahrt. Ein Wechselbad der Gefühle. Freude über das Vertraute, Vorfreude auf die Menschen, die ich liebe und maßlose Überforderung. Es wird noch einige Tage dauern, bis ich mich wieder wohl fühle.

Doch ich bin schon oft genug von Reisen heimgekommen, um zu wissen, dass es nur eine Frage der Zeit ist. Kurzfristig steht man völlig daneben, fühlt sich wie ein Marsmensch, der mitten in Wien gelandet ist. Ich muss an das Buch „Briefe an die chinesische Vergangenheit" denken. Darin gelangt ein chinesischer Mandarin aus dem 10. Jahrhundert mittels einer Zeitmaschine in das heutige München. Der Vergleich mag vielleicht ein bisschen zu weit hergeholt sein, doch so ähnlich geht es mir auch, wenn ich nach Monaten in der Wildnis wieder in Wien lande.

Wenn ich von einer Reise heimkehre, kommt es mir vor, als wären alle meine Sinne geschärft. Ich habe verlernt, zu filtern und auszublenden, und werde von den Sinneseindrücken erschlagen. Mein Gehör ist noch darauf eingestellt, das leiseste Rascheln im Dickicht, das zarteste Singen eines Vogels zu hören, da braust bereits ein LKW vorbei, eine Lärmlawine rollt über mich hinweg. Meine Augen wollen noch die kleinste Bewegung am Ende einer Lichtung erkennen, da blendet mich schon die Leuchtreklame in schrillen Farben. Meine Nase will noch den Duft des Waldes aufnehmen, da ersticke ich bereits an den Abgasen und dem Gestank des Urins in den Straßenecken. Es braucht einige Wochen, bis ich wieder gelernt habe, zu filtern und nur das wahrzunehmen, was ich sehen, hören und riechen will oder muss, um in der Großstadt zu überleben. Es sind diese Filter, die ein Überleben in der Stadt überhaupt möglich machen. Haben wir sie nicht, wir werden von der Überforderung unserer Sinne erschlagen. Auch das Vogelgezwitscher in der Stadt kommt mir lauter vor. Ich gehe dem nach und finde heraus, dass Vögel in der Stadt tatsächlich lauter zwitschern, weil sie den Lärm übertönen wollen. Die ersten Tage in der Stadt sind die gefährlichsten. Beinahe wäre ich von einer Straßenbahn überfahren worden, die im Dunkeln plötzlich aus dem Regen auftauchte. Da soll mir noch mal einer sagen, meine Reise wäre gefährlich. Hier lauern die Gefahren an jeder Ecke!

Nach etwa zwei Wochen funktioniere ich wieder in der

Stadt. Ich komme mit der Schnelligkeit und Abwechslung zurecht. Nach vier Wochen beginne ich die Vielfalt der Menschen und nicht zuletzt das kulturelle Angebot wieder zu genießen. Ich spaziere durch die Stadt und treffe Menschen, die mir wichtig sind. Die Kaffeehäuser ziehen mich magisch an, ich verbringe viele Stunden mit einem guten Buch und einer Tasse Kaffee. Abends gehe ich ins Theater oder Konzert. Ich sauge das Kulturangebot in mich auf wie ein trockener Schwamm.

Dann setze ich mich vor den Bildschirm und beginne damit, die Fotos der vergangenen zwei Jahre zu sortieren. Und schon fange ich wieder an zu träumen, vom Frühling in Montana.

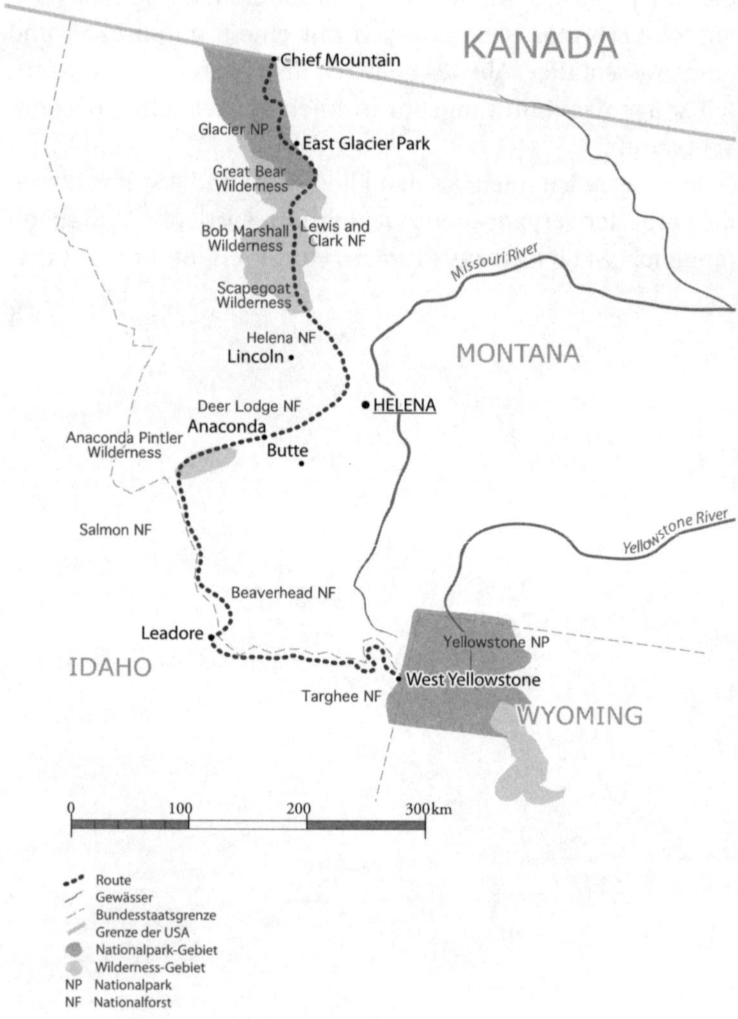
KANADA
Chief Mountain
Glacier NP
East Glacier Park
Great Bear Wilderness
Bob Marshall Wilderness
Lewis and Clark NF
Missouri River
Scapegoat Wilderness
Helena NF
Lincoln
MONTANA
Deer Lodge NF
HELENA
Anaconda
Anaconda Pintler Wilderness
Butte
Salmon NF
Yellowstone River
Beaverhead NF
Leadore
Yellowstone NP
IDAHO
West Yellowstone
Targhee NF
WYOMING
0
100
200
300km
Route
Gewässer
Bundesstaatsgrenze
Grenze der USA
Nationalpark-Gebiet
Wilderness-Gebiet
NP Nationalpark
NF Nationalforst

Teil Fünf

Unterwegs in Montana

Es regnet in den Bergen der Pryor Mountains. Auch als wir in Billings auf die Interstate 90 Richtung Westen auffahren, prasseln dicke Tropfen gegen die Windschutzscheibe. Der Regen begleitet uns. Der Himmel ist grau in grau, die Wolken hängen tief, hüllen die Berge ein, der Asphalt glänzt, hinter den Semi-Trucks staubt der Regen. In Buffalo beginnt es zu schneien, dicke, weiße Flocken. Sie bleiben auf den Dächern liegen. Im Supermarkt kaufe ich Kekse und Obst und erkundige mich nach der Wettervorhersage: „Besseres Wetter in Aussicht?"

„Das ist doch nur eine Frage des Standpunktes", erklärt mir der junge Kassier, während er meine wenigen Einkäufe in Plastiktüten verpackt, „Für jemanden, der vom Nordpol kommt, ist das hier gutes Wetter, für jemanden aus Kalifornien hingegen ..." Ich zahle und gehe, lasse ihn einfach stehen. Im Truck sitze ich zwischen Günter und Larry. Mit zunehmendem Schneefall werden wir immer schweigsamer, starren ungläubig aus dem Fenster. Nur Larry ist guter Dinge und pfeift fröhlich vor sich hin. Er wird heute Abend wieder auf seine Ranch zurückkehren. Die Heizung läuft auf Hochtouren. Verkehrsschilder sind zugeschneit, die Fahrbahn ist schneenass, die Landschaft ringsum versinkt im Schnee. Es ist der 5. Juni, wir sind unterwegs zum Startpunkt unseres Ritts durch Montana. Sind wir eigentlich verrückt?

Ein starker Wind peitscht über den Raynolds Pass. Günter steigt aus, die Kapuze tief ins Gesicht gezogen, und wischt den Schnee von den Hinweisschildern. „Continental Divide Trail" steht dort geschrieben. Das Schneetreiben schränkt die Sicht auf wenige Meter ein.

„Steig wieder ein!", rufe ich, „Um nichts in der Welt bleibe ich heute Nacht hier!"

Der Raynolds Pass führt über die Kontinentale Wasserscheide, die hier gleichzeitig die Grenze zwischen Montana und Idaho ist. Seit Buffalo studiere ich fieberhaft die Karte auf der Suche nach einer Alternative, einem Ausweg.

„Wir lagern heute Nacht am Henry's Lake", bestimme ich.

Als wir den See erreichen, geht der Schnee in Regen über und sofort sieht die Landschaft wieder freundlicher aus. Wir finden eine windgeschützte Lichtung im Wald, laden die Pferde aus und schlagen unser Lager auf. Larry verabschiedet sich und fährt los. Wir bleiben alleine im Wald zurück und fühlen uns wie gestrandet. Leni steht zitternd im nassen Gras und hebt immer abwechselnd eine Vorderpfote. Günter bindet zwei Pferde fest und hängt den beiden anderen Glocken um den Hals, dann verkriechen wir uns im Zelt. Es ist eiskalt. Das Bimmeln der Glocken hält uns lange wach.

Am nächsten Morgen erwache ich mit dem ersten Tageslicht. Mit geschlossenen Augen lausche ich dem sanften Trommeln auf dem Zelt. Schnee. Ich muss nicht erst die Augen öffnen und den Kopf aus dem Zelt strecken, um zu wissen, wie die Landschaft ringsum aussieht: Wie Puderzucker liegt eine feine Schneeschicht auf Wiese, Büschen und Bäumen. Die violetten Glockenblümchen lassen ihre Köpfe unter der unerwarteten Last hängen. In der Mähne der Pferde glitzern einzelne Schneeflocken. Ich höre den Zipp von Günters Schlafsack, dann den Zipp des Zelts. Günter sieht nach den Pferden, ich verkrieche mich tief im warmen Schlafsack. Einige Zeit später kehrt er mit zwei Tassen Kaffee in der Hand zurück.

„Bei diesem Wetter können wir unmöglich über die Centennial Mountains reiten", sage ich, „Es hat die ganze Nacht geregnet, jetzt schneit es. In den Bergen ist mindestens ein halber Meter Neuschnee gefallen."

Man hatte uns vorgewarnt. Vor einer Woche telefonierte ich mit Dave, einem Forest Service Rancher des Targhee National Forests. Ich erzählte ihm, dass wir in einer Woche aufbrechen und entlang des CDTs in Montana unterwegs sein wollen.

„Wie sieht's denn aus?", fragte ich, „Liegt noch viel Schnee?"

„Oh ja, meterhoch. Ihr solltet unbedingt Schneeschuhe mitnehmen!“, antwortete er.

„Wir sind aber mit Pferden unterwegs“, gab ich kleinlaut zurück.

„Oh, na dann solltet ihr noch zwei bis drei Wochen warten, mindestens“, sagte er, „Und selbst dann werdet ihr immer noch auf Schneefelder stoßen.“

Doch wir wollten nicht hören. Vor drei Wochen kamen wir aus Europa zurück und begannen sofort mit dem Training der Pferde. Nach der langen Winterpause freuten sie sich, uns zu sehen. Auf Günters Lockruf galoppierten alle vier Pferde auf uns zu. Ohne Scheu schnupperten sie an uns und knabberten auf der Suche nach Futter an meinen Jeans. Wir schlugen unser Lager auf der Weide auf. In drei Richtungen erstreckten sich Grashügel hinter Grashügel, die Gräben dazwischen boten Windschatten und Wasser. Im Süden erhoben sich die Pryor Mountains. Tagelang sahen wir keinen Menschen und hörten nichts außer dem Fauchen des Windes, dem Zwitschern der Vögel, dem Pfeifen der Erdhörnchen und nachts dem Heulen der Kojoten. Die Arbeit mit den Pferden ging rasch voran und schon bald brachen wir zum ersten Testritt auf.

„Und was schlägst du dann vor?“, reißt Günter mich aus meinen Gedanken. Die Tasse heißen Kaffee in der Hand, liege ich immer noch im Schlafsack und träume vor mich hin. „Wir können durch das Red Rock Wildlife Reserve, ein Vogelschutzgebiet, reiten“, antworte ich, „Das liegt am Fuße der Berge.“

„Gut, dann lass uns aufbrechen. Es hat aufgehört zu schneien.“

Drei Stunden später sind wir startklar, nur ich bin bereits wieder so müde, dass ich einschlafen könnte. Ich bin die körperliche Arbeit nicht mehr gewohnt, zu lange haben sich meine Hände nur auf der Tastatur des Laptops bewegt, jetzt sind sie rau, spröde und kalt. Immer wieder ärgere ich mich darüber, dass unsere Reise sehr viel körperliche Kraft verlangt, die ich nicht habe. Wir haben rund 120 Kilogramm

Gepäck, davon vierzig Kilogramm Pferdefutter. Damit die Boxen nicht auf und ab schwingen, binden wir sie mit einem alten Kletterseil und einem zusätzlichen Bauchgurt fest. Nur auf Zehenspitzen bin ich groß genug, um das Seil auf der Oberseite der Transportboxen zu verknoten.

Wir folgen der unbefestigten Red Rock Passstraße durch das Vogelschutzgebiet. Günter schleppt Wasser aus dem Bach herauf. Wieder einmal befinden wir uns in Bärengebiet und müssen Proviant und Futter an einem Baum hochziehen.

Die Bäume sind dünn und haben keine starken Äste. Günter spannt ein Seil zwischen zwei Bäumen, um den Proviant über das Seil hochzuziehen. Er klettert dazu meterhoch auf die Bäume.

„Ich kann's nicht sehen! Was, wenn du fällst? Es haben sich schon andere dabei das Genick gebrochen!"

„Ich bin schon als kleiner Bub auf Bäume geklettert. Ich kann das."

„Du bist aber kein kleiner Bub mehr!"

Mithilfe eines Flaschenzuges kann er die rund sechzig Kilogramm problemlos alleine hochziehen.

In den weiten Wiesen springen Antilopen, Kraniche schwingen sich schnatternd in die Luft und kleine bunte Vögel fliegen von Zaunpfahl zu Zaunpfahl. Hinter dem Red Rock Pass erheben sich die schneebedeckten Centennials. Selbst Anfang Juni lädt die Schneelage noch zu Schitouren ein. Am Nachmittag schlagen wir unser Zelt auf einer Anhöhe mit Blick auf das Vogelschutzgebiet auf. Mit Einbruch der Dunkelheit kriechen wir todmüde in unsere Schlafsäcke. Leni schläft schon seit vier Stunden. Sie brummt mürrisch, als ich sie aus meinem Schlafsack auf ihre Decke verbanne.

Die nächsten Tage folgen wir weiterhin der Straße durch das Schutzgebiet. Günter versucht, Leni darauf zu trainieren, auf das Kommando „Fuß" rechts neben seinem Reitpferd zu gehen. Sie läuft links von ihm und will nicht vor den Pferden von einer Seite auf die andere wechseln. Lieber wartet sie, bis die ganze Karawane an ihr vorbeizieht und läuft dann auf der rechten Seite wieder bis nach vorne. Das Wetter ist unbeständig, Sonne und Regen wechseln einander ab, zweimal reiten wir auf eine graue Wand zu. Zentimetergroße Hagelkörner prasseln scharf in unsere Gesichter. Ich führe Azabache, der versucht, seinen Hintern Richtung Wind zu drehen. Ich biete ihm meinen Rücken als Schutz an und er versteckt tatsächlich seinen Kopf hinter mir.

Am Abend folgen wir dem Humphrey Creek steil bergauf durch den Wald und gelangen zu einer großen, flachen Wiese: ein idyllischer Lagerplatz. Wir machen es uns auf den Pferdedecken gemütlich und genießen den Augenblick. Auf der anderen Seite der Wiese, nur wenige hundert Meter von uns entfernt, lauert ein Graufuchs seiner Beute auf. Minutenlang sitzt er reglos da, dann packt er zu und verschwindet im Wald.

Kaum haben wir das Zelt aufgestellt, zieht erneut ein Gewitter über uns hinweg. Das Prasseln der Hagelkörner auf der Plane ist so laut, dass man sein eigenes Wort nicht mehr versteht. In einer Regenpause füttern wir die Pferde und Günter zieht Proviant und Futter an einem Ast hoch. Ich stehe ein Stück abseits am Lagerfeuer, als ich plötzlich ein lautes Knacken höre. Günter brüllt: „Weg da!“ Ich renne blindlings los und hinter mir kracht der Baum zu Boden. Alle vier Pferde galoppieren auf und davon. Günter nimmt die Verfolgung der Pferde auf, ich begutachte den Schaden. Er hält sich in Grenzen, nur der Flaschenzug ist unter dem Baum eingeklemmt. Proviantboxen und Futtersäcke sind unversehrt. Nach etwa einer Stunde kommt Günter im letzten Dämmerlicht mit nur zwei Pferden zurück. Leni springt erfreut auf ihn zu, das erschreckt die ohnehin noch nervösen Pferde und sie laufen wieder davon. Günter flucht heftig. Doch Dino und Lightfoot bleiben nach einigen hundert Metern stehen und ich hole sie zurück. Rusty und Azabache stehen weiter unten am Waldrand. Günter muss nochmals los, sie zu holen. Über Nacht binden wir alle vier Pferde fest.

Am Morgen senkt sich dichter Nebel auf die Wiese und

überzieht die Grashalme mit einer Eisschicht. Ich kremple meine Pyjamahose hoch und gehe durch die Wiese zu den Pferden. Unter meinen Sohlen knacken die gefrorenen Gräser. Lightfoot und Rusty begrüßen mich mit leisem Wiehern. Ich will zwei Pferde freilassen und mich danach noch für eine Stunde im Zelt verkriechen. Als ich Azabache die Glocke um den Hals hänge, erschreckt er und versetzt mir mit seinem großen Kopf einen Schlag auf die Stirn. Während wir frühstücken, laufen Rusty und Lightfoot davon. Wir finden sie wieder am Waldrand, wohin sie schon gestern gelaufen waren. Die Schreckhaftigkeit der Pferde geht mir auf die Nerven. In Momenten wie diesen möchte ich meinen Rucksack packen und zu Fuß weiterziehen.

Sechs Tage später treffen wir bei Pete Creek Divide auf den Continental Divide Trail. Die hohen Gipfel der Centennials liegen hinter uns und der Weg ist schneefrei. Ein steiler Anstieg führt durch den Wald auf den Little Table Mountain. Der CDT ist hier kaum als Weg zu erkennen, es ist eher ein vager Pfad, mehr eine Spur durch den Wald, über der die Bäume kreuz und quer liegen. Nur hin und wieder versichert uns ein altes Holzschild, dass wir auf dem richtigen Weg sind. Seit Beginn der Reise durch Montana führe ich Azabache als Handpferd. Auf der Straße war das einfach. Er lief problemlos hinter meinem Reitpferd Rusty her. Nur wenn er äpfeln musste, blieb er einfach stehen, spitzte die Ohren, riss die Augen auf und mir den Führstrick aus der Hand. Nun bin ich ziemlich gefordert, das Packpferd auf steilem Pfad durch den unaufgeräumten Wald zu führen, doch wir sind bergauf so schnell unterwegs, dass ich gar keine Zeit habe, darüber nachzudenken.

Am Abend erstelle ich eine Liste unserer Vorräte.

„Ich denke, wir könnten den Zwischenstopp in Monida auslassen. Wenn wir unsere Vorräte ein bisschen rationieren, können wir bis Leadore weiterreiten“, erkläre ich Günter.

Ich zeige ihm die Liste: 1,5 kg Müsli, 1,5 kg Nüsse, 24 Müsliriegel, 1 Packung Kekse, 700 g Nudeln = 2 x Abendessen, 900 g Reis = 3 x Abendessen, 2 Packungen Suppe = 2 x Abendessen, 1 kg Mehl = 2 x Abendessen

„Mehl? An zwei Abenden sollen wir einfach nur Mehl essen!", ruft er empört.

„Rasttage oder einen Pferdesuchtag können wir uns allerdings nicht leisten", ergänze ich, ohne auf seinen Zwischenruf weiter einzugehen.

Am nächsten Morgen folgen wir dem Long Creek in westlicher Richtung. In weiter Ferne erheben sich die Beaverhead Mountains. Über 300 Kilometer folgt der CDT dem Verlauf dieser Bergkette. Zwischen uns und den kahlen Kuppen der Wasserscheide erstreckt sich Steppenlandschaft, auf der nur wilder Salbei und Büffelgras wachsen. Im Schneckentempo ziehen wir durch diese endlose Weite. Über Stunden hinweg gibt es keine Veränderung der Landschaft. Dann entdecken wir einen kleinen Espenhain am Ufer eines Baches und schlagen unser Lager auf. Ein Gewitter zieht über uns hinweg, trifft uns aber nur mit wenigen Tropfen.

„Lass uns heute hier bleiben. Bei Regen zusammenpacken macht einfach keinen Spaß und außerdem sieht man unterwegs nichts von der Landschaft", meint Günter, als es am nächsten Morgen wieder regnet.

„Wir haben nicht genug Proviant für Pausentage", erkläre ich.

„Man kann auch mal ein paar Tage hungern, so schlimm ist das nicht", gibt Günter zurück.

„Gut, dann fangen wir gleich heute damit an. Wir können hier bleiben, aber es gibt nichts zu essen."

Wir brechen auf. Über einen Hang klettern wir auf den Bergrücken der Wasserscheide. Ein alter, zum Teil umgefallener Zaun markiert die Grenze zwischen Idaho und Montana. Dichter Nebel nimmt uns die Sicht auf die Täler und trifft uns als kalter Nieselregen. Ein fieser Wind pfeift, wir kneifen unsere Augen zusammen.

Wir folgen dem Verlauf der Wasserscheide wie auf einer Achterbahn steil bergab und bergauf. Zweimal müssen wir im Nieselregen die Packpferde neu beladen, um die Gurte wieder festzuziehen. Unsere Hände sind eiskalt. An Tagen wie diesem fragt man sich, warum man eigentlich unterwegs ist. Warum tut man sich das an? Gäbe es doch wenigstens eine heiße Dusche am Abend. Auf uns aber wartet nur ein vom Regen der vergangenen Nacht nasses Zelt. Doch noch bevor wir unseren Lagerplatz erreichen, klart es auf und die Sonne kommt hervor. Nachdem wir die Pferde abgepackt haben, rollt sich eines nach dem anderen im hohen Gras. Ich liebe es, den Pferden dabei zuzusehen, wie sie sich genussvoll von einer Seite auf die andere wälzen. Auch Leni räkelt sich vergnügt im Gras und streckt dabei alle vier Pfoten in die Höhe. Das ist die Antwort auf die Frage, warum man sich das antut: für Momente wie diesen. Erst die Talfahrt macht den Gipfelsturm zu etwas Besonderem. Würden wir von einem Gipfel zum nächsten springen, wir wüssten es gar nicht richtig zu schätzen.

Mit Einbruch der Dunkelheit beginnt es wieder zu regnen. Es regnet die ganze Nacht, und auch am Morgen ist der Himmel wolkenverhangen. Tagelang ändert sich das Wetter nicht. Das schlechte Wetter wirkt sich auf unsere Laune aus. Immer wieder schimpft Günter auf das Wetter: „Jeden Tag Regen, das kann doch nicht normal sein!“ In den vergangenen Jahren waren wir mit Sonnenschein verwöhnt worden, nur selten kam es vor, dass wir nass wurden. Jetzt gehören die Regenjacken und -hosen zu unserer Standardausrüstung. Die tief hängenden Wolken und dichter Nebel nehmen uns die Sicht auf die Landschaft rundum. Wir reiten eingehüllt in eine graue Nebeldecke und hängen unseren Gedanken nach. Ich reite Lightfoot. Im Gegensatz zu Rusty, der einen ziemlichen Dickkopf hat, macht Lightfoot tatsächlich, was ich von ihm will. Was für eine angenehme Abwechslung. Rusty trägt die Packtaschen und läuft frei hinter Günters Pferden her. Er ist es nicht gewohnt, als Packpferd zu gehen. Noch kann er die

Breite der Taschen schlecht einschätzen und schrammt immer wieder an Baumstämmen vorbei. Kleine Fichten ignoriert Rusty völlig, sie weichen dem Druck der Packtaschen, biegen sich unter ihnen hindurch und richten sich danach wieder auf. Als er dasselbe bei einer abgestorbenen Espe versucht, wirft er den etwa fünf Meter hohen Baum einfach um und trifft dabei um ein Haar Günter und sein Pferd Dino. Alle Pferde erschrecken und machen einige Sprünge, bleiben dann aber zu unserem großen Erstaunen stehen.

Endlich gibt es einen regenfreien Abend. Wir sitzen am Feuer und beobachten unsere Pferde, die in dem weiten Tal unterhalb des Lagers grasen. In unserem verrußten Topf kochen Nudeln, in einer Pfanne braten Zwiebel, Knoblauch und Paprika. Zusammen mit Olivenöl und Parmesan wird das unser Abendessen.

„Schau mal", Günter berührt mich an der Schulter und deutet ins Tal. Ein Elch war auf die Wiese spaziert und betrachtet nun reglos unsere Pferde. Dann wandert sein Blick zu uns. Einige Minuten verharrt er so, dann geht er weiter und verschwindet im Wald. Seit Tagen haben wir keine Zeichen der Zivilisation mehr gesehen, nicht einmal einen menschlichen Fußabdruck. Die Abgeschiedenheit und Einsamkeit der Beaverhead Mountains ist fantastisch. Auch am nächsten Tag begegnen wir im Nicholia Tal zwei Elchen. Im feuchten Erdboden haben neben Elchen auch Hirsche, Rehe, Schwarzbären, Kojoten und ein Puma ihre Spuren hinterlassen. Der weiche Boden erleichtert uns das Reiten ohne Hufeisen und erzählt uns Geschichten über die Bewohner des Waldes. Heute laufen sowohl Rusty als auch Azabache als Packpferde frei. Kurzfristig übernimmt Rusty die Führung. Für eine Weile führt ein Packpferd unsere Karawane an, dann wird es ihm zu dumm, es macht einen Kreis und reiht sich wieder hinten ein. Am Nachmittag kommt die Sonne hervor. Wir nehmen ein Bad im Fluss und legen unsere nassen Sachen zum Trocknen aus. Im Westen vor uns thront der 3.360 Meter hohe, schneebedeckte Gipfel des Cottonwood Peaks, östlich erstrecken sich die endlos weiten, grasbewachsenen Hügel. „Links Schweiz, rechts Patagonien", fasst Günter die Aussicht zusammen.

Das schöne Wetter trifft uns zur rechten Zeit, denn unser Weg führt nun auf fast 3.000 Meter empor. Oben angekommen stehen wir wie vor einem Fenster in der Bergwelt. Im Westen ragen die schneebedeckten Berge der Lemhi Range und der Lost River Range empor. In weiter Ferne können wir Borah Peak, den mit 3.857 Meter höchsten Berg Idahos, erkennen. Auf der Montana Seite sieht man die südlichen Beaverheads, Centennials und Tendoy Mountains. Mitte Juni sind sämtliche Gipfel schneebedeckt.

In dieser Bergwelt fühle ich mich in meinem Element. Ich atme tief ein und habe das Gefühl, noch ein Atemzug und ich explodiere. Es hat dieses Jahr lange gedauert, bis ich mich wieder ganz auf die Reise eingelassen habe. Vor allem während der ersten Tage entlang der Straße durch das Vogelschutzgebiet plagten mich Zweifel darüber, ob ich weiterhin so unterwegs sein möchte. Im Gegensatz zu den Jahren davor machte mir die Reise nicht auf Anhieb Spaß, sondern ich ärgerte mich über viele Kleinigkeiten. Jetzt sind alle Zweifel verflogen, ich bin rundum glücklich – bis zum Abstieg. Dieser führt uns über einen engen, steilen Waldweg entlang des Coyote Creeks. Große Altschneefelder blockieren den Trail. Günter sucht einen Weg quer durch den Wald. Trotzdem müssen die Pferde auch über steile Schneefelder klettern. Ich führe Lightfoot, springe vor ihm durch den Schnee hinunter, immer darauf bedacht, das Pferd sicher über die schwierigen Passagen zu führen und ihm gleichzeitig rasch aus dem Weg gehen zu können. Immer wieder bleibt Lightfoot stehen und betrachtet wohl fassungslos den Weg vor ihm. Ich spreche ihm und auch Azabache, der frei vor mir läuft, Mut zu. Nach einer Ewigkeit erreichen wir eine Wiese und schlagen am Waldrand unser Lager auf. Hinter uns ragen die Steilwände der Kontinentalen Wasserscheide empor, irgendwo unterhalb rauscht Tex Creek. Am Gegenhang grasen Wapiti-Hirsche. Ich koche einen großen Topf Suppe. In vier bis fünf Tagen könnten wir das Dörfchen Leadore in Idaho erreichen. Wir haben immer noch ausreichend Proviant, trotzdem werden wir nicht satt. Jetzt ist es so weit, dass wir das Doppelte essen könnten, aber nur noch halb so viel haben. Günter löffelt seine Suppe in Rekordtempo.

„Und was gibt es als Hauptspeise?", fragt er und reicht mir seinen leeren Topf.

„Winterspeck!", antworte ich lachend und deute auf seinen Bauch.

Das kleine Dörfchen Leadore liegt verschlafen im Salmon River Tal. Den Ortsmittelpunkt bildet der Stage Stop – ein Tankstellenshop. Ihm gegenüber liegt in einem alten, weißen Gebäude die Post, daneben die Silver Dollar Bar. Ein breiter Highway zieht sich durch den Ort, doch es gibt kaum Verkehr. Auf dem Ortsschild steht: „Leadore, Einwohnerzahl 90". Auf dem Weg ins Dorf begegnet uns ein Rancher. Sein Name ist Blair. „Da habt ihr euch kein gutes Jahr ausgesucht, für euren Ritt durch Montana!", erklärt er, „So viel Regen wie in diesem Juni gab es seit 30 Jahren nicht mehr!" Blair ist unterwegs, um nach seinen Rindern zu sehen. Wir sind soeben über seine Weide geritten. Wie schon so oft erweist sich diese erste Begegnung als Glückstreffer.

Im Zentrum des Dorfes wartet Günter mit Pferden und Hund an der einzigen Kreuzung, während ich den Stage Stop betrete. Eine junge Frau begrüßt mich: „Was kann ich für Sie tun?"

„Wir reiten auf dem CDT und wollen hier in Leadore zwei Tage Pause machen, unsere Einkäufe erledigen und Wäsche waschen. Wir suchen ein Quartier für vier Pferde und ein Hotelzimmer für uns. Können Sie uns helfen?"

Sie nickt verständnisvoll. Das erstaunt mich. Nur selten begreifen meine Gesprächspartner nach der ersten Erklärung, was ich von ihnen will. Es kommt eben nicht oft vor, dass jemand mit Pferden in einen Ort reitet, ohne Begleitfahrzeug und Trailer. Doch Leadore ist anders. Nur 15 Kilometer vom CDT entfernt kommen immer wieder Wanderer hier vorbei. In der Post erfahren wir später, dass derzeit zehn Proviantpakete darauf warten, von Wanderern abgeholt zu werden. Viele Wanderer, die den CDT in nur einem Jahr von der kanadischen bis zur mexikanischen Grenze – oder in umgekehrter Richtung – durchwandern wollen, verschicken an Stationen, an denen sie Halt machen werden, Proviantpakete, um so wenig Zeit wie möglich mit Einkäufen zu verlieren.

Wir dürfen unsere Pferde auf das Rodeogelände bringen und bekommen ein Zimmer in einem Motel. Als wir gerade unsere Sachen vor dem Motel von den Packpferden abladen, hält ein Fahrzeug. Es ist Blair, der Rancher, den wir unterwegs kennengelernt haben. Er hilft uns dabei, Heu zu besorgen. Abends zeigt uns Blair seine Ranch. Er besitzt 700 Rinder. Die Kälber werden jedes Frühjahr an eine Ranch in Iowa verkauft.

„Dort füttert man sie mit Getreide, bis sie fett sind. Dann werden sie zu Hamburgern", erklärt uns Blair lachend.

„Habt ihr Probleme mit wilden Tieren? Bären oder Kojoten?", fragt Günter.

„Oh ja. Mit Kojoten und Wölfen", antwortet Blair, „Wir haben eine kleine Schafherde. Da fällt immer wieder eines einem Wolf zum Opfer. Erst kürzlich habe ich einen erschossen. Ich habe ihn erst erwischt, nachdem er drei Lämmer gerissen hatte."

„Darf man Wölfe denn einfach erschießen?", fragt Günter.

„Da fragt man nicht lange, da gilt die 3S-Regel: Shoot, Shovel, Shut-up – erschießen, schaufeln, Mund halten", antwortet Blair.

Am nächsten Tag kaufe ich im Supermarkt Proviant für dreißig Tage ein. Wir wollen in das rund 400 Kilometer entfernte Anaconda ohne weiteren Zwischenstopp reiten. Außerdem kaufen wir zwei Säcke Pferdefutter und bärensichere Transportboxen aus Aluminium. Damit ersparen wir uns in Zukunft das – vor allem für mich – gefährliche Hochziehen des Proviants in die Bäume.

Abends stehen wir mit Blair auf der Terrasse vor unserem Motel, als ein weißer Cadillac vorfährt. Eine kleine, ältere Dame steigt aus.

„Das ist meine Mutter Melva“, stellt Blair sie uns vor. In der Hand trägt sie einen alten Kassettenrekorder und einen Schreibblock.

„Ich möchte ein Interview mit euch machen, für die Zeitung“, erklärt sie, schaltet das Aufnahmegerät ein und beginnt, Fragen zu stellen. Es ist nach 22 Uhr, als sie sich verabschiedet. Am nächsten Morgen kommt Melva abermals in ihrem weißen Cadillac vorbei. Diesmal hat sie ein Plastikglas und eine Packung Mungobohnen dabei. „Damit kannst du unterwegs Sprossen züchten. Dann habt ihr immer etwas Frisches und viele Vitamine“, erklärt sie. Außerdem übergibt sie mir ein Kuvert mit Blumensamen. „Das ist Flachs. Er hat wunderschöne blaue Blüten. Diese Samen sollt ihr am Bannock Pass ausstreuen, wenn ich sie dann blühen sehe, werde ich immer an euch denken.“

Früh am nächsten Morgen brechen wir wieder auf. Am Bannock Pass streuen wir den Blumensamen aus. Bereits vor hunderten Jahren überquerten Indianer die Rocky Mountains über diesen Pass, um auf der Montana-Seite Büffel zu jagen und auf der Idaho-Seite Lachs zu fischen.

Am ersten Abend finden wir kein fließendes Wasser, nur einen Tümpel. Ein Frosch sitzt darin und sieht mir zu, wie ich Wasser daraus filtere. Es ist ein kleiner Teich und man kann sehen, wie der Wasserspiegel sinkt, während ich die Wasserschüssel fülle. „Tut mir leid, Frosch“, entschuldige ich mich. Er springt quakend davon. Seit drei Tagen regnet es nicht mehr, doch die Freude darüber währt nur kurz, denn mit der Abenddämmerung fallen tausende Stechmücken über uns und die Pferde her. Sie können mir jede Freude an der Natur nehmen. Jetzt wünsche ich mir Regen zurück, oder Wind oder Kälte. Alles wäre mir lieber als diese lästigen Mücken!

„Wir sind so dumm! Warum haben wir nur das Mückenmittel hergeschenkt!“, flucht Günter. Um das Gewicht zu reduzieren und weil wir es in den ersten zwei Wochen nicht gebraucht hatten, haben wir das Mückenmittel für die Pferde in Leadore hergeschenkt.

Am nächsten Morgen zeigt das Thermometer zwei Grad Celsius. Die Kälte lähmt die Mücken. Auf der Wiese liegt Raureif. Die ersten Sonnenstrahlen wärmen rasch die Luft an – ein herrlicher Morgen. Die nördlichen Beaverhead Mountains sind niedriger als die südlichen und trockener. Unser Weg führt nun immer wieder auf alten Forststraßen durch Steppe und Wald. Zwischen den Bäumen liegen noch hohe Altschneefelder. Sie sind kompakt und wir können problemlos darüberreiten. Auf einer Lichtung entdecken wir einen Schwarzbären mit zwei Jungen. Die Kleinen klettern tollpatschig auf einen umgefallenen Baumstamm. Günter schleicht sich mit der Kamera in der Hand näher heran. Doch er hält einen Abstand von über hundert Metern, denn wir sind keine Tierfotografen, die sich stundenlang geduldig auf die Lauer legen. Wir wollen die Tiere nicht stören. Wir sind Gast, sie sind hier zuhause. Auch im dritten Jahr bin ich noch immer fasziniert davon, dass man hier Bären in freier Wildbahn begegnen kann. Stundenlang freue ich mich darüber.

Wir verbringen die Nacht an der Yearian Quelle, eine der wenigen Wasserstellen auf unserem Weg. Sie liegt mitten im Wald, doch der Baumbestand ist dünn genug, dass dazwischen Gras wächst. Die Bäume sind mit einer grünen Flechte überzogen und verleihen dem Wald eine mystische Stimmung. Gegen 21 Uhr beginnt Dino zu wiehern und bekommt keine Antwort – kein gutes Zeichen. Und tatsächlich sind Lightfoot und Azabache verschwunden. Wir suchen rund um das Lager.

„Ich habe ihre Spuren gefunden, sie sind den Weg zurück, den wir gekommen sind!“, ruft Günter mir zu.

„Ich kann's nicht glauben! Ich dachte, sie wären müde!“, antworte ich.

„Bleib du ruhig hier, ich hol sie“, sagt Günter, nimmt seine Taschenlampe und macht sich auf den Weg. Es ist Hochsommer, und auch um 21 Uhr gibt es noch Dämmerlicht. Alleine im Zelt mache ich mir Sorgen. Ich denke an die Bären, die wir heute gesehen haben. Im Dunkeln sollte Günter ihnen nicht in die Quere kommen. Die Stunden verrinnen, es ist bereits 23 Uhr und von Günter und den Pferden keine Spur. Was tue ich, wenn sie am nächsten Morgen noch immer nicht zurück sind? Jetzt, im Dunkeln, kann ich ohnehin nichts machen. Ich traue meinem Orientierungssinn nicht, zu groß ist die Angst, dass ich mich verlaufen würde. Alleine im Zelt fühle ich mich nicht wohl. Wie schon so oft stelle ich mir die Frage, ob ich die Reise auch alleine machen könnte. Wie lange würde es wohl dauern, bis die Unsicherheit verschwände? Irgendwann schlafe ich ein. Kurz nach Mitternacht wecken mich die Glocken.

„Sie sind zielstrebig zurückgelaufen. Ganz genau denselben Weg, den wir gekommen sind, auch über alle Schneefelder", berichtet Günter erschöpft und verärgert, „Es gelang mir, sie unterwegs zu überholen. Ich konnte gerade noch ihre Silhouetten im Mondlicht erkennen."

Am nächsten Tag reiten wir wieder durch Wald. Im Gegensatz zum Vortag stehen die Bäume, Küsten-Kiefern, nun so dicht, dass kaum ein Sonnenstrahl den Boden berührt und somit keine Vegetation am Waldboden gedeihen kann. Schnurgerade ragen die Baumstämme in die Höhe, sie haben auf den unteren fünf bis sechs Metern keine Äste, nur ganz oben wachsen auf dünnen Ästen Nadeln. Es ist der monotonste Wald, den ich mir vorstellen kann. Ein Mückenschwarm begleitet uns. Rusty trägt die Plastikboxen und läuft frei. Einmal bleibt er zwischen zwei Bäumen stecken, springt zurück, versucht einen anderen Durchgang und bleibt wieder stecken. Ich führe ihn rückwärts hinaus und zurück auf den Weg. Später beobachte ich, wie er einer weiteren Engstelle ausweicht.

Stundenlang reiten wir durch den Wald, ohne an einer Lichtung vorbeizukommen. Laut Karte führt der Weg etwa sechs Kilometer vor dem Goldstone Pass – unserem Tagesziel – über die Baumgrenze empor. Sehnsüchtig warte ich darauf und freue mich auf den Fernblick und die Almwiesen. Doch am Waldrand beginnt ein großes Schneefeld. Ich klettere hinauf, um den weiteren Weg zu erkunden. Von oben kann ich bereits denn Goldstone Pass sehen. Zwischen uns und dem Pass liegt ein langer, schneebedeckter Bergrücken. Heute, am 30. Juni, drei Wochen nach unserem Aufbruch, treffen wir das erste Mal auf Schnee. Denn im Vergleich zu dem, was vor uns liegt, waren alle bisherigen Schneefelder nicht der Rede wert.

„Es sind nur sechs Kilometer", sage ich mir, „oder dreißig Kilometer zurück durch den Mückenwald." Für Günter ist umdrehen und zurückgehen sowieso nur im Ausnahmefall eine Option und so kämpfen wir uns durch den Schnee. Nur noch sehr selten sehen wir eine Wegmarkierung, die meisten der Steinmännchen liegen unter den weißen Massen begraben. Viele Schneefelder sind flach und kompakt und die Pferde können problemlos darübergehen. Doch dort, wo unter dem Schnee kleine Bäume begraben sind, brechen die Hufe der Pferde ein. Manchmal stecken sie bis zum Bauch fest, so dass die Packtaschen aufliegen. Die Pferde müssen sich mit einem Sprung befreien. Günter geht voraus, um den Weg zu erkunden. Dann führen wir die Pferde einzeln über die schwierigen Passagen. Immer wieder haben wir freie Sicht auf den schneebedeckten Bergkamm vor uns. Mit einem Tempo von nur einem Kilometer pro Stunde kommen wir dem Pass kaum näher. Jedes Mal, wenn wir kurz stehen bleiben, schließen die Pferde die Augen und schlafen ein. Schon vor Stunden haben wir unsere Wasserflaschen geleert, ich esse Schnee gegen den Durst. Am letzten Abstieg zum Pass verlieren wir endgültig den Weg und folgen einem alten, verwachsenen und zugeschneiten Fahrweg die falsche Richtung bergab.

„Wir sind falsch, wir müssen zurück", stellt Günter resigniert fest.

„Ich mag nicht mehr", antworte ich erschöpft.

„Komm, es ist nicht mehr weit bis zum Pass. Wir finden den richtigen Weg", versucht Günter mich zu ermutigen.

Noch einmal kämpfen wir uns querfeldein durch Schnee und Wald. Nach einer weiteren Stunde erreichen wir den Pass und somit Wasser und Wiese. Doch uns und den Pferden ist keine Ruhe vergönnt. Tausende, wenn nicht Hunderttausende von Stechmücken fallen über uns und die Pferde her. Noch nie habe ich so viele Mücken auf einem Haufen gesehen, nicht einmal im hohen Norden von Grönland oder Norwegen.

„Der Amazonas ist ein Paradies dagegen!", ruft Günter, „Nicht einmal dort habe ich annähernd so viele Mücken erlebt!"

Als Schutz vor den Mücken trage ich meine Regenjacke und -hose, Handschuhe und Hut. Das Moskitonetz des Eingangs des Außenzeltes ist abnehmbar. Ich werfe es über meinen Hut und stecke es mit Wäscheklammern fest. Es fällt bis auf meine Schultern herab. Nur den Pferden können wir nicht helfen. Mit einem Handschlag kann man zwanzig Moskitos an ihrem Hals erschlagen, nur dafür, dass sich Sekunden später andere dort niederlassen. Die Pferde wälzen sich im Gras und reiben sich an Nadelbäumen. Günter legt grüne Nadelzweige auf das Feuer und räuchert unser Lager aus. Leni springt wütend umher und versucht, die Mücken zu fressen. Eine nette Geste!

„Wir müssen Mückenspray für die Pferde besorgen, sie tun mir so leid", sagt Günter.

„Ich habe mir bereits die Karte angeschaut. Wir können bei den Schneeverhältnissen sowieso nicht am CDT weitergehen. Lass uns ins Tal des Big Hole Rivers absteigen. Dort gibt es Ranchs, da kann uns sicher jemand Mückenmittel verkaufen."

„Gute Idee, machen wir das."

Am nächsten Morgen schlafe ich lange. Es ist der 1. Juli, mein Geburtstag. Beim Abstieg in das breite, grüne Tal des Big Hole Rivers beginne ich von der Ranch zu träumen. Eigentlich wollen wir nur Mückenmittel kaufen, doch in meinem Unterbewusstsein nehmen Erwartungen und Hoffnungen Form an: Sicherlich werden sie uns einladen zu duschen, sie werden uns frisches Obst und Gemüse anbieten und uns zum Essen einladen. Gemeinsam mit den Ranchern und ihren Kindern und Großeltern werden wir an einem massiven Holztisch in der Küche sitzen, sie werden uns Geschichten vom Leben auf der Ranch erzählen und uns Fragen zur Reise stellen. Wir werden auf meinen Geburtstag anstoßen. Vielleicht bleiben wir auch ein paar Tage, arbeiten mit und schließen Freundschaft.

Auf der Forststraße durch das Tal begegnet uns ein Forest Service Ranger. Wir erzählen von unserer Reise und vom Schnee des letzten Tages.

„Oh ja, es liegt noch viel Schnee. Es war ein besonders schneereicher Winter. Ich war erst vergangenes Wochenende nahe der Wasserscheide Schi fahren", berichtet er.

„Wie sieht der CDT nördlich von hier aus?", frage ich.

„Die nächsten Kilometer würde ich im Tal bleiben, aber ich denke ab Miners Creek könnt ihr es wieder auf dem CDT versuchen", antwortet er.

Gegen Abend erreichen wir die erste Ranch. Günter wartet mit den Pferden auf der Straße. Ich gehe an der Scheune vorbei auf das Ranchhaus zu. Drei große Hunde rennen kläffend auf mich zu. Vor der Eingangstüre liegt ein weiterer, kleiner Hund. Zögernd greife ich über ihn hinweg und klopfe an der Türe. Eine junge Frau öffnet.

„Ja bitte?", fragt sie freundlich.

Ich bin erleichtert, mich einer Frau gegenüber zu sehen. Die Cowboys hier am Land sind manchmal etwas schwierig. Ich erzähle ihr die Geschichte unserer Reise. Dann bitte ich sie, uns Mückenspray zu verkaufen. Sie drückt mir eine halbvolle Flasche in die Hand. Damit kommen wir ungefähr einen Tag lang aus.

„Wir bräuchten mehr. Am besten ein Konzentrat, das wir unterwegs verdünnen können", sage ich zögernd.

„Das ist alles, was wir haben. Wir kommen damit ein Jahr aus. Vielleicht gibt es in Jackson etwas zu kaufen. Ich glaube aber nicht", erklärt sie.

„Wie weit ist es bis Jackson?"

„Dreißig Kilometer. Wir haben viel zu tun, wir können euch nicht hinbringen."

„Hm, können wir vielleicht die Nacht über hier bleiben und dann morgen in den Ort reiten? Haben Sie eine kleine Weide für unsere vier Pferde?"

„Ich denke schon. Ich rede mal mit meinem Mann. Ihr könnt die Pferde schon mal heraufbringen."

Wir dürfen die Pferde zu den Jungstieren auf die Weide bringen und unser Zelt in einem Korral aufschlagen, in dem die Rinder zusammengetrieben werden. Der Boden ist übersät mit Kuhfladen.

„Ihr seid ja keine Mörder oder Serienkiller oder so?", sagt die junge Frau zu mir, während sie uns den Zeltplatz zuweist, „Und ich nehme an, ihr brecht morgen sehr früh wieder auf." Dann verschwindet sie im Haus. Später fahren sie und ihr Mann weg und kommen nach zwei Stunden mit einem Kofferraum voller Einkaufstaschen zurück. Wir hören und sehen nichts mehr von ihnen bis zum nächsten Morgen.

„Sei nicht enttäuscht", sagt Günter zu mir, „Wir haben alles bekommen, wonach wir gefragt haben. Und schau mal, wie glücklich die Pferde sind. Das ist doch das schönste Geburtstagsgeschenk."

Alle vier Pferde liegen im Gras. Lightfoot und Rusty haben sich auf die Seite gelegt und ihr Kopf ruht entspannt am Boden. Es gibt kaum Moskitos, die sie nerven, und sie können nun endlich ausruhen. Trotzdem kann ich meine Enttäuschung kaum verbergen. Ich habe Tränen in den Augen. Wäre es ein gewöhnlicher Tag, vielleicht wäre ich nicht mit solch übertriebenen Erwartungen gekommen. Weil es mein Geburtstag ist, habe ich auf etwas Besonders gehofft. Die beste Voraussetzung, enttäuscht zu werden. Es sind diese Erwartungen, die uns maßlos werden lassen. Wenn wir sie nur nicht hätten, wenn wir ohne große Erwartungen durchs Leben gehen könnten, naiv und unschuldig wie ein Kind, welch großartige Überraschungen würden auf uns warten. Wenn wir unsere Wünsche zähmen könnten, unsere Ansprüche zurückschrauben, wie glücklich könnten wir mit dem sein, was das Leben zu bieten hat. Glücklich wie Forrest Gump, denn: „Das Leben ist wie eine Pralinenschachtel, man weiß nie, was man bekommt."

Am nächsten Morgen, wir sind gerade dabei, unsere Sachen zu packen, kommt unsere Gastgeberin zu uns herüber. „Meine Schwiegereltern kommen heute Nachmittag aus Dillon. Sie können Mückenmittel mitbringen. Da ihr ja die Straße durch das Tal zurückreitet, kann ich es euch nachbringen."

„Das wäre großartig, vielen Dank. Dann reiten wir heute nur bis zu dem Forest Service Campingplatz am Van Houten See, dort könnten wir uns treffen."

Am See versuche ich mein Glück beim Fischen, doch keiner beißt an. Eine Wasserschlange gleitet lautlos über Wasser und an Land. Eichhörnchen klettern zwischen den Bäumen umher. Ich wundere mich darüber, dass ich stundenlang regungslos am Ufer sitzen kann. Leni springt am Eingang des Campingplatzes in einen Viehrost und gräbt in der Höhle eines Erdhörnchens. Ihre Schnauze und ihre Vorderbeine sind voller Erde. Ich werfe sie ins Wasser, sie schwimmt sofort wieder ans Ufer, klettert heraus und wälzt sich im Gras. Jetzt ist sie dreckig und außerdem noch nass.

Am Nachmittag sehen wir einen blauen Pickup die Straße zum See hinabfahren. Günter geht dem Fahrzeug entgegen. Die junge Rancherin reicht ihm das Mückenmittel durch das Seitenfenster, ohne den Motor abzustellen. Außerdem übergibt sie ihm einen Schokoriegel, als Geburtstagsgeschenk für mich. Als ich Rusty ein Stück des Riegels füttere, reißt er sein Maul weit auf und nimmt meine ganze Hand. Er beißt nur leicht zu, doch erschrocken schreie ich auf, worauf er verdutzt dreinschaut. Die nächsten Stückchen nimmt er sehr vorsichtig, tastet mit seinen weichen Lippen fast zärtlich meine Handfläche danach ab. Jetzt übertreibt er es dermaßen mit seiner Vorsicht, dass er mich damit zum Lachen bringt.

Eine alte Straße führt entlang des Berry Creek vom Van Houten Lake nach Westen. Sie ist steinig und holprig und führt durch Wald und Sumpf. Schon nach kurzer Zeit fühlen wir uns wieder wie mitten in der Wildnis. Ich reite Lightfoot. Das Pferd mag den steinigen Weg nicht und wir fallen weit hinter die anderen zurück. Plötzlich springt ein Rehkitz vor uns auf den Weg. Die anderen Pferde müssen es aufgeschreckt haben, nun steht es breitbeinig am Weg, den Kopf nach unten gedrückt und blickt mich aus schwarzen Knopfaugen überrascht an. Es ist wohl erst wenige Monate alt und trägt noch die typischen weißen Tupfen am Rücken. Einige Augenblicke verharren wir so, starren einander an, dann springt es auf und davon und verschwindet im Wald.

Bei Berry Meadows zweigt der Weg in den Wald ab. Eine verfallene, vom Zahn der Zeit abgenagte Blockhütte dient uns als Orientierungspunkt, der Weg ist kaum zu erkennen. Er ist zugewachsen und Bäume liegen kreuz und quer. Während ich ziemlich gefordert bin, durch dieses Gewirr zu reiten, stimmt Günter angesichts dieser kleinen Herausforderung fröhlich ein Lied an. Der Abstieg zum Miners Creek ist unglaublich steil. In engen Serpentinen führt der Weg den dicht bewaldeten Hang hinab. Die Pferde stöhnen. Am Miners Creek treffen wir wieder auf den CDT, der vorbei am Rock Island Lake über einen Pass zum Little Lake, einem angeblich besonders malerischen Gebirgssee führt. Bärengras blüht neben dem Weg. Es erinnert mich an Feuerwerkskörper, denn die weißen Blüten, die auf einem schmalen Kelch liegen, explodieren langsam von unten nach oben, bis der ganze Kelch sich in einen weißen Schneeball aus Blüten verwandelt.

Am Ufer des Rock Island Lakes liegt Schnee. Doch der weitere Aufstieg auf der Südseite des Passes ist schneefrei. Wir klettern auf 2.700 Meter empor. Ein Gewitter zieht auf, der Himmel über den Bergen ist dunkelgrau, doch es zieht weiter und verschont uns. Nur Donnergrollen dringt herüber. Die letzten Meter auf den Pass führen über ein Schneefeld. Der Ausblick vom Pass ist berauschend und beängstigend. Die

Nordseite ist komplett zugeschneit. Wir lassen die Pferde stehen und gehen über das Schneefeld hinab. Zu Fuß ist es kein Problem. Der Schnee trägt und der Hang ist nicht sehr steil. Einige Meter tiefer stoßen wir wieder auf einen Weg im Geröll.

„Das ist machbar. Lass uns die Pferde holen“, fordert Günter mich auf. Wir führen Dino und Azabache durch den Schnee hinab, doch während Lightfoot oben stehen bleibt und darauf wartet, abgeholt zu werden, marschiert Rusty hinter uns her. Plötzlich biegt er aus unserer Spur ab und anstatt auf den Weg im Geröllfeld zu gehen, geht er weiter das nun immer steiler werdende Schneefeld bergab.

„Rusty, steh!“, schreit Günter, doch Rusty spaziert einfach weiter. Ich spüre Panik in mir aufsteigen. Wenn er weitergeht und ausrutscht, rutscht er den ganzen Hang hinab.

„Rusty, du blödes Pferd, steh!“, brülle ich aus Leibeskräften.

Er muss wohl an meinem Tonfall erkannt haben, dass es mir ernst ist, denn er bleibt stehen und ich kann ihn auf den Weg zurückführen. Kurze Zeit später stehen wir vor einem noch steileren Schneefeld. Es ist zu spät, um umzukehren. Günter führt Dino hinab, während ich nun die drei anderen Pferde halte. Der Schnee ist weich und Dino bricht immer wieder bis zum Bauch ein. Günter lässt Dino am Fuße des Schneefeldes stehen und kommt wieder durch den Schnee zu uns herauf, um Azabache hinabzuführen. Dieser trägt die Aluminiumboxen. Im weichen Schnee verliert er das Gleichgewicht, kämpft dagegen an, rutscht ab und steckt schließlich so tief im Schnee, dass die Boxen aufsitzen. Ich lasse die beiden anderen Pferde stehen und laufe hinunter, um Günter zu helfen. Schnell packen wir Azabache ab, bevor das Pferd versucht, sich selbst zu befreien und sich dabei überschlägt. Mir zittern die Knie. Knapp hinter mir sucht sich gerade Rusty seinen eigenen Weg bergab. Ich kann hören, wie er durch den Schnee springt. Nur Lightfoot steht noch oben und wartet geduldig darauf, abgeholt zu werden. Im steilen Hang rammen wir die Aluminiumboxen in den Schnee. Ohne

Gepäck kann sich Azabache befreien und Günter führt ihn langsam den Hang hinab, während ich Lightfoot hole und ihn in vielen Serpentinen abwärts führe. Schließlich müssen wir noch die Aluminiumboxen nach unten bringen. Ich fühle mich so kraftlos, dass ich die schweren Boxen kaum mehr heben kann. Kurze Zeit später erreichen wir den See. Am Ufer des Little Lakes wächst kein Gras. Zwar ist der Schnee dort bereits geschmolzen, doch die Schmelze ist erst wenige Tage her, so dass Anfang Juli gerade die allerersten Frühlingsblumen blühen. Ich bin hundemüde, doch hier können wir nicht bleiben. Ich hole die Karte aus der Satteltasche.

„Ich schlage vor, wir steigen entlang des Little Creeks ab und gehen im Tal weiter", sage ich und lasse mich erschöpft auf einem Stein nieder.

„Denkst du nicht, dass wir auf dem CDT durchkommen könnten?", fragt Günter.

„Ich weiß es einfach nicht. Vor uns liegen weitere Pässe. Außerdem gibt es hier heroben kein Futter", antworte ich verzweifelt. Günter wirft ebenfalls einen Blick auf die Karte und meint: „Entlang des Little Creeks gibt es keinen Weg."

„Stimmt. Trotzdem glaube ich, dass es weglos durch den Wald noch immer besser ist als durch das Schneechaos."

„Einverstanden. Lass uns ins Tal absteigen", willigt Günter ein.

Wir kämpfen uns über 400 Höhenmeter durch den Wald und weitere Schneefelder bergab. Immer wieder geraten wir in Sackgassen, müssen umkehren und einen anderen Weg suchen. Zwei Stunden brauchen wir für diesen Abstieg. Endlich gelangen wir auf eine Futterwiese und schlagen sofort unser Lager auf. Augenblicklich fallen wieder tausende Moskitos über uns her. Wenigstens haben wir jetzt Insektenmittel für die Pferde. Erschöpft verkriechen wir uns im Zelt. Das waren einfach zu viele Widrigkeiten für einen Tag: Schnee, Mücken und wegloses Gelände.

Am nächsten Morgen liege ich wach im Schlafsack. Günter ist schon längst aufgestanden, doch ich mag meine Augen noch nicht öffnen. Von draußen dringt das Knistern des Lagerfeuers zu mir.

„Der Kaffee ist fertig ...“, singt Günter frei nach Peter Cornelius.

„...klingt des net einfach unheimlich guat“, antworte ich noch immer ein wenig verschlafen. Das Thermometer zeigt vier Grad. Leni liegt bei mir im Schlafsack. Im Morgengrauen kam sie angeschlichen, jetzt streckt sie sich lange neben mir aus. Ich krieche aus dem Zelt und strecke mich wohlig durch. Die Sonne klettert gerade über die Bergkuppe und ihre ersten Strahlen treffen auf mich. Die Kälte ist angenehm, und seit langer Zeit genießen wir wieder einmal ein Frühstück ohne Moskitos. Dann folgen wir weiterhin dem Little Creek. Schon bald treffen wir auf einen Pfad und wenig später auf einen Jeep Trail. Auf der anderen Seite einer großen Lichtung streift ein Schwarzbär durch das hohe Gras. Zwei Kraniche fliegen schnatternd vor uns davon. Wenig später entdecken wir eine Eule. Sie sitzt hoch oben in einem toten Baum und sieht auf uns herab. Lange Zeit betrachten wir den Vogel, dann schwingt er sich mit breitem Flügelschlag in die Lüfte und fliegt davon.

Die nächsten fünfzig Kilometer müssen wir uns auf Forststraßen Richtung Norden durchschlagen. Ab dem Big Hole Pass wollen wir wieder auf den CDT zurückkehren. Entlang der Forststraßen ist es schwierig, ideale Campingplätze zu finden. Gleichzeitig ist offensichtlich, wo bereits andere Leute campiert haben. Dort liegen Bierdosen und Konservendosen in der Asche des Lagerfeuers, im Gras sind Reifenspuren. Oberhalb des sumpfigen Big Moosehorn Creeks finden wir einen solchen Lagerplatz im Wald. Futter und Wasser für die Pferde ist ausreichend vorhanden, trotzdem neigen sie dazu wegzulaufen und wir binden vorsichtshalber sofort zwei Pferde am Hochseil fest. Wir hören das Knallen mehrerer Schüsse. Die Pferde spitzen nervös die Ohren. Abends lauschen wir dem Klingeln der Glocken, das sich immer mehr entfernt, bis es gar nicht mehr zu hören ist. Lightfoot und Rusty sind frei.

„Es ist schon fast dunkel. Gehst du nachsehen, wo sie sind?", bitte ich Günter.

„Na gut", willigt er ein und macht sich auf den Weg. Stundenlang liege ich wach im Zelt und höre nichts als das gelegentliche Wiehern von Dino und Azabache, die am Hochseil angebunden sind.

„Das darf doch nicht wahr sein", schimpfe ich, „Wenn Günter wieder die halbe Nacht unterwegs ist, ist er morgen sicherlich nicht ansprechbar!" Leni blickt mich verständnislos an. „Schlaf du einfach weiter, wir können jetzt ohnehin nichts machen." In dieser Nacht beunruhigt mich der Gedanke an die Schüsse, die wir am Abend gehört haben, mehr als alle wilden Tiere des Waldes. Gegen zwei Uhr kehrt Günter mit den Pferden zurück.

„Sie sind natürlich wieder die Straße zurückgelaufen, im flotten Trab, immer vor mir davon. Irgendwann bogen sie dann allerdings in den Wald ab und liefen quer durch das Unterholz. Baumstämme lagen kreuz und quer. Es war stockdunkel. Ich konnte die Pferde nicht sehen, sondern folgte einfach nur dem Bimmeln der Glocken. Ständig schlugen mir Äste ins Gesicht. Wir kamen an einen verfallenen Zaun, die Pferde sprangen einfach darüber und ich hinterher."

„Du bist im Stockdunkeln querfeldein durch den Wald gelaufen! Und was, wenn dir ein Bär oder Puma begegnet?", falle ich Günter ins Wort.

„Ich durfte die Pferde nicht verlieren. In diesem Wald würden wir ihre Spuren am nächsten Tag nie wieder finden", fährt Günter fort, „Als sie endlich erschöpft waren, konnte ich mich nähern. Ich nahm Lightfoot am Riemen der Glocke. Unter keinen Umständen hätte ich ihn wieder losgelassen. Dann legte ich beiden Pferden die Halfter an. Wir waren aber dermaßen kreuz und quer durch den Wald gelaufen, dass ich völlig die Orientierung verloren hatte. Ich konnte keine Sterne sehen und ging daher einfach mal in irgendeine Richtung los. Dann ging der Mond auf. Doch er führte mich in die Irre. Erst als das Sternbild des großen Wagens am Himmel zu sehen war, konnte ich mich wieder orientieren. Wir fanden unseren Weg zurück auf die Straße. Doch dann beging ich einen Fehler. Ich wollte nach rechts abbiegen, aber beide Pferde zogen nach links. Ich dachte, die wissen es wohl besser als ich. Außerdem war ich todmüde und so ließ ich mich von den Pferden führen. Erst nach einer Stunde erkannte ich den Fehler und drehte um, sonst wäre ich schon zwei Stunden früher hier gewesen."

„Wir dürfen ab jetzt nur mehr auf Plätzen lagern, die auch den Pferden gefallen", sinniere ich noch vor mich hin, als Günter bereits eingeschlafen ist.

Am nächsten Tag führt unser Weg durch abgebrannten Wald. Die verkohlten Baumleichen wirken gespenstisch. Einige hundert Meter hinter uns fällt ein Baum krachend zu Boden. Gegen Mittag wird es stockdunkel. Es beginnt zu hageln und innerhalb weniger Minuten ist die Forststraße weiß. Hagelkörner liegen auf den Packtaschen und hängen in den Mähnen der Pferde. Rusty frisst den Hagel von Dinos Packtaschen. So schnell wie das Gewitter aufgezogen ist, ist es auch wieder vorbei, die Wolkendecke reißt auf und die Sonne kommt hervor. Ihre warmen Strahlen entlocken dem Wald einen angenehmen Geruch. Nie duftet der Wald so gut, wie wenn die Sonne ihn nach dem Regen erwärmt – ein vertrauter Duft nach Heidelbeeren, Moos und Pilzen. Am frühen Nachmittag entdecken wir einen grünen Fleck, der durch die Bäume schimmert. Am oberen Ende der Wiese entspringt ein Bächlein, das Futter steht saftig und dicht.

„Lass uns hier bleiben. Ich habe Lust, mal wieder die Seele baumeln zu lassen und den Tag zu genießen", schlage ich vor und Günter willigt gerne ein. Die Wiese liegt an einem Westhang. Die Sonne wärmt uns und trocknet unsere nassen Sachen. Es gibt keine Moskitos. Lightfoot und Rusty haben sich nebeneinander ins Gras gelegt. Auch sie genießen die Sonne und strecken sich genussvoll auf der Seite aus. Lange sitze ich in der Abendsonne und schreibe in mein Tagebuch, bevor sie als roter Ball hinter den Berghängen Idahos untergeht.

„Sonja, ich glaube, ich bin krank“, mit diesen Worten weckt mich Günter am nächsten Morgen. „Ich habe schreckliche Kopfschmerzen und fühle mich so schwach.“ Seine Stirn fühlt sich heiß an. Wir messen die Temperatur: 39 Grad.

„Wir bleiben heute hier“, bestimme ich, „Nimm ein Aspirin, vielleicht geht es dir dann bis zum Abend besser.“

Tagsüber wasche ich unsere Wäsche und überlege, wie ich Günter zu einem Arzt bringen könnte, wenn es notwendig sein sollte. Abends geht es Günter noch nicht besser. Ich gebe ihm ein fiebersenkendes Mittel und hoffe, dass es das Richtige ist. Es hilft und bereits am Morgen fühlt er sich besser. Wir bleiben aber noch einen weiteren Tag. Am dritten Tag fühlt er sich wieder fit genug weiterzureiten. Obwohl er nicht wirklich völlig gesund ist, befällt ihn nach wenigen Tagen der Ruhe wieder die Sehnsucht, aufzubrechen und weiterzuziehen in das Land hinter dem Horizont. Die Lust am Reisen und Entdecken ist stärker als jedes Fieber, das uns ans Bett fesseln will.

Wir überqueren den Chief Josef Pass. Der Pass ist benannt nach dem Häuptling der Nez Perce Indianer, der 1877 auf der Flucht vor einer geplanten Umsiedlung durch die Weißen tausend Menschen seines Volkes von Oregon über 2.600 Kilometer bis an die kanadische Grenze führte, bevor sie durch die US Armee gestoppt wurden. Er starb 1904 in einem Reservat in Washington. Folgende Worte des Chiefs sind überliefert: „The earth is the mother of all people, and all people should have equal rights upon it. You might as well expect the rivers to run backward as that any man who was born free should be contented penned up and denied liberty to go where he pleases.” (Die Erde ist die Mutter aller Menschen und alle Menschen auf ihr sollten gleiche Rechte haben. Eher wird es vorkommen, dass Flüsse rückwärts fließen, als dass ein Mensch, der frei geboren wurde, damit zufrieden sei, dass er eingepfercht lebt und ihm die Freiheit genommen wird, dahin zu gehen, wohin er will.)

Vor uns liegen die Berge der Anaconda-Pintler Range. Schon seit Tagen sehen wir ihr sehnsüchtig entgegen, freuen uns darauf, weit über die Baumgrenze hinaufzusteigen, wo der Blick unendlich weit über die Landschaft schweifen kann. Wenn wir unterwegs sind, entdecken wir nicht nur die Welt, sondern erfinden sie auch immer wieder neu, in der Art und Weise, wie wir sie betrachten. Denn was wir sehen und wie wir es wahrnehmen, liegt ganz alleine an uns. Wir haben die Wahl. Ist die Bergwelt abweisend und lebensfeindlich, ein Hindernis auf dem Weg von einem Tal ins nächste oder ist sie ein Juwel, eine landschaftliche Schönheit, ein schützenswerter Lebensraum bedrohter Tierarten? Heute will ich die Bergwelt in ihrer vollen Pracht finden. Denn die wahre Entdeckungsreise besteht nicht darin, neue Landschaft zu erforschen, sondern sie mit neuen Augen zu sehen. In Momenten wie diesem kann ich die wahre Schönheit der Natur erkennen. Mir wird bewusst, wie wertvoll sie für den Menschen ist.

Ein Problem unserer heutigen Zeit ist, dass der moderne Mensch sich meist nicht als Teil der Natur betrachtet. Bäume, Blumen und Tiere sind etwas, das man hin und wieder besucht und bestaunt – aber nichts, womit man unmittelbar verbunden ist. Ich denke, mit schuld daran ist die Individualisierung. Sie hat dazu geführt, dass sich der Mensch überhaupt nur noch sehr selten als Teil von etwas, sei es der Familie, der Firma oder der Gesellschaft sieht. Vielmehr betrachtet er sich als etwas Eigenständiges, Unabhängiges. Dadurch wird er blind für die Abhängigkeit und Wechselbeziehung zwischen Natur und Mensch. Nur so lässt sich für mich erklären, warum nicht alle Mächte dieser Erde nach diesem einzigen Ziel streben: die Zerstörung der Natur zu verhindern.

Mit zunehmender Höhe wird der Wald lichter und gibt den Blick frei auf die Berge. Über steile Serpentinen steigen wir auf den 2.600 Meter hohen Pintler Pass. Johnson Lake liegt wie ein blauer Edelstein im Tal. Wir steigen hinab zum See, halten uns jedoch nicht lange an dem einladenden Ufer auf, sondern klettern unverdrossen von einem schwindelerregenden Pass zum nächsten. Der Aufstieg zum Rainbow Pass ist zum Fürchten. Oft schon wurde ich von Freunden gefragt, ob unser Weg auch über messerscharfe Bergrücken führen würde, wo es links und rechts hunderte Meter steil bergab geht. Doch es braucht gar nicht beide Seiten, es reicht schon, wenn man hunderte Meter Luft unter einem Steigbügel hat. Lightfoot hat noch dazu die Angewohnheit, immer an der Außenkante entlangzugehen. Der Ausblick vom Pass jedoch ist überwältigend. Rund um uns ragen die Dreitausender der Pintler Range empor, vor uns liegt wie ein smaragdgrünes Juwel mitten im Wald der Rainbow Lake. In dieser stillen Weite komme ich mir klein und unbedeutend vor. Hoch über uns kreist ein Adler auf unsichtbaren Luftströmen. Ich versuche mir vorzustellen, wie wir aus dieser luftigen Höhe aussehen, eine kleine Karawane, die sich Schritt für Schritt durch die Bergwelt vorarbeitet. Der Abstieg führt über endlose Serpentinen. In mühsamer Arbeit wurde ein Trail in dieser fast senkrechten Wand errichtet. Die Pferde stolpern über lose Steine. Ich bleibe mit Lightfoot am Zügel zurück und fotografiere. Die Schönheit der Landschaft nimmt mich so gefangen, dass ich weit hinter Günter und die Pferde zurückfalle. Unten wartet er auf mich und schimpft: „Wir müssen enger zusammenbleiben. Gerade war hier ein Schwarzbär, nur dreißig Meter von mir entfernt."

„Schade, den hätte ich auch gerne gesehen", antworte ich und weiß genau, dass er eigentlich meine Sicherheit im Sinn hatte, als er mich aufforderte, bei der Gruppe zu bleiben. In einem Baum sitzt ein Stachelschwein und blickt zu uns herab. Es bewegt sich wie in Zeitlupe.

„Ich wusste gar nicht, dass Stachelschweine klettern können", sage ich.

„Vielleicht ist es krank", antwortet Günter.

„Und weil es krank ist, klettert es auf einen Baum?", frage ich verständnislos.

„Nein, ich meine, weil es sich so langsam bewegt, ist es vielleicht krank."

Leni versucht, über einen schiefen Ast, der den Boden berührt, auf den Baum zu klettern. „Leni, bist du dumm! Komm sofort herunter! Du bist ein Hund. Hunde klettern nicht auf Bäume", ruft Günter sie zurück.

Vorbei am schönen Flower Lake führt ein weiterer steiler Anstieg auf die Goat Flats.

„Schau mal, dort drüben in der senkrechten Wand verläuft ein Weg", macht Günter mich auf eine dunkelgraue Linie in der Felswand aufmerksam. Es sieht aus wie eine Kletterroute oder ein Klettersteig.

„Und wenn ich mich nicht irre, nicht irgendein Weg, sondern unserer", antworte ich.

„Nie im Leben", ruft Günter entsetzt. Es ist der Abstieg zum Storm Lake. Dieser Weg ist für Pferde offen, im Gegensatz zum CDT, der von den Goat Flats weiter hinab zum Upper Semoure Lake führt. Ein Schild warnt davor, Pferde über diesen Weg zu führen. Wir wollen aber ohnehin in das Dorf Anaconda reiten, das nordöstlich des Storm Lake liegt. Der Abstieg ist machbar. Was von Weitem nach einem schmalen Band im Fels ausgehen hat, stellt sich als etwa einen Meter breiter Weg heraus. An zwei besonders engen Stellen müssen wir den Packpferden helfen. Günter führt das Pferd langsam an dem hervorstehenden Felsen vorbei, während ich die Packtaschen von der Felswand wegdrücke, damit das Pferd nicht hängen bleibt und das Gleichgewicht verliert.

Am nächsten Tag reiten wir nach Anaconda. Der Weg zwischen dem Storm Lake und den Twin Lakes ist sumpfig und zugewachsen. Bäume liegen kreuz und quer. Die Äste kratzen an meinen Armen und im Gesicht. So zerschunden sah ich das letzte Mal als kleines Mädchen aus, als ich noch auf Bäume kletterte und herunterfiel. An den Twin Lakes beginnt eine steinige Forststraße, die uns über zwölf unendlich lange Kilometer unter der prallen Sonne bis an den Highway führt. Beim Anblick der ersten Fahrzeuge erlebe ich einen Schock. Es muss an der Ruhe der Bergwelt und der Langsamkeit unserer Fortbewegung liegen, dass ich den Lärm und die Geschwindigkeit des Verkehrs mit solcher Heftigkeit empfinde. Meine Nerven liegen blank bei dem Gedanken, dass wir entlang dieser Straße reiten müssen. Zwölf Kilometer trennen uns noch von Anaconda. Zunächst können wir einer alten Straße folgen, doch nach etwa einer halben Stunde endet sie und wir müssen auf den Highway. Ein Truck zieht mit voller Geschwindigkeit vorbei. Mein Reitpferd Lightfoot macht erschrocken einen Satz auf die Seite. Im Straßengraben liegt ein toter Hirsch, sein Leib ist aufgebläht und die Haut aufgerissen und zerfressen. Ich habe Tränen in den Augen vor Anspannung und Angst.

„So reite ich nicht mit dir auf der Straße. Da mache ich mir später nur Vorwürfe", sagt Günter, steigt ab und bindet seine Pferde an Bäumen fest. „Ich habe dort drüben das Gebäude eines Forest Service Büros gesehen. Geh doch mal dort hin und frag, ob sie uns helfen können", fordert er mich auf. Ich wische mir die Tränen aus den Augen und marschiere zu dem Büro hinüber. Vielleicht gibt es ja einen alternativen Weg in den Ort. Eine ältere Frau begrüßt mich freundlich. Nachdem ich ihr mein Anliegen vorgebracht habe, ruft sie einen jungen Mitarbeiter zu Hilfe: „James, du kennst doch die Leute vom Saddle Club. Könntest du dort mal anrufen und fragen, ob Sonja ihre vier Pferde dort für zwei Nächte unterbringen kann?"

„Ja klar, ich ruf gleich an."

„Ich zeige dir in der Zwischenzeit auf der Karte einen anderen Weg. Die alte Straße ist für Fahrzeuge nicht mehr befahrbar, weil die Brücke eingebrochen ist, aber mit den Pferden könnt ihr, denke ich, durchs Wasser reiten." Sie steht auf und geht zu einer Karte, die an der Wand hängt.

„Kein Problem, ihr könnt die Pferde hinbringen." James hat sein Telefonat beendet und zeigt mir auf der Karte, wo der Saddle Club, ein Reitstall, zu finden ist.

Die Durchquerung des Flusses ist schwieriger als erwartet. Die Uferböschung ist steil und die Pferde rutschen ins Wasser hinab. Ich führe Dino als Packpferd und bin mit der

Überquerung des Flusses ziemlich gefordert. Am anderen Ufer angekommen atme ich erleichtert auf. In diesem Moment taucht direkt über uns eine Transportmaschine auf. Noch nie habe ich ein Flugzeug so nahe von unten gesehen. Das Flugzeug hängt so tief und schräg in der Luft, als ob es jeden Moment abstürzen würde.

„Mach dich auf was gefasst“, ruft Günter mir noch zu, bevor der tosende Lärm der Maschine über uns hinwegfegt.

„Was um Himmels willen war das?“, rufe ich entsetzt.

„Eine Herkules C130 Transportmaschine. Ein ähnliches Modell gibt es auch bei der Bundeswehr, die Transall, nur hat diese zwei Triebwerke“, erklärt Günter.

So genau wollte ich das eigentlich gar nicht wissen. Es grenzt an ein Wunder, doch die Pferde gingen nicht durch. Nicht so meine Nerven, die gehen kurze Zeit später mit mir durch. Wir haben bereits einen langen, mühevollen Tag über steinige Wege hinter uns und Dino will einfach nicht mehr weitergehen. Er lässt sich ziehen. Obwohl ich den Führstrick um mein Sattelhorn gewickelt habe, kann ich ihn kaum festhalten.

„Ach Dino, komm, es ist nur noch ein Stück“, rufe ich ihm zu.

Nicht nur Dino, auch Packpferd Rusty lässt sich von Günter ziehen. „Das darf doch nicht wahr sein. Treib ihn doch mal von hinten an“, ruft Günter mir zu. Er ist bereits weit vor mir.

„Ich kann nicht, ich habe alle Hände voll zu tun mit meinen“, rufe ich zurück.

„Du hast halt immer eine Ausrede“, reagiert er verärgert.

Daraufhin bekomme ich einen Wutanfall, schreie und schlage mit den Zügeln umher, dass die Pferde beinahe durchgehen. Einen Moment später ist es vorbei, ich steige ab und entschuldige mich. Günter nimmt mich in den Arm und sagt: „Es tut mir auch leid. Ich bin auch angespannt. Wir sollten einfach nicht mehr in die Stadt reiten, wenn uns das so viele Nerven kostet.“

Die letzten Kilometer zum Saddle Club reiten wir entlang

alter Eisenbahnschienen. Ein Weißwedelhirsch steht vor uns auf den Gleisen und starrt uns an. Als er davonspringt, erschrecken die Pferde. Was sind sie doch für merkwürdige Geschöpfe, dass eine Transportmaschine wenige Meter über ihren Köpfen sie kalt lässt, ein Hirsch ihnen aber einen Schrecken einjagen kann?

John vom Saddle Club fährt uns in den Ort. Keines der Motels akzeptiert Hunde, so landen wir im Hickory Inn, einer luxuriösen Frühstückspension in einem wunderschönen, historischen Haus. Unter dem verlegenen Lächeln der Besitzerin laden wir unser Gepäck, inklusive Sättel, Packsättel und Packtaschen vom Pickup ab. Nach Wochen in der Wildnis sind unsere Kleider dreckig und uns umgibt der Geruch von Lagerfeuer.

„Können wir das alles in unser Zimmer bringen?", frage ich.

„Ich glaube eher nicht", antwortet Mary vorsichtig, „Die Zimmer sind wirklich sehr nett. Ihr könnt aber alles in der Garage lagern."

Im Zimmer stehen ein massives, großes Holzbett, zwei gemütliche Polstersessel, ein kleiner Tisch und Stühle, mit Lehnen, die aussehen wie Blütenblätter. Das Badezimmer selbst ist so groß wie so manches Motelzimmer, mit einer freistehenden Badewanne in der Mitte und jeder Menge duftender Seifen und Shampoos. Abends gehen wir essen. Am Salatbuffet darf man seinen Teller so oft füllen, wie man will. Ein Angebot, das man uns nicht machen darf. Wir räumen das Buffet leer. Am nächsten Morgen überrascht uns Mary mit einem voll gedeckten Frühstückstisch.

„Heute seht ihr viel besser aus," begrüßt sie uns herzlich, „Um ehrlich zu sein, gestern dachte ich schon, was bringt John mir da für Typen ins Haus! Aber dann stellte ich schnell fest, was für nette Menschen ihr seid."

Das ist wohl etwas, woran ich mich erst gewöhnen muss, dass man mich aufgrund meines Äußeren schief ansieht. Dabei sehe ich mit meinen zu einem Zopf geflochtenen Haaren noch lange nicht so verwildert aus wie Günter mit seinem Fünf-Wochen-Bart und den langen, zottigen Haaren.

„Wart ihr schon mal in Dear Lodge?“, fragt Mary, „In dem dortigen Gefängnis stellen die Häftlinge Schmuck aus Pferdehaar her.“

„Ja, wir waren im Winter vor zwei Jahren dort, als wir unterwegs waren, um Wildpferde zu fotografieren“, antworte ich.

„Ich fahre heute Nachmittag nach Dear Lodge. Wenn ihr Lust habt, könnt ihr gerne mitkommen“, lädt sie uns ein.

Am Vormittag will ich in der Bank American Express Reiseschecks wechseln. Schon oft waren wir von Banken mit der Erklärung abgewiesen worden, dass sie diesen Service nur für Kunden anbieten.

„Ich würde gerne diese beiden Reiseschecks wechseln, ist das möglich?“, frage ich.

„Kein Problem, Sie müssen sie nur hier unterschreiben“, antwortet die junge Frau an der Kasse. Ich signiere beide Schecks, da kommt die Managerin hinzu und erklärt schroff: „Wir wechseln diese Schecks nicht, das machen wir nur für Kunden.“

„Ich habe aber bereits gegengezeichnet, weil ihre Mitarbeiterin mich dazu aufgefordert hat“, antworte ich freundlich.

Die Managerin verschränkt ihre Arme und sieht mich herablassend an. „T'schuldigung“, sagt sie und bricht sich einen ihrer langen Fingernägel ab. „So ein Mist, jetzt habe ich mir meinen Nagel abgebrochen.“

„Entschuldigung? Das ist ein Scheck über 500 Dollar, ich weiß nicht, ob ich den jetzt noch woanders einlösen kann“, entgegne ich entrüstet.

„Sie werden ja noch andere haben“, antwortet sie achselzuckend und dreht mir den Rücken zu.

„Das darf doch wohl nicht wahr sein! Sind Sie verrückt!“, schreie ich sie an, doch Günter packt mich bei der Hand und zerrt mich aus der Bank.

Draußen bin ich über meinen Gemütsausbruch erstaunt.

Tauge ich einfach nicht mehr für die Gesellschaft? Kann ich mit den Spielregeln zwischenmenschlichen Zusammenlebens nicht mehr umgehen? Oder erlaube ich es mir einfach, angemessen und authentisch zu reagieren? Wurden wir aufgrund unseres nach wie vor nicht ganz zivilisierten Aussehens so herablassend behandelt?

An der nächsten Straßenkreuzung steht ein alter Mann und bettelt. Seine Kleidung ist schmutzig, seine Haare und sein Bart weiß und lang. Ich drücke ihm einige Dollarscheine in die Hand – aus Protest und Einsicht. Wie oft lasse ich mich vom ersten Eindruck täuschen? Wie oft übertrage ich das erste äußere Bild eines Menschen auf seinen Charakter? Dabei ist doch der erste Eindruck nur eine Momentaufnahme, flüchtig wie dieser. Es wäre kurzsichtig, ihn wie eine Fotografie zu sehen, fixiert und unverrückbar, und nur diesen als Wahrheit zuzulassen.

Nachmittags fahren wir mit Mary nach Dear Lodge. Ich kann mich noch gut an unseren ersten Besuch im Prison Hobby Shop erinnern. Hunderte von Insassen knüpfen und flechten Schmuck aus Pferdehaaren, der in diesem Geschäft verkauft wird. Sie machen diese Tätigkeit in ihrer Freizeit, setzen den Preis selbst fest und dürfen 70% des Erlöses als Taschengeld behalten. Die Fertigkeit wird von einem Gefangenen an den nächsten weitergegeben, seit vielen, vielen Jahren. Das Knüpfen von Pferdehaaren hat eine lange Tradition. Der Hobby Shop ist in einem kleinen Steinhäuschen an der Hauptstraße untergebracht. Hinter dem Verkaufstisch blickt uns ein bekanntes Gesicht entgegen.

„Günter und Sonja!", begrüßt uns der Häftling, „Willkommen zurück!"

„Du kannst dich noch an uns erinnern?", frage ich ungläubig, „Ich habe leider deinen Namen vergessen."

„Ja natürlich. Ich habe ein gutes Gedächtnis für Gesichter und Namen", antwortet er, „Ihr seid doch die beiden, die quer durch Amerika reiten! Ich heiße Sach." Er zieht eine Schublade auf. „Hier habe ich noch euer Magazin. Chris, einer der

Gefangenen, hat es übersetzt.“ Er reicht mir die Kopie. „Das könnt ihr gerne behalten, ich habe viele davon.“

Ich blättere durch die Übersetzung. Chris hat jedes Wort auf jeder Seite übersetzt, sogar die Werbeanzeigen.

„Normalerweise dürfen wir keine fremdsprachige Literatur haben. Ich nehme an, Chris war froh, seine Deutschkenntnisse einsetzen zu können“, erklärt Sach. Sach hatte mir schon vor zwei Jahren seine Geschichte erzählt. Er geriet mit 18 Jahren das erste Mal auf die schiefe Bahn, mit 22 wurde er wegen Androhung körperlicher Gewalt zu zwanzig Jahren Haft verurteilt. Jetzt ist er 28 und fühlt sich immer noch jung.

„Ich denke, jetzt wäre ich reif für's College“, erklärt er mir, „Kommenden April habe ich das nächste Mal eine Chance, auf Bewährung frei zu kommen.“

„Erzählt mir etwas über die Berge“, fordert er uns auf, „Was ist der Unterschied zwischen den Rocky Mountains und den Bergen bei euch zuhause?“

Ich gerate ins Schwärmen, erzähle von der Schönheit der Natur und von der Abgeschiedenheit der Bergwelt.

„Früher bin ich auch gerne in die Berge gegangen, zum Energietanken und Entspannen“, erinnert sich Sach, „Das ist das Beschissene daran, im Gefängnis zu sein. Man kann nicht einfach hinaus in die Natur gehen.“ Sach berät uns bei unserem Einkauf. Wir nehmen eine große Auswahl an Pferdehaarschmuck mit, den wir während der Vortragstournee in Europa verkaufen wollen. So vergehen schnell zwei Stunden. Auf der anderen Straßenseite befindet sich ein Eissalon.

„Darf ich dich auf ein Eis einladen?“, frage ich.

„Ich muss erst um Erlaubnis fragen“, antwortet Sach.

„Ehrlich?“, frage ich erstaunt.

„Oh ja, ich würde sonst in Schwierigkeiten kommen.“

„Diese Lady hier wäre heute beinahe in Schwierigkeiten gekommen“, lacht Günter und zeigt auf mich. Dann erzählt er von meiner Begegnung mit der Bankmanagerin.

„Wenn du um Erlaubnis fragen möchtest, holen wir dir gerne ein Eis.“

Sach greift zum Telefon, führt ein kurzes Gespräch und legt wieder auf. „Sie hat nein gesagt", erklärt er uns.

„Oh, das tut mir leid", antworte ich, wobei ich mehr enttäuscht zu sein scheine als Sach. „Macht nichts. Ich habe eure Gesellschaft mehr genossen als jedes Eis", sagt er.

Zum Abschied zwinkert er mir mit einem Grinsen im Gesicht zu: „Pass auf, dass du nicht in Schwierigkeiten kommst!"

Nördlich von Anaconda liegt der Helena National Forest. Der Wald umschließt Helena, die Hauptstadt Montanas. Überall finden wir Zeichen vergangener Zivilisation, von Felszeichnungen und Speerspitzen angefangen bis zu den verfallenen Blockhütten alter Bergbaudörfer. Die hohen Berge der Pintler Range liegen hinter uns, vor uns erstreckt sich eine sanfte Hügellandschaft. Blumenwiesen und lichte Wälder wechseln einander in harmonischer Reihenfolge ab. Heuschrecken springen durch das Gras und Schmetterlinge flattern in der Sonne, Vögel zwitschern. Gegen Ende Juli scheint nun auch für uns der Sommer zu beginnen. Ein Schneehuhn hüpft eine Weile vor uns auf dem Trail entlang, bevor es ins Gebüsch verschwindet. Es ist ein Wunder, dass diese Vögel, die sich nur auf ihre Tarnung verlassen und keinen sehr starken Überlebensinstinkt zu haben scheinen, noch nicht ausgestorben sind.

Fast alle Lagerplätze müssen wir nun mit Kühen teilen. Leni sorgt dafür, dass diese nicht zu nahe ans Zelt kommen. Als sich Dino eines Abends in der Wiese rollt, wälzt er sich in einem Kuhfladen und sieht danach wie paniert aus. Günter übergießt ihn daraufhin mit Wasser. Immer öfter schlafen nun die Pferde direkt neben dem Zelt im Gras. Durch die Zeltplane höre ich ihr Schnaufen und Furzen in wenigen Metern Entfernung.

In diesem Gebiet treffen wir auch Jeff, einen CDT-Wanderer. Er war Anfang Juli an der kanadischen Grenze gestartet und will noch in diesem Jahr bis New Mexico wandern.

„17 Leute sind gleichzeitig mit mir gestartet. Doch die meisten haben schon wieder aufgegeben“, berichtet er.

„Warum das?“, frage ich erstaunt.

„Ach, verstauchte Knöchel oder Infektion mit Parasiten aus dem Trinkwasser. Viele stellen sich auch ganz einfach etwas anderes vor“, erklärt er, „Ich aber liebe das Reisen zu Fuß. Ist es nicht eine Wohltat, so langsam unterwegs zu sein? Unsere Gesellschaft strebt immer nach Beschleunigung, dabei liegt doch in Wahrheit in der Langsamkeit das Geheimnis der Zeit. Nicht die Geschwindigkeit schenkt einem mehr Zeit, sondern die Langsamkeit.“ Jeff zieht weiter Richtung Süden. Er wandert täglich von Sonnenauf- bis -untergang.

In der Nacht weckt mich der Ruf eines Kojoten. Ein zweiter antwortet. Sein Ruf ist sehr nahe, nur wenige Meter vom Zelt entfernt. Leni bellt und zittert vor Aufregung. Günter geht hinaus, um nachzusehen. „Bei den Pferden ist alles in Ordnung“, berichtet er. Wir liegen noch eine Weile wach, doch von den Kojoten ist nichts mehr zu hören.

Am Morgen kommt ein Rehbock ins Lager und bleibt keine zwanzig Meter von mir entfernt auf einem Hügel stehen. Seine schönen, schwarzen Augen fixieren mich. Leni bellt ihn an und er verschwindet mit schnellen Sprüngen im Wald. Unterwegs sehen wir nun viele Spuren von Bären, wahrscheinlich Schwarzbären, doch auch Grizzlybären können in diesem Gebiet vorkommen. Die Pferde tragen Glocken und ich singe aus Leibeskräften. Immer wieder dieselben Lieder, denn mein Repertoire ist begrenzt. „Muss ich mir das jetzt bis Alaska anhören?“, mault Günter und stimmt ein Lied an, das sich mehr nach einer missglückten Opernarie anhört.

Nach zwei Wochen im Helena National Forest ist es wieder an der Zeit, unsere Vorräte aufzustocken. Unser Ziel ist das Dörfchen Lincoln. Doch diesmal wollen wir nicht mit den Pferden in den Ort reiten. Stattdessen schlagen wir unser Lager an der Kreuzung zweier Forststraßen auf und ich fahre per Autostopp ins Dorf. In dem freundlichen Ort ist es nicht schwierig, jemanden zu finden, der mich abends mit Futter und Keksen für die Pferde und Proviant für die nächsten Wochen zu Günter zurückbringt.

Nördlich von Lincoln liegt „The Bob“, ein 6.000 Quadratkilometer großer Wildnis-Komplex, bestehend aus der Scapegoat, der Bob Marshall und der Great Bear Wildnis. Rund 500 Kilometer führt unser Weg durch diese Wildnis, und im Norden schließen sich weitere 160 Kilometer durch den Glacier Nationalpark an. Diese Wildnis ist die Heimat vieler Tiere, unter anderen auch des Grizzlybären. Daher machen wir nun besonders viel Lärm, um die Bären über unsere Ankunft zu informieren. Wir singen, pfeifen und rufen. Günter juchzt wie ein waschechter Bayer. Es ist absurd, wenn man so lärmend durch die Natur zieht, wo man doch normalerweise die Ruhe und Stille genießen will. Aber wir wollen vermeiden, wilde Tiere hinter einer Biegung oder im dichten Gebüsch zu überraschen. Eine weitere Vorsichtsmaßnahme wegen der Grizzlybären ist, dass wir Lager und Küche nun mindestens hundert Meter voneinander entfernt aufschlagen.

Durch abgebrannten Wald steigen wir auf 2.600 Meter empor bis über die Baumgrenze. Tief unter uns liegt der azurblaue Bighorn Lake. Wir lassen uns ins hohe Gras fallen und genießen die Fernsicht. Ich packe unseren Tagesproviant aus: Nüsse, Trockenfrüchte, Müsliriegel und zwei Karotten. Da meint Günter: „Ich weiß nicht, wie ich das früher gemacht habe, ich habe tagsüber nichts gegessen. Morgens einen Topf Reis und abends einen Topf Reis, dazwischen gar nichts!“

Beim langen Abstieg kommt uns ein Reiter entgegen. Er führt mehrere Maultiere, die zu einem Packstring zusammengebunden sind. Ein Maultier trägt offenen Boxen, in einer Box sitzt ein Hund in der anderen befinden sich Proviantpakete von CDT Wanderern. Die Pakete werden an einer vereinbarten Stelle für die Wanderer deponiert. Auch das ist eine Möglichkeit, die lange Strecke durch die Wildnis zu überbrücken.

Unser Weg führt entlang des Dearborne River. Es ist ein sonniger Tag und wir reiten entspannt dahin, bis Dino plötzlich scheut. Er bläht die Nüstern weit auf und schnauft heftig.

Vor uns stehen zwei ältere Frauen. Sie führen kleine Esel als Packtiere. Die Pferde wissen nicht, womit sie es zu tun haben, sie können die struppigen kleinen Esel, die nicht größer sind als Schäferhunde, mit ihren knallroten Packtaschen nicht einordnen. Wir müssen absteigen und sie beruhigen. Die kleinen Esel faszinieren mich. Bis zu dreißig Kilogramm können sie tragen und sie sind so viel handlicher zu packen als unsere Pferde!

„Das ist auch der Grund, warum wir sie haben", erzählt mir eine der beiden Frauen, „Doch man kommt viel langsamer vorwärts als ohne sie."

Der Weg über den Straight Pass ist eng und beinahe ganz mit farbenprächtigen Weidenröschen überdeckt. Die Blumenpracht reicht bis zum Steigbügel. Teilweise verläuft der Trail direkt im Flussbett. Am Wegrand wachsen die ersten Himbeeren. Am Fuß des Honeymoon Bassins schlagen wir unser Lager auf. Im Hintergrund ragen die Kalksteinfelsen des Scapegoat Mountain empor. Die Sonne scheint mit aller Kraft und ich nehme ein kurzes, kaltes Bad im Fluss. Am Abend kommt eine junge Frau an unserem Lager vorbei. „Ich arbeite auf dem 'Lookout„ - der Feuerwache auf dem Patrol Mountain", erklärt sie uns. Der Beobachtungsposten, ein etwa fünf Quadratmeter großes Glashaus, steht auf der Spitze des Felsturms.

„Von Juni bis Mitte September arbeite ich hier. Lebensmittel und Wasser werden mithilfe von Maultieren gebracht", erzählt sie.

„Und was genau machst du den ganzen Tag?", fragt Günter.

„Die meiste Zeit halte ich Ausschau nach Rauch oder Feuer. Sonst lese ich oder stricke."

Es wird bereits dunkel, als sie sich singend auf den Weg macht. Sie hat noch einen Aufstieg von 700 Höhenmetern vor sich. Am nächsten Morgen begegnet uns ein Packstring mit etwa zwanzig Packtieren und vier Reitern. Sie transportieren Heu in ein Outfitter Camp. Welcher Aufwand hier für Touristen betrieben wird! Wir müssen auf einen steilen Hang klettern, um auszuweichen. Auch Leni steht brav neben Günters Reitpferd.

„Mit nur einem einzigen Wort hätte ich den Packstring abstürzen lassen können", lacht Günter später.

„Was meinst du?", frage ich.

„Vaca!", ruft Günter. Der Kampfschrei, bei dem Leni wie verrückt losläuft und alles, was ihr nur in die Quere kommt, anbellt.

Eine Schotterstraße führt vom Osten her zum Eingang der Bob Marshall Wildnis. Auf einem großen Parkplatz stehen etwa zwanzig Trucks und Pferdetrailer.

„Was ist denn hier los?", fragt Günter erstaunt.

„Die Bob Marshall Wildnis ist wohl beliebt bei Reitern", gebe ich ebenso verwundert zurück. Noch nie haben wir so viele Pferdetrailer auf einem Fleck gesehen. Ihr Anblick beunruhigt mich. Der Gedanke an so viele Reiter und Pferde ist mir nicht geheuer. Werden wir nun mit anderen Reitern um gute Lagerplätze konkurrieren müssen? Können wir weiterhin zwei Pferde frei laufen lassen? Sind die Trails breit genug, dass man aneinander vorbeireiten kann?

Zumindest die letzte Frage klärt sich sofort, denn der Weg vor uns ist von hunderten Hufen breit getrampelt. Eine breite Hängebrücke, gebaut für Pferde, bringt uns über den Fluss, mit dem unglaublichen Namen West Fork of the South Fork of the Sun River. Als wir die Brücke zur Hälfte überquert haben, beginnt sie zu schwanken. Die Pferde gehen ohne Zögern weiter. Ich bin stolz auf sie. Nach der Brücke machen wir Pause und studieren die Karte. Dino und Azabache nutzen die Gelegenheit und marschieren zurück, über die Brücke. Doch auf halbem Weg beginnt diese wieder zu schwanken, alleine bekommen die Pferde nun Panik, drehen um und galoppieren zu uns zurück.

Die Brücke bildet den Eingang zur Bob Marshall Wildnis. Das bereits 1964 als Wildnis deklarierte Gebiet ist benannt nach Bob Marshall, einem der ersten Wildnis Aktivisten und

Gründer der Wilderness Society. Trotz seines kurzen Lebens von nur 38 Jahren leistete er einen großen Beitrag zum Schutz der Wildnis. Seit 1964 vor jeglichem menschlichen Einfluss geschützt, ist die Bob Marshall Wildnis heute eines der am besten erhaltenen alpinen Ökosysteme der Welt. Eine Wildnis, wie sie sich viele nur erträumen können: felsige Gipfel, alpine Seen, Wasserfälle, Almenwiesen, durch die kleine Bäche mäandern, dunkelgrüner Tannenwald und breite Flusstäler. Am ersten Tag bleibt jedoch viel von dieser Schönheit für uns hinter einer dunklen Wolkenschicht verborgen. Es nieselt und der Weg verwandelt sich in eine Schlammgrube, so matschig, dass man nicht vom Pferd absteigen möchte. Ein junger Mann in völlig durchnässten kurzen Hosen und T-Shirt kommt uns entgegen. Er erzählt, dass er die letzten zehn Tage an einem Weginstandhaltungsprojekt gearbeitet hat. Soeben wurde die Arbeit beendet und das Lager abgebaut. Im Laufe der nächsten Stunde treffen wir einen Arbeiter nach dem anderen, alle im Alter zwischen zwanzig und dreißig Jahren, muskulös und gut gebaut. Den Abschluss bildet ein beeindruckender Packstring: drei Reiter und mindestens zwanzig Maultiere. Sie tragen riesige Ladungen. Zelte, Kocher, Kleidertaschen und Werkzeug sind in Leinensäcken verpackt. Sägen, Schaufeln und Hacken ragen aus den Boxen heraus. Die Ladung ist fachgerecht auf den Tieren verschnürt, man erkennt die Arbeit eines Profis. Voll Bewunderung blicken wir dem Packstring nach. Es erfordert viel Arbeit mit den Tieren, dass diese – einer an den anderen gebunden – so zuverlässig ihre Ladung aus der Wildnis hinaustragen.

An einem Lagerplatz laufen zwei Pferde auf uns zu. Rusty marschiert ihnen freundlich entgegen, doch die Pferde schrecken sich vor seinen Packtaschen und laufen davon. Später kommen uns vier Reiter entgegen, dann treffen wir zwei Wanderer und eine Frau, die mit Pferd und Hund alleine unterwegs ist. Ansonsten ist es ruhig. Alle Befürchtungen, dass wir nun auf einem Pferdehighway unterwegs wären, waren grundlos.

Am späten Nachmittag, gerade als wir die „Chinesische Mauer" erreichen, kommt die Sonne hervor. Diese mehr als 300 Meter hohe und 35 Kilometer lange Steilstufe ist Teil der Kontinentalen Wasserscheide und touristischer Hauptanziehungspunkt in der Bob Marshall Wildnis. Wie eine Klippe am Meer ragt sie aus der alpinen Landschaft empor. Zu ihren Füßen breitet sich ein fragiles Ökosystem aus. Kleine Bäche entspringen und suchen sich ihren Weg hinab ins Tal. An den Ufern wachsen winzige Blümchen und Moosteppiche. Das Wasser ist glasklar. Fichten und Kiefern drängen sich vom Wind geformt dicht aneinander. Ein Unwetter zieht auf und wir schlagen schnell unser Lager im Schutz dieser Bäume auf. Wieder hagelt es. Als es still wird, fehlt mir das gleichmäßige Trommeln bereits. Leni hat seit Tagen eine wunde Pfote, die wir jeden Abend, nachdem sie eingeschlafen ist, mit Wundsalbe behandeln. Im Zustand des Halbschlafes lässt sie alles über sich ergehen und schleckt die Salbe anschließend nicht ab. Nachts, als Günter aufsteht, um die Pferde am Hochseil zu wechseln, klopft er eine Eisschicht vom Zelt. Am Morgen schneit es. Dichter Nebel hängt vor der Chinesischen Mauer wie ein Vorhang und gewährt nur einen Blick auf ihr unteres Drittel.

Angewidert schlüpfe ich in die nassen Socken und Schuhe. Dino und Azabache grasen neben einer Herde Wapitis. Als ich näher komme, heben die Hirsche ihre Köpfe und starren mich an. Im Halbdunkel des regnerischen Morgens hat die Begegnung etwas Mystisches. Später beim Kaffeekochen, als der Nebel sich bereits gehoben hat, entdeckt Günter Schneeziegen auf einem grünen Band im oberen Bereich der Wand. Durch das Fernglas kann man Böcke, Mutterschafe und Lämmer erkennen. Sie haben schwarze, leicht nach hinten gewölbte Hörner und einen Kinnbart. Ihr schneeweißes, zotteliges Fell leuchtet auf dem dunklen Felsen. Sie müssen ausgezeichnete Kletterer sein, denn sie stehen gemütlich mitten im steilen Fels und fressen das spärliche Gras, das dort wächst. So jedenfalls sind sie vor Angreifern sicher, denn das

Gebiet ist für alle Raubtiere, den Menschen eingeschlossen, fast unzugänglich.

Im Schneeregen trinken wir Kaffee und frieren. Bei diesem Wetter mitten in den Bergen fühle ich mich gefangen, den Elementen ausgeliefert, und habe immer das Gefühl, das Wetter würde nie wieder besser werden. Auch den Pferden ist kalt. Als wir die beiden Pferde am Hochseil freilassen, springen sie ausgelassen umher, buckeln und schlagen aus. Dann schießen sie wie Pfeile davon. Lightfoot, dessen Führstrick ich in der Hand habe, sieht ihnen verwundert nach. In einer Regenpause packen wir zusammen und machen uns auf den Weg.

Der Trail entlang des Spotted Bear Creeks ist schmal und von Heidelbeersträuchern überwuchert. Kein Wunder, dass auf dem Weg immer wieder Bären-Kot liegt. Selbst Günter singt nun aus voller Kehle. Unsere größte Sorge ist die Frage, wie die Pferde bei der Begegnung mit einem Grizzlybären reagieren würden. Es ist sehr unwahrscheinlich, dass ein Bär Pferd und Reiter angreift, doch eine panische Reaktion der Pferde auf einem schmalen, steilen Pfad könnte uns in Gefahr bringen.

Zu Beginn des kurvenreichen Aufstiegs zum Switchback Pass sehen wir das Lager einer Trail-Crew. Den gesamten Aufstieg lang können wir ihre Arbeit verfolgen: Bäume waren gefällt, der Weg frisch gegraben und steile Kurven mit Steinen abgesichert worden. Kurz vor dem Pass treffen wir die beiden Arbeiter, zwei bärtige, starke Männer und ihre Hunde.

„Vielen Dank für die Arbeit!“, rufe ich ihnen zu.

„Ihr seid die ersten, die davon profitieren. Wir sind gerade fertig geworden“, antwortet einer der beiden Männer.

„Wie lange habt ihr hier gearbeitet?“, frage ich.

„42 Tage.“

Sie erklären, dass sie für einen Generalunternehmer arbeiten, der die Ausschreibung für diese Weginstandhaltungsarbeit gewonnen hat. Ein Wildnis-Ranger legt fest, welche Arbeit getan werden muss, und sie führen diese dann aus. 42 Tage waren sie ununterbrochen hier im Wald. Wo ihr nächstes Projekt sein wird, wissen sie noch nicht. Vielleicht in Kalifornien.

Vom Switchback Pass haben wir Blick auf einen Teich, an dem wir unser Lager aufschlagen. Neben dem Gewässer erstreckt sich eine große Wiese, das Futter steht kniehoch. Am Berghang wachsen farbenprächtige Blumen. Unter einem Baum haben die Arbeiter Ausrüstung gelagert. Am Abend kommt ein Packstring vorbei, um diese abzuholen. Auch Dave und Juli arbeiten für den Generalunternehmer. Ihre Aufgabe ist es, Ausrüstung und Proviant in die Wildnisgebiete zu transportieren und wieder abzuholen. Wir sehen ihnen beim Verladen des Gepäcks, das in große Tücher gewickelt und fachmännisch auf die Maultiere verschnürt wird, zu. Sie haben schon alles Mögliche mit ihren Maultieren transportiert – von Dynamit und schwerem Werkzeug über Unmengen an Whisky und Soda bis zu hunderten Rollen Klopapier. Beim Abschied meint Dave zu Günter: „Das, was du machst, ist schon etwas Besonderes, das macht nicht jeder. Sogar nicht einmal viele Menschen hier im Westen kommen in diese Wildnis."

Abends im Zelt meint Günter: „Manchmal frage ich mich schon, warum ausgerechnet ich? Warum führe gerade ich so ein außergewöhnliches Leben?" Ich kann ihm keine Antwort darauf geben. Ich bin nur froh, dass er es tut und ich es mit ihm teilen kann.

Am Morgen entdeckt Günter frische Bärenspuren in der Nähe unseres Zeltes. Ein Maultierhirsch kommt vorbei und späht durch das Unterholz. Wir verlassen die alpine Zone wieder und steigen entlang des Clark Creek, der in schönen Wasserfällen zu Tal stürzt, in Serpentinen durch den Wald bergab. Seit Lincoln füttern wir den Pferden unterwegs Haferflocken-Kekse. Die Kekse sind groß und ich breche sie in drei Teile: einen für das Reitpferd, einen für das Packpferd und einen für mich oder Leni. Im Tal wurde der Bach von zwei vorbildlichen Biberdämmen zu kleinen Seen aufgestaut. Der Biberbau befindet sich mitten im See. Plötzlich kommen wir an die Grenze verbrannten Waldes. Eben waren wir noch durch intakten Wald geritten, nun liegt ein riesiges Gebiet abgebrannten Waldes vor uns. Eigentlich ein trostloses Szenario, das aber, da die Sonne scheint und der Waldboden prächtig blüht, durchaus reizvoll erscheint. Viele Stunden reiten wir an verkohlten Baumleichen vorbei. Eine Nacht müssen wir auf einer Lichtung in dem abgebrannten Wald verbringen, am nächsten Tag dann befinden wir uns von einem Moment auf den anderen wieder im dichten Kiefernwald. Plötzlich hält Günter sein Pferd an. Vier Schneehühner sitzen vor ihm auf dem Weg und machen keine Anstalten wegzufliegen, auch nicht, als er ihnen zuruft und versucht, sie zu verscheuchen. Erst als Dino noch einen Schritt auf sie zumacht, flattern sie aufgeregt davon.

Die Zivilisation ist zum Greifen nahe. In ein bis zwei Tagen können wir East Glacier Park erreichen, doch ich merke mal wieder, dass ich eigentlich gar nicht ankommen will. Ich plane Umwege und Rasttage, um länger hier in dieser Wildnis bleiben zu können. Wir nähern uns immer mehr dem Ende der Reise, doch ich würde sie am liebsten unendlich ausdehnen. Es ist mir nicht wichtig, anzukommen, ich könnte einfach ewig so weiterziehen. Günter hingegen blickt voraus, ist gedanklich schon am Ende der Reise und plant die Einreise nach Kanada. Noch haben wir nicht entschieden, ob wir die Pferde dieses Jahr über die Grenze bringen sollen. Wir müssen erst einen Platz für den Winter für sie suchen. Larry hat uns angeboten, dass wir sie wieder auf seine Ranch in der Crow Indian Reservation bringen könnten, doch dazu müssten wir sie rund 1.000 Kilometer weit fahren.

Im vergangenen Jahr lernten wir im Yellowstone Nationalpark einen Maler kennen. Seine Staffelei stand am Ufer eines Sees, in der Hand hielt er eine Palette Ölfarben und auf der Leinwand entstand eine farbenprächtige Herbstlandschaft. Bob Rummel lud uns damals ein, bei unserem Ritt durch Montana auf seiner Ranch am Dog Gun Lake in der Nähe von

East Glacier Park vorbeizukommen. Ohne Vorankündigung reiten wir nun zu Bobs Ranch. Diesmal lasse ich meiner Fantasie freien Lauf, denn ich habe das starke Gefühl, dass wir bei Bob willkommen und gut aufgehoben sind. Wir kommen unangemeldet, trotzdem empfängt uns Bob sehr herzlich. Und obwohl ich mir erlaubt habe, mit großen Erwartungen zu kommen, werde ich noch positiver überrascht. Die Ranch ist ein Pferdeparadies. Wir dürfen mitten auf einer riesigen, saftigen Weide unser Lager aufschlagen. „Ihr könnt bleiben, so lange ihr wollt", lädt uns Bob ein. Tatsächlich hatten wir gehofft, hier einige Tage Pause machen zu können. Vor uns liegt nur noch der Glacier Nationalpark. Um durch den Nationalpark zu reiten, braucht man ein Backcountry Permit, eine Genehmigung. Dieses mussten wir bereits im April beantragen. Wir wählten als Zeitraum für unseren Ritt durch den Park den 5. bis 13. September. Das erschien uns spät genug, dass wir auf unserer Reise durch Montana auch tatsächlich so weit gekommen sein würden und noch früh genug, dass wir nicht von einem Wintereinbruch überrascht werden sollten. Bis zum 5. September haben wir noch etwas mehr als eine Woche Zeit.

In einem nahen Biberteich gehen wir schwimmen, anschließend sitzen wir mit einem kühlen Bier in der Hand auf Bobs gemütlicher Terrasse. Leni hat sich bereits mit seinen beiden Hunden angefreundet und tobt wild umher. Wenige Meter vom Haus entfernt rauscht ein Bach. Plötzlich hören wir das Trampeln von Hufen und eines von Bobs Pferden galoppiert vor dem Haus vorbei. „Er liebt es zu laufen", kommentiert Bob lachend, „Ach, übrigens, wir sind heute Abend zu einem kleinen Fest eingeladen. Ich habe vorhin mit dem Gastgeber telefoniert, er würde sich sehr freuen, wenn ihr mitkommt."

„Sehr gerne!", stimme ich zu.

Obwohl wir unsere Wäsche gleich zweimal in der Waschmaschine waschen, wird sie nicht sauber und wir fühlen uns unpassend gekleidet, als wir am Abend vor dem schönen

Blockhaus des Gastgebers vorfahren. Auf dem Rasen hinter dem Haus wurden Tische aufgestellt und eine kleine Gruppe Menschen sitzt und steht um diese herum. Die Stimmung ist fröhlich und ungezwungen. Das Fest findet zu Ehren der Tochter des Gastgebers statt, die gerade auf Heimatbesuch ist. Sie arbeitet zurzeit für das Friedenscorps in Turkmenistan. Niemand schaut uns wegen unserer fleckigen Hosen und T-Shirts schief an. Das Buffet ist umwerfend. Aus purer Höflichkeit füllen wir unsere Teller nur viermal. Wenn man nach etlichen Wochen Reis und Nudeln mit so vielen Köstlichkeiten konfrontiert wird, kann man einfach nicht widerstehen. Ich entschuldige mich bei der Gastgeberin, doch sie lacht nur: „Es ist ja genug da, greift nur zu!“

Im Laufe des Abends führen wir viele interessante Gespräche und erzählen unsere Geschichte immer wieder. Bill, ein pensionierter Lehrer und Biologe, erzählt uns, dass er jetzt als Reiseführer in Mexiko arbeitet. Dort führt er Touristen auf Maultieren in die Berge, um ihnen ganz außergewöhnliche Schmetterlinge zu zeigen. Jahr für Jahr flattern Millionen von Monarchfaltern zehntausende Kilometer von Kanada in ihr Winterquartier nach Mexiko. Bei der Wanderung folgen die Schmetterlinge einem geheimnisvollen Instinkt: Denn da sie höchstens ein halbes Jahr leben, können sie ihr Ziel nicht kennen. Trotzdem steuert jede neue Generation im Winter zielsicher wieder den mexikanischen Bundesstaat Michoacán an.

Ich stehe mit einem Weinglas in der Hand auf der Terrasse und lausche den Erzählungen.

„Was macht ihr mit den Pferden im kommenden Winter?“, fragt eine Frau neben mir.

„Wir wissen es noch nicht, wir müssen erst einen Platz suchen“, antworte ich.

„Ihr könnt sie zu uns bringen“, sagt ein Mann mir gegenüber.

„Vorsicht mit solch einem Angebot, wir nehmen das glatt an“, antworte ich lachend.

„Ihr könnt sie wirklich zu uns bringen“, besteht der Mann auf seinem Angebot und die Frau, offensichtlich seine Ehefrau, ergänzt: „Oh ja, wir wohnen nur 35 Kilometer von der kanadischen Grenze entfernt, da habt ihr es nicht weit.“

„Im Ernst? Und was würde das kosten?“, frage ich nun mit großem Interesse.

„Ein Buch“, antwortet der Mann.

Am nächsten Tag sind Bob, Günter und ich bereits unterwegs zur Ranch von Raenell und Ralf Johnson. Wir fahren viele Kilometer auf einer schlechten Schotterstraße. Hinter einer Kuppe taucht die Ranch auf, die erste, seit wir auf die Schotterstraße eingebogen sind. Eine alte Eisenbahnbrücke führt über den Fluss zum Haus. Die Ranch liegt mutterseelenallein in der endlos weiten Prärie, rund fünfzig Kilometer vom nächsten Nachbarn entfernt. Weit und breit ist kein anderes Haus zu sehen. Günter macht mich auf all die Geräte und Fahrzeuge aufmerksam, die auf dem Gelände stehen: zahlreiche Traktoren, Mähdrescher, LKWs und in einem Hangar steht ein kleines Flugzeug. „Schau dir das mal an! Ich hoffe, hier kann ich einige Wochen mitarbeiten“, freut er sich. Wir werden zum Mittagessen und anschließend zu Kaffee und Kuchen eingeladen. Wir fühlen uns sofort wie zu Hause.

Ralf zeigt uns die Weide. Sie ist riesig. Ich denke, wir werden im Frühjahr ein Flugzeug brauchen, um unsere Pferde wiederzufinden. Wir vereinbaren, die Pferde nach unserem Ritt durch den Glacier Nationalpark auf die Johnson Ranch zu bringen. Ralf verspricht, uns an der kanadischen Grenze abzuholen.

Bei der Rückfahrt erzählt uns Bob, dass er einige Zeit bei Indianern in Kanada gelebt hat. Dabei ist ihm bewusst geworden, wie wichtig für ihn der Bezug zur Natur ist, der auch in seiner Arbeit Ausdruck findet. Bob zeigt uns sein Studio oberhalb des Stalls. Neben Ölbildern erstellt Bob vor allem Lithografien.

„Das ist das älteste Flachdruckverfahren“, erklärt Bob, „Jeder Druck braucht eine Druckvorlage. In der Lithographie wurde ursprünglich eine Steinzeichnung als Druckvorlage verwendet. Auch ich verwende manchmal noch Steine. Diese Kalkschiefersteine kommen übrigens aus Deutschland.“

Mitten im Studio steht eine große Druckerpresse. Auf dem Arbeitstisch liegen zahlreiche Werke. Die Motive entstammen alle der Natur. „Landschaften und Tiere faszinieren mich“, erzählt Bob, „Ich bekomme alle Anregungen für meine Werke aus der Natur.“

„Ist die Lithografie eine in der Kunst weit verbreitete Technik?“, frage ich.

„Oh ja, Picasso, Toulouse-Lautrec, Miró, Munch oder Chagall – sie alle haben Lithografie in ihrem Werk eingesetzt.“

Am Abend fahren Günter, Leni und ich mit dem Kanu auf den Dog Gun Lake hinaus. Drei Biber schwimmen an uns vorbei, eine Kolonie Kormorane fliegt auf und ein Pelikan treibt auf dem See. Leni klettert auf die Bootsspitze und fällt ins Wasser. Günter zieht sie wie eine Katze am Nacken wieder heraus.

Es ist ein herrlicher Platz, um einige Tage Pause zu machen und die Seele baumeln zu lassen. Jeden Tag verwöhnt uns die Sonne, bis zum Freitag, dem 4. September, da ziehen erstmals Wolken auf und es beginnt zu regnen.

„Das darf doch nicht wahr sein!“, fluche ich, „Ausgerechnet jetzt, wo wir wieder aufbrechen, regnet es!“

„Und nächste Woche soll es schneien. Nehmt unbedingt warme Sachen mit“, rät uns Bob, „Und passt gut auf euch auf. Vor euch liegt die gefährlichste Etappe der gesamten Reise!“

Am Vormittag fährt uns Bob in das Backcountry Office, um unsere Genehmigung abzuholen. Die Rangerin, eine junge Frau im grünen Overall, erklärt uns nochmals alle Spielregeln. Im Park darf man nur auf bestimmten Campingplätzen übernachten und wir müssten unbedingt unserem Zeitplan folgen. „Was, wenn das Wetter umschlägt und wir nicht weitergehen können?“, frage ich.

„Dann müsst ihr trotzdem weitergehen. Ihr müsst unter allen Umständen den nächsten vorgesehenen Campingplatz erreichen. Ihr dürft auch nicht zwei Nächte am selben Platz bleiben."

Günter und ich blicken uns an. Wir stellen keine weiteren Fragen, doch für uns ist klar, dass Sicherheit vorgeht und wir uns im Notfall nicht an diese Regel halten werden.

„Ich habe noch einen Hinweis für euch", fährt die Rangerin fort, „Beim Reynolds Creek Campingplatz könnt ihr Wasser aus dem Fluss holen. Doch Vorsicht, die Steine sind dort nass und rutschig." Mit diesem Hinweis gerüstet verlassen wir ihr Büro.

Im Nationalpark sind keine Hunde erlaubt. Seit Tagen schon überlegen wir, was wir mit Leni machen sollen. Wir testen verschiedene Alternativen. Wie schon in Yellowstone könnte sie wieder auf dem Packpferd reiten. Doch das Gelände ist wesentlich schwieriger und die Begegnung mit wilden Tieren, die die Pferde erschrecken könnten, viel wahrscheinlicher. „Was, wenn das Packpferd durchgeht?", stellt Günter die Methode in Frage. „Dann dürfen wir die Box eben nur so fest anbringen, dass sie in diesem Fall gleich herunterfällt", schlage ich vor. „Und hunderte Meter den Abhang hinunterkugelt?", ergänzt Günter und blickt mich vorwurfsvoll an.

Das Packpferd kommt also nicht in Frage. Wir versuchen eine andere Variante und stecken Leni in einen Rucksack, nur ihr Kopf schaut heraus. Sie lässt es tapfer über sich ergehen und bleibt auch brav darin sitzen, als ich sie spazieren trage. „Nein, das ist Tierquälerei!", ruft Günter, „Sie kann unmöglich den ganzen Tag da drin stecken!"

Wir fragen Bob, ob er auf Leni aufpassen würde. Doch er zögert. Er ist sich bewusst, wie viel uns an ihr liegt, und hat Sorge, die Verantwortung zu übernehmen. Am Abend vor unserem Aufbruch haben wir immer noch keine Lösung gefunden. „Sollen wir die Reise abbrechen?", frage ich, „Lieber reiten wir gar nicht durch den Park, als dass Leni etwas passiert."

„Ich weiß auch nicht“, zögert Günter.

„Oder wir nehmen sie einfach mit und wenn uns jemand erwischt, dann soll es eben so sein. Dann ist das eben das Ende der Reise“, sage ich.

„Das wäre aber kein schönes Ende, aus dem Park eskortiert zu werden“, meint Günter.

Jetzt sind wir schon so nahe an der Grenze und noch immer ist unklar, ob wir sie in diesem Jahr erreichen werden. Leni schlummert friedlich auf ihrer Decke und hat von unseren Sorgen und ihrer Bestimmung keine Ahnung. Am späten Abend klopft Bob an unser Zelt. „Ich dachte mir, wir könnten noch ein Bier miteinander trinken“, sagt er und drückt uns zwei Flaschen Bier in die Hand, „Und was ich noch sagen wollte: Ich passe gerne auf euren Hund auf!“

Uns fällt ein Stein vom Herzen. Zwar lassen wir Leni nur ungern zurück, doch ich weiß, dass sie bei Bob gut aufgehoben ist.

Am nächsten Morgen verabschiede ich mich von Leni und sperre sie ins Haus. Ich fühle mich elend, sie zurückzulassen. Noch nie haben wir sie bei einem Fremden gelassen. Allerdings ist Bob mittlerweile kein Fremder mehr, sondern ein Freund und Leni versteht sich mit ihm und seinen Hunden sehr gut. Trotzdem rinnen Tränen über meine Wangen, als ich die Glastüre vor ihrer Nase zumache und sie mich mit traurigen Hundeaugen anblickt.

Wir satteln die Pferde und als wir losreiten, fallen die ersten Tropfen. Doch dabei bleibt es auch, der Tag wird strahlend schön. Unser Weg führt durch ein breites, von der Kraft der Gletscher geformtes Tal. Links und rechts ragen die Berge wie graue Riesen empor. Wir betreten die zerklüftete Bergwelt des Glacier Nationalparks, die durch riesige Gletscher während der letzten Eiszeit vor 15.000 Jahren geformt wurde. Die meisten dieser Gletscher sind verschwunden. Von den 150 Gletschern, die noch vor hundert Jahren im Park präsent waren, sind heute nur noch 27 übrig und – sollte die globale Erwärmung weiterhin im selben Ausmaß fortschreiten – werden auch diese bis zum Jahr 2030 verschwunden sein.

Es duftet bereits nach Herbst. Die ersten Blätter verfärben sich, die Luft ist kalt. Wir sind keine zehn Minuten unterwegs, da sehen wir den ersten Elch, eine Elchkuh mit zwei Jungen. Sie stehen wenige Meter neben dem Weg im Wald und fressen ungerührt weiter. „Wow, der Park muss ja wirklich dicht besiedelt sein, wenn wir schon nach so kurzer Zeit die ersten Tiere sehen!", rufe ich begeistert. Ich erinnere mich an die Liste der Bewohner des Parks, sie ist unglaublich lang und mir fallen nur noch eine Handvoll Tiere darauf ein: Vielfraß, Schneeziege, Dickhornschaf, Elch, Wapiti, Maultierhirsch und Weißwedelhirsch, Kojote und Puma, Dachs, Otter, Stachelschwein, Nerz, Marder und Wolf. Im Gegensatz zu Yellowstone, wo Wölfe wiederangesiedelt wurden, waren sie im Glacier Nationalpark immer präsent. Und dann gibt es natürlich auch Grizzlybären und den kanadischen Luchs. Beide zählen zu den bedrohten Tierarten. Zusätzlich gibt es noch eine lange Liste an Vögeln und Fischen. Noch heute kann man sämtliche Pflanzen im Park sehen, die es zur Zeit der Eroberung durch die ersten Weißen gab. Und nicht nur die Flora, auch die Fauna des Parks ist weitgehend dieselbe wie zur Zeit der Eroberung.

Einige Tageswanderer kommen uns entgegen, betrachten erstaunt unsere Karawane. „Wohin reitet ihr?", fragt mich ein junger Mann. „Nach Kanada!", antworte ich und amüsiere mich über sein erstauntes Gesicht. „Was, so weit!", ruft er. Die Reaktion ist immer noch dieselbe wie in New Mexico, zu Beginn der Reise, als wir noch 5.000 Kilometer von der kanadischen Grenze entfernt waren, obwohl es jetzt gerade noch hundert Kilometer sind.

Am späten Nachmittag erreichen wir unseren vorbestimmten Campingplatz am Old Man Lake. Auf einem Hinweisschild befindet sich ein Lageplan. Es gibt fünf Zeltplätze, eine Kochstelle, eine Stange, um das Essen hochzuziehen, und einen Platz für die Pferde. Dieser ist sehr weit von den Zeltplätzen entfernt. Normalerweise würden wir nie so weit – außerhalb der Hörweite – von unseren Pferden schlafen. Wir laden die Pferde ab und schleppen unsere Boxen und das Futter zur Kochstelle. Günter füttert die Pferde, während ich koche.

„Sonja, komm bitte mal!“, ruft mich Günter vom Pferdeplatz, „Azabache hat ein Problem. Er hat die Futterpellets so schnell gefressen, dass er jetzt daran würgt. Außerdem will er sich immer hinlegen.“

„Diese verdammten Pellets, warum müssen sie auch so ein Zeug fressen, wo doch hier überall Gras wächst“, schimpfe ich.

Immer wieder verkrampft sich Azabaches Hals und er spuckt kleine Stücke Futterpellets aus. Wir bringen ihn zum Wasser, doch er will nicht trinken. Ich massiere seinen Hals und führe ihn eine Weile im Kreis. Mit der Zeit wird das Würgen besser, dann beginnt er wieder zu grasen.

Abends liege ich unzufrieden im Zelt. Der Platz neben mir ist leer. Leni fehlt. Es macht mich wütend, dass wir sie zurücklassen mussten. Jetzt wird sie nicht gemeinsam mit uns an der kanadischen Grenze ankommen. Doch es ist noch mehr als nur die Sehnsucht nach Leni und die Tatsache, dass es wieder schüttet und ich mir Sorgen mache, weil wir am nächsten Tag auf den steilen Pitamakan Pass aufsteigen müssen. Nach langem Nachdenken wird mir bewusst, dass zwei Dinge schuld daran sind, dass ich mich nicht wohl fühle. Zum einen muss ich mir eingestehen, dass mich die Anwesenheit anderer Menschen stört. Wenn ich in die Berge gehe, suche ich vor allem Einsamkeit. Da möchte ich keine Menschen treffen und schon gar nicht das Lager mit ihnen teilen. Zum anderen ist durch die Regeln hier auf dem Campingplatz unsere Routine gestört und das bringt uns aus dem Gleichgewicht. Aus Rücksicht auf die anderen verhalten wir uns nicht so wie sonst. Zumindest diesen zweiten Punkt kann man ändern, beschließe ich. Ab Morgen folgen wir einfach wieder unserer alten Routine. Durch den strengen Zeitplan des Nationalparks passiert aber noch etwas Merkwürdiges: Es gibt einen Countdown. Zum ersten Mal auf dieser Reise wissen wir, wie lange wir noch unterwegs sind und wann wir ankommen werden.

Früh am Morgen liege ich wach im Zelt und warte auf die Morgendämmerung. Die Tage werden nun merklich kürzer. Mit dem ersten Dämmerlicht packen wir zusammen und machen uns auf den Weg. Die Sorgen des letzten Abends sind verflogen und ich bin gierig danach, durch die Bergwelt zu reiten. Vom Old Man Lake hat man Blick auf den steilen Aufstieg zum Pitamakan Pass. Der Pass ist benannt nach Running Eagle (Laufender Adler oder Pitamakan in der Sprache der Blackfeet), einer Kriegerin der Blackfeet Indianer, die viele erfolgreiche Kriegszüge geführt hat. Es ist ein historischer Pass, den bereits die Indianer auf der Büffeljagd benutzten. Günter reitet mit Dino voran, dann folgen die Packpferde, ich bilde mit Lightfoot das Schlusslicht. Über steile Serpentinen beginnen wir den Aufstieg. Auf etwa halber Höhe macht mich Günter auf zwei Dickhornschafe aufmerksam. Ein Bock steht direkt vor uns auf dem Weg. Dino bleibt erschrocken stehen und bläst die Nüstern auf. Günter lässt ihm Zeit, sich an den Anblick des Schafs zu gewöhnen. Oberhalb von uns ragen schwarze Felsen empor, unter uns ist ein steiler, grasbewachsener Hang. Ich spüre, wie mein Reitpferd nervös wird. Es spitzt die Ohren, dreht den Kopf Richtung Felsen und beginnt unruhig zu tänzeln. „Ho, ho, es ist alles in Ordnung, es ist nur ein Schaf", versuche ich es zu beruhigen und überlege noch, ob ich absteigen soll. In diesem Moment dreht Lightfoot den Kopf Richtung Wand und tritt dabei mit den Hinterhufen aus dem Weg hinaus in den Abgrund. Die Hufe finden im feuchten Gras keinen Halt und wir rutschen rückwärts den Steilhang hinab. Verzweifelt versucht Lightfoot Halt zu finden und kämpft gegen die Schwerkraft. Doch es ist aussichtslos, immer schneller geht es rückwärts den Hang hinab. „Runter vom Pferd", schießt es mir durch den Kopf. Binnen Sekunden realisiere ich, dass das Pferd mit mir als Last keine Chance hat. Einen Moment später finde ich mich neben einer großen Steinplatte auf dem Boden wieder. Ich rapple mich auf und teste vorsichtig Arme und Beine. „Ich denke, ich bin in Ordnung“, rufe ich Günter zu.

Lightfoot hat einige Meter unterhalb Halt gefunden. Er war seitlich über die große, steile Steinplatte und noch einige Meter weiter hinabgerutscht. Meine Knie zittern von dem Schock. Vorsichtig klettere ich zu ihm hinunter. Auch Lightfoot zittert. Als ich ihn langsam hinaufführe, knicken seine Vorderbeine ein. Doch er hat sich nicht verletzt, auch er steht nur unter Schock und seine Beine geben nach.

„Oberhalb von uns, auf den Felsen, ist eine Gruppe Schafe“, erklärt Günter, „die müssen ihn erschreckt haben.“

Dann blickt er auf den Steilhang, den wir hinuntergerutscht sind. „Bist du eigentlich verrückt? Da bist du rückwärts hinunter! Das würde ich mich nicht einmal vorwärts trauen!“, ruft er.

Als ob ich es absichtlich gemacht hätte! Ich danke meinem Schutzengel und freue mich, dass uns nichts passiert ist. Zärtlich streiche ich über Lightfoots Hals.

„Na, da haben wir aber Glück gehabt“, flüstere ich ihm zu und bin einfach nur dankbar dafür, dass es so gut ausgegangen war. Den weiteren Aufstieg mache ich allerdings zu Fuß. Das Gelände wird immer steiler, der Abhang immer felsiger und abschüssiger. Wären wir zwei Kurven weiter oben gestürzt, wir hätten keine Chance gehabt, wir wären abgestürzt.

Vom Pass hat man herrliche Fernsicht auf die Berggipfel rundum und auf die Bergseen Old Man Lake, Pitamakan Lake und den See der sieben Winde. Rundum ragen die grauen Riesen empor. Alte Schneefelder hängen noch immer in der Nordwand. Ein kleiner Teich am Fuße der Wand schimmert türkisblau. Wir steigen in ein breites U-förmiges Tal ab. Auf einer Felswand hoch über uns erspähen wir Schneeziegen. Am Abend stößt Günter mit mir auf meinen zweiten Geburtstag an. Aus seiner Perspektive muss mein Sturz wohl schlimmer ausgesehen haben, als er für mich war.

„Jedenfalls war das die gefährlichste Situation bisher, und es hätte ordentlich schief gehen können“, meint Günter.

Unser zweiter Lagerplatz liegt mitten im Wald, auch diesen müssen wir mit anderen teilen, doch mittlerweile habe ich mich mit dem Gedanken angefreundet, außerdem ist hier am Atlantic Creek ein Lagerfeuer erlaubt und so sitzen wir gemütlich mit anderen Wanderern ums Feuer. Ein rund 70-jähriger weißhaariger Mann mit langem Bart gesellt sich zu uns. Er erzählt, dass auch er auf dem CDT unterwegs ist, sein Name ist Eric. Den Pacific Crest und den Appalachian Trail ist er ebenfalls schon gewandert.

Am nächsten Morgen schimmert eine honiggelbe Felswand durch die Bäume. Die Sonne hat ein Loch in der Wolkendecke gefunden und strahlt mit aller Morgensonnenkraft hindurch. Beim Frühstück hagelt es. Es hagelt immer noch, als wir Richtung Triple Divide Pass aufbrechen. Der Aufstieg ist spektakulär. Ich gehe zu Fuß. Selbst wenn ich gestern keinen Unfall gehabt hätte, würde ich hier niemals reiten. Der steinige, enge Pfad führt mitten in einer steilen Felswand entlang. Links geht es hunderte Meter senkrecht hinab, rechts ragt der Fels empor. Ein kalter Wind bläst uns Schneeflocken ins Gesicht. Günter führt Dino, die anderen folgen selbstständig. Es ist nicht erlaubt, Pferde im Park selbstständig laufen zu lassen. Laut Regel müssten wir sie zu einem Packstring zusammenbinden. Sollte ein Pferd ausrutschen oder in Panik geraten, würde es die anderen mitreißen. „Pfeif auf die Regel, hier gilt gesunder Menschenverstand“, ist auch Günter meiner Meinung.

Ich gehe mit der Kamera in der Hand hinterher. Verschwindend klein sieht unsere Karawane in der grauen Felswand inmitten der Bergriesen aus. Wie eine Raupe schiebt sie sich im Steilhang vorwärts. Die Bergspitzen ringsum sind von Schneefällen der letzten Nacht weiß angezuckert.

Hinter jedem Felsvorsprung, hinter jeder Biegung erwarte ich den Pass, doch der Weg zieht sich lange hin. 700 Höhenmeter steigen wir hinauf, wir sind flott unterwegs und nach etwas mehr als einer Stunde erreichen wir schließlich die Passhöhe. Im Westen ragt der 2.444 Meter hohe, schroffe

Felsen des Triple Divide Peaks empor. Dies ist der geologische Gipfel des nordamerikanischen Kontinents, denn er ist der Wasserscheitelpunkt, an dem sich die Einzugsgebiete des Atlantischen Ozeans, des Pazifischen Ozeans und des Arktischen Ozeans berühren. Die dunklen Wolken und der starke Wind tragen zur Dramatik der Bergwelt bei. Wir atmen auf, als wir nach Stunden des Abstieges wieder den schützenden Wald erreichen. Unmengen an Heidelbeeren wachsen neben dem Weg. Wie die Pferde, die immer wieder Grasbüschel abrupfen, pflücke ich die süßen blauen Beeren im Vorbeigehen. Wasserfälle stürzen von den Felswänden, auf denen Schneeziegen grasen, und das Laub auf dem Boden beginnt sich bereits herbstlich zu verfärben. Der Campingplatz am Red Eagle Lake gehört Eric und uns alleine. Ich koche Couscous, was nicht gerade zu Günters Lieblingsspeisen zählt. Daher bleibt auch etwas übrig und ich schlage vor, es den Pferden zu verfüttern. Kurze Zeit später kommt Günter von den Pferden zurück.

„Wie konnten wir gerade bei Rusty ausprobieren, ob Pferde Couscous fressen", sagt er, „Dreimal kam er mit dem Futtersack ums Maul zu mir zurück, als ob er sagen wollte: ‚Nimm diesen Sack weg!'."

Am vierten Tag überqueren wir die Going-to-the-Sun Road. Die enge und kurvige Straße wurde in den 30er Jahren fertiggestellt. Am Logan Pass führt sie über die Kontinentale Wasserscheide. Sie ist nur in den Sommermonaten, meist ab Anfang Juli bis Ende September, befahrbar. Im Frühjahr dauert es rund zehn Wochen, um die Straße vom Schnee zu räumen, auf dem Logan Pass liegen oft fünfundzwanzig Meter hohe Schneewehen. Im Wald, nur wenige hundert Meter von der Straße entfernt, sehen wir einen Schwarzbären. Er sitzt mitten auf dem Weg, läuft aber bei unserem Anblick gleich davon.

Bei Sonnenschein steigen wir zum Piegan Pass empor. Die Garden Wall, eine messerscharfe Felswand, ragt zackig gegen den Himmel. An jedem Tag im Park überqueren wir mindestens eine schwindelerregende Passhöhe. Das Gelände ist so abenteuerlich, die Bergwelt so fantastisch, dass wir kaum zum Verschnaufen kommen. Beim Abstieg reitet Günter aus Übermut über eine schmale Brücke. Sein Reit- und Packpferd gehen ohne zu zögern über die etwa fünfzig Zentimeter breiten Bretter. Nur Rusty mag nicht und springt mit einem Bocksprung über den Bach. Am Abend erreichen wir Many Glacier. Hier steht das historische Many Glacier Hotel. Das große, alte Holzgebäude im Schweizer Stil wurde Anfang des 20. Jahrhunderts durch die Great Northern Railway errichtet.

Auch der nächste Tag hat etwas Besonders zu bieten. Vor uns liegt der Ptarmigan Tunnel. Als wir unsere Pferde satteln, kommt Eric vorbei, um sich zu verabschieden. In seiner dicken Weste und mit dem langen weißen Bart sieht er aus wie ein kleiner roter Gartenzwerg. Hier trennen sich unsere Wege. Er wird dem CDT nach Waterton Townsite folgen, wir folgen einer Alternative zur Chief Mountain Grenzstation.

„Da ich einen Tag hinter meinem Zeitplan herhinke, hat mir der Ranger erklärt, ich könnte heute nicht weitergehen, denn die nächsten zwei Campingplätze wären voll. Hierbleiben darf ich aber auch nicht!“, berichtet er, „Also gehe ich trotzdem weiter, ich werde schon ein Plätzchen finden.“

Der Aufstieg zum Tunnel führt durch ein schönes Flusstal. Der achtzig Meter lange Ptarmigan Tunnel wurde 1930 auf rund 2.200 Metern Seehöhe durch die Ptarmigan Wand errichtet. In den 30er Jahren kamen Reisende vor allem zu Pferd in den Park. Der Tunnel und auch der Trail auf beiden Seiten wurde daher für Pferdereisende angelegt, um eine Verbindung zwischen Many Glacier und dem Belly River Tal zu errichten. Günter führt Dino durch den Tunnel. Anstandslos lässt sich das Pferd führen. Rusty und Azabache folgen, ohne auch nur im Geringsten zu zaudern, Lightfoot bleibt zunächst verdutzt stehen, geht dann aber auch selbstständig hindurch. Ich warte am Eingang, für den Fall, dass sie in Panik geraten und wieder zurückrennen. Auf der anderen Seite befindet sich eine Art Aussichtsplattform, die von einer kleinen Mauer begrenzt wird. Diese Plattform wurde zum Bau des Tunnels in den

Felsen gesprengt. Vor uns fallen die Felswände steil ab. Hier waren im Juli 1998 eine Reiterin und ihr Pferd abgestürzt. Wie wir hatte sie ihr Pferd zu Fuß durch den Tunnel geführt und war auf der Aussichtsplattform stehengeblieben, als das Pferd einen plötzlichen Satz machte, seine Besitzerin über die Brüstung stieß und gemeinsam mit ihr in die Tiefe stürzte.

„Oh Gott, schau mal wie es weitergeht!", ruft Günter mir zu.

Der weitere Weg wurde direkt in die Felswand gesprengt. Es sieht abenteuerlich aus. Doch der Weg ist breit und zumindest auf den ersten hundert Metern von einer kleinen Mauer abgesichert.

Im Westen ragen die Berge der Clark Range empor, Ahern Gletscher leuchtet in der Sonne. Weit unten im Tal sehen wir Elizabeth Lake, unser Ziel für den heutigen Tag. Beim Abstieg hänge ich meinen Gedanken nach. Es ist unser vorletzter Tag, am nächsten Tag werden wir bei Chief Mountain die kanadische Grenze erreichen. Nun geht die Reise zu Ende. 5.000 Kilometer im Sattel liegen hinter uns. Ich kann es kaum glauben und will es gar nicht wahrhaben. Ich möchte Schleifen einbauen, um nicht anzukommen, möchte weiterreiten, dem Horizont entgegen. Denn nur auf solch einer Reise lebt man jeden Moment, als ob man gerade erst auf diese Welt gekommen wäre. Schon jetzt fällt es mir schwer, Abschied zu nehmen von dem Land und den Menschen, vor allem aber von den Pferden. Was bleibt, ist die Erinnerung an all die Orte, die wir gesehen und die besonderen Momente, die wir auf dieser Reise erlebt haben.

Wir erreichen den Elizabeth Lake Campingplatz in der Abenddämmerung. Die Sonne versinkt gerade hinter den Bergen. Es ist der letzte Abend der Reise. Der Gedanke stimmt mich melancholisch. Ich will jede Minute festhalten und die letzten Momente des Abends genießen. Nachdem wir unser Lager eingerichtet haben, sitzen wir am Ufer des Sees und beobachten im Mondlicht einen Schwan, der friedlich auf der Wasseroberfläche schwimmt.

„Und? Bist du nächstes Jahr noch dabei?“, fragt Günter.

Für einen Moment lasse ich mir die Frage durch den Kopf gehen. Will ich wirklich weiterreiten? Durch Kanada? Unsere Reise durch die USA war so fantastisch, dass es eigentlich nicht mehr besser werden kann. Dieses Land und was es an Naturerlebnis zu bieten hat, ist einfach nicht zu toppen. Oder doch? Auf der anderen Seite der Grenze liegt der Waterton Nationalpark. Dort beginnt ein Weg und führt durch die kanadischen Rockys bis in den Willmore Wilderness Park. Und von dort ist es nicht mehr weit nach Alaska. Ich lausche tief in mich hinein, doch es gibt keinen Zweifel:

„Natürlich bin ich wieder dabei! Und es gibt nichts, was ich lieber täte!“

Eine Sternschnuppe zieht ihre Bahn. Wir beobachten sie fasziniert und ich weiß, wir haben beide denselben geheimen Wunsch.

Epilog

Die Reise geht weiter. Im Frühjahr 2010 startet das abenteuerliche Team zur Durchquerung Kanadas. Günter Wamser und Sonja Endlweber reiten weiter nach Alaska. Und dann?
Vielleicht über die Beringstraße nach Asien, über Sibirien und Russland nach Europa. Aber ist das überhaupt möglich? – Vielleicht. Und in diesem Wort „vielleicht" steckt das Abenteuer.

Begleiten Sie die Reise unter: www.abenteuerreiter.de

Günter Wamser und Sonja Endlweber halten Vorträge über ihre Reisen, aktuelle Vortragstermine finden Sie unter:
www.abenteuerreiter.de

ABENTEUERREITER

Günter Wamser
Der Abenteuerreiter
In 11 Jahren mit Hund und Pferden
von Feuerland nach Mexiko
384 Seiten mit 32 Seiten Farbfotos
ISBN 978-3-00-021527-8
€ 19,90

1994 reist Günter Wamser nach Patagonien, kauft zwei Wildpferde, zähmt sie und reitet los. 11 Jahre später und um viele Erlebnisse und Erfahrungen reicher, kommt er nach Mexiko.
Günter Wamser erzählt in „Der Abenteuerreiter" seine ganz persönliche Geschichte einer Reise, die für ihn zum Lebensinhalt wurde. Humorvoll und unmittelbar lässt er den Leser das ungewöhnliche Abenteuer miterleben. Es ist die Geschichte eines der letzten wirklichen Abenteurer unserer Zeit. Ein Leseerlebnis voller Emotionalität und Spannung.

Die Magie des Weges
4 Jahre unterwegs mit Pferden
in Kanada & Alaska
Sonja Endlweber & Günter Wamser
432 Seiten, 32 Seiten Farbfotos
ISBN 978-3-00-046361-7
19,90 €

Vor 20 Jahren beschloss Günter Wamser, aus dem sicheren Leben auszubrechen und seinen eigenen Weg zu gehen: mit Pferden von Feuerland bis Alaska. Im Herbst 2013 erreichte er gemeinsam mit seiner Partnerin Sonja Endlweber sein Ziel. Die Magie des Weges erzählt von der letzten Etappe dieser langen Reise: Vom Waterton Nationalpark ganz im Süden Kanadas bis zum Denali Nationalpark mitten in Alaska. 4 Jahre und 5.000 Kilometer waren Günter Wamser und Sonja Endlweber mit ihren vier Pferden und Hündin Leni unterwegs.
Es ist die Geschichte zweier Menschen, die es wagen, gemeinsam ihren Traum zu leben.

Erhältlich über www.abenteuerreiter.de

ABENTEUERREITER

Abenteuer-Reiter
Mit Pferden von Feuerland bis Alaska
von Günter Wamser
320 Seiten, 550 Abbildungen,
23 Kurzgeschichten
Großformatiger Bild- und Erzählband
November, 2013
ISBN: 978-3-8003-4810-7
Edition Abenteuerreiter: 39,90 Euro,

Seit 20 Jahren lebt Günter Wamser einen Traum. Mit seinen Pferden durchquerte er den amerikanischen Kontinent von der Südspitze Argentiniens bis nach Alaska.
Abenteuer-Reiter ist das Buch zur Reise. Über 500 Bilder und 23 Kurzgeschichten präsentieren ein stimmungsvolles Portrait dieser außergewöhnlichen Reise.

Günter Wamser & Sonja Endlweber
Abenteuer Rocky Mountains
3000 Meilen mit Pferden durch die Wildnis Amerikas
128 Seiten, 230 Abbildungen,
Format 24 x 30
ISBN 978-3-8003-1935-0
€ 19,95

Die Bergwelt der Rocky Mountains ist einer der wenigen Orte dieser Welt, an dem man noch wirkliche Abenteuer erleben kann. Günter Wamser und Sonja Endlweber waren mit ihren vier Reit- und Packpferden und ihrem Hund in dieser Bergwelt unterwegs. „Abenteuer Rocky Mountains" zeigt in über 250 Bildern ein Porträt dieser Reise im Takt der Hufe durch die wilde Bergwelt und lässt mit seinen Reportagen teilhaben an einem außergewöhnlichen Abenteuer.

Erhältlich über: www.abenteuerreiter.de

120°
100°
KANADA
WASHINGTON
Columbia River
OREGON
IDAHO
Snake River
Boise
MONTANA
Helena
NORTH DAKOTA
MINNE
SOTA
Missouri River
SOUTH DAKOTA
WYOMING
Cheyenne
NEBRASKA
40°
NEVADA
UTAH
Denver
Arkansas River
KANSAS
COLORADO
Colorado River
CALIFORNIA
OKLAHOMA
Santa Fe
ARIZONA
NEW MEXICO
TEXAS
Rio Grande
Golf von Kalifornien
MEXIKO
Nördlicher Wendekreis
Pazifischer Ozean
20°
100°